U0902137

第一版前言

国有资产管理作为我国经济体制改革中的一项重要内容，一直是理论界和实务工作者研究和运作的重要问题。加强国有资产管理、探索国有资产管理的有效途径和方法，以及保障国有资产权益是理论工作者研究的重要课题。为了便于帮助关注国有资产管理的有关人员学习和掌握国有资产管理的理论和政策，适应国有资产管理教学和研究的需要，我们组织编写了《国有资产管理》一书。

本书编写力求全面、系统，反映最新理论和政策。从体系上来说，本书从研究国有资产管理体制入手，对国有资产的形成、投资、运营、收益管理进行全过程论述；从内容上来说，本书不仅包括经营性国有资产管理，而且包括资源性国有资产管理和非经营性国有资产管理；对于国有资产管理的手段，本书对诸如产权界定与登记、清产核资、资产评估、效益评价、监督等进行了阐述。由此读者能对国有资产管理问题有一个全面的把握和了解。

本书的第一章、第二章、第三章、第五章、第六章由温来成编写；第四章由杨燕英编写；第七章由白彦锋编写；第八章由刘玉平编写；第九章、第十二章由姜爱华编写；第十章由王淑杰编写；第十一章由肖鹏编写。李伯侯、李希、沈子嘉、许文静、崔亚琼、崔沛雨、杨丹、董银雪等参与了部分初稿的编写。最后，由刘玉平教授总纂、定稿。

本书适合于高等院校经济学类、管理学类研究生、本科生使用，也可以作为政府管理部门、国有资产监管和运营机构、国有企业等理论和实务工作者的参考用书。我们衷心期望本书对于正在改革中的国有资产管理工作有一定的参考价值。

本书在编写过程中，参考并借鉴了有关国有资产管理的论著、教材等研究成果，在此我们对相关研究人员表示诚挚的谢意。限于作者的水平，书中存在诸多不足，恳请读者不吝指正。

编者

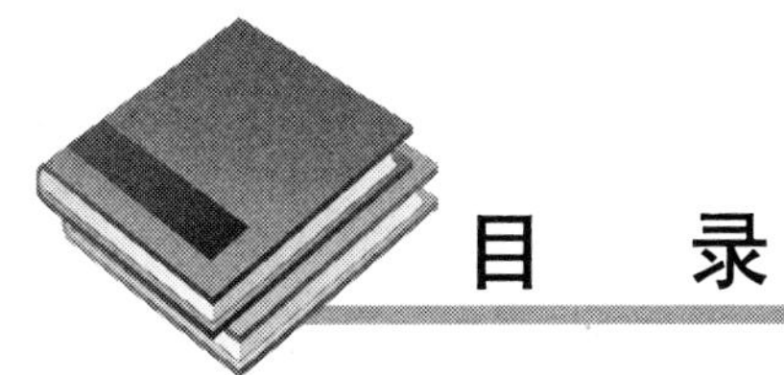

目　录

第一章
国有资产管理概论

本章关键词

国有资产　国有资产管理　国有资产管理要素　国有资产分类
国有资产来源　国外国有资产管理

本章内容提要

国有资产是指在法律上由国家代表全民拥有所有权的各类资产，是属于国家所有的一切财产和财产权利的总称。国有资产管理覆盖国有资产运营的各个环节、各个方面，包括国有资产的投资、经营、收益分配及资产评估、登记、界定等。国有资产管理要素包括主体、客体、目标、手段等。我国社会主义性质的国有资产，最早可追溯到革命根据地时期的“公营企业”。而目前构成我国国民经济主体、掌握国民经济命脉、决定我国经济社会制度性质的庞大的国有资产存量，则是中华人民共和国成立后通过社会主义改造、大规模的社会主义建设特别是国家财政多年的投资和积累形成的。此外，无论是发达国家，还是发展中国家，都有规模大小不一、功能差距较大的国有企业及国有资产，尽管各国社会制度不同，经济社会发展水平各异，但其他国家的国有资产管理方法对我国不乏可借鉴之处。

第一节　国有资产管理的概念

一、国有资产的定义

国有资产是指在法律上由国家代表全民拥有所有权的各类资产，是属于国家所有的

一切财产和财产权利的总称。这是广义的国有资产概念，包括经营性国有资产、非经营性国有资产，以及以自然资源形态存在的国有资产。狭义的国有资产是指投入社会再生产过程以从事生产经营活动的资产，存在于各类国有及国有参股、控股的企业中。在日常经济生活中，在不同领域，这两种口径往往在同一年度使用，需要注意其在特定场合的含义。

目前，我国国有企业资产存量达150万亿元之多。国有大中型企业掌握着国民经济命脉，控制着能源、交通、原材料、军工、城市公用设施等重要行业。在国有经济战略性重组和国有企业现代企业制度改造完成后，资产总量可能会有所下降，行业与地域分布或有所收缩，但由于我国继续坚持走中国特色社会主义道路，经济社会发展仍处于发展中国家水平，在今后一个较长时期内，国有资产存量还将保持一定水平，其在国民经济中的战略地位不会下降。因而，国有资产管理及其效益对我国经济发展和社会进步具有十分重要的意义。

国有资产管理是对所有权属于国家的各类资产的经营和使用，以及组织、指挥、协调、监督和控制的一系列活动的总称。国有资产管理既有一般经济管理的普遍特征，又有其特殊性。在宏观领域，国有资产管理是政府经济管理的重要内容，国有资产管理体制是经济管理体制的重要组成部分，与政府财政管理体制存在着密切关系。

国有资产管理覆盖国有资产运营的各个环节、各个方面，包括国有资产的投资、经营、收益分配、产权处置、资产评估、登记、界定等。主要体现在以下几个方面。

1. 国有资产的投资管理。国有资产的投资管理，是指国家根据国民经济发展战略目标，合理确定国有资产投资规模、结构，提高投资效益，兴建独资、合资、股份制等各类国有企业，调控国民经济运行，实现国家宏观经济政策目标的管理活动。国有资产投资管理涉及经济领域许多重大关系的调整，如投资管理体制的建立，中华人民共和国财政部（简称财政部）、中华人民共和国国家发展和改革委员会（简称发改委）、政策性银行、各主管部门之间关系的协调，投资决策、投资收益、投资风险的结合等问题。在社会主义市场经济体制下，这些问题有待进一步探索。

2. 国有资产的经营管理。国有资产的经营管理，是指为实现国有资产的保值、增值，提高国有资产运行的经济效益、社会效益及生态效益而选择恰当的经营方式，考核经营者的业绩，取得最佳资产收益的管理活动。随着市场经济的发展，我国公有制实现形式多样化，国有资产的经营也可以选择各种不同的方式，如股份经营、委托经营、联合经营、承包经营、租赁经营等，以适应各类资产的性质、特点、行业分布，实现收益的最大化。

3. 国有资产的收益分配管理。国有资产的收益分配管理，是指国家作为资产所有者，依法取得资产收益并对收益进行分配、处置的管理活动。在生产经营中凭借资产的所有权，占有企业实现的利润，并进行合理分配，是国有产权在经济上的体现，也是国家的主要经济权益。在现代市场经济条件下，股份制是国有经济的主要经营形式，因而国有资产的收益分配管理的重点是：维护国有股的合法权益，如依法取得国有股的股息、红利收入；享受同等的送股、配股权利；在企业并购、破产清算中保护国家股的利益；等等。当然，国家在依法取得国有资产收益并对其支配、处置时，也要重视企业的长远发展及自我积累、自我更新、自我发展的能力的提高。

4. 国有资产的产权处置管理。国有资产的产权处置管理，是指国家根据国民经济运行的客观需要及国有经济的战略布局，对国有资产存量及时调整，对部分国有资产依法进行收购、兼并、拍卖、出售，优化资产结构，盘活资产存量，提高资产运行效益，防范国有资产流失的管理活动。在市场经济发展中，产权处置是一种正常的、经常性的经营行为，也是国家调控国民经济运行，实现国家宏观经济政策意图，维护国家权益的重要手段。

除以上主要环节外，还有国有资产的界定、评估、登记、审核、统计等国有资产管理的基础工作。国有资产的界定是指对属国家所有的资产依法明确其产权归属并由国有资产管理部门进行登记。由于历史的原因，我国不少国有企业曾试行过"一厂两制"，"大集体"企业类型的经济组织确实存在产权不清的问题，需要明确界定。国有资产的评估是指运用一定的科学方法对国有资产的真实价值及其收益进行评价估算。这项工作一般委托会计师事务所等社会中介组织进行，但国有资产管理部门必须履行监督职责。国有资产的登记、审核、统计等管理工作按国家有关法规制度办理。

二、国有资产管理要素

前文中描述了国有资产管理的基本概念，在此基础上，我们来分析国有资产管理要素。

1. 国有资产管理的主体。国有资产管理的主体即由谁来代表国家管理国有资产。按照国有资产管理层次，可将其划分为产权管理主体（或宏观管理主体）和国有资产经济管理主体。在国务院国有资产监督管理委员会（简称国务院国资委）① 成立之前，国有资产产权管理呈现政出多门的状况，财政部、发改委、国家开发银行、各业务主管部门都参与国有产权管理，造成"谁都管，谁又都不管、不能完全承担责任"的局面，理论界称之为"产权虚位"现象。针对这些问题，国务院制定了《企业国有资产监督管理暂行条例》。《企业国有资产监督管理暂行条例》规定，国务院，省、自治区、直辖市人民政府，设区的市、自治州级人民政府，分别设立国有资产监督管理机构。考虑到目前有些市（地）企业国有资产数量较少的实际情况，《企业国有资产监督管理暂行条例》还规定，企业国有资产较少的设区的市、自治州，经省、自治区、直辖市人民政府批准，可以不单独设立国有资产监督管理机构。《企业国有资产监督管理暂行条例》规定，国有及国有控股企业、国有参股企业中的国有资产的监督管理，适用本条例；金融机构中的国有资产的监督管理，不适用本条例；行政事业性国有资产、资源性国有资产不适用本条例，但由企业开发、经营的资源性国有资产已经成为企业国有资产的重要组成部分，其监督管理适用本条例。同时，企业国有资产中的土地等资源性国有资产在转让、处置等方面的活动，还要遵守国家有关法律、法规的规定。2008 年 10 月 28 日，第十一届全国人民代表大会常务委员会第五次会议通过《中华人民共和国企业国有资产法》（简称《企业国有资产法》），该法自 2009 年 5 月 1 日起施行。可见，在现行国有资产管理体制下，

① 国有资产监督管理委员会简称国资委，包括国务院国资委及地方国资委。

对于企业中经营的国有资产，统一由国务院，省、自治区、直辖市人民政府，设区的市、自治州级人民政府国有资产管理委员会行使所有者的职责，它们成为这类国有资产产权管理的主体。国有及其控股企业是国有资产的经营主体，而行政事业性国有资产、资源性国有资产仍由各主管部门管理。

2. 国有资产管理的客体。国有资产管理的客体即管理的对象，从一般意义上讲，是指产权归国家所有的资产。如按国有资产与社会经济活动的关系划分，可将其分为经营性国有资产、非经营性国有资产及资源性国有资产。上述各类资产都构成了国有资产管理的对象。但从目前我国国有资产管理的现状分析，无论理论研究，还是制度建设和具体管理，社会各界关注的焦点仍是国有企业中的经营性国有资产。当然，从经营性国有资产在经营性国有资产与非经营性国有资产总和中的比重，以及目前我国经济社会发展的突出矛盾来看，这种状况无疑具有合理性，但应该加强非经营性国有资产及资源性国有资产管理的力度，特别是在国有经济战略性调整逐步完成后，管理重点应适度向非经营性国有资产及资源性国有资产转移，以充分发挥这两类资产在提供社会公共服务、体现社会公平、实现经济社会可持续发展方面的功能。

3. 国有资产管理的目标。我国国有资产分布广泛，既有生产经营领域的国有资产，又有非生产经营领域的国有资产，还有自然资源形态的国有资产。国有资产管理的目标，可分为总体目标与具体目标。总体而言，国有资产管理要维护国有产权的合法权益，保卫资产安全，实现资产价值的保值、增值，提高资产利用效率，为政府宏观经济政策目标服务，充分发挥国有资产对国民经济运行和社会发展的调控功能。具体而言，经营性国有资产的管理目标是，保护国有产权，实现资产价值的保值、增值，以最少的资产消耗取得最大的经济效益，为政府提供更多的财政收入；非经营性国有资产主要是政府部门和非营利组织占有的国有资产，其管理目标是，维护国有资产的安全性、完整性，提高资产利用效率，以最少的资产占用为社会提供最大限度的公共服务；资源性国有资产的管理目标是，保护国有产权的合法权益，实现资源的有序、合理利用，治理环境污染，对可再生资源实现开发与利用的良性循环，对不可再生资源提高资源利用率，尽可能延长利用时间，走经济、资源和环境可持续发展的道路。

4. 国有资产管理的手段。国有资产管理的手段主要包括法律手段、经济手段和行政手段。法律手段主要是政府通过建立和健全国有资产的法律、法规体系，依法打击各类瓜分国有资产和侵犯国有资产利益的违法、违纪行为，维护国有资产权益。在市场经济条件下，国有资产管理的法律、法规是国家法律体系的重要组成部分，也是保护国有资产权益的重要手段。在我国，国有资产管理的法律、法规包括两类：一是专门的国有资产管理的法律、法规，二是相关法律、法规。前者如《企业国有资产法》、《中华人民共和国土地管理法》（简称《土地管理法》）及《中华人民共和国矿产资源法》（简称《矿产资源法》）等，后者如《中华人民共和国公司法》（简称《公司法》）及《中华人民共和国会计法》（简称《会计法》）等。经济手段是指国家运用税收、财政补贴、利润分配、工资制度等工具为国有资产管理服务。如政府对因执行国家经济政策而形成亏损的国有企业给予补贴或税收减免；对国有企业经营管理人员根据其业绩给予高低不同的报酬，充分调动其经营管理积极性。在市场经济条件下，对利益的追求是企业和个人行为的基本动机，经济手段便成为政府管理国有资产的重要手段。行政手段则是政府运用行

政权力和命令，强行改变国有企业生产经营行为的方式，如对企业进行关、停、并、转等。在国有资产管理中，行政手段和法律手段、经济手段相比，具有行动迅速、政策见效快等特点，可在很短的时间内，迅速纠正侵犯国有资产合法权益的行为，保障国有资产的完整性、安全性。但行政手段容易产生政府过多干预企业生产经营行为或者干预不当的问题，因此，国有资产管理以法律手段、经济手段为主，配合必要的行政手段，以提高资产利用效率，维护国有资产的合法权益。

三、国有资产管理与一般资产管理的异同

资产一般是指各类经济社会主体拥有或控制的，能以货币计量的经济资源，包括各种财产、债权和其他权利。就具体用途而言，资产可分为经营性资产和非经营性资产。经营性资产是指投入生产经营过程，能为企业和个人带来经济利益的经济资源。非经营性资产是指为政府或非营利组织占有，用于为社会提供行政管理、教育、文化、科技、卫生等社会公共服务的经济资源。国有资产与一般资产的区别，实际上就是所有权主体不同而已，因而两者在管理上既有相同点，又有不同点。

(一) 国有资产管理与一般资产管理的相同点

资产作为一种经济资源，能够在未来带来收益或者可为社会提供公共服务，在管理过程中必然要求达到以下目标：(1) 资产价值上的保值、增值。在信用货币条件下保证资产的价值不受损失，尽可能实现价值的增值，以维护所有者的合法权益。(2) 在实物形态上资产的安全性、完整性。防止出现资产意外被盗、丢失、损失等，以保障其使用价值。(3) 资产收益的最大化，或者效用的最大化。对在生产经营领域的资产，要求为所有者提供更多的利润收入；对在非生产经营领域的资产，要求在单位时间内为社会提供更多的公共服务。

(二) 国有资产管理与一般资产管理的不同点

由于受国家在经济社会发展中的地位制约，国有资产管理既有一般资产管理的部分特征，又有其特殊性。(1) 国有资产权益代表了社会公共利益。由于国有资产是政府代表社会所有成员拥有其所有权，因而是社会公共利益的体现，国有资产管理的出发点就是如何维护公共利益。其与追求私人利益最大化的一般资产管理之间存在根本区别。(2) 执行政府经济社会政策。国有资产由政府代表全民拥有其产权，而政府各项政策也是为公共利益服务的，因而国有资产管理就有执行政府政策、充当政策工具的义务。当国有及国有控股企业因执行政府政策而发生亏损时，政府应给予财政补贴。(3) 国有资产存在的主要领域是关系国计民生的重要行业和领域。非国有资产可根据企业个人生产经营的需要，自由出入于国家法律制度允许的任何行业和领域，而国有资产由于其特殊地位和管理要求，主要存在于关系国家政治、经济及国防安全的领域。(4) 国有资产是社会主义制度的重要经济基石。作为公有制的一种实现形式，国有资产对社会主义制度的发展壮大具有十分重要的意义。

第二节　国有资产分类

如前所述，国有资产分布广泛，性质各异。为进一步开展国有资产理论研究，加强国有资产管理，提高运营效益，还需要从不同角度，按照不同标准，对国有资产进行分类，以分析各类国有资产运动变化的规律。

一、按国有资产与社会经济活动的关系划分

按国有资产与社会经济活动的关系，国有资产可分为经营性国有资产、非经营性国有资产及资源性国有资产。

经营性国有资产，是指作为国家投资被投入社会再生产领域，以从事生产经营活动的各类资产。具体表现为国有独资企业、合资合作企业、股份制企业中国有股份所代表的各类资产，如固定资产、流动资产、递延资产等。对于这类资产，国家作为所有者，依法享有合法权益，要求经营者承担资产保值、增值责任，并以利润最大化为目标，实现更多的盈利，提高资产运营效益。

非经营性国有资产，是指机关、团体、部队、学校、医院、科研机构所拥有的各项国有资产，如房屋、建筑物、设备等固定资产和各项经费等。这些资产主要用于国家行政管理、国防建设，以及科技、教育、文化、卫生等各项社会事业发展的需要，不以盈利为目标，但要求有效、合理、节约使用，以提高利用效率。

资源性国有资产，是指国家依据宪法和法律所拥有的各类自然资源，如森林、矿产、海洋、河流、荒山、荒地等。资源性国有资产的合理开发、有效使用，可使再生资源得到补偿和不可再生资源得到替代开发，形成良性循环，以实现经济社会可持续发展的重要目标。

将国有资产分为经营性国有资产、非经营性国有资产及资源性国有资产，可分析国有资产在国家经济发展中的作用。目前我国国有资产主要存在于生产领域，且工商企业占绝大部分，这表明国有经济仍在广泛的领域中参与市场竞争。

二、按存在的形态划分

按存在的形态，国有资产可分为固定资产、流动资产、无形资产及其他资产。

固定资产是指使用年限在一年以上、单位价值在规定限额以上的劳动资料，如机器设备、建筑物、铁路、桥梁等。流动资产是指可以在一年内或长于一年的一个营业周期内变现或运用的资产，一般包括现金、银行存款、短期投资、应收及预付款项、存货等。

无形资产包括专利权、商标权、著作权、土地使用权、非专利技术、商誉等。其他资产包括特准储备物资、银行冻结存款、冻结物资、待处理财产等。

按存在的形态划分国有资产，可分析国有资产内部结构是否合理。

三、按管理体制划分

按照管理体制，国有资产可分为中央国有资产、地方国有资产。

根据现行国有资产管理体制，由国务院，省、自治区、直辖市人民政府，以及设区的市、自治州级人民政府，分别代表国家对国有及国有控股、国有参股企业履行出资人职责。国务院代表国家履行出资人职责，所管理的资产为中央国有资产；省、自治区、直辖市人民政府和设区的市、自治州级人民政府，分别代表国家对国有及国有控股、国有参股企业履行出资人职责，所管理的国有资产为地方国有资产。具体分工为，国务院代表国家对关系国民经济命脉和国家安全的大型国有及国有控股、国有参股企业，重要基础设施和重要自然资源等领域的国有及国有控股、国有参股企业，履行出资人职责。国务院履行出资人职责的企业，由国务院确定、公布。省、自治区、直辖市人民政府和设区的市、自治州级人民政府分别代表国家对由国务院履行出资人职责以外的国有及国有控股、国有参股企业，履行出资人职责。其中，省、自治区、直辖市人民政府履行出资人职责的国有及国有控股、国有参股企业，由省、自治区、直辖市人民政府确定和公布，并报国务院国有资产监督管理机构备案；其他由设区的市、自治州级人民政府履行出资人职责的国有及国有控股、国有参股企业，由设区的市、自治州级人民政府确定、公布，并报省、自治区、直辖市人民政府国有资产监督管理机构备案。国务院，省、自治区、直辖市人民政府，设区的市、自治州级人民政府，分别设立国有资产监督管理机构。国有资产监督管理机构根据授权，依法履行出资人职责，依法对企业国有资产进行监督管理。企业国有资产较少的设区的市、自治州，经省、自治区、直辖市人民政府批准，可以不单独设立国有资产监督管理机构。

将国有资产分为中央国有资产、地方国有资产，可分析中央政府与地方政府，以及地方政府之间国有资产的分布状况，并且明确它们在国有资产管理中承担的责任。

四、按产业划分

根据产业，国有资产可分为第一产业的国有资产、第二产业的国有资产、第三产业的国有资产。

第一产业的国有资产，主要是在农业等部门的国有资产。改革开放以前，我国在农村实行集体所有制，农业投入以集体和农民为主，除部分国有农场外，国有资产存量较少。1978 年以后，我国在农村实行家庭联产承包责任制，政府主要对一些大型农业基础设施进行投资，国有资产增加不多。第二产业的国有资产，主要是存在于工业等部门的国有资产。这是我国国有资产分布量最大的领域，因为我国尚未完成工业化的历史任务，国有经济还承担着特殊的使命。第三产业的国有资产，是指分布在商业、金融、公用事业等服务业领域，以及政府等部门的国有资产。

将国有资产按产业划分为第一产业的国有资产、第二产业的国有资产、第三产业的国有资产，可分析国有资产对产业结构以及整个国民经济结构的调控功能。从上述分析可以看出，我国国有资产主要存在于第二产业和第三产业，经营性国有资产主要分布在第二产业，反映了我国目前的经济社会发展水平和历史任务。

五、按存在的部门划分

按存在的部门，国有资产可分为工业部门国有资产、农业部门国有资产、商务部门国有资产、交通运输部门国有资产、建筑部门国有资产，以及企业社会服务部门国有资产。

将国有资产特别是经营性国有资产按国民经济部门划分，可具体分析国有经济对各个部门的调控程度，以及国家宏观经济政策的重点。一般而言，国家对哪些部门投资多，哪些部门就发展快。在社会主义市场经济条件下，政府不再投资于一般性竞争领域，现有国有资产存量经过战略性调整后，主要分布于控制国民经济命脉、关系国计民生的重要行业。

通过国有资产部门结构分析，可以观察国家的政策目标是否得到实现，或者在多大程度上得到落实。

六、按存在的地域划分

按存在的地域，国有资产可分为境内国有资产和境外国有资产。

境内国有资产是指存在于我国境内的各类经营性国有资产、非经营性国有资产，以及资源性国有资产。境外国有资产是指国有企业开展跨境经营，在境外投资所形成的国有资产，以及我国政府在境外有关机构所拥有的国有资产。

将国有资产分为境内国有资产和境外国有资产，可分析国有企业参与全球竞争的程度，考核其经营效益和竞争力，并加强境外国有资产管理，防止资产流失。

第三节　中国国有资产的形成

我国社会主义性质的国有资产，最早可追溯到革命根据地时期的公营企业。而目前构成我国国民经济主体、掌握国民经济命脉、决定我国经济社会制度性质的庞大的国有资产存量，则是在中华人民共和国成立后通过社会主义改造、大规模的社会主义建设特

别是国家财政多年投资和积累形成的。

一、革命根据地时期的公营企业

中华人民共和国成立前，在中国共产党领导下的各个时期的根据地已存在公营企业，由党政机关和部队经营一些农业、工业和商业。公营企业主要从事军工、被服等军需民用物资的生产，用于部队前线作战和革命根据地建设的需要。这些公营企业的资产，是我国最早具有社会主义性质的资产，对革命根据地建设发挥了重要作用。公营企业的经营和管理，为中华人民共和国成立后大规模建立国有企业、管理国有资产积累了宝贵的经验。

二、没收官僚资本，改造民族资本，建立国营企业①

没收官僚资本、改造民族资本、建立国营企业所形成的国有资产，是中华人民共和国成立之初到社会主义改造完成阶段国有资产形成的重要来源。

（一）没收官僚资本，建立国营企业，掌握国民经济命脉

没收官僚资本主要是指随着中华人民共和国的成立，没收国民政府及“四大家族”的资本为国家所有。在没收的官僚资本企业中，包括金融、工矿、交通、商业等部门的企业。

金融方面的企业主要有：“四大家族”把持下的“四行两局一库”，即中央银行、中国银行、交通银行、中国农民银行、中央信托局、邮政储金汇业局和中央合作金库，以及省、市及地方银行系统的共 2 400 多家银行。

工矿企业主要有：控制全国资源和重工业生产的国民政府资源委员会，垄断全国纺织工业的中国纺织建设公司，以及其他官僚资本所办企业，合计共有企业 2 858 家，职工 129 万人。

交通方面的企业有：国民政府交通部、招商局所属全部运输企业，即铁路 2 万多公里，机车 4 000 多台，客车约 4 000 辆，铁路和船舶制造工厂约 30 个，各种船舶约 20 万吨。

商业方面的企业有：复兴、富华、中国茶叶、中国石油、中国盐业、中国蚕丝、中国植物油、孚中、中国进出口、金山贸易、利泰、扬子建业等几十家垄断性的贸易公司。

通过没收官僚资本企业，建立国营企业，中华人民共和国在成立之初就直接控制了国民经济命脉，为恢复国民经济、建立社会主义制度以及进行大规模经济建设奠定了基础。

---

① 本部分所引用资料主要来自：宋新中．当代中国财政史．北京：中国财政经济出版社，1997.

（二）改造民族资本，建立社会主义制度经济基础

中华人民共和国成立后，对民族资本企业实施了利用、限制和改造的政策，通过赎买，将其转化为国营企业。在过渡时期，我国利用民族资本主义工商业有利于国计民生的积极作用，限制其消极作用，对民族资本主义工商业实行社会主义改造，实行和平赎买的政策。为配合社会主义改造，在税收政策上实行公私区别对待、繁简不同的政策。对不同行业、不同产品，我国采用轻重不同的税率。我国最初引导民族资本主义工商企业接受国家订货、统购包销等，后来发展到公私合营，并由个别企业的公私合营发展到全行业的公私合营，对公私合营的私股推行定息的办法，即赎买资本家所有的生产资料，付给他们股息。据统计，在1956年的工业总产值中，国营企业占67.5%，公私合营企业占32%，私营企业所剩无几。到1956年年底，已经实现公私合营的工业企业占1956年年初原有私营工业企业户数和职工人数的99%，占总产值的99.6%；在私营商业企业中，已纳入各种形式公私合营的户数、从业人员和资本额的比重，分别达到82.2%、85.1%和93.1%。到1956年年底，全国公私合营企业的私股共34亿元，其中，工业为25亿元，商业、饮食服务业为8亿元，交通运输业为1亿元，领取定息的股东有114万人，国家财政每年付出的定息资金为1.7亿元。1956年，我国基本上完成了对资本主义工商业的社会主义改造，将其转变为国营性质，使其成为国有资产的重要组成部分。

三、财政投资

财政投资是指国家以各种形式的投资和拨款所形成的各类资产，包括国家以财政预算拨款、通过政策性银行贷款给建设单位所形成的国有资产，以及各部门、单位以财政资金性的预算外资金所形成的各类财产。它是我国国有资产形成的主要渠道。

在财政投资中，形成国有资产最重要部分的当数基本建设支出。表1-1反映了1950—2005年我国财政支出中用于基本建设支出的情况。

表1-1　1950—2005年我国财政支出中用于基本建设支出的情况　　单位：亿元

年份	基本建设支出	年份	基本建设支出
1950	12.50	1963	80.21
1951	27.03	1964	123.83
1952	46.68	1965	158.49
1953	70.34	1966	191.04
1954	84.28	1967	161.25
1955	88.53	1968	117.85
1956	139.58	1969	206.22
1957	123.71	1970	298.36
1958	229.38	1971	309.56
1959	302.34	1972	309.09
1960	354.35	1973	317.17
1961	110.18	1974	312.83
1962	55.65	1975	326.96

续表

年份	基本建设支出	年份	基本建设支出
1976	311.25	1991	559.62
1977	300.88	1992	555.90
1978	451.92	1993	591.93
1979	443.68	1994	639.72
1980	346.36	1995	789.22
1981	257.55	1996	907.44
1982	269.12	1997	1 019.50
1983	344.98	1998	1 387.74
1984	454.12	1999	2 116.57
1985	554.56	2000	2 094.89
1986	596.08	2001	2 510.64
1987	521.64	2002	3 142.98
1988	494.76	2003	3 429.30
1989	481.70	2004	3 437.50
1990	547.39	2005	4 041.34

资料来源：《中国财政年鉴》(2003)和《中国统计年鉴》(2006年)。我国自2007年起实行新的政府预算收支分类，不再公布基本建设支出数据。

从表1-1可以看出，财政支出中用于基本建设的支出从1950年的12.5亿元，增加到1978年的451.92亿元，以及2005年的4 041.34亿元，其绝对额呈现不断增加的趋势。从基本建设支出占财政支出的比重来看，1953—1957年大部分年份在30%以上，1958年高达56%。2017年，国家财政预算内固定资产投资为38 741.71亿元，占全社会固定资产投资的6%。这表明，在计划经济时期，国家财政集中全国财力进行大规模投资，通过国有企业建立了完整的国民经济体系特别是工业体系，对国有资产的形成和发展做出了巨大贡献。改革开放以后，随着经济体制改革的深入、政府职能的转变，基本建设支出占财政支出的比重逐步下降。

四、国有企业积累

国有企业积累是指国有资产收益所形成的资产，主要指凭借国有资产的所有权或出资权而取得的税后利润、股息、红利、股权证转让收入、国有资产转让收入和依法取得的其他收益，以及用这些收益进行的投资等。这也是目前国有资产的主要来源。改革开放后，随着我国扩大企业自主权，实行政企分开，对资产所有权与经营权进行分离，以及对现代企业制度进行改造，国有企业逐步成为自主经营、自负盈亏、照章纳税的生产经营实体，企业不仅利用税后利润进行投资，而且利用银行贷款等方式进行融资，扩大生产规模，从而成为社会市场投资主体之一。国有及国有控股企业的资产收益及其投资积累成为现阶段国有资产形成的主要渠道。

五、国家依法认定的国有资产

国家依法认定的国有资产是指凭借国家权力及法律取得的资产，主要包括：法律规定的各类属于国家所有的自然资源；税务、工商、海关、公安、检察、法院等执法机关上缴的罚没收入、赃款及赃物的拍卖收入等。《中华人民共和国宪法》（简称《宪法》）规定：矿藏、水流、森林、山岭、草原、荒地、滩涂等自然资源，都属于国家所有，即全民所有；由法律规定属于集体所有的森林和山岭、草原、荒地、滩涂除外。《宪法》还规定：城市的土地属于国家所有。

六、外国政府、企业、其他组织和个人捐赠的资产

外国政府、企业、其他组织和个人捐赠的资产，是指在国际交往中，外国政府、企业、其他组织和个人捐赠给我国政府、国有企业和事业单位的资产，这种捐赠一般带有友好援助的性质，数量不多。

通过上述国有资产来源分析，我们可以看出自中华人民共和国成立以来我国国有资产的形成渠道，以及目前国有资产增量的构成，以进一步加强国有资产的存量与增量调整，优化资产结构，提高资产使用效益。

第四节　国外国有资产管理

从当代世界各国经济运行状况分析，无论发达国家，还是发展中国家，都有规模大小不一、功能差距较大的国有企业及其国有资产。尽管各国社会制度不同，经济社会发展水平各异，但其他国家的国有资产管理方法对我国不乏可借鉴之处。

一、发达国家的国有资产管理

（一）法国国有资产管理

在发达国家中，法国的国有企业数量较多，在有的行业资产所占比重较大，国有资产管理具有一定特色。从 20 世纪 30 年代中期到 80 年代，法国进行了三次较大规模的国有化运动，使法国的国有资产发展到相当的规模。据统计，1990 年，法国国有企业产值

占国内生产总值的18%，投资额占全国总投资的27.5%。[①] 1986年以后，法国推行私有化，将部分经济效益较差的国有企业出售，但国有资产在法国经济社会发展中仍占有一定的地位。从国有企业分布情况看，法国国有企业主要集中在能源、交通、通信、原材料、加工制造、银行和保险等部门，在国民经济和社会发展中占有重要地位。20世纪80年代以来，法国政府要求国有企业在财务上坚持收支平衡原则，政府对国有企业的亏损不承担补贴义务，企业也无权要求补贴。对于垄断性企业的政策性亏损也要严格稽核，酌情予以适当补贴。

在国有企业组织模式上，法国国有企业主要采取股份公司形式。大部分国有企业是国有资本和私人资本相互参股的混合公司，公司实行董事会负责制。国家控股90%以上的国有企业，董事长由政府直接任命；国家控股50%以上的国有企业，董事长虽经选举，但基本上由政府决定。董事会成员实行"三方代表制"，即由国家代表，企业职工代表，以及有关专家、知名人士、消费者代表构成。

在政府对国有企业及其国有资产管理的过程中，法国实行财政经济和预算部与各主管部门、议会共同分工管理的体制。其中，财政经济和预算部在国有资产管理方面有较大权限，其职责主要包括：持有国家对企业的直接控股，决定企业股票出售或购买；审批国有企业的年度财务收支计划；决定投资分配；决定企业补贴政策；向企业派驻财政监督员等。法国议会对国有资产管理主要发挥监督作用，议会调查委员会和监督委员会就有关事项进行调查、处理。审计院负责审核企业会计账目，检查其合法性、合规性，并对企业的经营业绩进行评价。

法国对不同类型的国有企业实行不同的管理方式。对集中于能源、交通、通信等领域的垄断性企业，政府控制程度较高、管理较为严格，企业自主权较小，投资规模、借款数量、产品价格、工资增长等事项都由政府决定。对竞争性国有企业，政府主要通过任命企业负责人、监督投资和资产处置等方式管理，不直接控制企业生产经营行为，这类国有企业与一般私营企业处于同等竞争地位。法国政府在处理与国有企业关系方面的重要特色是实行合同管理，即通过合同形式，规范政府与企业的权、责、利关系。合同类型包括项目合同、企业合同、计划合同和目标合同等，其中，计划合同是最主要的类型。计划合同的内容包括企业总体发展战略与目标、企业参与国家宏观经济政策相关活动的目标、企业与国家之间的财政关系等。计划合同管理过程包括监督、检查、评估、总结和修改等程序。从法国国有资产管理的实际情况来看，这种合同管理较好地处理了政府管理与企业自主权的关系。

（二）英国国有资产管理

英国的国有资产主要是在第二次世界大战后通过国有化活动建立起来的。1945—1951年，英国政府主要以参股和直接购买私有企业股票的方式进行投资，形成了一定数量的国有资产；1974—1979年，英国政府主要以参股和直接投资方式组建国有企业。国有企业分布较为广泛，除公用事业、基础设施外，还广泛存在于制造业等竞争性行业。

① 黄少安．国有资产管理概论．北京：经济科学出版社，2000.

20世纪80年代后，英国实行了大规模的私有化运动，国有企业及其国有资产数量有较大幅度的下降。英国政府于1984年出售了英国电信公司，1986年2月出售了居于垄断地位的英国煤气公司的全部股票，净收益高达56亿英镑。

从企业组织形式看，英国国有企业分为三种类型：国有企业、国有公司和国有股份公司。国有企业由政府有关机构直接控制，企业各项生产经营活动被纳入预算管理，企业在经济上不具有独立性。国有公司具有法人地位，依据议会有关法律建立，具有相对独立性。在国有股份公司中，国家只具有部分股权，企业在生产经营上具有独立性，其运作方式与私营企业一致。在企业内部，英国国有企业大多实行董事会领导下的总经理负责制。董事会成员由政府任命。

在管理体制上，英国实行主管部门和财政部相结合、以主管部门为主的模式，议会是国有资产管理的最高机构。主管部门的主管大臣任命所有的董事会成员，规定企业财务处置权限及财务指标。财政部总体上对企业财务负责，确定对国有企业的资助额，审批各主管部门提交的投资报告，对财政拨款的情况进行监督。议会通过立法来管理和控制国有企业。有关国有企业的建立、改组以及私有化等重大问题，必须由议会通过专门的法令来决定；议会制定的有关国有企业的管理政策与制度，不经议会同意不得更改。对于企业具体管理事项，议会授权各主管大臣管理。

（三）日本国有资产管理

明治维新以后，日本大力发展资本主义经济，政府直接兴办了大量国有企业，建立了包括军事工业在内的国有经济体系。第二次世界大战结束后，军事工业有的被解散，有的被转化为民用工业，但国有企业的地位没有发生变化，为战后日本经济的恢复和发展做出了贡献。20世纪80年代后，日本对国有企业实行私有化，出售国有资产，使国有经济在国民经济中的比重有较大幅度的下降，在工业化国家中处于较低水平。日本的国有企业主要分布于铁路、邮政、电信、基础设施等公用事业，以及金融、烟草、盐业等行业，在制造业等竞争性行业中几乎没有国有企业。截至2010年年底，日本的国有资产总额为101.2万亿日元，行政资产和普通资产分别占30%和70%。其中，政府出资的日本政策金融公库、日本邮政等20家特殊法人（特殊法人是日本国有金融机构和企业的法律形式）的出资额为21.8万亿日元，占全部国有资产的22%。①

日本国有企业分为三种类型：直营事业、特殊法人和第三部门。直营事业是由日本地方公共团体投资兴建并直接经营的国有企业。国家或公共团体统一掌握其所有权和经营权。直营事业不是独立的经济实体，其设立、经营范围、投资规模及方向、事业计划、产品价格、工资制度等受政府和国会的严格控制，企业自主权十分有限。邮政、造币、银行券印刷、国有林区和酒类专卖5个行业的相关企业是政府的直营事业。特殊法人是由政府投资，依照特别法律设立的企业。特殊法人实行独立经营、独立核算制度。日本的特殊法人包括公社、公团、事业团、公库、银行、金库、基金会、营团、特殊公司、其他特殊法人和地方公社。对于特殊法人，政府根据投资份额和重要程度的不同而采取不

① 马淑萍，丁红卫．日本如何成为全球国有企业数量最少的国家．东方早报，2015-08-11.

同的管理办法。第三部门是指由中央政府、地方公共团体和私人企业共同投资，以股份公司形式经营的国有企业。这类企业是独立的法人实体，有较大的经营自主权，但变更经营范围、修改公司章程、合并、解散等重大事项需要经过主管大臣批准后才能执行。

在管理体制上，日本对国有企业实行高度集权的管理模式。大部分国有企业依据国会制定的特别法律设立、经营和管理，政府受国会委托，对国有企业进行管理。政府行政机关直接经营国有企业。政府主管部门决定企业的人事任命，国有企业工作人员受公务员相关法律的约束。企业重大经营决策、财务预算审定、利润分配等都由政府决定，企业自主权较小。政府各主管部门和财务省构成国有资产管理的执行机关，其中，财务省是总管辖机关，下设理财局，专门负责国有资产管理。此外，日本还设有国有资产咨询机关和国有资产监察机关。国有资产咨询机关由中央及地方审议会组成，回答执行机关的询问，并提出建议。国有资产监察机关对国有资产运营的各个环节进行监督。

（四）美国国有资产管理

美国历届政府反对利用国有化干预经济运行，国有企业在国民经济中所占比重很低，在工业领域不足1%。但在基础设施、公用事业、科学技术研究等方面，国有企业比重较高。邮政部门由政府经营；在电力、铁路等部门中，国有企业占25%左右；在尖端科学技术研究领域，政府投资占80%以上。

美国国有企业的组织形式有：完全由政府拥有和经营的公司、国有民营企业、国家参股制企业以及民营国助企业。在国有民营企业中，政府将国有企业租赁或承包给私人企业经营，由其按一定价格为政府提供特定的产品。在国家参股制企业中，政府和私人共同持股，参与企业管理，按照各自所持股份分配利润。在民营国助企业中，政府为某些执行政府政策目标、符合政府有关要求的企业提供补贴和资助，如联邦全国抵押协会，这实际上是政府干预和调节经济的一种手段。在美国国有企业的上述组织形式中，国有民营企业为主要形式。

在管理体制上，企业国有资产管理以《1945年政府公司控制法案》为基础，该法案在1945年由国会通过，财政部是企业国有资产管理的核心。非经营性国有资产以美国联邦财政和管理相关法律为基础。美国政府对国有企业的管理主要体现在人事管理和财务管理方面。完全由政府控制的公司，董事会成员由总统任命，并提交参议院审批。国家参股制企业由总统和主管部长任命部分董事，其余董事由股东选举。国有企业如需要从国家获取拨款，或者向财政部和联邦储备银行借款，则必须向国会提交财务报告，接受国会的预算控制。政府还对国有企业财务进行审计。国有民营企业的管理方式具体包括：选择合适的承包商并签订承包经营合同，监督企业生产经营，收购产品和开展财务审计等。

二、发展中国家的国有资产管理

（一）印度国有资产管理

印度的国有企业的形成途径主要有三条：一是印度独立后，从英国政府手中接管企业，这种企业构成了其国有经济的基础。二是通过国有化政策，收购部分私人企业。在20世纪50—60年代，印度主要在金融保险、煤炭、石油冶炼、棉纺等行业实行国有化。三是政府财政直接投资创办国有企业，以建立重工业和基础工业，加速工业化进程。这是印度国有企业形成的主要渠道。印度国有经济在国民经济中占有重要地位，国有企业分布广泛，从工业部门到第三产业的服务业都存在国有经济，但主要集中于基础设施、公用事业、基础工业和关键工业部门。印度政府的过多干预造成印度国有企业自主权有限、积极性不高、经济效益长期低下。印度政府从20世纪80年代对国有企业进行改革，其目的是改革以行政手段管理国有企业的做法，更多地运用法律、经济手段，将国有企业推向市场，扩大企业自主权，使得国有企业退出一些领域，并对一些企业实行私有化。

印度的国有企业分为三类：第一类是非股份制的部属企业。部属企业一般不是独立的经济实体，重大经营活动需要得到主管部门的批准，企业收支被纳入政府预算管理。其实质是政府分支机构而不是真正意义上的企业。第二类是非股份制的公营公司，它们是国家根据特定法律建立的，拥有较大独立性。公营公司是目前印度国有企业的主要组织形式。第三类是政府公司，它们是国家根据公司法注册成立并拥有全部或多数股份的国有企业。印度国有企业的领导制度一般是董事会领导下的经理负责制。经理负责企业的日常经营活动，董事会在企业生产经营中起指导、监督、保证的作用。董事会成员包括专职董事和兼职董事：专职董事由政府任命；兼职董事由企业选举提名，并报有关部门批准。

印度政府主要是通过在财政部设立的公营企业局、政府各主管部门以及审计委员会来行使管理国有企业的职能。印度政府对国有企业的管理是典型的集权管理，其主要方式有：政府对企业实行直接的人事管理、工资管理和外汇使用管理；政府对国有企业实施强有力的经济计划并实行许可证制度。财政部对企业财务预算进行监督。国有企业除按税法缴纳所得税外，一部分税后利润以股息形式上缴财政部。同时，国会下属的公共会计委员会、预算委员会和国有企业委员会也有一定的国有资产管理职能。公共会计委员会主要审查国有企业提交的经营报告；预算委员会主要审查国有企业预算和改革方案；国有企业委员会代表国会专职负责对国有资产的管理。

（二）巴西国有资产管理

巴西的国有企业数量不多，主要分布在石油、能源、电信、矿业、铁路、水电等关系国计民生的重要领域。近年来，巴西对国有企业进行了改革，如调整国有经济结构，重点扶持大企业，并取得了较好的效果。

巴西的国有企业的组织形式主要有国营公司、国有股份公司和混合公司等。国营公司是全部资产归国家所有的法人实体，既是企业，又具有政府机构性质，在从事生产经营活动的同时，还承担经济调节和管理职能。国有股份公司是国家占控股地位的法人实体，政府凭借其控股地位对企业进行管理，私人股份较少且可在市场上流通。混合公司中，国有股份不占控股地位，国家干预较少，企业经营与一般私营企业相似，政府只享受普通股东的权利。

在管理体制上，巴西对国有企业实行专职机构管理和业务部门管理相结合的方法。

国有企业控制署是巴西国有资产管理专门机构，隶属于国家计划部。国有企业控制署的主要职责是：调拨国有企业资金，审批企业预算；审批企业信贷业务；提出增加国有企业股本、收购或出售股权的建议，以及利润分配的建议；控制企业财务收支；等等。国有企业除受国有企业控制署的领导外，还分属政府有关主管部门的领导，如巴西石油公司受巴西矿产能源部领导。巴西大型国有企业实行高度集中的管理体制，公司董事长由总统任命。

（三）新加坡国有资产管理

新加坡的国有资产主要形成于 20 世纪 60—80 年代。在工业化和现代化的起步阶段，国有企业主要集中于社会基础设施领域，政府在经营性领域投资较少，国有资产规模不大。到 20 世纪 80 年代中期，政府投资规模迅速增加，除港口、公共住房、道路、机场、电力、邮政、供水等基础设施投资外，国有企业还涉及制造业、通信、交通运输、金融、贸易、旅游、房地产等，几乎遍布国民经济各个部门。1986 年后，新加坡对其国有企业实行大规模私有化，成立了政府企业私有化委员会，制订了较为庞大的私有化计划，涉及 23 个国有企业和 4 个法定机构。新加坡国有企业私有化的主要方式是出售政府控股公司的股权。

新加坡国有企业可分为三种类型：国营企业、国营公司和国家参股公司。国营企业资产全部属国家所有，依据国会专门立法而设立和运作，其生产经营受政府直接控制，在人事安排、资金管理、财务计划、收益分配等方面都没有自主权。国营企业主要负责社会基础设施的建设和发展。国营公司是指政府拥有企业全部股权，或者具有控股地位的国有企业。国营公司董事会成员及总经理由政府任命，资金来源与运作由财政部控制，政府通过董事会对企业生产经营进行指导和监督。如政府持有淡马锡控股公司、胜利控股公司和国家发展部控股公司 100%的股份，控股公司广泛地参与各产业投资。国家参股公司是指政府通过控股公司持有其部分股份的国有企业。国家参股公司按新加坡公司法的规定，在政府有关部门登记注册，取得法人资格，在生产经营活动中与私营企业一样平等竞争。政府以股东身份参与企业管理，对符合产业政策、经济效益较好的国家参股公司给予税收优惠等政策支持。

在管理体制方面，政府设有董事委员会，专门负责任命控股公司的董事长，企业经营方针、投资方向等重大事项由董事会决定，日常经营活动由经理独立负责，政府部门不直接干预企业经营。政府有关部门及审计署、注册局、税务局等负责监督国有企业财务。新加坡贪污调查局负责对公务员、国有企业职工进行监督。在国有资产管理中，议会以法律形式明确规定国有企业的职责和权益；同时，对于由议会制定的新加坡公司法等，国有企业也必须遵守。

（四）马来西亚国有资产管理

马来西亚独立后，接管了英国留下的水电供应设备、海港码头、机场设施、邮政通信等基础设施，使其相关企业成为国有企业。此后，政府进行大量投资，建立国有经济。1969 年以前，国有企业的重点在农村，主要项目有交通、水利、种植业等。1971 年后，为提高马来西亚人在外贸、工商、金融等重要产业中的地位，政府建立了一大批国有企业。到 1980 年，马来西亚的国有经济得到了迅速发展，国有企业集中于种植业（橡胶、烟草、胡椒、木材、水果等）、能源业、交通运输业、金融保险业、制造业和科技产业等，国有企业在国家经济发展和人民生活中发挥着重要作用。但由于国有企业集权程度较高、经营难度较大、亏损情况严重、财政负担较重，20 世纪 80 年代后，马来西亚开始实行私有化，并取得了一定成效。世界银行等国际组织认为，马来西亚私有化比较成功。在私有化后，马来西亚的国有企业仍具有重要地位。

马来西亚的国有企业既有政府全资企业，也有政府与私人共同出资的企业。这些企业按隶属关系和性质划分，可分为中央政府所属企业、法定机构和州政府所办国有企业。中央政府所属企业控制关系国计民生的重要领域，企业资产全部归政府所有，资金来源为政府财政拨款，企业在中央有关部门的直接领导下开展生产经营活动。法定机构具有政府机构和生产经营企业双重角色，如马来西亚工业发展局、马来西亚工业投资公司等。州政府所办国有企业主要是各类中小企业。马来西亚国有企业实行董事会领导下的经理负责制。在董事会成员全部或大部分由政府任命的企业，政府通过董事会间接控制企业的生产经营活动，这样既能贯彻国家的有关方针政策，又使总经理有较大的生产经营自主权。在国家只任命一小部分董事的企业，政府以普通股东的身份参与企业管理。

在管理体制上，马来西亚政府的各主管部门、经济计划委员会、企业发展部、财政部和中央银行等从不同方面对国有企业实行管理。各主管部门的主要职责是，制订各部门国有企业发展计划，协调各部门决策，对国有企业进行审核和评价，控制企业预算和资金流动，收集和加工有关信息资料以供政府决策等；经济计划委员会制订发展计划及各行业发展重点；企业发展部负责制定国有企业和私营企业发展的方针政策，为企业发展提供财政支持，扶持有发展实力的大企业，并为企业提供咨询、培训、指导等服务；财政部负责制定企业财务政策和进行收支管理；中央银行负责监督国有企业信贷政策的执行情况。马来西亚政府对企业管理和控制较多，企业自主权有限，企业经营效率和效益受到影响。

三、国外国有资产管理的借鉴与启示

如上所述，世界各国都有一些或大或小、数量不等的国有企业，各国政府都有相应的政策、制度与措施以管理其国有资产。这些政策、制度与措施既有不同点，也有相同或相似之处，可为我国市场经济条件下的国有资产管理提供一定的借鉴与启示。

（一）发达国家国有资产管理的借鉴与启示

发达国家的政府对国有企业的经营管理可分为两种方式：一种是国家对国有企业实行直接的经营管理；另一种是强调所有权与经营权的分离，即实行所有权约束的管理方式。大部分国家都采用后者，并强调企业的经营自主权，如美国对部分国有企业实行系统工程承包合同和出租经营制度。美国政府除签订合同，对企业经营做出规定外，不再直接干预企业的生产经营，并根据市场指标和合同的完成情况，来评价企业的生产经营成果。从政府对国有企业实施管理的组织机构及其职能来看，主要有两大类：一类以法国、德国为代表，该类国家实行以财政部为核心的国有企业管理制度。如德国法律规定，财政部代表政府对国有企业行使所有权。财政部不仅在国有企业的资金供给以及是否批准建立国有企业的一些重大决策上大权在握，更主要的是通过监事会掌握企业的发展状况，并通过监事会和董事会成员的聘任，保证国有资产的安全和增值。另一类以意大利、瑞典和奥地利等国为代表，由国家设立专门机构对国有企业进行管理。如意大利于1956年成立了专门负责管理国家参与企业的国家参与部。该部属于政府机构，相当于国家控股总公司或国家股份管理局。其主要职责是：管理国有股份，即根据市场规则，通过自主经营的各国有控股公司，对国家在各个经济部门所参与的股份进行全面管理，任命各控股公司的有关人员。各控股公司的董事长和副董事长应按照国家参与部部长的建议，由内阁提名，总统任命；对各控股公司的活动进行监督、协调和指导，并负责向产业政策部际委员会、经济计划部际委员会、国会委员会汇报国家参与企业的经营状况和执行国家经济政策的情况。

发达国家的国有企业及国有资产在国民经济中的作用有以下特点：(1) 除法国等国家外，企业数量和资产规模在国民经济中所占比重均较小，在一定程度上便于政府监督管理。(2) 国有企业主要集中于社会基础设施、公用事业、科学技术研究等领域，在竞争性领域的国有企业数量较少，具有克服市场失灵、提供公共物品、满足社会公共需要的特点。(3) 国有企业在国民经济和社会发展中的主要作用在于执行政府政策，为宏观经济管理服务。如：利用国有公共企业实行公共定价，为社会提供价位合理的公共服务；为了缓解失业矛盾，政府出资收购濒临倒闭的私营企业；政府投资高新技术产业，待成熟后实行私营化；等等。

（二）发展中国家国有资产管理的借鉴与启示

发展中国家国有资产的形成、发展及管理与发达国家有较大的差距。许多发展中国家取得民族独立后，为摆脱殖民主义在经济上的控制，争取建立公平、合理的国际贸易新秩序，开展了大规模的国有化运动，将矿产、水利、森林、土地等主要资源收归国家所有，收购、没收国内外私人资本企业，并大量投资创建和发展国有企业。国有企业在有些国家控制国民经济命脉，具有举足轻重的地位。由于经济发展水平、市场的发育程度及政治制度和意识形态等方面的差异，各国对国有资产及国有企业管理的方式各不相同。一般而言，一些经济相对较发达的发展中国家重视市场机制作用，企业有较大的自主权。在经济相对落后的发展中国家中，政府控制较严格，国有企业一般不参与市场竞争，市场机制的作用较小。

在发展中国家，对国有资产的管理以印度、巴西等国较为典型。印度的国有企业有三类：第一类是非股份制的部属企业；第二类是非股份制的公营公司；第三类是政府公司。印度国有企业的领导制度一般是董事会领导下的经理负责制。印度政府主要是通过在财政部设立的公营企业局、政府各主管部门以及审计委员会来行使管理国有企业的职能。印度政府对国有企业的管理是典型的集权管理。巴西是发展中国家中经济较发达的国家，对国有企业的管理具有一定的代表性。巴西的国有企业按性质可分为国营公司、国有股份公司和混合公司三种形式。国有企业一般实行董事会领导下的经理负责制。国营公司的资产全部由国家控制，因而董事会基本上由政府直接控制；对国有股份公司来说，政府和私人股东控制股份公司董事会的程度，则取决于双方所占股份的多少；混合公司的董事会则基本上由股东大会控制，政府对董事会的影响程度取决于它在混合公司中所占股份的多少。从管理国有企业的机构来说，巴西政府的各行业主管部门、计划部、国有企业控制特别秘书处、财政部和中央银行等各自行使着不同的管理职能，其中，计划部是巴西政府管理国有资产的综合部门。

发展中国家国有企业在经济社会发展中的作用主要有以下特点：（1）发展中国家尚未完成工业化、现代化，为了摆脱贫穷落后的状况，许多国家在工业领域大量投资，形成大量经营性国有资产，这些国有资产在关系国计民生的领域发挥着重要作用。（2）政府对国有企业控制程度高，市场化程度低，甚至存在垄断经营，从而影响企业经营与管理的效益及对经济发展的贡献。（3）与发达国家相似，国有企业在国民经济和社会发展中承担执行政府政策、为宏观经济管理服务的责任。

一、本章复习题

1. 国有资产管理环节有哪些？
2. 国有资产管理要素是什么？
3. 国有资产常见的分类有哪些？
4. 国有资产管理与一般资产管理有何异同？
5. 发达国家与发展中国家的国有资产管理有何异同？

二、本章讨论题

1. 我国国有资产管理与发达国家、其他发展中国家的国有资产管理有何异同？
2. 在社会主义市场经济体制下，我国国有资产形成的主要渠道有哪些？

三、本章阅读资料

1. 财政部《财政制度国际比较》课题组．马来西亚财政制度．北京：中国财政经济出版社，2000.
2. 黄少安．国有资产管理概论．北京：经济科学出版社，2000.
3. 李松森，等．国有资产管理．大连：东北财经大学出版社，2010.
4. 刘玉平，温来成．国有资产管理新论．北京：清华大学出版社，2004.
5. 潘岳．国有资产管理教程．北京：经济科学出版社，1997.
6. 舒瑾，等．国有资产经营管理．成都：西南财经大学出版社，1997.
7. 王菲．英国国有企业管理分析．改革，1999（6）.

第二章 公共部门经济运行与国有资产管理

本章关键词

市场失灵　政府失灵　公共企业　公共定价　社会主义初级阶段
国有经济战略布局

本章内容提要

本章主要从理论与实践两个方面介绍了社会主义市场经济条件下国有资产管理与公共部门经济运行的关系。公共企业是国有企业的一种，是指不以追求盈利和增加政府财政收入为主要目的，而是为了执行政府的经济社会政策、提供公共服务需要而设立的国有企业。在各种市场失灵的领域，公共企业的作用为：克服自然垄断，解决市场的不完整性，实行公共定价和政府管制，为经济社会发展提供必要的基础设施；提供某些特定的公共物品，如武器装备等国防产品；校正商品和劳务的外部效应，合理配置资源；在一定程度上实现收入的公平分配；为政府宏观经济政策目标服务；等等。由于我国坚持走中国特色社会主义道路，因此国有经济的存在和发展以及国有资产管理与社会主义经济制度存在内在联系。此外，鉴于我国社会生产力发展水平较低，企业和个人积累能力有限，政府不仅需要为社会提供纯公共物品，而且要提供相当部分的准公共物品，乃至私人物品。也就是说，经济发达国家的政府投资已不多，而由市场主体提供的商品与劳务在中国的一个较长时期还需要政府的投资与支持。因此，政府投资和国有经济还需要保持一定的规模。

第一节　市场失灵与公共企业运营

一、市场失灵及其主要表现

在市场经济条件下，市场在资源配置中发挥决定性作用。市场利用价格机制、竞争机制，引导企业和个人行为，调节市场供给和需求，实现资源的合理配置。在1929—1933年的大萧条以前，古典经济学家认为，市场机制这只“看不见的手”可有效调节经济运行，达到供求平衡，实现资源的合理配置，而不需要政府干预。周期性爆发的经济危机特别是大萧条的发生表明市场不是万能的，市场机制不能解决资源配置中的所有问题，这就是所谓的市场失灵。一般而言，市场失灵是指市场机制在有些领域不能有效发挥作用，从而达不到资源的有效配置的目的，也就是达不到经济学中的“帕累托效率”。帕累托效率是指资源配置达到了这样一种理想状态：任何分配方案的改变都不能达到在不损害一部分人利益的前提下，提高另一部分人福利水平的目的。既然在这些领域市场机制不能有效发挥作用，那么为实现资源的合理配置，就需要政府干预。从各国市场经济实践分析，市场失灵有各种各样的表现，主要在以下几个方面。

（一）市场处于不完全竞争状态

市场处于不完全竞争状态，也称为竞争失灵。根据经济学原理，在市场处于完全竞争状态的条件下，市场上参与竞争的企业有很多，每一个企业都不能操纵、控制市场价格，只能接受市场价格。这种市场价格是通过供求双方的竞争形成的，各种生产要素可在市场上自由流动，有关交易的信息是透明的。在此情况下，通过价格机制和竞争，企业生产能够达到利润的最大化，即边际利润等于边际成本，资源配置可达到最优状态，也就是帕累托效率。但在现实经济运行中，市场往往达不到完全竞争状态，而是存在垄断，即不完全竞争。垄断还可被进一步划分为完全垄断、寡头垄断和垄断竞争。完全垄断就是严格意义上的垄断，即在市场上只有一个生产厂家，它可以完全操纵市场价格。寡头垄断是指在市场上存在几个生产厂家，这些企业可以控制某一领域的商品和劳务供给价格，但它们之间还存在一定程度的竞争。垄断竞争是指市场上既存在垄断又存在竞争的状况，其程度介于寡头垄断和完全竞争之间，即在市场上有较多的生产企业，它们之间存在竞争，但还达不到完全竞争的状态。在现实经济生活中，垄断竞争是一种较为常见的市场竞争状态。

至于垄断形成的原因，在不同时期和不同国家有不同的答案，主要包括市场竞争形成的垄断、自然垄断等。市场竞争形成的垄断有过度竞争产生的垄断、技术进步产生的垄断等。过度竞争产生的垄断是指，企业在竞争中通过兼并、收购等方式，扩大生产规模和产品市场占有量，当其产量和市场份额足以控制市场价格和供求关系时，就会产生垄断。技术进步产生的垄断，是指由于企业在一定时期掌握了某些生产技术，如专利权等，从而在市场竞争中处于有利地位，能够对产品价格产生影响，进而对资源配置发生作用。而自然垄断有时也称为天然垄断，与某些商品和劳务自身的特点有关，即这类商品和劳务在由一家企业提供时的成本比由多家企业提供时的成本低，从而有利于节约社会资源。供电、供水、供气等公用事业服务的生产和提供具有明显的自然垄断特征。

在垄断条件下，无论具体程度如何，其都会对市场机制形成扭曲，不能有效调节供给和需求，达不到资源合理配置的目的。以自然垄断为例，如图 2-1 所示。

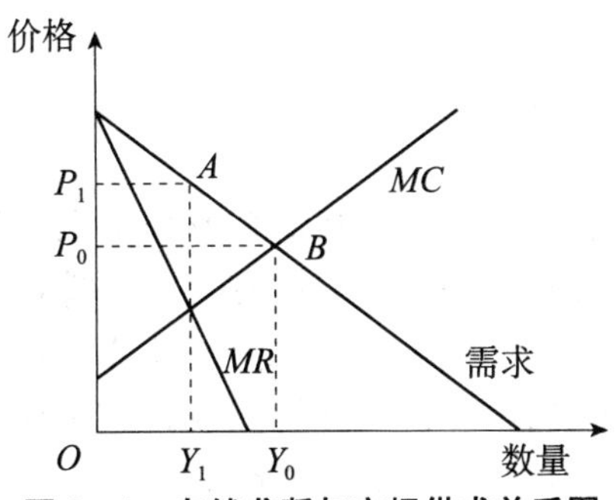

图 2-1　自然垄断与市场供求关系图

在自由竞争的情况下，根据边际成本等于边际利润的最优供给条件，商品和劳务的均衡点为 B，市场供给量为 Y_0，价格为 P_0。但在自然垄断的条件下，生产者的边际利润线低于社会需求线，在与边际成本线相交后决定的数量为 Y_1，价格为 P_1，与自由竞争情况相比，市场供给量减少了 Y_0-Y_1，而价格上升了 P_1-P_0。即在垄断条件下，供给量小于资源配置达到最优时的供给量，而价格高于资源配置达到最优时的价格，从而对资源配置产生了不利影响。

由于市场机制本身无法克服各种垄断产生的竞争的不完全性，资源配置难以达到最优配置状态，这就需要政府干预。政府对市场垄断的治理，主要有两种途径：第一，利用法律手段打击或限制过度竞争产生的垄断，维护市场竞争秩序，如《中华人民共和国反垄断法》及《中华人民共和国反不正当竞争法》等。政府对存在市场垄断行为的企业提起诉讼，要求其纠正垄断行为，甚至将其强行分解，一定规模的企业收购、重组须依法经政府有关部门批准，以达到限制垄断、保护竞争、促进资源合理配置的目的。第二，对自然垄断行业实行政府管制，价格由政府控制或指导，并对服务质量等提出明确要求，限制这类行业的企业凭借其垄断地位操纵市场价格、损害消费者利益，从而维护市场公平竞争。

（二）公共物品

公共物品是与私人物品相对应的一个概念。在市场经济条件下，公共物品不能或不能有效通过市场机制由企业和个人提供，需要政府组织生产和提供。按公共物品的性质可将其划分为纯公共物品和准公共物品。纯公共物品是同时具备非竞争性和非排他性的物品。准公共物品是具备两个特征之一的物品，包括由私人部门生产的公共物品和由公共部门提供的私人物品（这两种物品都可以称为混合物品）。消费的非竞争性，是指在消费过程中，一些人对某一产品的消费不会影响另一些人对这一产品的消费，一些人从某一产品中的受益不会影响另一些人从这一产品中的受益，受益对象之间不存在利益冲突。换言之，增加消费者的边际成本为零。消费的非排他性，是指一旦某项特定的物品被提供出来，便不太可能排除任何人对它的消费。严格地说，这包含三层含义：(1) 任何人都不可能不让别人消费它，即使有些人有独占消费的想法，但由于在操作中或者技术方面不可行，或者虽然技术上可行，成本却过高，因而也是不值得的；(2) 任何人即使不情愿，也无法拒绝对该物品的消费；(3) 任何人都可以在相同数量上或在相同程度上消费该物品。

（三）外部效应

外部效应体现为企业和个人的行为对其他企业和个人产生影响，而这种影响并没有在有关商品和劳务的价格中得到反映，成本没有得到补偿，利益没有得到回报。外部效应根据其结果，可分为外部正效应和外部负效应。外部正效应是指企业和个人的行为对其他企业和个人产生有利的影响，如自然环境的改善、园林绿化等；外部负效应是指企业和个人的行为对其他企业和个人产生不利的影响，如化工厂污染周围环境对居民生活的影响等。

（四）信息的不对称性

信息的不对称性，通常是指进行商品和劳务交易的双方由于所掌握的信息量不相等，不能有效开展公平竞争，从而导致资源配置产生了扭曲。而这种信息的不对称性，是市场机制自身无法克服的。在市场经济运行中，交易信息的充分性是开展充分竞争、公平竞争，资源配置达到帕累托效率的重要前提。但在自发性的市场交易中，一方往往很难完全掌握另一方的有关信息，如：一个普通的消费者，很难准确了解市场所出售食品的成分、营养价值、产地、生产厂家的资信等内容；普通股民在选购上市公司股票时，单凭个人信息搜集能力很难准确掌握该企业的生产经营状况、真实盈利能力、管理人员水平、企业发展前景等信息；保险公司与投保人签订财产保险合同时，为有效防范经营风险，就需要对投保人的资产状况、管理水平、诚信程度等信息有较全面的了解和准确评估，但要做到万无一失是困难的；等等。为解决信息的不对称性对市场机制的干扰问题，就需要政府干预。政府可通过制定和实施法律制度，要求交易双方公平竞争，等价交换所需的信息，维护市场交易秩序，如：政府要求企业在所售商品上明确注明产品成分、生产日期和保质日期、厂家、地址等内容，供消费者自由选择；为维护股票交易的公平性，保护股民利益，政府有关主管部门要求上市公司定期公布财务信息，并进行有效监管，保证信息的真实可靠性；对于签订的各类交易合同，要求其信息充分，公平公正，不得有欺诈行为等。

（五）市场的不完整性

市场的不完整性所形成的市场失灵，是指由于一个国家或地区市场体系不完整，某

些市场发展相对滞后，甚至不健全，不能有效提供社会所需要的商品和劳务。若市场的不完整性使市场机制不能有效发挥作用，就需要政府干预，较为典型的是保险市场和资本市场。市场经济国家的政府普遍介入社会保险领域，并提供农业保险、储蓄保险等服务。在资本市场方面，政府提供教育贷款、中小企业贷款、农业贷款等。尽管这些服务有的属于私人物品的范畴，但由于市场的不完整性，不能完全满足社会需要，因此政府提供此类服务，有利于发展经济和改善人民生活。在发展中国家，市场的不完整性特别是资本市场发展滞后是较为普遍的现象。

（六）收入分配不公平

市场在收入公平分配领域的失灵，是指市场不能有效调节国民收入在社会各部门、各地区、各阶层和各成员之间的合理分配，缩小收入差距，体现社会公平。即使在经济运行达到帕累托效率的条件下，市场也不会自动实现收入公平分配。市场强调效率，通过价格机制和竞争机制，各种生产要素和资源向效率更高的地区、部门、产业、企业以及个人集中，反而会进一步扩大收入在各个领域的差距。但任何经济运行都是在一定社会环境下进行的，如果社会成员之间收入分配不公平，贫富差距悬殊，特别是在相当部分成员基本生活都难以保证的情况下，必然引发大量社会矛盾，导致犯罪率居高不下，游行、示威、罢工连续不断，甚至引发政局动荡，对经济正常运行产生严重影响，最终有损效率的提高。这就需要政府在公平与效率之间进行权衡，通过税收制度、社会保障制度，有效调节收入分配差距，体现社会公平，化解社会矛盾，维护社会稳定。

（七）不能有效实现宏观经济的稳定与增长

市场不能有效实现宏观经济的稳定与增长，是指自发的市场机制不能维持宏观经济总量与结构的均衡，以达到经济增长的目的。特别是在解决通货膨胀、充分就业、产业结构、区域经济结构等宏观经济问题方面，市场本身无能为力。从市场运行过程来看，其主要利用价格、竞争等市场机制来引导企业等微观主体活动，调节供求关系，以合理配置资源，但对一些宏观经济变量难以进行自觉、有效和主动调控。以通货膨胀为例，其成因有成本推动、需求拉动等多种情况，但都是一种货币现象，在实行纸币制度、中央银行垄断货币发行的条件下，某一商品或某一市场领域的价格波动、竞争很难对物价总水平和货币币值产生决定性作用，从而需要政府及时制定和实施正确的宏观经济政策。

二、政府失灵及其管理

现代市场经济理论认为，市场失灵的存在和有效配置资源的需要是政府干预经济活动合理性的依据。但并不能从中得出这样的推论，即政府可完全解决市场失灵问题，达到资源配置的帕累托效率。也就是说，政府并不能完全解决市场失灵的问题，还存在一个政府失灵的问题，主要表现在以下几点。

（一）政府决策信息的有限性

政府决策信息的有限性，是指政府在调节经济运行、克服市场失灵的过程中，由于所收集、掌握的信息不足，从而影响政府决策的及时性、准确性和科学性，政策达不到预期效果。此种状况既包括由政府主观原因所形成的信息有限性，也包括因客观原因产生的信息有限性。因政府公务人员玩忽职守，掌握情况不准确而造成的决策失误，就属于前者；因情况紧急，在原有统计资料不完整，已无法准确收集具体信息的条件下，对政府决策产生的不利影响，则属于后者。在调控国民经济运行过程中，因政府决策环境的复杂性、多变性，即使在信息技术发达、电子政务普遍推行的今天，也不能完全解决决策信息有限性的问题。以我国在城镇实行的居民生活最低保障制度为例，政府要做到对生活困难居民应保尽保，就要求做到详细掌握享受最低生活保障的居民的收入来源、就业状况、家庭人口等信息资料，否则就会出现应保障的生活困难者没有得到保障，不符合条件的人反而从政府得到社会救济金，政策执行结果与初衷背道而驰的情况。

（二）市场及主体行为控制的有限性

市场及主体行为控制的有限性，是指政府在制定、实施有关经济政策，调节经济运行，实现宏观经济目标时，企业、个人等市场主体不一定能够及时做出反应，或者其行为向政府不希望的方向转变，政府不能完全控制价格波动、生产要素流向等市场形势，致使政府政策不能达到预期效果，甚至失效。在市场经济条件下，企业、个人是独立的市场主体。企业和个人自主经营、自负盈亏、照章纳税，在国家法律制度范围内根据其自身利益和市场预期，独立决定生产什么、为谁生产、生产多少、什么时候生产，而政府不能直接干预。政府只能运用财政政策、货币政策等政策工具，引导、调节微观主体行为，使之向政府政策目标转变，但在什么时间转变或在多大程度上转变，则取决于企业、个人对其经济利益的追求和对市场发展的预期，属于企业内部管理事务和私人决策范围，主动权掌握在企业和个人手中，不完全听命于政府，这在一定程度上制约了政府干预经济活动的有效性。

（三）对政府机构控制的有限性

对政府机构控制的有限性，是指政府在运用政策工具、干预经济运行过程中，受立法机关与政府的关系、中央政府与地方政府的关系以及政府各部门之间的关系的制约，政策效果未能如期实现，出现全部或部分失效的现象。即在制定、实施经济政策的过程中，政府未能有效执行立法机关制定的决策，中央政府未能有效控制地方政府的行为，或者政府未能有效协调各个部门之间的关系，以致出现政策执行偏差的问题。从经济学的角度分析，中央政府、地方政府及政府各部门都是一种利益集团，在政策制定和实施的过程中，需要相互协调，兼顾各方利益，才能保证政策预期目标的实现。一味强调中央利益或地方利益，必然对政策的执行产生影响。在我国，“上有政策，下有对策”的说法在一定程度上反映了这种现象。

（四）政治程序实施中的有限性

政治程序实施中的有限性，是指政府财政收支等重大决策需要通过政治程序来解决，当涉及各部门、各地区、各单位、社会各阶层及其成员的切身利益时，其结果往往是通过相互妥协以达成协议，政府部门的有关判断、政策主张不能够完全实现。在政府经济活动中，除法律授权范围内的决策外，重大经济行为则要按法定程序报立法机关审核、批准。对于政府财政预算、决算，各国一般都要经立法机关审批。在我国，除财政预决算外，政府的国民经济和社会发展五年规划与年度规划也要经各级人民代表大会批准后执行。因利益关系制约，经政治程序决策的政府经济活动受到各个利益集团的干扰和影响，呈现出一种较为复杂的博弈关系，政府不能完全控制其过程和结果，从而影响政府政策意图的实现。在西方议会制度中，各个利益集团通过院外活动游说议员，使政府财政分配和经济政策符合其要求。在我国，各地区、各部门和各单位也通过各种方式对政府财政政策和宏观经济管理施加影响，以满足自己的需要。因此，政府经济决策和预期政策效果应充分考虑政治程序的制约。

由于政府失灵的存在，在调节经济运行、克服市场失灵的过程中，就需要正确估计和评价政府经济政策的效果，尽可能减少政府决策失误，防范过度干预和不当干预，提高政府资源配置效益，有利于经济社会健康发展。

三、公共企业与市场失灵的调整

面对市场失灵的种种表现，政府需要采取各种有效措施来克服市场失灵，防范政府失灵，以实现合理配置资源，满足社会公共需要。其中，兴办公共企业，为社会提供公共服务，是重要途径之一。公共企业是国有企业的一种，即不以追求盈利和增加政府财政收入为主要目的，而是为了执行政府政策、提供公共服务需要而设立的国有企业。这类企业主要采取政府全资企业或者控股企业的形式。

在各种市场失灵的领域，公共企业可以在以下几方面发挥作用：（1）克服自然垄断，解决市场的不完整性，实行公共定价和政府管制，为经济社会发展提供必要的基础设施。（2）提供某些特定的公共物品，如武器装备等国防产品。（3）校正商品和劳务的外部效应问题，合理配置资源。（4）在一定程度上实现收入公平分配。（5）为政府宏观经济政策服务。在上述各点中，我们选择第（1）点和第（5）点进行论述，其他内容不再分别说明。

（一）公共企业与公共定价

公共定价，是指政府通过对公共企业提供某些特定商品和劳务来收取费用的决策。之所以称公共定价，是因为这些商品和劳务具有公共物品的特征，以满足社会公共需要为目的，不同于完全由市场机制决定供求关系的私人物品。在市场经济条件下，大部分公共物品由政府无偿提供，尤其是纯公共物品，如国防、外交、一般行政管理等，其资金主要来源于强制、无偿征收的税收。而上述商品和劳务需要收费，是因为其收益属于某些特定群体或个人，效用既有公共物品性质，也有私人物品特点，也被称为准公共物品。与无偿提供相比，通过收费来弥补部分或全部支出成本可减少浪费，提高资源配置效率。这些收费商品和劳务可由政府直接生产和供给，也可由私人组织生产和供给，而价格由政府管制。

对部分公共物品合理定价后进行收费，构成了政府财政收入的来源之一。特别是地方政府对公共物品的收费（又称使用者费）占财政收入的比例较高。根据国际货币基金组织的《政府财政统计年鉴》等有关资料，有些国家的地方政府的使用者费占其财政收入的20%～25%。但各个国家的财政预算制度不同，使用者费被纳入政府预算的范围也各异。在我国，有一部分行政性收费已被纳入预算管理，一部分作为预算外资金管理，其余部分则作为经营性收费，不被纳入行政性收费管理。但我国目前还存在大量资金在国家财政制度外循环的乱收费项目，其治理难度大、危害严重。

1. 公共定价原理。对于公共定价，政府首先要明确应根据什么来决定特定公共物品的价格，即收费的高低。政府提供这些特定公共物品需要付出相应的成本，因此就要考虑收费（即销售价格）能否弥补成本，乃至取得利润，从而保证这些特定商品和劳务的有效供给，以及政府政策目标的实现。在此基础上，还需要综合分析市场需要等因素对定价的影响。

根据微观经济学原理，企业生产一种商品或劳务的利润最大化的条件是，该商品或劳务的边际利润等于边际成本，当市场处于充分竞争状态时，其销售价格就等于边际成本。对公共定价而言，理想状态当然也是按边际成本定价，但由于公共物品生产和供给的特殊性，完全按边际成本定价还存在问题，因为在需要政府定价或者进行价格管制的公共物品中，有一部分是具有自然垄断性质的基础产业，如供电、供水、供气、邮政、通信等。自然垄断性质的商品和劳务生产具有规模效益递增的特点，总成本随着产量的提高而下降，且边际成本永远小于平均成本。其相应关系可用图2-2来说明。

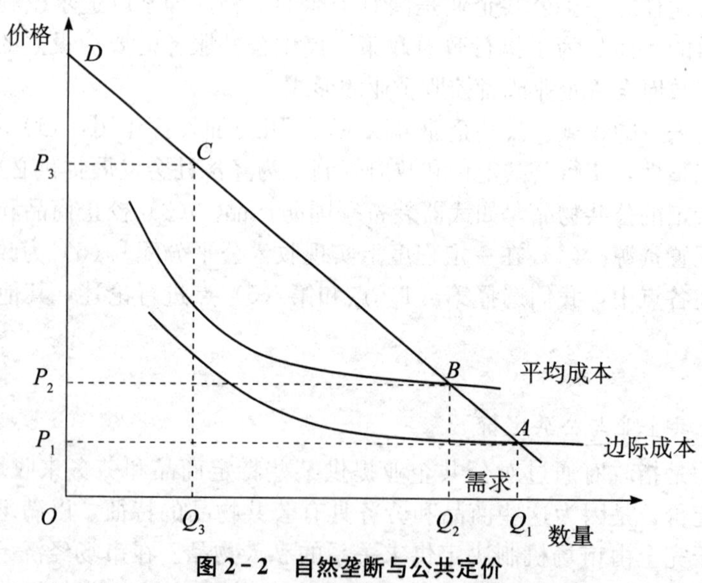

图2-2 自然垄断与公共定价

在图2-2中，边际成本曲线与需求线相交于A点，其价格为P_1，需求量为Q_1；平均成本曲线与需求线相交于B点，其价格为P_2，需求量为Q_2。如公共物品按边际成本

定价，由于 $P_1<P_2$，因而尽管消费者可得到一个较大的消费数量，但生产企业会发生亏损，需要政府提供财政补贴，从而加重财政负担。而公共物品按平均成本定价，生产企业收支平衡，但市场供给量减少 Q_1-Q_2，价格上升 P_2-P_1，公共物品使用效益下降。还有一种选择，就是将价格提高到 P_3，供给数量减少到 Q_3，生产企业收费不仅可弥补其成本，还会有利润，但这时市场商品和劳务可供量远远低于有效需求，消费者承担较高的价格，不一定能达到满足社会公共需要的目的。可见，在公共定价时，政府面临着按边际成本定价、平均成本定价或高于平均成本定价三种不同的选择。至于如何具体决策，则取决于政府宏观政策、财政运行状况、市场供求关系等因素。

2. 公共定价法。根据上述原理，政府在选择公共定价标准后，具体可采用以下定价方法。

（1）单一定价法。即根据消费者消费公共物品的数量与质量，确定依据单位价格收费的方法。如自来水公司根据每个居民户的用水数量，按每吨水以一定价格收取水费，而不再考虑用水限额等问题。

（2）二部定价法。即根据公共物品成本构成，分两部分确定其价格的方法。基础设施等公共物品成本，按其构成可分为资本成本与经营成本。资本成本是该公共设施在建造时的成本，属于固定成本；经营成本是指公共设施在使用过程中产生的成本，属于变动成本，也就是说，经营成本随着使用数量的增加而增加。二部定价法就是在公共定价时分为两部分，一部分是承担资本成本的准入费，一部分是承担经营成本的使用费，准入费在一定时期是固定的，使用费则随着使用量的增加而增加。如公共电话系统的使用者每个月须缴纳固定数额的月租费，还要根据通话次数收取使用费。

（3）高峰负荷定价法。有一部分公共设施在使用时间上是不均衡的，存在集中使用的高峰期，在此期间，存在资源配置的拥挤成本问题，而在其他时间，设施可能不被完全充分利用。对于这类设施，在采用二部定价法的基础上，在使用高峰期再加收部分费用，可以缓解高峰期供给的紧张状况，均衡资源的有效配置。如：对在用电高峰期的电力消耗加收一定费用；对在车流高峰期通过某一高速公路路段的车辆提高收费标准等。

3. 公共定价的功能。在政府所提供的公共物品中，大部分是无偿提供的，政府利用税收等手段来筹集资金，满足这些公共物品的支出需要。但有一部分公共物品，特别是具有自然垄断性质的准公共物品对其使用者收费，以弥补部分或全部成本支出，这比无偿使用更有利于提高资源配置效率，满足社会公共需要。公共定价与收费具有以下功能。

（1）体现政府宏观政策的目标。如前所述，在公共定价时，政府可按照边际成本定价，也可按照平均成本定价，或者高于平均成本，根据利润最大化原则定价。至于政府最后决定按什么方式定价，在政府财力状况一定时，则取决于政府宏观政策的目标。对于那些与广大普通居民生活关系密切、使用范围广的基础设施服务，可按边际成本定价，亏损由政府财政补贴，有利于体现社会公平；对具有拥挤成本，或资源稀缺，需要抑制消费、防止浪费的公共物品，可按二部定价法、高峰负荷定价法来定价，以提高资源配置效率。这样，公共定价可成为实现政府宏观政策目标的重要工具。

（2）提高资源配置效率。对于具有自然垄断性质的基础设施服务，可实行政府经营、公共定价，或者授权私人经营，政府实行价格管制。同垄断经营相比，这样可增加市场有效供给，提高资源配置效率，更好地满足社会公共需要。在垄断经营条件下，垄断企业凭借其垄断地位，其生产的数量远远低于资源有效利用时的数量，不能满足社会公共需要。其价格高于资源有效利用时的价格，虽然企业可获得垄断利润，达到利润最大化的目的，但消费者的利益受到损害，社会资源配置效率下降。而实行公共定价，可在一定程度上有效解决这些问题。

（3）稳定市场物价。各种大型公共服务设施或自然垄断性产业具有规模效益递增的特点，其投资额大，资金周转时间长，见效慢，技术要求高，管理难度大，通过公共定价稳定价格，能够保证其收益，抑制盲目投资与恶性竞争造成的供过于求、价格下跌所导致的社会资源浪费，也有利于防范其投入大幅下降，市场供给不足，不能满足社会公共需要。同时，这些公共设施与居民生活关系密切，与市场其他商品和劳务价格关联程度高，相当部分的价格属于上游商品价格，通过政府公共定价，或者价格管制，可以稳定其收费，有利于保持整个市场的价格稳定，治理通货膨胀，改善人民生活。

（二）利用公共企业为政府宏观经济政策目标服务

在实现经济增长、充分就业、稳定物价、收入合理分配、国际收支平衡等政府宏观经济政策目标的过程中，公共企业具有其独特的作用。稳定物价、收入合理分配的问题在前文中已有论述，不再重复。

1. 公共企业与经济增长。经济增长，通常是指一个国家或地区一定时期内国民生产总值或国民收入的增加，可用经济增长率或增长额来表示。特别是人均国民生产总值或国民收入的增加更能很好地反映一个国家或地区的经济实力。只有创造出更多的社会财富，才能更好地满足社会需求，因而经济增长往往是发展中国家政府所追求的主要经济政策目标。同时，经济增长还要求经济稳定，即经济增长在一个相对平稳的区间内运行，避免大起大落。在社会秩序混乱、社会供求关系严重失衡、物价飞涨、通货膨胀严重的情况下，一个国家很难实现经济增长。此外，政府在促进经济增长的过程中，还需要注意经济增长与人口、资源和环境之间的关系。政府可利用公共企业来调节经济运行周期，实现经济的稳定与增长。在经济衰退、萧条时期增加公共企业投资，或兴办国有企业，可扩大投资规模，利用投资乘数效应来刺激社会有效需求，推动经济复苏与增长；在经济繁荣时期收缩国有企业生产经营规模，可控制社会有效需求，防止经济过热和通货膨胀，保持经济稳定与增长。

2. 公共企业与充分就业。充分就业是指降低失业率，使有工作能力、愿意工作的劳动者找到工作。就业问题关系到人们的基本生活需求，影响到成千上万个家庭和个人的切身利益。就业不仅是经济问题，而且是十分敏感的政治与社会问题，历来为政府和社会各界所关注。从资源配置的角度分析，一定时期内失业率过高，大批劳动者找不到工作，就意味着劳动力资源及其他资源的巨大浪费。高失业率往往伴随着大范围的生产损失或停工，因而失业率的高低直接制约着社会总需求，影响社会再生产和有效供给，以及经济的稳定与增长。而在市场经济条件下存在失业的原因是复杂多样的，其主要类型有：（1）自愿失业。即在市场上有就业需求和岗位，但失业者自己不愿就业。在市场工资率较低时，有的人宁可选择闲暇而不去工作，或者宁可领取失业救济金而不愿去找工作等，都属于自愿失业。（2）结构性失业。随着科学技术的迅速发展，新产品、新行业、新产业不断涌现，原有产业部门对劳动力的需求有的增加、有的减少，并对劳动力提出新的要求，若劳动者未能及时适应市场变化，便会产生结构性失业。（3）周期性失业。即因经济处于经济周期的不同阶段而形成的失业。在经济衰退时期，对劳动力的总需求下降容易产生周期性失业。可见，政府的充分就业政策并不是要求就业人口百分之百就业，而是将失业率控制在某一社会认可的比例之内。在许多西方国家，失业率在4%左右便被认为是充分就业。而政府通过兴办公共企业可在一定程度上缓解失业的压力，如政府出资收购即将倒闭的私营企业，防止出现大批职工失业的现象，待企业生产出现转机后再出售或私有化。这也是许多国家常用于解决失业问题的措施之一。不过，我国目前处于国有经济的战略调整时期，国有企业的就业人数在有些年份不是增加而是下降，这种现象具有过渡性和阶段性。

3. 公共企业与国际收支平衡。国际收支平衡是指一个国家在一定时期内基于对外经济交流和外交活动所引起的货币收入总额和支出总额相等，主要包括经常项目收支（包括进出口收支、非贸易往来收支及无偿转移收支）和资本项目中的长期资本收支。当收入大于支出且有盈余时，称为国际收支顺差；当收入小于支出而有亏空时，称为国际收支逆差。当一国国际收支出现逆差时，表明对外负债，一般要动用外汇或黄金储备来偿付债务，弥补差额，或者借助于国际信用以取得平衡，如吸收外资流入、向外国银行举借短期信贷等。当国家出现国际收支不平衡时，政府可要求国有企业增加商品和劳务出口，取得更多的外汇收入，并减少外汇支出，以平衡国际收支，保持宏观经济的稳定与增长。这一点在发展中国家尤为突出。在我国，国有企业是出口创汇的重要主体之一。

四、公共企业与公共部门经济运行

公共企业作为公共部门经济的重要组成部分，可从各个方面对公共部门经济运行产生影响，我们重点从公共物品供给方式的角度分析。

（一）公共物品的公共生产和供给

政府对某些不能或不能有效通过市场机制由私人提供的公共物品，直接通过兴办国有企业向社会提供。这类公共物品主要包括道路、桥梁、邮政、供电、供水、供气等公共设施，国防设施，以及高风险的高新技术产品等。这些公共物品，有的投资额大、建设周期长、资金回收慢、技术要求高，项目本身只有微利，甚至无利可图，私营企业和个人不愿或无力投资，只能由政府通过国有企业直接提供。有些公共物品则具有自然垄断性，为维护公共利益，不宜由私营企业和个人控制，适于由公共企业供给。有些公共物品涉及国防安全，在私人供给条件不成熟时，只能由政府兴办公共企业来直接提供。因此，在公共物品的公共生产和供给的条件下，公共企业对公共部门经济的供求平衡具有决定性影响。

（二）公共物品的合同承包供给

公共物品的合同承包供给，是指政府将国有企业或国有资产承包给私人企业和个人，由其组织生产经营，按照合同所规定的价格或质量为社会提供服务，并履行合同所规定的其他义务。公共物品的合同承包供给，是市场经济条件下公共物品供给的有效方式之一。合同承包供给可克服政府直接经营国有企业所产生的官僚主义盛行、效率低下、不能满足社会有效需求等弊病，充分发挥市场机制在公共物品供给中的作用，提高国有资产的使用效率。不过这种方式要求强调承包人权利与义务之间的对等，承包合同可明确界定政府与承包人之间的权、责、利关系，政府能够有效监督合同的执行，既增加公共物品供给，又维护社会公共利益。

（三）公共物品的混合供给

公共物品的混合供给，是指由国家与私营企业合股成立股份公司从事公共物品的生产和供给，或者国有企业与私营企业共同承担某些公共物品的供给。公共物品的混合供给可打破国有企业的垄断经营，在公共物品的生产和供给中引入市场机制，动员社会力量参与社会公益事业的发展，推动国有企业改善生产经营，提高资产利用效率，为社会提供优质服务，也有利于减轻政府财政负担。从公共物品的属性分析，在市场经济条件下，除纯公共物品外，准公共物品的生产和供给不应该、也不可能全部由政府承担，混合供给是必然的选择。不过，在不同国家、不同地区，混合供给的比例方式可能有较大差异。在不少国家，由政府与私营企业合股成立股份公司即混合公司，这类公司在运行方式上与一般私营企业没有多大区别，管理灵活，可较好地适应社会需求的变化。

（四）私人物品的公共供给

私人物品的公共供给，是指政府通过国有企业提供某些私人物品范围的商品和劳务。一般而言，私人物品是通过市场机制由企业和个人提供，属于市场配置资源的范围。之所以出现私人物品的公共供给现象，主要有两种情况：一是政府执行其政策的需要；二是受经济社会发展水平的限制，市场体系不健全，不能有效提供社会所需要的商品和劳务。前者如政府为低收入阶层、政府公务人员提供廉价住房，政府为企业员工提供职业技术培训等。后者如政府直接设立保险公司为农业企业提供保险服务等。对经济社会发展相对落后的发展中国家来说，政府不仅需要提供相当部分的准公共物品，而且需要提供一定数量的私人物品。

第二节　国有经济战略布局与国有资产管理

一、国有资产与社会主义经济制度

我国坚持走中国特色社会主义道路，国有经济的存在、发展及国有资产管理与社会

主义经济制度存在内在联系。

(一)我国对社会主义经济制度的探索

在马克思主义经典作家的论述中，社会主义经济制度的基本特征有：以生产资料公有制代替私有制，消灭商品货币关系，对全部生产实行有计划的调节，在共产主义的初级阶段要实行按劳分配，尽快发展社会生产力，实现共同富裕，在共产主义阶段达到个人自由全面的发展。

中华人民共和国成立后，我国一直以马克思主义基本原理为指导，努力探索和建设符合中国国情的社会主义道路。经过几十年的社会主义实践，特别是改革开放 40 多年的探索，我国目前已基本上形成了较完整的社会主义初级阶段理论和社会主义市场经济理论体系。在中国这样一个发展中国家进行社会主义建设，需要经过一个相当长的历史发展阶段，即社会主义初级阶段。在社会主义初级阶段，生产力发展比较落后，发展不平衡，所有制结构是以公有制为主体，多种所有制共同发展为特征。公有制有国家所有制、集体所有制等多种实现形式。在社会主义初级阶段，实行以按劳分配为主体，多种分配方式并存的分配制度。社会主义市场经济是市场经济与社会主义相结合的新体制，在该体制下，市场在国家宏观调控下对资源配置起决定性作用。

(二)国有经济及国有资产管理的基本特征

如前所述，国家所有制是公有制的有效实现形式之一。与其他公有制形式相比，国有经济及国有资产管理的基本特征是：(1) 国有经济公有化程度高，由国家代表全民拥有国有企业资产。只要是我国的公民，都依法享有对国有资产的所有权。而集体经济是在一定范围内其成员对财产拥有所有权，不同集体之间存在不同利益，资产不能在不同集体之间无偿平调、转让。(2) 国有经济控制着掌握国民经济命脉、关系国计民生的重要行业，在国民经济和社会发展中具有特殊地位。中华人民共和国成立初期，政府通过没收官僚资本，将当时控制国民经济要害部门、行业的企业收归国有，使国有企业具有掌握整个国民经济运行的能力，再加上民族资本的改造和国家财政的大量投资，国有经济在整个国民经济体系，特别是工业体系中处于绝对主导地位。(3) 国有经济代表全社会的利益，可直接执行政府的路线、方针、政策，是政府干预、调节经济社会发展的工具。例如，国有企业若发生政策性亏损，则由政府财政给予财政补贴。而集体企业等公有制企业首先关心的是自身利益，在法律、法规允许的范围内，其追求自身利益的最大化，一般不宜充当政府的政策工具。不过，政府也可对符合政策需要的集体经济给予一定的资金、政策支持。

(三)国有经济及国有资产管理与社会主义经济制度

我国坚持走中国特色社会主义道路。而生产资料所有制性质是区分一种社会制度与另一种社会制度的根本标志，公有制是社会主义经济制度的基本特征，国家所有制是公有制的有效实现形式之一，在社会主义经济制度建设中具有重要地位。

1. 国有经济及国有资产管理，是巩固和发展社会主义经济制度的重要基石。由于国有经济控制着掌握国民经济命脉、关系国计民生的重要行业，在整个国民经济体系特别是工业体系中处于主导地位，因而在我国社会主义建设中，国有经济的发展状况与国有资产管理水平的高低对整个国民经济的发展具有决定性的影响。国有经济成为巩固和发展社会主义经济制度的中流砥柱。从某种意义上讲，国有经济及国有资产管理关系社会主义基本制度的生死存亡。

2. 国有经济及国有资产管理，关系公有制有效实现形式的发展。国有经济公有化程度高，由国家代表全民拥有国有企业资产，对集体所有制等其他公有制形式的发展具有重要影响。在现阶段，要适应经济市场化不断发展的趋势，就应当进一步增强公有制经济的活力，大力发展国有资本、集体资本和非公有资本等参股的混合所有制经济，实现投资主体多元化，使股份制成为公有制的主要实现形式。需要由国有资本控股的企业，应区别不同情况对其实行绝对控股或相对控股。要完善国有资本有进有退、合理流动的机制，就应当进一步以明晰产权为重点，深化集体企业改革，发展多种形式的集体经济。公有制实现形式的完善与发展是社会主义经济制度巩固和发展的重要途径。

3. 国有经济及国有资产管理，关系非公有制经济的健康发展与社会主义经济制度的完善。在我国社会主义初级阶段，实行以公有制为主体，多种所有制共同发展，以按劳分配为主体、多种分配方式并存的分配制度。国有经济的健康发展及国有资产管理水平的提高在遵纪守法、保证产品质量、保障职工权益、保护环境等方面，对各类非公有制经济的发展起着示范、带动作用，既能促进社会生产力的发展，又能达到巩固和发展社会主义基本经济制度的目的。

二、国有企业改革现状分析及国有经济战略重点

（一）国有企业改革现状分析

自改革开放以来，国有企业改革一直是改革的中心环节，经过40多年的艰苦努力，改革已取得突破性进展。在产权制度、法人治理结构、收益分配、工资制度、用工制度、投资决策、价格管理等方面，改革已有长足进步，企业逐步成为自主经营、照章纳税、自负盈亏的市场经营实体。但目前还存在不少问题，需要通过深化改革逐步解决。

1. 规范的现代企业制度建设尚未全面完成。虽然大多数国有企业已经进行了公司制改革，不少企业建立了现代企业制度的基本框架，但离规范的现代企业制度还有不小差距。(1) 法人治理结构不完善。突出表现为有的国有企业还没有进行公司制改革，没有建立董事会。由于一股独大，一些上市公司的国有大股东不尊重或损害中小股东的合法权益。不少国有控股的公司制企业董事会、监事会形同虚设，不能发挥应有的决策、制衡和监督作用，内部人控制问题比较严重。以资产为纽带的母子公司体制还没有真正形成，不少母公司对其所出资的重要子公司缺乏有效的监管，或通过子公司逃避出资人的有效监管。(2) 经营者的市场化配置尚未实现。主要表现为选拔任用企业负责人的方式和渠道单一，区别于党政领导干部、符合企业特点的管理办法还没有建立起来，选拔评价企业负责人的方法和标准不完善，有效的激励约束机制也未形成。一方面，相当一部分企业经营者自己决定收入分配方案和收入水平；另一方面，企业经营者收入的货币化、

透明度不高，职务消费不规范的问题相当普遍。(3) 国有企业内部劳动、人事、分配三项制度改革尚未到位，平均主义、大锅饭问题没有得到很好解决。具体表现在经营管理和关键技术岗位上的职工收入低于劳动力市场价格，而一般岗位上职工的收入又高于劳动力市场价格。分配上的平均主义造成激励错位，对企业人员流动起到了逆向调节作用，人才留不住，冗员出不去。

2. 国有经济布局和结构不合理状况尚未根本改变。近年来，国有经济布局和结构的战略性调整虽然取得一定进展，但从总体上看，国有经济布局仍然过宽，结构不尽合理，影响了主导作用的发挥。从行业分布看，除涉及国家安全的行业、自然垄断的行业、提供重要公共产品和服务的行业以及支柱产业和高新技术产业中的重要企业外，国有企业还广泛分布在其他行业和领域。在一些市场化程度比较高、竞争比较激烈的加工行业和一般性服务行业，国有及国有控股企业的营业收入仍然保持着相当份额。此外，还有一大批需要破产关闭的“僵尸”企业。在这些困难企业中，拖欠职工工资、生活费、医疗费、集资款等现象严重，职工生活困难。受核销银行呆坏账准备金额度、政府财力及社会保障体制不健全等因素的制约，这些企业一时难以退出市场，不仅影响国有经济主导作用的发挥，而且成为影响企业和当地社会稳定的重要因素。

(二) 国有经济战略重点

根据国有经济的特点，以及完善与发展社会主义经济制度的内在要求，在深化改革、扩大开放的过程中，我国必须坚持公有制的主体地位，发挥国有经济的主导作用，积极推行公有制的多种有效实现形式，加快调整国有经济布局和结构，推动国有资本更多地投向关系国家安全和国民经济命脉的重要行业和关键领域，增强国有经济的控制力。其他行业和领域的国有企业，通过资产重组和结构调整，在市场公平竞争中优胜劣汰。例如，发展具有国际竞争力的大企业集团，继续放开、搞活国有中小企业。具体而言，在国有经济的战略调整中，我国国有经济和国有资产集中的重点领域如下。

1. 国家安全行业，指涉及国防安全、经济安全的行业，包括军事装备制造、航天航空、邮政通信、金融保险等行业。这些行业的生产经营活动，关系国家的国防建设和国民经济的健康运行。为了保卫国家领土完整，维护国家主权，为国家建设和人民生活创造良好的环境，由国家创办国有企业并提供有关产品和服务是十分必要的。从其他国家来看，也有通过私人企业提供，或者国家与私人企业混合提供的现象，但在我国现阶段，这样做可能是不现实的。同时，国家通过国有金融保险等部门，可有效调控国民经济运行，保持宏观经济正常秩序，防范和化解经济危机，为经济和社会发展创造良好条件。

2. 自然垄断行业，主要指供电、供水、供气、公共交通、道路、桥梁等公用事业。这些公用事业为人民生活和企业生产经营提供了必不可少的共同条件，关系社会的公共利益，并且具有自然垄断性的特点。即在一定领域由一家企业提供某类服务如供水的成本，比同时由两家以上的企业提供服务的成本低，一旦某一家企业进入该领域提供服务，就会排斥其他企业进入，形成垄断。自然垄断行业如没有政府干预、管制，必然形成垄断价格，减少有效供给，损害消费者的利益，因而适合由政府设立国有企业直接经营，并进行公共定价和管制，以维护公共利益。不过，从 20 世纪 80 年代以来，不少国家在这一领域推行市场化改革，将一部分国有企业出售给私人企业。

3. 提供重要公共物品和服务的行业，主要指科技、教育、文化、卫生、社会保障、环境保护等公共服务。这些服务有的属于纯公共物品，如基础科学研究、义务教育、公共卫生等，不能通过市场机制由企业或个人来提供，只能由政府供给，并需要政府提供相应的设施和条件，形成对国有资产的占有；有的属于准公共物品，政府可根据经济和社会的发展需要，选择若干重点领域进行扶持，如高新技术开发、高等教育重点学科等，以实现政府在一定时期内的政策目标。

4. 重要的资源行业，包括石油、天然气、有色金属、黑色金属等行业。这些重要资源为工农业生产和服务行业提供了重要的原材料，其发展规模和水平对一定时期内整个国民经济和社会的发展具有决定性的影响，是关系国计民生的重要领域。要保持国家对经济运行和社会进步的有效控制，维护国有经济的主导地位，国有企业需要掌握这些重要的资源行业。

5. 高新技术产业、新兴战略性产业中的骨干企业。以信息技术为代表的高新技术产业，以及新兴战略性产业展示了未来知识经济的发展方向，国有经济承担着巩固和发展社会主义制度，指导经济运行和社会发展趋势等历史重任，因此需要在高新技术产业、新兴战略性产业领域占据有利地位，利用一部分骨干企业为政府的路线、方针、政策服务。

三、国有经济布局与国有资产营运

为了实现一定时期国有经济的战略布局，在国有资产营运过程中，需要采取有效措施以达到其目标。特别是在现阶段，国有经济分布广泛，国有资产存量庞大，国有经济转型、调整的任务仍十分繁重。

1. 加强国有产权转让管理。为实现上述国有经济布局，现有国有资产存量必然要进行有进有退的战略调整，即将一部分非重点领域的资产转让出售，增加重要行业的投资。其中，国有产权转让管理是关键问题之一。企业国有产权转让应当遵守国家法律、行政法规，有利于国有经济布局和结构的战略性调整，促进国有资本优化配置，坚持公开、公平、公正的原则，保护国家和其他各方合法权益。企业国有产权转让应当在依法设立的产权交易机构中公开进行，不受地区、行业、出资或者隶属关系的限制。企业国有产权转让可以采取拍卖、招投标、协议转让，以及国家法律、行政法规规定的其他方式进行。转让的企业国有产权权属应当清晰。权属关系不明确或者存在权属纠纷的企业国有产权不得转让。被设置为担保物权的企业国有产权转让应当符合《中华人民共和国担保法》（简称《担保法》）的有关规定。

2. 维护国有产权合法权益。在实现国有经济布局的战略调整中，企业国有产权转让方、转让标的企业和受让方有下列行为之一的，国有资产监督管理机构或者企业国有产权转让相关批准机构应当要求转让方终止产权转让活动，必要时应当依法向人民法院提起诉讼，确认转让行为无效。（1）未按有关规定在产权交易机构中进行交易的。（2）转让方、转让标的企业不履行相应的内部决策程序、批准程序，或者超越权限，擅自转让企业国有产权的。（3）转让方、转让标的企业故意隐匿应当纳入评估范围的资产，或者向中介机构提供虚假会计资料，导致审计、评估结果失真，以及未经审计、评估，造成国有资产流失的。(4) 转让方与受让方串通，低价转让国有产权，造成国有资产流失的。(5) 转让方、转让标的企业未按规定妥善安置职工、接续社会保险关系、处理拖欠职工各项债务以及未补缴欠缴的各项社会保险费，侵害职工合法权益的。(6) 转让方未按规定落实转让标的企业的债权、债务，非法转移债权或者逃避债务清偿责任的。(7) 以企业国有产权作为担保，但转让该国有产权时，未经担保权人同意的。(8) 受让方采取欺诈、隐瞒等手段影响转让方的选择以及产权转让合同签订的。(9) 受让方在产权转让竞价、拍卖中，恶意串通压低价格，造成国有资产流失的。

3. 打破行业的自然垄断，引入社会资本进行竞争，缩短国有经济过长的战线。对城市供水、供气、供热、公共交通、污水处理、垃圾处理等自然垄断行业实行特许经营，引入社会资本进行竞争。鼓励跨行政区域的市政公用基础设施共享，特许经营期限最长不得超过 30 年。政府将着重从安全、质量、服务和价格四个方面进行监管。对擅自转让、出租特许经营权，擅自将所经营的财产进行处置或者抵押，因管理不善，发生重大质量、生产安全事故，擅自停业、歇业，严重影响到社会公共利益和安全的行为，政府主管部门应当依法终止特许经营协议，取消其特许经营权，并实施临时接管。

第三节　中国经济发展阶段与国有资产管理

一、社会主义初级阶段生产力发展水平与国有经济投资

除社会制度因素外，在我国现阶段，国有经济的存在和发展与现实的社会生产力发展水平存在密切的关系。

自中华人民共和国成立以来，特别是改革开放 40 多年来，我国社会生产力获得了迅速发展，城乡人民生活得到了显著改善，国家综合实力进一步增强。但目前，我国还处在社会主义初级阶段，是世界上最大的发展中国家。突出表现如下。

(一) 人民生活水平还不高，处在全面建成小康社会的时期

初步核算，2018 年，我国国内生产总值为 900 309 亿元，比 2017 年增长 6.6%。其中，第一产业增加值为 64 734 亿元，比 2017 年增长 3.5%；第二产业增加值为 366 001 亿元，比 2017 年增长 5.8%；第三产业增加值为 469 575 亿元，比 2017 年增长 7.6%。第一产业增加值、第二产业增加值、第三产业增加值占国内生产总值的比重分别为 7.2%、40.7%、52.2%。[①] 2018 年，人均国内生产总值为64 644元，比 2017 年增长 6.1%；全国居民人均

① 由于四舍五入，其和不严格等于 100%。

可支配收入为 28 228 元，比 2017 年增长 8.7%，扣除价格因素，实际增长 6.5%。全国居民人均可支配收入中位数为 24 336 元，增长 8.6%。按常住地分，城镇居民人均可支配收入为 39 251 元，比 2017 年增长 7.8%，扣除价格因素，实际增长 5.6%。城镇居民人均可支配收入中位数为 36 413 元，比 2017 年增长 7.6%。农村居民人均可支配收入为 14 617元，比 2017 年增长 8.8%，扣除价格因素，实际增长 6.6%。农村居民人均可支配收入中位数为 13 066 元，比 2017 年增长 9.2%。2018 年年末，全国共有 1 008 万人享受城市居民最低生活保障，3 520 万人享受农村居民最低生活保障，455 万人享受农村特困人员救助供养，全年临时救助 1 075 万人次。按照每人每年 2 300 元（2010 年不变价）的农村贫困标准计算，2018 年年末的农村贫困人口为 1 660 万人，比 2017 年年末减少 1 386 万人。2018 年贫困发生率为 1.7%，比 2017 年下降 1.4 个百分点。①

（二）城乡差距突出，第三产业发展有较大空间

我国目前的经济结构具有一般发展中国家的突出特征，即落后的甚至是原始的农业与较发达的、现代化的工业并存，这种状况被称为“二元经济结构”。二元经济结构是导致我国目前农业、农村和农民“三农”问题备受关注，直接影响经济和社会发展的重要原因之一。二元经济结构所形成的城乡差距仍呈扩大的趋势。

（三）社会基础设施比较落后，难以满足人民日益增长的社会公共需求

自中华人民共和国成立以来，特别是改革开放 40 多年来，我国城乡供电、供水、供气、邮政、通信、环境绿化等社会公用事业，以及科技、教育、文化、卫生、社会保障等社会公共事业获得了迅速发展，但现有社会基础设施难以满足人民日益增长的社会公共需求。

（四）科学技术水平整体不高

除个别领域外，我国科学技术水平整体上仍处于落后状态，对经济增长的贡献率较低，约为 50%，与发达国家有较大差距。且我国目前还存在科技投入不足、管理体制不适应市场经济发展需要、科技成果转化率低等问题。

鉴于我国社会生产力发展水平较低，企业和个人积累能力有限，不仅需要政府为社会提供纯公共物品，而且需要政府提供相当部分的准公共物品乃至私人物品。也就是说，在经济发达国家，政府已投资不多，而对于已由市场主体提供的商品与劳务，在我国一个较长时期中，还需要政府的投资与支持。因此，政府投资和国有经济还需要保持一定的规模与水平。其在我国经济社会发展中的作用主要有：（1）为经济和社会发展提供基本公共设施和公共服务。即通过政府投资来发展供电、供水、供气、邮电、通信等公用事业，为经济发展和人民生活创造共同的基础条件。同时，通过国有公共事业机构为社会提供科技、教育、文化、卫生、社会保障等公共服务，提高人民生活质量。（2）调整

① 中华人民共和国国家统计局．2018 年国民经济和社会发展统计公报．中华人民共和国国家统计局网站，2019－02－28.

经济结构，优化资源配置。即利用政府投资和国有资产配置，贯彻国家产业政策，合理调整经济结构，引导社会资本、技术、劳动力等生产要素的合理流动，实现经济的稳定增长。（3）促进科学技术进步，推动社会生产力发展。在现代市场经济中，科学技术已是第一生产力，科技进步具有明显的外部正效应，政府通过举办国有科技机构和发展国有高新技术企业，促进科学技术进步，以迅速改变我国社会生产力落后的局面，加快经济发展，推动社会文明和进步。（4）提供就业机会，实现充分就业，保障人民基本生活。在我国今后一个较长的时期内，就业问题仍是政府宏观经济政策的重点，而国有企业和公共事业机构可以发挥重要作用。

二、实现工业化、现代化任务与国有资产经营

（一）我国工业化的现状与任务

经过几十年的努力，我国已建立了比较完整的工业体系，由中华人民共和国成立之初落后的农业国发展为初步实现工业化的国家，城乡人民生活越过了温饱线，向小康社会迈进，国家综合实力大大增强，但我国尚未完成工业化、现代化的历史任务。最突出的问题表现为大量人口仍滞留在农业领域，工业、农业产值比例与就业人口比例之间存在较大反差，说明我国实现工业化、现代化的任务还相当繁重。

（二）国有经济和投资在工业化中的地位与作用

如前所述，我国国有经济目前掌握着国民经济命脉，且国有资产主要集中在工业领域，在完成工业化、现代化的历史任务中具有举足轻重的作用。国有投资以能源、原材料等基础工业，信息技术等高新技术产业为重点，可加快我国工业化、现代化的历史进程，帮助我国向信息社会和知识经济时代迈进。（1）基础工业为加工工业等行业提供能源、动力、原材料，其产品属于上游产品，因而基础工业发展的规模、结构和效益对整个工业的发展水平具有决定性的作用。（2）基础工业有投资额大、建设周期长、技术要求高等特点，一般企业和个人往往无力单独投资，而政府可动员全社会力量，集中财力，在较长时间内进行这类项目建设，因此，适合由政府来兴办国有企业为社会服务。（3）基础工业具有较明显的外部正效应，需要政府支持。（4）高新技术产业在创业之初投资额大、风险高，但一旦创业成功，产业发展趋于成熟，其产品知识含量大，附加值高，企业可获得高额利润，甚至垄断利润，并带动相关行业的技术进步。因而政府通过国有企业支持高新技术产业发展，可有力推动我国工业化进程。

三、缩小区域经济差距与国有资产经营

（一）区域经济差距现状

由于政治、经济、历史、地理、自然资源与环境等多方面的因素，我国各地区经济发展不平衡，呈东、中、西三个发展地带，区域经济差距仍在扩大。改革开放以来，我

国区域经济政策经历了从实施沿海开放战略到实行西部大开发、振兴东北老工业基地，走区域经济协调发展的道路等阶段。然而，区域经济发展不平衡的问题仍较严重。

（二）国有经济及其投资对区域差距的有效调节

在区域差距的调节中，国有经济及其投资可在以下方面发挥作用：（1）改善中西部地区交通设施。通过投资公路、铁路、港口、机场、管道等项目，密切中西部地区之间，以及中西部与发达地域之间，乃至与世界市场的联系，降低资本、劳动力、技术等生产要素的流动成本，促进区域经济发展。（2）发展中西部地区供电、供水、供气、邮政、通信等社会公用事业，为经济发展创造良好条件。（3）改善中西部地区公共设施，特别是义务教育设施、公共卫生设施、公共文化设施等，为经济和社会发展提供基本均等的科技、教育、文化、卫生、社会保障等公共服务，从而缩小区域差距。（4）增加政府投资，改善中西部地区生态环境，包括退耕还林，植树造林，治理江、河、湖、泊污染，遏制水土流失和沙化等，改善区域经济发展和人民生活环境。

一、本章复习题

1. 市场失灵与政府失灵的表现有哪些？
2. 公共企业如何调整市场失灵？
3. 公共企业与公共部门经济运行的关系如何？
4. 国有资产与社会主义经济制度的关系如何？
5. 国有经济战略布局的重点是什么？
6. 国有经济布局与国有资产营运关系如何？
7. 我国社会生产力发展水平与国有经济关系如何？

二、本章讨论题

1. 如何理解我国国有经济与发达国家及其他发展中国家国有经济的区别？

三、本章阅读资料

1. 陈共．财政学．3 版．北京：中国人民大学出版社，2002.
2. 邓子基．现代西方财政学．北京：中国财政经济出版社，1994.
3. 高培勇，崔军．公共部门经济学．北京：中国人民大学出版社，2001.
4. 哈维·S. 罗森，等．财政学．8 版．北京：中国人民大学出版社，2009.
5. 约瑟夫·E. 斯蒂格利茨．公共部门经济学．北京：中国人民大学出版社，2005.

第三章 国有资产管理体制

本章关键词

国有资产管理体制　基本准则　企业重大事项管理　企业国有资产管理

本章内容提要

国有资产管理体制，是在中央与地方之间及地方各级政府之间划分国有资产管理权限，建立国有资产经营管理机构与体系的一项根本制度。建立合理的国有资产管理体制应遵循以下基本准则：政企分开，政府的社会公共管理职能与国有资产出资人职能分开，所有权与经营权相分离，分级所有与分级管理，正确处理所有者和经营者及生产者（企业职工）之间的物质利益关系，实现资产运营效益最大化。现行国有资产管理体制主要包括中央与地方国有资产管理权限的划分、国有资产管理部门的职责、国有资产管理部门资产监管的内容等。其中，国务院国有资产监督管理机构是代表国务院履行出资人职责、负责监督管理企业国有资产的直属特设机构。省、自治区、直辖市人民政府国有资产监督管理机构，设区的市、自治州级人民政府国有资产监督管理机构是代表本级政府履行出资人职责、负责监督管理企业国有资产的直属特设机构。上级政府国有资产监督管理机构依法对下级政府的国有资产监督管理工作进行指导和监督等，是我国国有资产管理体制的重大突破。

第一节　国有资产管理体制的内涵

一、国有资产管理体制的含义

国有资产管理体制是在中央与地方之间及地方各级政府之间划分国有资产管理权限，建立国有资产经营管理机构与体系的一项根本制度。它是我国经济管理体制的重要组成部分。通过建立科学、合理的国有资产管理体制，能够有效解决国有资产管理的产权代表方式、经营机构、经营形式以及相应的权、责、利关系等重大问题，贯彻国家有关国有资产管理的各项方针政策、法律法规，巩固和发展国有经济，实现国家经济发展战略目标。

建立与社会主义市场经济相适应的国有资产管理体制具有十分重要的意义。首先，通过建立、健全国有资产管理体制，可以划分各级政府国有资产管理权限，建立国有资产经营管理体系，理顺国有产权领域关系，加强国有资产管理。其次，选择恰当的经营方式，可以明确国有资产所有者、经营者、生产者之间的责、权、利关系，保证国有资产的保值、增值，有效防范国有资产流失，维护国有资产的合法权益，努力提高国有资产运行效益，实现其预定的经济、社会和环境政策目标，同时为国家提供更多的财政收入，增加公共积累。最后，建立国有资产管理体制，可以提高资产运营效率，有利于充分发挥国有经济的主导作用，保证国民经济的性质与正确的发展方向，并为国家宏观经济管理服务。

二、我国国有资产管理体制的历史演变

我国国有资产管理体制是随着社会主义经济制度的确立而建立的，最早可追溯到中国共产党领导下的各个历史时期的革命根据地的公营企业管理体制。中华人民共和国成立后，我国国有资产管理体制的演变大体可分为两个历史时期：一是计划经济体制下的国有资产管理体制；二是改革开放后，在探索建立社会主义市场经济过程中，对国有资产管理体制的调整、改革。现分别描述如下。

（一）计划经济体制下的国有资产管理体制（1950—1977年）

实际上，在计划经济体制下，尽管存在对国有资产的有效管理，但并没有国有资产及其管理体制的概念。当时，国有企业被称为“全民所有制企业”或“国营企业”，其含义是，这些资产是国家代表全国人民拥有所有权，并直接组织其生产经营活动，即所有

权与经营权合二为一，并且国有经济是公有制的高级形态。为与高度集中的计划经济管理体制相适应，国有资产管理实行高度集中的分级归口管理体制。国有资产是各级财政连年投资的结果，与企业利润全额上缴财政相适应，固定资产由国家财政无偿投资，流动资金主要由财政无偿拨款，临时性资金需要用银行贷款来解决。国有资产由各级政府的业务主管部门归口管理，大中型企业主要集中在中央和省、市、自治区一级，特别是中央政府，实行集中统一管理。在国有经济内部，由于企业不是独立的经济实体，在国民经济调整期间对国有企业进行关、停、并、转时，国有资产在中央与地方以及部门、行业和企业之间实行无偿划拨制度。在国民经济调整期间，国家曾多次调整国有企业管理体制，以及国有资产管理体制，但大都是通过将大批国有企业上收和下放地方的方式来进行的，并没有从根本上改变上述基本格局。

上述国有资产管理体制在当时恢复国民经济、建立社会主义经济制度等方面发挥了积极作用，但在今天看来，其历史局限性也十分明显，如：过高的国有经济比重超越了我国生产力发展的现实；所有权、经营权不分离，资产归国家所有和直接经营的模式随着国有经济规模的扩大，其弊病日益明显；国有资产无偿调拨制度排斥商品经济的发展；等等。

（二）改革开放后的国有资产管理体制

改革开放后，我国国有资产管理体制从最初的放权让利，扩大企业自主权，到所有权、经营权适度分离，实行各种形式的责任制，再到建立现代企业制度，对国有经济布局进行战略性调整，在不断探索中发生了深刻的变化。主要分为以下几个阶段。

1. 1978—1984 年，对国有企业放权让利，扩大企业自主权。在计划经济体制下，国家对企业实行高度集中的管理体制，政企不分，企业实际成为政府机关附属物，阻碍了职工的积极性。改革开放后，最初的改革便从矛盾最突出的地方开始，如对国有企业放权让利，扩大企业自主权，使企业及其主管部门在不改变国有资产所有权的条件下拥有较多的资产使用权。这一时期改革的内容主要包括：（1）在完成国家计划的前提下，允许企业根据燃料、动力、原料、材料的条件，按照生产建设和市场的需要，制订补充计划。（2）实行企业基金制度和利润留成制度。1978 年，我国实行了企业基金制度。1979 年，我国进行了改进。企业全面完成产量、质量、利润（包括实现利润和上缴利润）和供货合同四项计划指标的，可按照职工工资总额的 5%提取企业基金。企业基金用于改善职工福利设施、发放职工劳动竞赛奖金和改进生产技术措施等开支。主管部门或企业还可以从超计划利润中再提取一定比例的企业基金。同时，恢复了职工奖金制度，可以在成本中按工资总额的 10%～12%提取奖金，用于职工奖励。1979 年，我国在部分试点企业中实行全额利润留成制度，即将企业 1978 年的职工福利费、职工奖金、企业基金、国家拨付的科研经费和职工培训费加上一定数额的新产品试制费，同企业实现的利润挂钩，换算出一个留成比例。留成比例确定后，原则上三年不变。企业用利润留成建立生产发展基金、职工福利基金和企业奖励基金。实行利润留成后，原来从成本中开支的福利基金、奖励基金，改从利润留成中开支，不得再从成本中开支。（3）逐步提高固定资产折旧率。折旧基金大部分归企业支配，小部分按企业隶属关系，由企业主管部门调剂使用。

(4) 实行固定资产有偿占用制度。(5) 鼓励企业发展新产品。有关费用按一定比例从实现利润中留用。(6) 企业有权向中央或地方有关部门申请出口自己的产品，并按国家规定取得外汇分成。(7) 给企业在劳动用工和干部任免方面一定的自主权。(8) 从1981年开始，在工业企业中实行各种形式的经济责任制，如“全民所有，企业经营”“全民所有，企业承包经营”“利润递增包干”等。

2. 1985—1987年，增强企业活力，转换企业经营机制。1984年，党的十二届三中全会通过《中共中央关于经济体制改革的决定》，提出社会主义经济是有计划的商品经济，国有企业改革进入新阶段，从简政放权逐步发展到企业经营机制的改革。这一时期的国有资产管理体制改革基本沿着党政分开、政企分开和所有权与经营权相分离的原则推进。在国有资产经营中，进一步扩大企业自主权，如缩小指令性计划，在价格、产品销售、材料采购、利润分配、用工、投资等方面给企业较大的权利，以增强企业活力。在企业内部管理体制上，从1986年开始推行厂长（经理）负责制，并建立职工代表大会制度。1986年，第六届全国人民代表大会常务委员会（简称全国人大常委会）第十八次会议通过了《中华人民共和国企业破产法（试行）》。上述改革使国有资产经营管理机制逐步向市场化方向发展。同时，各地区还进行承包制、租赁制及股份制等改革试点。

3. 1988—1991年，对国有企业实行多种形式的承包经营责任制。在总结试点经验的基础上，从1988年开始，国家大规模地对国有企业实行多种形式的承包经营责任制，以处理国家、企业和职工之间的物质利益关系，探索国有资产经营管理的具体途径。承包经营责任制的基本原则是包死基数、确保上缴、超收多留、欠收自补。承包经营责任制的主要形式有：上缴利润递增包干；上缴利润基数包干，超收分成；上缴利润定额包干；亏损企业减亏（或补贴）包干；等等。这一时期国有资产管理方面的重大事件还有：1988年1月，国务院决定成立国家国有资产管理局，统一归口行使国有资产所有权管理职能。第七届全国人民代表大会第一次会议于1988年4月13日通过了《中华人民共和国全民所有制工业企业法》，该法自1988年8月1日起施行。

4. 1992—2002年，适应社会主义市场经济发展，对国有经济进行战略性调整，建立现代企业制度。1992年以后，我国掀起了新一轮思想解放的浪潮。党的十四大提出经济体制改革的目标模式是建立社会主义市场经济体制。1993年11月14日，党的十四届三中全会通过的《中共中央关于建立社会主义市场经济体制若干问题的决定》明确提出，建立现代企业制度是我国国有企业改革的方向，现代企业制度的基本特征是产权清晰、权责明确、政企分开、管理科学。从此，国有资产管理体制改革进入了以产权改革为核心，建立现代企业制度的新阶段。《中华人民共和国国民经济和社会发展“九五”计划和2010年远景目标纲要》提出，应按照国家所有、政府分级监督、企业自主经营的原则，建立权责明确的国有资产管理、监督和营运体系，建立和完善产权登记、统计报告和资产评估等国有资产基础管理制度。2000年10月11日，党的十五届五中全会通过的《中共中央关于制定国民经济和社会发展第十个五年计划的建议》指出，国有大中型企业要进一步深化改革，建立产权清晰、权责明确、政企分开、管理科学的现代企业制度，健全法人治理结构，成为市场竞争的主体，积极探索国有资产管理的有效形式，建立规范的监督机制。在这一时期，各地区进行了国有资产授权经营、建立产权交易中心、组建地方国有资产管理委员会、债转股、对国有经济战略性重组、抓大放小等一系列重要探索。

5. 国务院国有资产监督管理委员会（简称国务院国资委）的成立表明我国建立了新型国有资产管理体制。国务院国资委的职责和任务是：由国务院授权来代表国家履行出资人职责，监管国有资产，确保国有资产保值、增值，进一步经营好国有企业。国家实行由国务院和地方人民政府分别代表国家履行出资人的职责，享有所有者权益，权利、义务和责任相统一。管资产和管人、管事相结合的国有资产管理体制的建立标志着我国国有资产管理体制进入了一个新的阶段。2008 年 10 月 28 日，第十一届全国人民代表大会常务委员会第五次会议通过《中华人民共和国企业国有资产法》，该法自 2009 年 5 月 1 日起施行。

6. 党的十九大报告提出，应当完善各类国有资产管理体制，改革国有资本授权经营体制，加快国有经济布局优化、结构调整、战略性重组，促进国有资产保值增值，推动国有资本做强、做优、做大，有效防止国有资产流失，通过深化国有企业改革和发展混合所有制经济来培育具有全球竞争力的世界一流企业。

三、国有资产管理体制的现状

从总体上看，我国还处在建立与社会主义市场经济相适应的国有资产管理体制的探索阶段。目前，除一些基本的管理体制外，更多的是制度创新中的摸索，许多制度带有明显的过渡色彩。

（一）国有资产管理体制具体形式的探索

由于我国还处在经济体制转轨的历史时期，国有经济的战略性重组和国有企业改革的任务远未完成，建立现代企业制度需要一个过程，目前也就不大可能形成较为稳定、规范和法制化的国有资产管理体制，因此只能在坚持上述基本准则的前提下，鼓励各地区、各部门努力探索和建立国有资产管理体制的具体有效形式。近年来，在国有资产管理体制方面的探索主要如下。

1. 建立国有资产的授权经营方式。国有资产的授权经营方式，是指对一些经济实力强、技术先进、管理水平高，具有较强市场开拓能力的国有大型企业集团，或具有行业垄断性质的大型企业，经政府授权，将其作为国有产权代表，对下属企业的国有资产进行管理，以形成以产权为纽带的紧密型企业集团，提高企业市场竞争和国有资产运营效益的资产经营方式。从有关试点企业的情况来看，这种国有资产管理体制一般是由同级政府出面授权，国有资产管理部门或财政部门主要从事清产核资、产权界定、签发授权经营书等具体业务工作。从我国一些国有大型企业的具体情况来看，该管理体制在一定范围内有较强的适应性，但需要相应的配套措施、法律制度，以防止旧体制的复归或使企业集团成为行政性的“翻牌公司”。

2. 建立地方国有资产管理委员会，统一行使国有资产所有者的职能。国有资产管理委员会负责本级政府所管辖国有企业的国有资产产权管理，通过国有资产经营公司或投资公司对国有企业进行控股经营，形成国资委-经营中介机构-国有控股企业的三层国有资产管理体制。三个层次间具有较明确的分工。国资委作为产权代表和管理机构，主要从政策、法规、制度方面进行管理；经营中介机构如国有资产经营公司或投资公司受国资委委托，对国有企业进行投资、控股经营，具有独立的法人资格；国有控股企业以利润最大化为经营目标，实现国有资产的保值、增值，维护国有资产的合法权益。

3. 建立国有资产经营公司或投资公司，负责国有资产的经营管理。一些地方已建立了国有资产经营公司或投资公司，这些公司负责国有资产的经营管理，有的还具有行政管理和产权管理双重职能。国有资产经营公司或投资公司的组建途径大致有两种：一是财政部门或国有资产管理部门设立国有资产经营公司或投资公司，二是行业主管部门在机构改革中改建为国有资产经营公司或投资公司。国有资产经营公司或投资公司对政府承担国有资产保值、增值的责任，对控股企业行使所有者的权利，向企业派出董事长、任命总经理，参与企业重大决策，依法取得国有资产收益。

4. 向国有独资或控股企业派出稽查特派员，行使所有者的监督职责。在《企业国有资产监督管理暂行条例》发布后，国务院根据该条例的有关规定，向一部分国有独资或控股的大型企业派出了稽查特派员。稽查特派员主要负责对企业国有资产的保值、增值情况进行监督，评价企业管理人员的业绩，不干预企业具体的生产经营活动。稽查特派员大都是长期在经济战线工作，具有丰富的经济管理经验，有扎实的专业理论知识，不少人曾长期担任省部级干部。

（二）国有资产管理体制运行中存在的问题

如前所述，现行国有资产管理体制是在改革开放后，一步一步从传统经济体制改革发展而来，经历了艰难的理论与实践的探索。该体制在适应社会主义市场经济发展，发挥国有经济主导作用，维护国有资产合法权益的同时，还存在不少的问题，需要在国有经济战略性重组、深化国有企业改革、建立现代企业制度中逐步解决。

1. 国有产权主体或代表“缺位”的问题有待进一步解决。国资委成立以后，可通过中华人民共和国全国人民代表大会（简称全国人大）授权，统一履行国有资产所有者的职责，初步解决了财政部、发改委、各主管部门都掌握着一部分国有资产产权管理职能，从而政出多门、分散管理的问题。现代企业制度运行要求所有者的代表必须进入企业，以董事长、董事或监事的身份行使所有者的权利，监督国有资产的运营，提高资产经营效益，维护国有资产的合法权益，很显然，这一问题的解决还需要一个过程。

2. 国有资产监管不力，资产流失现象普遍存在。由于国有产权主体或代表“缺位”等问题的存在，在所有者、经营者和职工之间未形成有效的制约机制。在国有企业经营及改革过程中，普遍存在国有资产流失的问题。如：在企业改制的过程中，低估国有资产价值，低价变卖国有资产，甚至把国有资产量化给个人，私分国有资产；在企业经营财务管理中，对国有资本金核算弄虚作假，资产的磨损得不到足额补偿；等等。国有资产的大量流失损害了国家的整体利益，削弱了国有经济的市场竞争力。现有的国有资产存量是国有经济单位和其他经济单位的劳动者在剩余劳动时间里为社会创造价值的积累，国有资产的流失意味着对他们劳动成果的剥夺。同时，国有资产的大量流失会造成社会财富和收入的分配不均，形成新的社会差距，引发新的社会矛盾，带来社会的不稳定，这是经济体制转轨、社会转型时期必须谨慎处理的重大问题。

3. 国有资产的合法权益受到侵蚀。在各种经济成分并存，国有资产管理体制不健全，监管不力的情况下，容易出现侵害国有资产合法权益的行为。近年来，我国出现了股份制企业中国有股与其他股份同股不同权，在派股、送股等方面享受不同等待遇，国有股不上市流通但要承受股市风险的情形；国有企业承包经营中经营者包盈不包亏的问题；国有企业职工工资的增长速度超过了劳动生产率的增长速度，形成了工资侵蚀利润的现象；等等。这些表现都使国有资产的合法权益受到侵害，是国有资产管理体制改革的重要动因。

4. 国有资产战略布局不合理，资产经营效益不高。在计划经济体制下，我国片面追求所有制形式的高级化，国有经济在国民经济中占绝对优势，掌握着国民经济的命脉，国有资产遍布国民经济各行各业。改革开放后，多种经济成分共同发展，非国有经济得到迅速发展，适应了现阶段我国生产力的实际水平，但与我国的具体国情和市场经济发展需要相比，目前国有经济仍存在分布战线过长、结构不合理、资产运营效益不高的问题。因而，需要通过国有资产管理体制的改革，对国有经济进行战略性调整，使国有经济逐步退出一般性竞争行业，重点加强掌握国民经济命脉、关系国计民生的重要行业和领域，充分发挥国有经济的主导作用。

第二节 建立国有资产管理体制的基本准则

探索建立适应市场经济发展的国有资产管理体制，是建设中国特色社会主义的重要组成部分。建立国有资产管理体制，既要总结我国几十年来社会主义经济建设的经验教训，又要借鉴市场经济发达国家国有资产管理的理论与实践。根据社会主义市场经济发展的客观要求，以及近年来对国有资产管理改革的探索，我们认为，建立合理的国有资产管理体制应遵循以下基本准则。

一、政企分开

政企分开的准则，是指将政府的宏观经济管理职能、社会管理职能与企业的生产经营职能相分离。政府不直接干预企业的生产经营活动，不直接参与企业的人、财、物，以及供、产、销的管理。政府通过经济、法律、行政等政策工具间接调控企业的微观经济活动，使之符合国家宏观经济管理要求。企业在国家法律、法规规定的范围内，自主经营、自负盈亏、照章纳税、自我积累、自我约束、自我发展。政企分开的原则从我国经济体制改革的初期就一直是国有企业改革的重要目标之一，其改革的难点是：如何在社会主义市场经济条件下具体实现这一原则？从我国国有企业改革的实际进展分析，还需要一系列重大的理论与实践的突破，如：如何解决承包制企业负盈不负亏的问题？国有产权代表如何进人企业？怎样维护国有产权的合法权益？如何解决企业家队伍的职业化与国有企业经营管理人的聘任、考核的市场化问题？这些问题需要在贯彻政企分开的原则中逐步探索解决。

二、政府的社会公共管理职能与国有资产出资人职能分开

国资委作为政府直属特设机构，专门履行国有资产出资人职能，不再承担社会公共管理职能。这两种职能的分离，有利于国有资产管理部门专门行使国有产权管理，做到管资产和管人、管事相结合，实现国有资产的保值、增值，为政府政策目标服务，从而避免政府的国有资产出资人职能与社会公共管理职能之间的矛盾与冲突。社会公共管理职能要求为所有市场主体创造公平的竞争环境，不能形成行政性垄断经营，而在国有资产管理部门同时行使上述职能的条件下要达到这一目标往往是困难的。

三、所有权与经营权相分离

在国有资产管理中，所有权的管理与国有资产经营权的管理相分离。不同的部门及职能组织相互制约、相互监督，可以提高国有资产的运行效益。所有权与经营权相分离也是社会化大生产和商品经济的产物。在资本主义前期，资本的所有权与经营权是统一的，资本家既是资本的所有者，又是企业的经营者。随着资本主义商品经济的发展，特别是股份公司的出现，资本家个人已难以直接驾驭庞大的企业生产经营活动，于是聘用专门从事经营管理的人员管理企业，而资本家仅行使所有者的职责，考核、聘用、监督经营管理者，这样更有利于资本主义经济的发展，以及维护资本家的利益，因而出现了所有权与经营权分离的现象。国有资产经营管理与资本主义企业经营管理性质不同，但社会主义经济也是社会化大生产，是市场经济，因而国有资产管理也需要实行所有权与经营权相分离，国家设立专门机构来代表国家行使所有者的职能，经营权则由国有资产经营企业组织管理，这样既能解决在市场经济千变万化、竞争激烈的背景下，企业要面向市场及时决策为谁生产、生产什么、生产多少、何时生产等问题，又有利于维护国有产权的合法权益，努力提高资产运行效益。

四、分级所有、分级管理

国有企业财产属全民所有即国家所有，国务院代表国家统一行使对企业财产的所有权。在国务院统一领导下，国有资产实行分级行政管理。国务院授权有关部门或者有关机构对指定的或所属的企业财产的经营管理实施监督。根据国务院的授权，省、自治区、直辖市人民政府可以规定有关部门或者有关机构对指定的或所属的企业财产的经营管理实施监督。实践表明，上述规定在理论上有其依据，但在具体实际操作过程中存在很多

问题。新型国有资产管理体制坚持分级所有、分级管理的原则，即在中央，省、自治区、直辖市，以及设区的市、自治州三级政府中，分别设立国资委，管理本级国有资产，但在发生战争、严重自然灾害，或者其他重大、紧急情况时，国家可以依法统一调用、处置企业国有资产。坚持这一准则可进一步加强各级政府对国有资产的监管力度，维护国有资产权益。

五、正确处理所有者、经营者、生产者（企业职工）之间的物质利益关系

要提高国有资产运行效益，就必须通过国有资产管理体制，建立所有者、经营者、生产者（企业职工）之间的制约机制，正确处理他们之间的物质利益关系，充分调动各方面的积极性，做好国有资产的经营管理。国家作为国有资产的所有者，必须依法取得国有资产收益，拥有资产最终处置权，监督国有资产经营者的行为，维护国家利益。国有资产经营者必须承担国有资产的保值、增值的责任，在国家授权和法律、法规规定的范围内有效运用国有资产，开展生产经营活动，追求利润的最大化。对完成各项考核指标、业绩优良的经营者，按合同或有关规定兑现其报酬，有突出贡献者给予奖励甚至重奖。对业绩不佳，没有完成经营目标，甚至造成国有资产流失的，要按规定给予处罚，情节恶劣、损失严重的，要追究其法律责任。从市场经济的实践分析，建立一支训练有素、专门从事国有资产经营的企业家队伍是十分重要的。在建立科学、合理的国有资产管理体制，保护所有者利益，调动经营者积极性的同时，要维护企业职工的合法权益。企业职工是国家的主人，是社会财富的创造者。建立社会主义公有制，发展国有经济最根本的目的，是为了不断提高人民的物质文化生活水平，因而在国有资产管理中要保护企业职工的利益，特别是在承包制、租赁制等经营形式中，经营者不能为完成承包利润、租赁金目标而损害企业职工的合法权益，这也是我国的根本社会制度及国家的性质要求的。

六、实现资产运营效益最大化

资产运营效益最大化就是以最小的国有资产投入，在经营中取得最大的经济、社会和生态效应。这是国有资产经营最基本的原则。在社会主义市场经济条件下，国有经济掌握着国民经济命脉，在经济运行中发挥主导作用，也是国家财政收入的重要支柱。国有经济的战略地位客观上要求建立科学、合理的国有资产管理体制，最大限度地提高国有资产运行效益，为实现国家发展战略目标服务。我国目前是世界上最大的发展中国家，在今后较长的时间内将处于社会主义初级阶段，面临着繁重的现代化建设任务，因此要努力实现我国经济社会发展的工业化、现代化、信息化。国有资产运行效益的提高不仅可以运用有限的社会资源为市场提供更多的有效商品与劳务，最大限度地提高全社会的福利水平，而且有利于增加国家财政收入，为我国现代化建设提供更多的资金积累。

第三节 国有资产管理体制的内容

2008 年 10 月 28 日，第十一届全国人民代表大会常务委员会第五次会议通过了《中华人民共和国企业国有资产法》，该法自 2009 年 5 月 1 日起施行。该法对现行国有资产管理体制的主要内容进行了规范。

一、中央与地方国有资产管理权限的划分

1. 国务院代表国家对关系国民经济命脉和国家安全的大型国有及国有控股、国有参股企业，重要基础设施和重要自然资源等领域的国有及国有控股、国有参股企业履行出资人职责。国务院履行出资人职责的企业，由国务院确定、公布。

2. 省、自治区、直辖市人民政府，以及设区的市、自治州级人民政府分别代表国家对由国务院履行出资人职责以外的国有及国有控股、国有参股企业履行出资人职责。其中，省、自治区、直辖市人民政府履行出资人职责的国有及国有控股、国有参股企业，由省、自治区、直辖市人民政府确定和公布，并报国务院国有资产监督管理机构备案；其他由设区的市、自治州级人民政府履行出资人职责的国有及国有控股、国有参股企业，由设区的市、自治州级人民政府确定和公布，并报省、自治区、直辖市人民政府国有资产监督管理机构备案。国务院，省、自治区、直辖市人民政府，以及设区的市、自治州级人民政府分别设立国有资产监督管理机构。国有资产监督管理机构根据授权依法履行出资人职责，依法对企业国有资产进行监督管理。企业国有资产较少的设区的市、自治州，经省、自治区、直辖市人民政府批准，可以不单独设立国有资产监督管理机构。

二、国有资产管理部门的职责

1. 国务院国有资产监督管理机构是代表国务院履行出资人职责、负责监督管理企业国有资产的直属特设机构。省、自治区、直辖市人民政府国有资产监督管理机构，设区的市、自治州级人民政府国有资产监督管理机构是代表本级政府履行出资人职责、负责监督管理企业国有资产的直属特设机构。上级政府国有资产监督管理机构依法对下级政府的国有资产监督管理工作进行监督和指导。

2. 国有资产监督管理机构的主要职责是：（1）依照《公司法》等法律、法规，对所出资企业履行出资人职责，维护所有者权益。（2）指导推进国有及国有控股企业的改革和重组。（3）依照规定向所出资企业派出监事会。（4）依照法定程序对所出资企业的企业负责人进行任免、考核，并根据考核结果对其进行奖惩。（5）通过统计、稽核等方式

对企业国有资产的保值、增值情况进行监管。(6)履行出资人的其他职责和承办本级政府交办的其他事项。国务院国有资产监督管理机构除规定职责外,还可以制定企业国有资产监督管理的规章、制度。

3. 国有资产监督管理机构的主要义务是:(1)推进国有资产的合理流动和优化配置,推动国有经济布局和结构的调整。(2)保持和提高关系国民经济命脉和国家安全领域的国有经济的控制力和竞争力,提高国有经济的整体质量。(3)探索有效的企业国有资产经营体制和方式,加强企业国有资产监督管理工作,促进企业国有资产保值、增值,防止企业国有资产的流失。(4)指导和促进国有及国有控股企业建立现代企业制度,完善法人治理结构,推进管理现代化。(5)尊重、维护国有及国有控股企业的经营自主权,依法维护企业合法权益,促进企业依法经营管理,增强企业竞争力。(6)协调解决国有及国有控股企业在改革与发展中遇到的问题。

三、国有资产管理部门资产监管的内容

(一)企业负责人管理

国有资产监督管理机构应当建立、健全适应现代企业制度要求的企业负责人的选用机制和激励约束机制,依照有关规定任免或者建议任免所出资企业的企业负责人。(1)任免国有独资企业的总经理、副总经理、总会计师及其他企业负责人。(2)任免国有独资公司的董事长、副董事长、董事,并向其提出总经理、副总经理、总会计师等的任免建议。(3)依照公司章程,提出向国有控股公司派出的董事、监事人选,推荐国有控股公司的董事长、副董事长和监事会主席人选,并向其提出总经理、副总经理、总会计师人选的建议。(4)依照公司章程,提出向国有参股公司派出的董事、监事人选。

国有资产监督管理机构应当建立企业负责人经营业绩考核制度,与其任命的企业负责人签订业绩合同,根据业绩合同对企业负责人进行年度考核和任期考核,确定所出资企业中的国有独资企业、国有独资公司的企业负责人的薪酬;依据考核结果,决定对其向所出资企业派出的企业负责人的奖惩。

(二)企业重大事项管理

国有资产监督管理机构对企业重大事项的管理主要包括以下内容。

1. 国有资产监督管理机构负责指导国有及国有控股企业建立现代企业制度,审核批准其所出资企业中的国有独资企业和国有独资公司的重组、股份制改造方案和所出资企业中的国有独资公司的章程。

2. 国有资产监督管理机构依照法定程序决定其所出资企业中的国有独资企业和国有独资公司的分立、合并、破产、解散、增减资本、发行公司债券等重大事项。其中,重要的国有独资企业和国有独资公司分立、合并、破产、解散的,应当由国有资产监督管理机构审核后报本级人民政府批准。

3. 国有资产监督管理机构依照法定程序审核、决定在国防科技工业领域出资企业中的国有独资企业、国有独资公司的有关重大事项时,按照国家有关法律、规定执行。

4. 国有资产监督管理机构依照《公司法》的规定，派出股东代表、董事，参加国有控股公司、国有参股公司的股东会和董事会。

5. 国有控股公司、国有参股公司的股东会和董事会，在决定公司的分立、合并、破产、解散、增减资本、发行公司债券、任免企业负责人等重大事项时，国有资产监督管理机构派出的股东代表和董事应当按照国有资产监督管理机构的指示发表意见、行使表决权。

6. 国有资产监督管理机构决定其所出资企业的国有股权转让。其中，转让全部国有股权或者转让部分国有股权致使国家不再拥有控股地位的，报本级人民政府批准。

7. 国有资产监督管理机构依照国家有关规定组织协调所出资企业中的国有独资企业和国有独资公司的兼并、破产工作，并配合有关部门做好企业下岗职工安置等工作。

8. 国有资产监督管理机构依照国家有关规定拟订所出资企业收入分配制度改革的指导意见，调控所出资企业工资分配的总体水平。

9. 国有资产监督管理机构出资企业中的国有独资企业和国有独资公司经国务院批准，可以作为国务院规定的投资公司、控股公司，享有《公司法》第十二条规定的权利；可以作为国家授权投资的机构，享有《公司法》第二十条规定的权利。

10. 国有资产监督管理机构可以对所出资企业中具备条件的国有独资企业和国有独资公司进行国有资产授权经营。被授权的国有独资企业和国有独资公司对其全资、控股、参股企业中国家投资形成的国有资产依法进行经营、管理和监督。被授权的国有独资企业、国有独资公司应当建立和完善规范的现代企业制度，并承担企业国有资产的保值、增值责任。

（三）企业国有资产管理

国有资产监督管理机构从以下几个方面对企业国有资产进行管理。

1. 国有资产监督管理机构依照国家有关规定，负责企业国有资产的产权界定、产权登记、资产评估监管、清产核资、资产统计、综合评价等基础管理工作。

2. 国有资产监督管理机构协调其所出资企业之间的国有资产产权纠纷。

3. 国有资产监督管理机构应当建立企业国有资产产权交易监督管理制度，加强企业国有资产产权交易的监督管理，促进企业国有资产的合理流动，防止企业国有资产的流失。

4. 国有资产监督管理机构对其所出资企业的国有资产收益依法履行出资人职责；对其所出资企业的重大投融资规划、发展战略和规划，依照国家发展规划和产业政策履行出资人职责。

5. 国有资产监督管理机构所出资企业中的国有独资企业、国有独资公司的重大资产处置，须由国有资产监督管理机构批准的，依照有关规定执行。

（四）企业国有资产监督

国有资产监督管理机构对企业国有资产的监督主要体现在以下几个方面。

1. 各级人民代表大会常务委员会通过听取和审议本级人民政府履行出资人职责的情

况和国有资产监督管理情况的专项工作报告，对《企业国有资产法》的实施情况组织执法检查，依法行使监督职权。

2. 国务院和地方人民政府审计机关依照《中华人民共和国审计法》（简称《审计法》）的规定，对国有资本经营预算的执行情况和属于审计监督对象的国家出资企业进行审计监督。

3. 国务院和地方人民政府应当依法向社会公布国有资产状况和国有资产监督管理工作情况，接受社会公众的监督。

4. 国有资产监督管理机构依法对所出资企业的财务进行监督，建立和完善国有资产保值、增值指标体系，维护国有资产出资人的权益。

5. 国有及国有控股企业应当加强内部监督和风险控制，依照国家有关规定建立和健全财务、审计、企业法律顾问和职工民主监督等制度。

（五）法律责任

企业国有资产监督管理机构和国有企业有关人员在国有资产管理过程中拥有法律赋予的权利，同时要承担相应的法律责任。

1. 国有资产监督管理机构不按规定任免或者建议任免所出资企业的负责人，或者违法干预所出资企业的生产经营活动，侵害其合法权益，造成企业国有资产损失或者其他严重后果的，对直接负责的主管人员和其他直接责任人员依法给予行政处分；构成犯罪的，依法追究刑事责任。

2. 国有独资企业、国有独资公司未按照规定向国有资产监督管理机构报告财务状况、生产经营状况和国有资产保值、增值状况的，予以警告；情节严重的，对直接负责的主管人员和其他直接责任人员依法给予纪律处分。

3. 国有及国有控股企业的企业负责人滥用职权、玩忽职守，造成企业国有资产损失的，应负赔偿责任，并对其依法给予纪律处分；构成犯罪的，依法追究刑事责任。

4. 国有独资企业、国有独资公司、国有资本控股公司的董事、监事、高级管理人员违反《企业国有资产法》规定，造成国有资产重大损失被免职的，自免职之日起五年内不得担任国有独资企业、国有独资公司、国有资本控股公司的董事、监事、高级管理人员；造成国有资产特别重大损失，或者因贪污、贿赂、侵占财产、挪用财产或者破坏社会主义市场经济秩序被判处刑罚的，终身不得担任国有独资企业、国有独资公司、国有资本控股公司的董事、监事、高级管理人员。

四、企业组织形式及其国有资产管理职能

在市场经济运行中，国有资产是由企业具体运营，为市场提供商品和劳务的。国有资产的有效管理，还需要选择恰当的企业组织形式，明确其国有资产管理职责。

（一）企业组织形式

在现代市场经济中，企业具体组织形式较多，如股份制、合伙制、独资等，其中，

规范的股份有限公司和有限责任公司是现代企业制度的主要形式。而对于国有资产的企业组织形式的选择，需要考虑国有经济的战略地位、国有资产所在行业的性质、国有资产的存量，以及国家产业政策等宏观经济政策的要求等诸多因素。

1. 国有独资企业。国有独资企业是指企业资产全部属于国家所有的企业。从企业性质分析，国有独资企业主要包括关系到国家的国防、经济安全，或者不适于其他企业组织形式，但又要求政府控制的行业和部门中的企业，如军工企业、邮政企业、一些重要的公用企业等。这类企业性质特殊，在国有企业中只占少数。国有独资企业资产全部属于国家所有，企业管理人员由国有资产经营机构直接任命，企业内部不一定设立董事会、监事会等机构，但国有资产经营机构可以采用委派财务总监、稽查特派员等方式，对国有资产经营状况进行监督，评价管理人员的工作业绩，并通过职工代表大会制度发挥职工民主监督的功能。

2. 国有控股企业。国有控股企业是指在股份有限公司或有限责任公司中，国有股份占控股地位的企业。从理论上讲，国有控股企业中的国有股份所占比重超过了51%，但在投资主体多元化、股权分散的条件下，实际上不需要这么高的比重，只要是第一大股东即可，甚至5%的股份即可控制一个企业。国家之所以对国有资产采用国有控股企业的方式经营，主要是为了控制一些掌握国民经济命脉、关系国计民生的重要行业和领域，发挥国有经济在国民经济中的主导作用，体现社会公平，执行国家的宏观政策，巩固社会主义制度的经济基础。国有控股企业应按照现代企业制度要求建立完整的法人治理结构，国有产权代表依法进入董事会、监事会，通过股东大会行使所有者的职能。由于国有股份处于控股地位，国家实际上掌握着任命企业管理人员，决定企业发展战略等重大决策的权力。目前国有股份在许多股份制企业中处于控股地位，且国有股份还不能上市流通，这是体制转轨时期的一种过渡现象，并不具有普遍性。

3. 国有参股企业。国有参股企业是指在股份有限公司或有限责任公司中，具有一定数量的国有股份，但国有股份不占控股地位的企业。这类企业大体处在一般性竞争领域，各类企业根据国家法律规定可自由进入和退出，国家不必对其进行控制或通过国有企业垄断经营。存在国有参股企业的原因有两点：一是在计划经济体制下，国有经济在国民经济中占绝对优势，国有资产遍布各行各业，资产存量庞大，国有经济的战略性调整和重组需要一个过程，因此在较长时间内，许多行业存在一定数量的国有股份是普遍现象；二是为了增加国有资产收益，为国家多上缴财政收入，国有资产经营部门也可以投资于一些经济效益较好的竞争性行业，与其他经济成分开展公平竞争。在国有参股企业中，国有产权代表依法进入董事会、监事会，参与企业重大生产经营决策，选举董事长，选择企业管理人员，维护国有产权的合法权益。

（二）企业组织的国有资产管理职能

企业是运用国有资产的微观主体。在国有资产管理体系中，企业承担着与国有资产行政管理机构、资产经营机构不同的职能。各项国有资产管理的方针、政策、制度、法律和法规是否能够得到贯彻执行，最终还是取决于在企业组织层次的落实情况。具体来说，企业组织的国有资产管理职能主要如下。

1. 执行国家有关国有资产管理的方针、政策、制度、法律和法规，以及国家宏观经济政策。企业使用和管理国有资产，要遵守作为所有者的国家制定的各项方针、政策、制度、法律和法规，维护国有资产的合法权益。同时，国家承担的一般经济社会管理职能使国有企业具有一定的公共性，需要为社会提供相应的公共物品服务，国有企业的生产经营活动要贯彻国家的各项宏观经济政策，参与政府调控经济运行过程。

2. 拥有法人财产权，依法从事生产经营活动，承担民事法律责任。对于国家投资于企业的国有资产，企业拥有法人财产权。企业可依法占有、使用和支配国有资产，开展各项生产经营活动。国有资产所有权可以转让、拍卖，但国家不能收回投资于企业的各项资产。企业以包括国有资产在内的所有资产为依据，对外签订各类生产经营合同。

3. 在财务会计管理中，认真做好国有资产的核算工作，做到账实相符、账账相符、账表相符，向国有资产经营部门及时报送会计资料，保持国有资产物质上的完整性、价值上的足额补偿。企业财务会计管理是国有资产管理的基础性工作，要及时反映和监督国有资产的运行状况和使用效益，为政府加强国有资产管理提供准确的经济信息，同各种侵蚀、损害甚至瓜分国有资产的行为做斗争。

4. 努力提高国有资产经营效益，及时上缴国有资产收益。以执行政策性业务为主的国有独资企业、国有控股企业在努力实现国家宏观政策目标，提高国有资产运营的社会效益、生态效益的同时，也要努力提高国有企业的市场竞争力，增加经济效益，增加国家财政收入，发展和壮大国有经济。处在一般竞争领域的国有控股企业、国有参股企业要以利润最大化为目标，面向市场，努力开展生产经营，提高国有资产收益率；同时要使企业在市场竞争中不断发展壮大，增加职工收入，改善职工生活。

5. 根据国有资产行政管理部门和资产经营机构的要求，做好国有资产产权登记、统计、清产核资等各项管理工作。

五、进一步深化国有资产管理体制的思路

1. 完善国有资产监督管理法律、法规，依法维护所有者权益和所出资企业各项合法权益。应当修改授权经营、企业重大事项管理、企业负责人年薪制、企业法律顾问管理等法规和规章，并争取尽快发布、实施。还应当针对加快企业股份制改革、推进国有经济布局和结构调整、加强资本运营、健全监督体制、完善企业用人与激励机制等重点工作，抓紧拟制一批法规和规章，同时继续对现行的涉及国有资产监督管理的法律和规章进行清理，为国有资产管理提供完善的法律依据，做到依法管理，维护国有资产权益。

2. 完善企业经营业绩考核体系，研究并实施国有资本经营预算制度。应当根据现代市场经济运行特点，建立国有资产经营约束、激励机制，对国有独资企业及国有控股企业普遍实行负责人年薪制，建立出资人对企业负责人薪酬的管理机制，改变企业负责人自定薪酬的状况。同时，探索国有资本经营预算制度，在试点基础上逐步推行，提高国有资产运行效率。

3. 继续探索按市场化选聘企业经营管理者的途径和做法，加大企业人才的培养和选拔力度，建立职业化的国有资产经营管理人员队伍，吸引优秀人才参加国有企业管理。

4. 加强国有资产监管，完善国有资产授权经营制度。适时修改《国有企业监事会暂行条例》，完善外派监事会制度。进一步规范授权经营国有资产企业的资格认定条件、程序，以及国有资产管理权限与责任等，加强监管，既能保障授权经营国有资产企业的自主权，又能确保国有资产保值、增值，实现政府政策目标。

5. 积极推进国有经济布局和结构调整，加快培育和发展具有国际竞争力的大企业集团。继续做好资源枯竭的矿山和国有大中型企业的关闭破产工作，适当增加企业关闭破产项目，加快国有经济战略性调整步伐。同时，根据国家经济发展战略，有退有进，优化国有资产配置，增加对关系国民经济命脉和国家安全等领域的投资，提升国有经济国内外市场竞争力，在竞争中发展和壮大国有经济。

一、本章复习题

1. 什么是国有资产管理体制？
2. 改革开放后我国国有资产管理体制有何变化？
3. 我国国有资产管理体制运行中存在的问题有哪些？
4. 建立国有资产管理体制应遵循的基本准则是什么？
5. 现行国有资产管理体制的内容有哪些？
6. 进一步深化国有资产管理体制的思路是什么？

二、本章讨论题

1. 如何处理国有资产管理体制与财政管理体制、经济管理体制的关系？
2. 在现行体制下，如何处理国有资产主管部门与业务主管部门的关系？

三、本章阅读资料

1. 黄少安．国有资产管理概论．北京：经济科学出版社，2000.
2. 李松森，等．国有资产管理．大连：东北财经大学出版社，2010.
3. 刘玉平，温来成．国有资产管理新论．北京：清华大学出版社，2004.
4. 习近平．决胜全面建成小康社会 夺取新时代中国特色社会主义伟大胜利——在中国共产党第十九次全国代表大会上的报告．新华网，2017.

第四章 国有资产管理基础

本章关键词

产权　产权界定　产权交易　产权登记　清产核资　国有资产统计

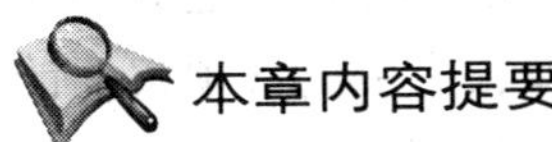

本章内容提要

国有资产管理的目的是实现国有资产的保值、增值，提高国有资产利用效率，实现政府宏观经济政策目标。国有资产管理的主体是国家。国家对国有资产的占有和使用凭借的是对资产的所有权。这种以资产所有权为基础的管理具有两个特点：一是不具有超经济的强制性，所有者和资产经营者之间的关系是委托经营的契约关系；二是必须建立有效的所有权约束机制。通过对国有资产进行产权界定、产权登记，以及明确产权范围，能够确定各产权主体在国有资产管理方面的权利、责任和义务。这既是国有资产管理的前提，也是进行国有资产统计和核算的前提之一。在此基础上，流动重组和产权交易使得国有资产不断地盘活存量，这样可以促进经济结构合理化，达到优化资源配置的目标。因此，国有资产产权管理是整个国有资产管理活动的基础。本章将以产权理论为基础，对国有资产产权的相关问题进行介绍，主要包括国有资产的产权界定、产权登记、清产核资和国有资产统计等问题。

第一节　国有资产产权界定

一、产权理论概述

产生于20世纪30年代的现代西方产权经济理论，是西方经济学的一个分支。20世纪80年代后期，随着现代产权经济学和现代制度学派的引进，“产权”这一概念开始在我国出现，并被广泛接受，产权制度改革被认为是我国国有企业改革的突破口。随着国有企业改革的不断深化，以产权制度改革为核心进行的国有资产管理体制改革成为中国经济体制改革的重要内容。认识产权、产权功能、国有资产产权以及与产权相关的各种产权关系的基本内涵是国有资产产权管理的基础。

（一）产权的概念

产权是指一定经济主体依法对特定经济客体（资产）享有的所有、使用、处分并获取相应收益的权利。具体而言，产权是财产所有权以及与财产所有权有关的各项权能的总和。与财产所有权有关的权能包括对财产的经营权、占有权、使用权、收益分配权和处分权等一系列财产权利。产权实质上是经济所有制关系的法律表现形式。

从法律上讲，产权就是物权，其具有明确的法定内容。《中华人民共和国物权法》（简称《物权法》）规定，物权是指权利人依法对特定的物享有直接支配和排他的权利，包括所有权、用益物权和担保物权。因而，物权是指对物的直接管理和支配并排除他人干涉的民事权利，属于财产权。《中华人民共和国民法通则》（简称《民法通则》）规定，财产所有权是指所有权人依法对自己的财产享有占有、使用、收益和处分的权利。因此，无论何种性质的财产所有权，都是所有权人的自物权，均属产权。用益物权是他物权的一种，是指非所有人对他人之物所享有的占有、使用、收益的排他性的权利。比如我国农村土地的承包经营权、宅基地的使用权、各项建设用地的使用权，以及国有自然资源的使用权（包括海域使用权、探矿权、采矿权、取水权，以及使用水域、滩涂从事养殖和捕捞的权利等）。担保物权是指在借贷、买卖等民事活动中，债务人或债务人以外的第三人将特定的财产作为履行债务的担保，债务人未履行债务时，债权人依照法律规定的程序就该财产优先受偿的权利。担保物权是与用益物权相对应的他物权，是为确保债权的实现而设定的，以直接取得或者支配特定财产的交换价值为内容的权利，具体包括抵押权、质权和留置权。在现代经济中，无论是自物权还是他物权，均属于产权范围，因此，产权的范畴大于所有权。但是，所有权是产权的最主要形式，其他形式的产权都是以财产所有权为基础派生而成的。而这种派生的产权是在所有权的部分权能与所有人发生分离时产生的，是指非所有人在所有人财产上享有占有、使用，以及在一定程度上依法享有收益或处分的权利。财产所有者可以根据法律或合同等形式，把财产所有权的部分权能让渡给非所有者行使。所有者在掌握体现财产所有权的某些收益或处分决定权的前提下，可不实际占有或使用其财产。由此使得所有权与产权成为既相互统一又相互区别的两个概念。

首先，产权源于所有权，两者都反映财产关系。在商品经济尚不发达的历史阶段，经济主体的所有权与经营权并未分开。其原因在于，当时的土地或手工作坊所有者往往同时是其资产的经营者，自然也就拥有关于自己财产的一切权利，因而此时的所有权与产权是相互统一的。但当人类社会发展到商品经济较为发达的阶段之后，随着信用制度的发展和社会分工的细化，出现了资产所有权与使用权、经营权的分离，各权能开始由不同的当事人主体来执行，传统意义上的所有权逐渐分解，并由此形成了相应的产权制度和产权关系。可见，产权源于所有权，并且两者都反映了相应的财产关系。

其次，虽然产权来自所有权并以所有权为核心，但产权并不等同于所有权，所有权性质决定着产权性质，甚至可以决定产权的存在与否，因而产权与所有权存在着差别，具体表现如下。

1. 权利的形态不同。所有权在产权出现后，其掌握的财产形态不一定是实物资产，而是资产的价值或信用形式。其他相关产权则表现为对相关资产的实际支配权。原来自然人所有权单纯拥有的各种权能现在演变成产权的内容，即产权的权能是所有权与经营权、占用权、使用权、收益权及处分权的集合。

2. 权利的运动形态不同。企业资产的所有权在转化为股权的形式后，其运动的形式是股票转让，相关产权的运动则表现为企业资产的实际运营。

3. 权能不同。企业资产的所有权转化为股权后，其权能是股票转让权和股东大会表决权；相关产权则具有原来所有权对财产的经营、占有、使用、收益和处置等全部职能。

4. 存在的经济条件不同。所有权是经济制度的一般范畴，即在非商品经济的社会里也会存在；产权则是商品经济的特有范畴，是既定经济制度下的一种制度。

（二）产权的构成要素

在现代经济中，构成产权的基本要素是产权主体、产权客体和产权权利。

产权主体是指享有或拥有财产所有权，以及享有与所有权有关的财产权利的自然人和法人。在自然经济条件下，当财产所有权各项权能还未发生分解时，产权主体就是运用财产各项权能的人，该主体拥有完全的财产所有权。而在现代经济条件下，财产所有权的各项权能发生了分解，不同的人享有同一财产上的不同权能，此时，产权的主体就不一定拥有完全的财产所有权，它可能是财产支配权的主体，可能是使用权的主体，也可能是享有收益权的主体等，或者是财产所有权某项或几项权能的支配者和享有者。国家是产权的特殊主体。

产权客体是指产权权能所指向的标的。具体而言，就是产权主体可以控制、支配或享用的具有价值的物质资料以及各类无形资产。一切供人类使用或实际已成为人类享用对象的物质，都可以成为产权的客体。一般认为，只有具备两个要素，一个物质才能成为产权客体：一是要能够实际为人们支配和享用，即能够用现代技术取得并为人类所用；

二是资源的稀缺，人们为了占有、支配和使用某种物质，彼此要分出界限，而不是无条件供一切人享用，这种物质才能成为产权客体。产权客体有时就是某项行为权利本身，在商品经济条件下，产权的买卖实际上是权利的买卖。因此，产权客体不仅表现为实物形态，而且有时表现为某种特定权利。可以说，产权客体是随着社会的发展而不断变化的。

产权权利就是产权主体拥有的权利。产权主体通常拥有四项最基本的权利，即财产的所有权、使用权、处分权和收益权。其中，收益权是产权的最本质的权利。

（三）产权关系

产权关系是产权主体之间在财产占有、使用、收益、处分中发生的各种关系的总和，包括所有者与经营者的关系、所有者与使用者的关系、所有者与所有者的关系、所有者内部各种监督管理主体之间的关系、经营者与经营者的关系、使用者与使用者的关系、经营者与使用者的关系。财产所有者以及财产的经营者、使用者都是产权主体，他们之间在财产的占有、使用、收益、处分中发生的关系就是产权关系。财产的占有、使用、收益和处分是所有权的权能，这些权能可以部分与所有者分离，并在分离后通过不同的组合形成不同的财产权。如：占有、使用和依法处分三项权能相结合，构成企业的经营权；使用和收益两项权能构成采矿权；占有、使用和收益三项权能相结合，构成承包经营权；占有、使用两项权能相结合，构成行政事业部门的财产使用权等。所以，各个产权主体之间的关系都是围绕财产的占有、使用、收益和处分形成的。

产权关系是在社会经济运行中由法律界定和法律维护的经济当事人与财产的权利之间的关系。由于产权关系产生于社会经济运行的过程中，财产运动和经济当事人的权利关系变化多端，极其复杂。如果经济当事人的权益关系缺乏界定和协调，所有者不愿将财产让渡给他人使用，经营者不愿利用他人的财产，商业信用关系就难以形成，金融信贷关系也难以发生，要实现资源的有效配置和激发经济主体的活力就会十分困难。因而运用适当的机制来界定、维护和协调各经济当事人对财产的权利关系，是使经济有序运行、激发经济主体活力、有效配置资源的客观要求。依法合理界定和维护产权关系对促进现代市场经济的顺利发展具有十分重要的意义。

（四）产权的基本特征

一般而言，产权具有以下基本特征。

1. 产权具有明确性。产权体现的是资产归谁所有及归谁支配、运营的一组经济法律关系，因此，产权主体明晰、资产归属明确是产权的基本特征之一。它同时包含两个方面的内容：一是明确所有者主体，即资产归谁所有、归谁使用等；二是明确所有者客体，即归某个所有者占有、使用和支配的是哪些资产和哪些权利。

2. 产权具有独立性。产权关系一经确立，产权主体就可以在合法的范围内自主地行使对资产的各项权利，谋求资产收益最大化，而不受同一财产之上的其他财产主体的随意干扰。

3. 产权具有转让性。产权是商品经济高度发展的产物，它体现在资产交易市场中的

动态性财产关系上，规定了交易过程中的资产权利界区。产权的转让有两种形式：一种是包括所有权各项权能在内的整个所有权体系的转让；另一种是保留所有权而将资产的占有、使用、收益与处分权进行转让，形成法人资产权。

4. 产权具有收益性。它是指产权所有者凭自己对财产的所有、使用而获取收益的权利，是产权所有者谋取自身利益，实现资产增值的主要手段。失去了收益性，所有权就没有任何经济意义，因此通常把收益性作为产权在经济上得以实现的形式。

5. 产权具有责任性。产权的所有者不仅有对资产获取收益的权利，同时要对其占有、使用的资产承担风险和责任。它包括两种责任：一种是资产所有者的责任，即资产所有者要承担利用自己拥有的资产权利对资产经营者施加影响而造成的决策失误责任；另一种是资产经营者因经营不善而造成财产损失所应承担的责任。

6. 产权具有法律性。产权关系是一定历史时期内所有制形式在法律上的表现。产权强调财产交易过程中必须遵循法律和规范，因此，产权的确定必须以国家法律为前提。同样，产权主体行使其职能，产权客体发挥其作用，都必须在国家有关法律的监督和保护下进行。

（五）产权的功能

产权的功能是指通过一定的手段使产权明晰之后，产权在国民经济发展中具有的效能和作用。产权的功能在现代经济中的地位越来越重要，关系到资源配置和经济发展的有效性。产权的功能主要如下。

1. 保护资产所有者主体利益的功能。资产所有者对资产所拥有的权利本质上是一种经济权利，受到法律保护。当所有者对生产资料或产品拥有的权利通过法律形式宣称不可侵犯时，投资主体在生产经营中的资产以及收益便会得到法律保护。

2. 促使资产所有者高效使用资产的功能。资产所有权在市场经济条件下是一种经济利益的表现。产权一旦受到法律保护，所有者就可以拥有管好其财产的权利，同时，市场经济体制也促使其加强管理，提高资产的使用效率。具体表现如下。

（1）对所有者而言，可以在法律允许的范围内自由支配其所有的财产，发挥所有者主权。

（2）所有者主体能够获得资产带来的利益，具有很强的物质刺激，能够调动其主观能动性。

（3）资产的支配主体拥有资产的支配权，这个支配权与所有者的权益相互依存、相互制约，在一定条件下可以相互分离，从而抵制各方面的侵权行为。

3. 推动市场经济发展的功能。市场经济体系要求必须有各类市场的存在。金融市场、生产资料市场、消费品市场、劳动力市场、房地产市场、技术市场、信息市场等都是市场经济中的必要组成部分。在这些市场中，明晰的产权关系是构建市场经济体系的基础条件，没有这一条件，市场交易将无依据，交易的公平、公正也无法实现。由于市场经济下的交易是在利益绝对独立、产权关系明确的条件下进行的，因而要使市场经济正常发展，则必须明确产权，从而避免出现不公正的交易行为。

4. 约束财产支配者经济行为的功能。产权是所有权、经营权、占有权、使用权、收益分配权和处置权的总和。在产权关系明晰的前提下，所有者的权利至高无上。所有者可以对其所拥有的资产进行独立支配，独占资产收益，同时对其所拥有的资产具有排他性所有权，在法律允许的范围内可以随意处置其拥有的资产，如转让、赠送等。但是，在市场经济条件下，资产所有者往往不是自己直接支配其资产，特别是在现代企业制度下，资产的所有者经常将其资产份额交由企业来支配，允许它在法律许可的范围内自主地进行生产经营活动。同时，在法律上，一旦企业成为法人，那么其将享有自己的民事权利，它的收益状况与投资者的收益状况既相互联系，又相互分离。尽管投资者不能直接支配其投到企业中的资产，但他可以通过转变投资份额来保护其资产，如此一来，这将对企业经营形成强有力的约束作用。

二、国有资产产权及其权益

产权可以划分为私有产权与公共产权。私有产权是将对某种财产的相关权利确定为某一特定主体拥有，由于该主体对此财产的私有权而限制了其他人对这项财产的财产行为。公共产权是指在某一公共的范畴内，产权在个体之间不具有排他性，每个个体可以为了同一个目标行使对某一资源的使用权。由于产权是共享的，因此，每个个体在根本上不拥有完整的产权，也不是独立的产权主体，即产权属于公共范畴，产权主体也属于这个公共范畴。

私有产权制度由于其产权的明确性和排他性，当事人直接承担了自身行为的结果(受益或受损)，因而交易成本低、效率高。而在公共产权制度中，由于产权不具有排他性，谈判与监督的成本非常高，导致交易效率很低。公共产权制度的效率往往体现为可以实现社会价值最大化，对于私有产权制度下无法实现或不愿进入的领域，公共产权可以借助政府的强制力来克服私有产权交易中无休止的讨价还价所造成的浪费，进而降低交易成本，提高资源的配置效率。

国有资产产权是公共产权的一种制度安排。从理论上讲，每个公民对全民所有的国有资产都享有产权，但同时国有资产产权不属于公民个人所有，公民必须以“集体”的身份出现才能享有产权。也就是说，在国有产权制度中，每个个人并不直接拥有产权，不能任意使用国有资产，也不能直接享有国有资产收益，国有产权与公民个人的利益并不直接相关。同时，在国有产权制度中，只有全体公民才是国有产权的主体，在实际生活中必须产生一个产权代表主体——国家，由国家来代表全体公民行使产权主体的职责。这样在国有产权范围内，在全体公民和国家之间就存在着委托-代理关系。

根据产权的含义，我们可以得出国有资产产权的概念。国有资产产权是指属于国家的财产所有权，以及与国家的财产所有权有关的各项权能的总和。我国法律规定的与国家的财产所有权相关的产权主要有以下几种。

（一）经营权

经营权是指国有企业对国有财产的经营权。《民法通则》规定：全民所有制企业对国家授予它经营管理的财产依法享有经营权，受法律保护。《中华人民共和国全民所有制工

业企业法》(简称《全民所有制工业企业法》)进一步规定：企业的财产经营权是企业对国家授予其经营管理的财产享有占有、使用和依法处分的权利。

所有权与经营权相分离，是我国改革开放以来确立的一条重要原则。经营权是一种新型财产权，是针对国有企业长期由国家直接经营提出来的，具有十分深远的意义。经营权在法律上属于与财产所有权有关的财产权，这种财产权是相对独立的，它不仅可以排除第三者的妨害，还可以抗辩作为所有权人的国家。国有企业如果有了充分的经营权，作为所有权人的国家对这部分已经设立了经营权的财产则退到出资人的地位。除重大人事任免、取得资本收益、审批企业产权变动和资产经营形式外，不能再对企业占有、使用的财产行使直接支配的权力。《全民所有制工业企业转换经营机制条例》中规定了企业的生产经营、定价、销售、投资等 14 项经营权，就是为了划清所有权与经营权的界限，落实企业的经营权。属于企业经营范畴的事，国家不再干预，从而使企业真正成为自主经营、自负盈亏、自我约束、自我发展的法人实体和市场竞争主体。企业的以上经营权受法律保护，任何部门、单位和个人不得干预和侵犯。

我们强调所有权与经营权分离并不是绝对的，所有者不干预企业的经营权，同时，经营者也不能侵蚀所有者的所有权。因此，一方面要落实企业的经营权，另一方面也要保障所有者的所有权。在经营权逐步落实的情况下，加强所有权的监管是十分必要的。现实中，国有资产所有权被侵蚀的现象十分严重，一些企业不提或少提折旧、少摊成本、虚报利润、多发奖金的现象屡禁不止。一些经营者以各种形式挥霍国家资产，购买豪华轿车，大肆进行公款消费，还有一些企业未经所有者批准，擅自转让企业的产权，或者不经评估低价转让企业的产权，造成国有资产的流失。所有这些现象都是对所有者权益的侵害，是不允许的。因此，在研究所有权与经营权的关系时，必须兼顾所有权和经营权两个方面，不能片面强调所有权而干预经营权，也不能片面强调经营权而侵蚀所有权。

(二) 使用权

使用权是指法律允许全民和集体单位使用国有土地、森林、山岭、草原、荒地、滩涂、水面等，并取得收益的权利。《民法通则》规定：国家所有的土地，可以依法由全民所有制单位使用，也可以依法由集体所有制单位使用，国家保护它的使用、收益的权利。国家所有的森林、山岭、草原、荒地、滩涂、水面等自然资源，可以依法由全民所有制单位使用，也可以依法由集体所有制单位使用，国家保护它的使用、收益的权利。此外，《中华人民共和国土地管理法》(简称《土地管理法》)、《中华人民共和国森林法》(简称《森林法》)、《中华人民共和国草原法》(简称《草原法》)及《中华人民共和国渔业法》(简称《渔业法》)等也都对这种使用权做了相应的规定。

(三) 采矿权

采矿权是指法律允许单位或个人对国家所有的矿藏可以依法开采或采挖的权利。《民法通则》规定：国家所有的矿藏，可以依法由全民所有制单位和集体所有制单位开采，也可以依法由公民采挖。国家保护合法的采矿权。《矿产资源法》对此也做了相应的规定。

（四）承包经营权

承包经营权是指公民、集体以承包合同对集体所有或者国家所有由集体使用的土地、森林、山岭、草原、荒地、滩涂、水面等从事承包经营并获得收益的权利。《民法通则》规定：公民、集体依法对集体所有或者国家所有由集体使用的土地的承包经营权，受法律保护。承包双方的权利和义务，依照法律由承包合同规定。公民、集体依法对集体所有或者国家所有由集体使用的森林、山岭、草原、荒地、滩涂、水面的承包经营权，受法律保护。承包双方的权利和义务，依照法律由承包合同规定。此外，《土地管理法》、《森林法》、《草原法》及《渔业法》等也都对承包经营权做了相应的规定。

三、国有资产产权界定的内涵、范围和原则

（一）国有资产产权界定的内涵

产权界定是指国家依法划分财产所有权、经营权、使用权等产权归属，明确各类产权主体行使权利的财产范围及管理权限的一种法律行为。产权界定是产权基础管理工作的重要组成部分，是进行产权制度改革的前提和基础，也是做到产权明晰化的关键所在。

产权界定主要包括财产所有权及与财产所有权相关的其他权能的界定。对财产所有权的界定是为了确定财产所有权的性质和价值量，从法律上确认财产所有权的最终归属，并明晰财产所有者对自己的财产所享有的权利。非所有人对所有人的财产依法享有的其他财产权的界定，包括对同一财产的不同经济主体的责、权、利的界定。相对而言，所有权的界定较为简单，而产权关系中的不同经济主体的责、权、利的界定则相当复杂，必须在特定的资产经营方式中才能进行。

国有资产产权界定是对属于国家所有的资产进行所有权确认，即界定属于国家所有的资产范围。

国有资产产权界定属于财产权界定的范畴，包括两方面的内容：一是国有资产所有权的界定，即界定是否属于国家所有的资产；二是与国有资产所有权相关的由国有资产所有权权能分离而产生的其他产权的界定，即界定国有资产各类经营、使用、管辖主体行使资产占有、使用和收益及依法处分权的界限范围和关系。

国有资产产权界定是国有资产管理的一项重要的基础工作，科学合理地界定国有资产产权对我国社会经济的发展具有重要意义。

1. 国有资产产权界定是防止国有资产流失，维护国家利益的需要。改革开放以后，以全民所有制为主体的各种经济成分发展迅猛，全民所有制企业的资金来源渠道多元化，资金投入方式相应也多元化了。随着我国经济体制改革的不断深化和对外开放的不断推进，出现了各种形式的联合联营企业，中外合资企业、合作企业和股份制企业，公司化改造逐渐盛行，各种所有制也在相互渗透、相互交叉。在这一经济体制转换过程中，由于相应的政策和法规不到位，国家对国有资产监督管理不力，再加上其他原因，出现了国有资产产权关系混乱、模糊不清的局面，大量的国有资产流失。国有企业实行两权分离，但由于产权边界不清，国有资产所有者、管理者以及经营者的责、权、利不明确，

也就无法从根本上解决国有资产管理松懈和“家底”不清的问题，因而严格界定国有资产产权边界、理顺产权关系就显得尤为重要。

2. 国有资产产权界定是深化经济体制改革的需要。产权制度改革是深层次的改革，涉及各方的切身利益，而产权界定是整个产权制度的重要组成部分，是进行产权制度改革的前提和基础，是明晰产权的关键所在。产权界定能够明晰产权边界，只有在产权边界清晰的基础上，才能做好产权管理，才能在国有资产管理中将国家的所有者职能与社会管理者职能分离，才能使国有企业改革在深层次上有所突破。如果企业产权主体不明、资产边界不清，那么将会影响企业的后续发展，并将严重影响社会主义市场经济的发展，不利于深层次经济体制改革的进行。

3. 国有资产产权界定有利于调动资产经营者的积极性。国有资产产权界定能够落实企业的法人财产权，调动资产经营者的积极性，使企业成为真正自主经营、自负盈亏的经济法人。在我国的国有企业改革中，产权制度的改革是无法回避的问题。应当通过产权制度改革，界定清楚各方面的产权关系，使企业资产的终极所有权与法人财产权分离，确立企业法人财产权，使出资者不仅按比例参与企业的利润分配，享有新增资产的所有权，而且按出资比例承担风险和亏损，从而体现权利与风险对等的原则。因此，产权界定既能维护国家作为所有者的权益，也能调动经营者的积极性，使其在经营范围内合法、有效地不受任何非正当干预地行使经营自主权，提高国有资产的经营使用效益。

4. 国有资产产权界定是加强国有资产管理工作的需要。国有资产监督管理部门是国有资产管理的专门机构，代表国家行使国有资产所有权。如果不进行国有资产产权界定，就无法分清哪些是国家所有的资产，哪些是其他经济成分所有的资产，也就无法明确国有资产管理的对象及其总量，因而也就无法做好国有资产管理工作。

5. 国有资产产权界定有利于完善社会主义市场经济体系，维护正常的市场秩序。维护正常的市场秩序，不断发展和完善我国的社会主义市场经济体系，是我国经济体制改革的目标之一。在转轨过程中，我国的市场秩序很不规范，特别是国有资产的产权交易比较混乱，直接导致大量的国有资产流失，损害了国家的利益。进行国有资产产权界定，不仅是要追索流失的国有资产及其所有者权益，而且是要建立起规范的市场秩序，防止一些人或单位利用国有资产产权交易的机会侵占国有资产，致使国有资产流失。通过产权界定，确定市场经济中的等价有偿、公平交易等原则，使产权交易符合市场经济的运行规律，特别是使国有资产的产权交易遵守市场经济的一般规律，有利于建立和完善社会主义市场经济体系和市场规则，保证我国市场经济能够稳定发展。

6. 国有资产产权界定是建立现代企业制度的前提和基础。现代企业制度的要求是：产权清晰，权责明确，政企分开，管理科学。其基本特征包括：政企职责分开，产权关系明确；企业拥有法人财产权，对出资者承担资产的保值、增值责任，出资者根据投入的资本额依法享有所有者权益，承担有限责任。而产权关系的明晰和法人财产权的确立有赖于财产所有权归属的确定以及相关权能的划分。产权边界不清晰，就无法确定企业资产的终极所有者和法人财产权，也就无法很好地保障所有者的合法权益。如果企业整天纠缠于复杂的产权关系事务中，就不可能集中精力，按市场需求组织生产经营，企业的劳动生产率也就无法提高，会直接影响企业的经济效益。因此，国有资产产权界定是建立现代企业制度的前提和基础。

7. 有利于理顺中央与地方、政府与企业的产权关系，强化政府宏观调控功能。产权关系明晰和界定范围清楚是产权管理的基础条件，也只有在此基础上，才能理顺中央、地方、企业之间的产权关系。随着我国经济体制改革的不断深化，在国有资产关系上，政府和企业之间不再是行政隶属关系，而是一种产权关系：一方拥有所有权，另一方拥有企业范围内的资产支配权。同时，中央与地方也存在产权关系，产权明晰也有助于进一步理顺中央与地方在国有资产管理上的产权关系。

（二）国有资产产权界定的范围

国有资产产权界定涉及全民所有制企业、集体所有制企业、中外合资企业、股份制企业等。国有资产产权界定的范围可以归结为三个方面的内容：第一，原始投资主体为国家的资产为国有资产；第二，国家原始投资增值的部分为国有资产；第三，对于国家优惠政策形成的资产，应区分不同情况以确定资产的归属。该范围决定了国有资产产权界定的途径，即国家原始投资的查定、国家投资增值的查定和国家优惠政策形成的资产的查定。

我国国有资产产权界定的具体范围如下。

1. 国家机关及其所属事业单位占有、使用的资产，以及政党、人民团体中由国家拨款形成的资产的产权界定。

2. 国家以货币、实物、土地、知识产权向企业投资这部分资本金的产权界定；国有企业运用国家资本金等在经营过程中形成的税后利润，以及从税后利润中提取的公积金、公益金、未分配利润的产权界定。

3. 以全民单位做担保，通过借入资金而创办的全民所有制企业，其积累的净资产的产权界定；全民所有制企业中党团工会组织等占用的企业财产的产权界定。

4. 在实施《企业财务通则》及《企业会计准则》（简称“两则”）以前，全民所有制企业从企业留利中提取的职工福利基金、职工奖励基金和“两则”实施后用公益金购建的集体福利设施的产权界定。

5. 全民所有制单位用国有资产在集体企业中的投资及按投资份额取得的资产收益所形成的资本金及其权益的产权界定。

6. 集体企业按国家规定享受减免税形成的资产的产权界定。

7. 中外合资企业中，中方以国有资产出资投入的资本金、企业注册资本增加时中方以分得利润向企业再投资或购买另一方股份所形成的资产、中方按投资比例在税后利润提取的各种基金中所占有的份额、企业清算或解散时馈赠或无偿留给中方继续使用的各项资产等的产权界定；股份制企业中公积金、公益金、未分配利润、按照投资比例确定的资产的产权界定。

由于历史原因，我国产权方面遗留的问题较多，国家、集体和其他经济成分都与国有资产产权界定关系密切，使得产权界定成为一项非常敏感、非常复杂、政策性极强的工作。因此，在国有资产产权界定中必须遵守一定的原则，既要充分保护国有资产所有者的权益，又要兼顾其他经济成分的合法经济利益，以调动各方的积极性，保证我国产权制度改革的顺利进行。

(三) 国有资产产权界定应当遵循的原则

依据我国有关法律、法规和政策的规定，我国国有资产产权界定工作应当遵循以下几条主要原则。

1. 坚持国家统一所有，政府分级行使出资人权利的原则。我国的国有资产属于全民所有，即国家所有。这是国有资产产权界定的前提和归宿，必须坚持全民财产的法律所有权。法律所有权是一种所有制关系的基本体现。全民所有权不能被分割，它所体现的是劳动人民的共同利益，而不是一些大的或小的利益集团的特殊利益。因此，国家是国有资产所有权的唯一主体，政府代表国家行使国有资产的所有权，国家对国有资产实行分级、分工的监督和管理。任何单位和个人均无权分割、侵占国家财产。但从管理的角度看，我国国有资产分布地区的普遍性和参与领域的广泛性决定了我国的国有资产必须由各级政府分别代表国家行使出资者权利。

2. "谁投资、谁拥有产权"的原则。由于企业资产都是通过投资形成的，因此在产权界定中，不应以企业法人的登记性质来界定资产的性质，而要追溯企业初始投资资金的来源。必须根据原始取得来确定资产所有权和受益权，划清投资及其经济行为的关系，按照"谁投资、谁拥有产权"的原则，切实保障投资者的合法权益，确保客观、公正、准确地确定国有资产存量。

3. 保障经营者合法权益的原则。在国有资产产权界定中，保障经营者对国有资产享有合法的占有、使用、部分收益和处分的权利，是产权界定的一个重要原则。国有资产经营权是由国有资产所有权部分权能分离出来的重要产权形式之一。国家在行使所有权的前提下，把所有权的部分权能让渡给企业，形成了企业的国有资产经营权。企业的国有资产经营权包括企业对国有资产享有占有、使用和依法处分权，企业产权（或称法人产权）实质上就是这种财产权。在国有资产产权界定中，一方面不能因为强调资产的所有权而忽视经营者在两权分离基础上的正当合法的财产权益，另一方面也不能因保障经营者的合法权益而侵害所有者权益。因此，必须彻底转变政府职能，真正实现政企、政资分离，以利于经营者更好地自主经营，参与市场竞争，给所有者以更好的投资回报。

4. 兼顾国家、企业和个人的原则。产权界定的实质是对各方物质利益的界定。产权的界定影响到每一经济组织成员的切实利益。在一定程度上，国有资产产权界定是国家、企业、个人三者利益的界定，因而要兼顾各方的利益，正确处理好这三者之间的关系，以加强国有资产的管理，调动经营者和生产者的积极性，从而促进国民经济的快速健康发展。

5. 以事实为依据、以法律规范为标准的原则。我国现有国有资产的历史成因复杂，变动相当频繁。由于年代久远，加之在计划经济时期不重视产权管理，有关资料档案不全，这给产权界定的具体操作带来了很大难度。因此，在界定产权时，必须尊重客观历史事实，以客观历史事实为依据，避免人为因素影响资产界定的结果。同时，在国有资产产权界定中，还必须以国家的宪法、民法、经济法等法律以及相关的法规作为法律准绳，切实体现和维护法律的严肃性和权威性。

四、国有资产产权界定的标准、方法、有关规定、组织实施及产权纠纷的调处

（一）国有资产产权界定的标准

1. 理论标准。马克思主义基本理论，特别是关于所有制和所有权的基本理论是产权界定的基本理论依据；中共中央关于改革开放的决定、关于建立社会主义市场经济体制的决定、两权分离理论、中国特色社会主义理论等，是进行产权界定的直接理论依据。《中共中央关于建立社会主义市场经济体制若干问题的决定》确立了建立社会主义市场经济体制的目标，要求进一步转换企业经营机制，建立现代企业制度，并明确指出产权关系明晰是现代企业制度的首要特征，企业中的国有资产属于国家。

2. 法律标准。财产所有权是由法律加以保护的最高占有权。对所有权的界定，在各国的法律中都有所规定。在我国的宪法、民法、经济法，以及其他法律、法规中，凡是有关产权的规定，均应作为所有权界定的法律依据。如《民法通则》第 5 章第 1 节第 71 条规定：财产所有权是指所有人依法对自己的财产享有占有、使用、收益和处分的权利。此外，《全民所有制工业企业法》及《全民所有制工业企业转换经营机制条例》等对所有权、产权界定等也做了规定。这些都是产权界定必须遵循的法律依据。

3. 政策标准。我国已颁布了许多与所有权、经营权有关的政策，其中合理的并且适用于现有社会经济条件和环境的政策可以作为产权界定的依据。例如，1991 年颁布的《企业国有资产所有权界定的暂行规定》和《关于用国有资产开办的集体企业或经营单位产权归属问题的通知》，1993 年颁布的《国有资产产权界定和产权纠纷处理暂行办法》，1994 年颁布的《集体企业国有资产产权界定暂行办法》，以及 2003 年颁布的《企业国有资产监督管理暂行条例》等。

4. 事实标准。在进行产权界定和纠纷调处时，必须遵循以事实为依据、以法律为准绳的原则。由于我国国有资产的形成原因比较复杂，企业资产的转移变动较多，在进行产权界定时，有必要追溯历史、考察现状，对资产的所有权界定必须按照实事求是的原则进行。

（二）国有资产产权界定的方法

根据“谁投资、谁拥有产权”的原则以及国有资产的具体成因，可从以下三个方面判定国有资产所有权的归属。

第一，由国家原始投资形成的资产为国有资产。

第二，由国家原始投资形成的资产增值为国有资产。

第三，由国家优惠而形成的资产，如由税前还贷、税收减免等形成的资产，应根据具体情况判定是否应为国家投资。

国有资产所有权界定的方法就是要通过适当的方式和途径获得以上判定依据。

1. 国家原始投资的审查确定。国家原始投资的审查确定涉及国有资产投资活动进行的方式。通常，国有资产投资是由政府的某一部门或某一国有企业、单位向拟建的企业、单位进行投资。其中，投资主体被称为“主办单位”，拟建的企业、单位被称为“接受投

入单位”。国有资产的投资活动开始于主办单位，最后形成于接受投入单位。

对国家原始投资的查定，应按照以下方法进行。

首先，检查主办单位对接受投入单位投资的有关账目和原始凭证，清查时间从接受投入单位开办之日起至规定的清查时点为止。根据清查结果编制“国家原始投资查定明细表”，确定主办单位拨给接受投入单位的国家投资总额。

其次，检查接受投入单位接受投资的有关账目和原始凭证，时间从接受投入单位开办之日起至规定的清查时点为止。编制“国家原始投资查定明细表”，确定接受投入单位实际获得的国家投资总额。

最后，将以上获得的“国家原始投资查定明细表”进行核对，如核对无误，可将其收作“企业、单位国有资产所有权界定文本”。如发现存在重项或遗漏，应及时进行纠正。

2. 国家原始投资增值的审查确定。国家原始投资增值主要是指投资企业的经营积累，具体体现为企业税后利润提取的生产发展基金中没有按照投资比例应归国有的部分。由于经营积累来自企业的生产经营活动，所以查定国家原始投资的增值需要查清接受投入单位的财会账目和原始凭证。在查清企业历年利润及利润分配情况后，编制“企业历年利润及利润分配明细表”，并汇总国家原始投资增值的总额，时间为企业开办之日至规定的清查时点。同时应将有关数据与财政、税务等部门进行核对，对遗漏或重复的项目进行调整。

3. 国家优惠政策形成的资产的审查确定。国家优惠政策形成的资产主要是指享受国家减税、免税、税前还贷和以税还贷等政策而形成的资产。这部分资产的形成情况比较复杂，必须查清企业历年经营的累积情况，计算出企业自开办之日起到规定的清查时点止，国家优惠政策形成的资产总额。为确保数字的准确，应报企业主管部门财务机构审核批准。

（三）国有资产产权界定的有关规定

1. 国有企业国有资产产权界定的规定。根据《国有资产产权界定和产权纠纷处理暂行办法》的规定，国有企业产权界定按下列规定办理。

（1）国家授权投资的部门和机构以货币、实物和所有权属于国家的土地使用权、知识产权等向企业投资，所构成的国有资本金为国有资产。

（2）国有企业运用国有资本金及借入的资金，通过生产经营活动所形成的税后利润经国家批准留给企业作为增加投资的部分，以及从税后利润中提取的盈余公积金、公益金和未分配利润等为国有资产。

（3）以国家机关和其他全民所有制单位名义担保，完全用国内外借入资金投资创办的或完全由其他单位借款创办的国有企业的收益累积的净资产为国有资产。

（4）国有企业接受馈赠而增加的国有资本金及其权益为国有资产。

（5）在实行《企业财务通则》及《企业会计准则》以前，国有企业用留利中提取的职工福利基金、职工奖励基金和在“两则”实施后用公益金购建的集体福利设施相应增加的所有者权益为国有资产。

（6）国有企业中党、团、工会组织占用的财产，除由个人缴纳的党费、团费、会费以及按照国家规定由企业拨付的活动经费等的结余部分构建的之外，其余为国有资产。

上述规定也适用于全民所有制与其他所有制单位之间，以及全民所有制各单位之间的国有资产产权界定及产权纠纷处理。

2. 国有单位之间产权界定的规定。根据《国有资产产权界定和产权纠纷处理暂行办法》的规定，各个单位占用的国有资产应按分级、分工管理的原则，分别明确其与中央、地方、部门之间的管理关系，没有经有权管理其所有权的人民政府批准或双方约定，并办理产权划转手续的，不得变更资产的管理关系。

（1）全民单位对国家授予其使用或经营的资产拥有使用权或经营权。除法律、法规另有规定外，不得在全民单位之间无偿调拨其资产。

（2）全民所有制企业之间是平等竞争的法人实体，相互之间可以投资入股，按照“谁投资、谁拥有产权”的原则，企业法人的对外长期投资或入股属于企业法人的权益，不受非法干预或侵占。

（3）依据国家有关规定，企业之间可以实行联营，并享有联营合同规定范围内的财产权利。

（4）国家机关投资创办的企业和其他经济实体，应与国家机关脱钩，其产权由国有资产管理部门会同有关部门委托有关机构管理。

（5）国家机关所属事业单位经批准以其占用的国有资产出资创办的企业和其他经济实体的产权归该单位所有。

（6）对全民单位由于历史原因或管理问题造成的有关房屋产权和土地使用权关系不清或有争议的，依下列办法处理。

①全民单位租用房产管理部门的房产，因各种历史原因全民单位实际上长期占用，并进行过多次投入、改造或翻新，房产结构和面积发生较大变化的，可由双方协商共同拥有产权。

②对数家全民单位共同出资或由上级主管部门集资修建的职工宿舍、办公楼等，应在核定各自出资份额的基础上，由出资单位按份共有或共同共有其产权。

③对有关全民单位已办理征用手续的土地，但被另一些单位或个人占用，应由原征用土地一方进行产权登记，办理相应法律手续。已被其他单位或个人占用的，按规定实行有偿使用。

④全民单位按国家规定以优惠价向职工个人出售住房，凡由于分期付款，或者在产权限制期内，或者由于保留溢值分配权等原因，产权没有完全让渡到个人之前，全民单位对这部分房产应视为共有财产。

国家机关及其所属事业单位占有、使用的资产，以及政党、人民团体中由国家拨款等形成的资产为国有资产。

3. 集体所有制企业中国有资产产权界定的规定。

（1）全民单位以货币、实物和所有权属于国家的土地使用权、知识产权等独资（包括几个全民单位合资，下同）创办的以集体所有制名义注册登记的企业单位，其资产所有权界定按照《国有资产产权界定和产权纠纷处理暂行办法》第八条的规定办理。但依国家法律、法规规定或协议约定并经国有资产管理部门认定的属于无偿资助的除外。

（2）全民单位用国有资产在非全民单位独资创办的集体企业（简称集体企业）中的投资，以及按照投资份额应取得的资产收益留给集体企业发展生产的资本金及其权益为国有资产。

（3）集体企业依据国家规定享受税前还贷形成的资产，其中属于国家税收应收而未收的税款部分为国有资产；集体企业依据国家规定享受减免税形成的资产，其中被列为国家扶持基金等投资性的减免税部分为国有资产。经国有资产管理部门会同有关部门核定数额后，继续留给集体企业使用，由国家收取资产占用费。上述国有资产的增值部分由于历史原因无法核定的，可以不再追溯产权。集体企业改组为股份制企业时，改组前税前还贷形成的资产中国家税收应收而未收的税款部分和各种减免税形成的资产中被列为国家扶持基金等投资性的减免税部分为国家股，其他减免税部分为企业资本公积金。

（4）集体企业使用银行贷款、国家借款等借贷资金形成的资产，全民单位只提供担保的，不被界定为国有资产；但履行了连带责任的，全民单位应予追索清偿或经协商转为投资。

（5）供销、手工业、信用等合作社中由国家拨入的资本金（含资金或者实物）为国有资产，经国有资产管理部门会同有关部门核定数额后，继续留给合作社使用，由国家收取资产占用费。上述国有资产的增值部分由于历史原因无法核定的，可以不再追溯产权。

（6）集体企业和合作社无偿占用国有土地的，应由国有资产管理部门会同土地管理部门核定其占用土地的面积和价值量，并依法收取土地占用费。集体企业和合作社改组为股份制企业时，国有土地折价部分形成的国家股份或其他所有者权益为国有资产。

4. 中外合资、合作经营企业中国有资产产权界定的规定。

（1）中方以国有资产出资投入的资本总额如现金、建筑物、机器设备、场地使用权、无形资产等形成的资产为国有资产。

（2）企业注册资本增加，按双方协议，中方以分得利润向企业再投资或优先购买另一方股份的投资活动中所形成的资产为国有资产。

（3）可分配利润及从税后利润中提取的各项基金中中方按投资比例所占的相应份额（不包括已提取用于职工奖励、福利等分配给个人消费的基金）为国有资产。

（4）中方职工的工资差额为国有资产。

（5）企业根据中国法律和有关规定按中方工资总额一定比例提取的中方职工的住房补贴基金为国有资产。

（6）企业清算或完全解散时，馈赠或无偿留给中方继续使用的各项资产为国有资产。

5. 股份制企业和联营企业中国有资产产权界定的规定。

（1）国家机关或其授权单位向股份制企业投资形成的股份，包括现有已投入企业的国有资产折成的股份，以及构成股份制企业中的国家股，为国有资产。

（2）全民所有制企业向股份制企业投资形成的股份构成国有法人股的为国有资产。

（3）股份制企业公积金、公益金中，全民单位按照投资应占有的份额为国有资产。

（4）股份制企业未分配利润中，全民单位按照投资比例所占的相应份额为国有资产。

（四）国有资产产权界定的组织实施

根据《国有资产产权界定和产权纠纷处理暂行办法》的规定，国有资产产权界定工作按照资产的现行分级、分工管理关系，由各级国有资产管理部门会同有关部门进行。

省级以上国有资产管理部门应当成立产权界定和产权纠纷调处委员会，具体负责产权界定及纠纷处理事宜。全国性的产权界定工作可结合清产核资逐步进行。

1. 占有、使用国有资产的单位，发生下列情形的，应当进行产权界定。

（1）与外方合资、合作的；

（2）实行股份制改造和与其他企业联营的；

（3）发生兼并、拍卖等产权变动的；

（4）国家机关及其所属事业单位创办企业和其他经济实体的；

（5）国有资产管理部门认为需要界定的其他情形。

2. 产权界定依下列程序进行。

（1）全民单位的各项资产及对外投资由全民单位首先进行清理和界定，其上级主管部门负责督促和检查。必要时也可以由上级主管部门或国有资产管理部门直接进行清理和界定。

（2）全民单位经清理、界定已清楚属于国有资产的部分，按财务隶属关系报同级国有资产管理部门认定。

（3）经认定的国有资产须按规定办理产权登记等有关手续。占用国有资产的其他单位的产权界定可以参照上述程序办理。

（五）国有资产产权纠纷的调处

产权纠纷是指有关当事人对财产所有权、经营权、使用权等产权归属问题所发生的争议。产权纠纷既包括不同所有制主体之间因资产所有权归属而引起的纠纷，也包括国有单位之间在财产最终所有权属于国家的前提下因管辖权、经营权或使用权权属不清而引起的纠纷。产权纠纷的处理应本着实事求是、公正、公平的原则依法进行。

随着国有资产管理体制改革的进行，国有资产产权纠纷日益增多，国有资产专职管理部门调处纠纷的工作也日益繁重。因此，国家规定要在省级以上国有资产管理部门成立国有资产产权界定和产权纠纷调处委员会（简称调处委员会）。调处委员会应下设办事机构，负责受理立项，具体办理调查、取证、调处事宜，并写出处理或裁定意见，报调处委员会审查决定。必要时，经调处委员会授权，调查取证等工作也可委托有关单位或社会公正性中介机构办理，并报调处委员会确认。

产权纠纷调处的程序一般如下。

1. 全民所有制单位之间发生产权纠纷，先由当事人自行协商解决。协商解决不了的，经征求其上级主管部门意见后，向同级或共同上一级国有资产管理部门申请调解和裁定。国有资产管理部门决定受理后，开展调查取证、收集材料等工作，以查明事实，获取证据。然后依据法律、法规，在确定有关原则的基础上，召集有关当事人进行调解。如调解不成，则依法做出裁定。如当事人对国有资产管理部门的裁定不服，则可以在收到裁定书之日起 15 日内，向上一级国有资产管理部门申请复议，上一级国有资产管理部门应当自收到复议申请之日起 60 日内做出复议决定。

2. 对于全民所有制单位与其他经济成分之间发生的产权纠纷，由全民单位提出处理意见，经同级国有资产管理部门同意后，与对方当事人协商解决。不能协商解决的，则依司法程序处理。

五、国有资产产权交易

（一）产权交易及其特征、程序和方式

1. 产权交易。产权交易又称产权转让或产权流动，是指交易双方当事人依照法律的规定和合同的约定，通过购买、出售、兼并、拍卖等方式，将一方当事人所享有的企业产权的部分或者全部转让给另一方当事人，而使被交易企业丧失法人资格或改变法人实体的法律行为。

产权转让涉及不同产权主体之间的交易。产权交易的实质是企业产权的重新配置，只要涉及产权的变动和重新组合，无论是所有权还是与所有权有关的权能部分或全部发生交易，就是产权交易。因此，在资产重组中，除了企业内部负债结构的调整之外，其余重组行为都将涉及所有权与其相关权能的变动，都属于产权交易。也就是说，资产重新组合的实质是权利的重新组合。所以，资产重组的主要内容就是产权交易。

2. 产权交易的特征。

（1）产权交易主体多元化。在产权转让中，转让企业产权的交易主体，应当是被交易企业的所有者或所有者代表。交易双方主体既可以是国有单位，也可以是非国有单位，或一方是国有单位，另一方是非国有单位和个人。法律允许企业产权在不同的所有者或经营者之间交易。

（2）产权交易的对象，既可以是所有权也可以是与所有权相关的其他产权。产权交易是以企业的产权为交易标的物（简称标的）而进行的交易行为，包括所有权和经营权等权能的交易。对产权的转让，既可以是全部转让，也可以是部分权能的转让。它反映了社会经济活动中物质资料的转移和归属。

（3）产权交易一般是有偿的。在产权交易中，产权转让方要收回企业产权的资产价值，首先就应当进行资产价值的评估，并据此确定转让资产的底价，进行有偿转让。因此，产权交易区别于行政指令下的企业合并、撤销等变动方式。

（4）产权交易必须遵守市场法则。产权交易是一种将产权作为商品在市场中进行交换的经济行为，因此，在交易中必须遵守市场交易的法则，如自愿、互利、有偿、竞争等。这与行政指令下的产权变动有极大的区别。

3. 产权交易的程序。产权交易是一个复杂的过程，大致应经过以下几个程序。

（1）通过直接洽谈或产权交易市场，初步确定交易双方和被交易的企业。

（2）对被交易企业现有资产进行评估，清理债权、债务，以确定资产或产权转让的底价。

（3）以底价为基础，通过协商、招投标等方式确定成交价格。被交易企业是全民所有制企业的，其成交价格要经产权归属的所有者代表确认。

（4）交易双方签署协议。协议内容包括：被交易企业概况、交易价格、付款方式、原有债权、债务处理和双方商定的其他事项。产权交易协议应进行公证。

（5）产权交易成交后，交易双方应办理产权转让的交接、清算及法律手续。法律手续包括：办理产权和土地使用权转移手续；向工商行政部门申报换发营业执照，被交易企业的所有制性质随购买方所有制性质而定；其他有关法律手续。

4. 产权交易的方式。产权交易的方式主要有以下几种。

（1）企业购并（也称企业并购）。企业的兼并、合并和收购行为通常被称为企业购并。

在西方国家，企业合并被划分成吸收合并和新设合并两种。其中，吸收合并就是我们所说的企业兼并。企业兼并是指一个优势公司吸收、合并另一个或多个公司，保留优势公司的法人地位，而其他法人消失。在这类合并中，续存的公司仍然保持原有的公司名称，而且有权获得其他被吸收公司的资产和债权，同时承担其债务，被吸收公司从此不复存在。新设合并又称企业联合，是指两个或两个以上的公司通过合并同时消失，而在此基础上形成一个新的公司，这个公司叫新设公司。新设公司接管原来几个公司的全部资产和业务，新组建董事机构和管理机构等。一般来说，在企业合并中，吸收合并即企业兼并是主要方式。

企业收购是指一家公司在证券市场上用现金、债券或股票购买另一家公司的股票或资产，以获得对该公司的控制权，该公司的法人地位并不消失。企业收购又分为资产收购和股份收购两种。资产收购是指一家公司购买另一家公司的部分或全部资产。股份收购则是指一家公司直接或间接购买另一家公司的部分或全部股份，从而成为被收购公司的股东。

（2）企业改组。企业改组是指由法律规定的为避免企业破产倒闭，将宣告破产前的企业进行形式上的改组。它是由法院主持，债务人与债权人达成改组企业的协定，一般由债权人变为企业所有人或股份持有者或经营者，资产运动的方向依照债权人的意向而变更。

（3）股权转让。这是相对于股份制而言的一种产权流动形式。在股份制企业中，股东的权益与股份是紧密相连的。股东一旦取得股份，便失去了对入股资金的支配权，但同时取得了股权以及与股权相关的公益权（选举权）和自益权（按股份取得红利和股份转让）。因此，当股东转让其拥有的股权时，就实现了对其资产的转让或交易。

（4）产权拍卖。这是指资产所有者在公开市场上出售其资产所有权的行为。产权拍卖既可以是企业所有权的整体拍卖，也可以是企业部分所有权的拍卖。

（5）企业承包。这是指以承包经营合同的形式确定所有者与经营者之间的责、权、利关系，是企业自主经营产权转让的方式。承包制的实质是资产经营权的暂时让渡。

（6）企业租赁。这是指在不改变企业财产所有权的前提下，以支付租金方式改变企业经营主体的一种产权转让方式。其实质是对资产经营权的暂时让渡。

（7）企业托管。这是指企业的法人财产权以契约形式委托给其他企业法人或自然人管理，并要求受托人在一定条件下实现委托资产的保值和增值。其根本宗旨是在保持原始产权不变的前提下，使出资者权利与法人财产权实现有条件的分离，实现企业法人财产权的重组和流动，以达到资源的合理配置。企业托管是我国国有资产管理改革中改革

国有企业管理体制的一个新思路。它以企业法人财产权为基础，以有限责任为核心，以专家治理为特征，以委托管理为实现形式，克服了其他资本经营方式的某些缺点，是一种适合我国国情的、有效率的资本经营方式。

(二) 国有资产产权交易的内涵及有关规定

国有资产产权交易，是指必须经出资人代表审批（或授权）并经一定的法定程序，由法定中介机构或政府委托机构进行的、以国有资产产权为对象的交易活动。国有资产产权交易的对象既包括所有权的转让（出资者所有权转让），也包括经营权的转让（法人财产权转让）；既可以是国有资产整体产权的转让，也可以是国有资产部分产权权能的转让；既可以是国有产权主体之间的转让，也可以在国有产权主体和非国有产权主体之间进行转让。

为统一规范企业国有产权交易行为，国务院国资委根据《企业国有资产法》《企业国有资产监督管理暂行条例》等有关规定，制定了《企业国有产权交易操作规则》，指出企业国有产权交易应当遵循等价有偿和公开、公平、公正、竞争的原则。产权交易机构应当按照此规则组织企业国有产权交易，自觉接受国有资产监督管理机构的监督，加强自律管理，维护市场秩序，保证产权交易活动的正常进行。此规则从受理转让申请、发布转让信息、登记受让意向、组织交易签约、结算交易资金和出具交易凭证等具体产权交易执行过程对国有产权交易行为进行指导和规范。

第二节 国有资产产权登记

一、国有资产产权登记的形成及其含义

(一) 我国国有资产产权登记制度的形成

1. 我国国有资产产权登记制度的初步建立。1990 年，国务院颁发的《关于加强国有资产管理工作的通知》明确指出：在全国范围内有计划地开展清查资产、核实国家资金、摸清国有资产“家底”（简称清产核资）的工作，坚决防止和纠正损害国有资产产权的行为，对继续开办的公司所占用的国有资产，必须进行产权登记，建立健全管理制度。1992 年，《〈关于 1992 年在全国范围内开展国有资产产权登记工作的请示〉的通知》的发布标志着产权登记管理工作正式在全国开展。

1992 年，为了规范产权登记管理，《国有资产产权登记管理试行办法》和《国有资产产权登记管理试行办法实施细则》等一系列法规先后出台。随着产权登记工作的深入开展，中央各部门、地方各级财政（国有资产管理）部门普遍感到产权登记是国有资产监管的重要手段，因此纷纷设立了专职机构或由专人负责。

国有资产产权登记能够帮助了解和掌握国有资产的总量和结构，并为政府的宏观经济决策提供重要依据。可以通过国有资产产权登记的汇总数据，从企业组织形式、行业类别、产权经营层次、区域层次等方面，来分析国有资产的分布、增减、结构变化和发展趋势，从而进一步为政府的国有经济战略调整提供重要的参考依据。

1996年1月，国务院正式颁布了《企业国有资产产权登记管理办法》，该文件规定：(1) 企业国有资产产权登记是国有资产管理部门代表政府对占有国有资产的各类企业的资产、负债、所有者权益等产权状况进行登记，依法确认产权归属关系的行为。(2) 产权登记分为占有产权登记、变动产权登记和注销产权登记；产权登记实行年度检查制度。(3) 企业违反规定不办理或不如实办理产权登记及其年度检查，可以责令改正、通报批评或处以10万元以下的罚款，并提请政府有关部门对企业领导人和直接责任人员按照规定给予纪律处分。

《企业国有资产产权登记管理办法》以国家法规形式确立了产权登记的管理办法，极大地推动了产权登记工作向着规范化、权威化和网络化的方向发展。根据该文件的精神，国家国有资产管理局制定了《企业国有资产产权登记管理办法实施细则》，修订了《境外国有资产产权登记管理暂行办法实施细则》。

2. 产权登记的转型——对国有产权变动的监管。国家国有资产管理局在1997年制定下发了《关于认真做好企业国有资产产权登记及产权变动状况分析报告编报工作的通知》，产权登记及产权变动状况分析报告制度初步建立起来，同时，产权登记管理信息系统也相应建立起来，初步实现了产权登记和产权变动数据的实时网络反映。

1999年，随着政府机构改革，军队、武警、政法机关以及中央党政机关与所办及所管企业相继脱钩。特别是在党的十五届四中全会以后，政府对企业的管理思路和方式发生了很大变化，提出了"产权登记要为促进企业集团理顺内部产权关系，建立现代企业制度服务；为加强对国有产权变动的监管，防止国有资产流失服务"的原则。

按照上述原则，财政部对《企业国有资产产权登记管理办法实施细则》进行了修订完善；2000年，财政部制定颁发了《关于修订〈企业国有资产产权登记管理办法实施细则〉的通知》和《关于修订企业国有资产产权登记表证及填报说明的通知》。这次修订主要包括以下方面的内容：(1) 明确了企业产权登记表、证是政府对企业授权经营国有资本的基本依据，使产权登记工作与授权经营有机结合。(2) 增加了对产权或有变动事项的监测，将企业对外提供担保、资产被司法机关冻结等产权或有变动事项列入登记范畴。(3) 在加强国有企业对外投资，促进企业集团内部理顺产权关系上加大力度，特别是针对企业的对外投资、重组改制等国有产权变动行为的监管提出了明确规定。(4) 简化了审批，规范了产权登记管理。强化了对占有、变动、注销等日常登记的管理，将年度检查管理缩减到只对政府直接管理企业进行年检，并提交产权登记与产权变动状况分析报告，其下属企业委托直管企业进行年检，并报各级财政部门备案。

3. 产权登记进入新的发展阶段——履行出资人监管职责。党的十六大报告针对国有资产管理体制进一步改革的方向做了重要论述：继续调整国有经济的布局和结构，改革国有资产管理体制，是深化经济体制改革的重大任务。在坚持国家所有的前提下，充分发挥中央和地方两个积极性。国家要制定法律、法规，建立中央政府和地方政府分别代表国家履行出资人职责，享有所有者权益，权利、义务和责任相统一，管资产和管人、管事相结合的国有资产管理体制。关系国民经济命脉和国家安全的大型国有企业、基础设施和重要自然资源等，由中央政府代表国家履行出资人职责。其他国有资产由地方政府代表国家履行出资人职责。中央政府和省、市（地）两级地方政府设立国有资产管理机构。继续探索有效的国有资产经营体制和方式。各级政府要严格执行国有资产管理法律、法规，坚持政企分开，实行所有权和经营权分离，使企业自主经营、自负盈亏，实现国有资产的保值、增值。

党的十六届三中全会指出：要建立归属清晰、权责明确、保护严格、流转顺畅的现代产权制度。而产权登记既是实现归属清晰、权责明确的重要手段，又是保护严格、流转顺畅的重要基础。

为履行出资人职责，国务院国资委重新制定下发了《企业国有资产产权登记业务办理规则》。该文件明确了产权登记的工作目标是全面了解和掌握企业国有资产分布与变动情况，强化产权意识，理顺产权关系，加强产权管理，逐步建立健全现代产权制度；简化了审查内容和登记指标，改变了年度检查方式；改进和规范了国有资产产权登记的组织和管理，以确保产权登记工作的高效、严谨、简约。产权登记的管理信息系统不断完善，网络化管理逐步实现。

产权登记工作在促进企业理顺产权关系，缩短管理层级，重组改制上市工作中发挥了不可替代的作用。国有资产产权登记强化了国家所有权监管职能，促进了国有资产产权管理权责的落实。国有资产产权登记是在市场经济条件下，国家对占有、使用国有资产的各类企业和行政事业单位的资产经营和使用情况以及产权变动状况进行监督管理的重要手段。通过开展国有资产产权登记，能够摸清国有资产的总量以及占有、使用国有资产企业和行政事业单位的数量，为强化国家对国有资产的所有权，促进国有资产产权管理权责的落实，加强国有资产产权管理打下了良好的基础。

国有资产产权登记是落实国家所有权和企业法人财产权的有力保障。国有资产产权登记是企业依法占有国有资产、享有相应权益的法律凭证，它为企业行使法人财产权提供了保障。产权登记从法律上确认了企业资产的归属关系，维护了国家作为资产所有者的合法权益，同时明确了企业作为占有、使用国有资产的主体的合法权益，以及所承担的国有资产保值、增值责任，从而促进了国有资产产权关系的明晰化，为建立现代企业制度创造了条件。因此，产权登记是保障国家所有权、落实企业法人财产权的具体形式。

国有资产产权登记是企业集团内部理顺产权关系、加强投资监管、防范经营风险的基本手段。

2012 年 4 月，国务院国资委颁布了《国家出资企业产权登记管理暂行办法》，并在 2012 年 7 月发布了《国家出资企业产权登记管理工作指引》，国有资产产权登记工作进入新的阶段。

（二）国有资产产权登记的含义

国有资产产权登记也称国家出资企业产权登记，是指国有资产监督管理机构对本级人民政府授权管理的国家出资企业的产权及其分布状况进行登记管理的行为。

二、国有资产产权登记的类别

根据《国家出资企业产权登记管理暂行办法》，产权登记分为占有产权登记、变动产权登记和注销产权登记。

(一) 占有产权登记

履行出资人职责的机构和履行出资人职责的企业有下列情形之一的，应当办理占有产权登记。

1. 因投资、分立、合并而新设企业的；
2. 因收购、投资入股而首次取得企业股权的；
3. 其他应当办理占有产权登记的情形。

占有产权登记的内容如下。

1. 企业出资人及出资人类别、出资额、出资形式；
2. 企业注册资本、股权比例；
3. 企业名称及在国家出资企业中所处级次；
4. 企业组织形式；
5. 企业注册时间、注册地；
6. 企业主营业务范围；
7. 国有资产监督管理机构要求的其他内容。

(二) 变动产权登记

有下列情形之一的，应当办理变动产权登记。

1. 履行出资人职责的机构和履行出资人职责的企业名称、持股比例改变的；
2. 企业注册资本改变的；
3. 企业名称改变的；
4. 企业组织形式改变的；
5. 企业注册地改变的；
6. 企业主营业务改变的；
7. 其他应当办理变动产权登记的情形。

(三) 注销产权登记

有下列情形之一的，应当办理注销产权登记。

1. 因解散、破产进行清算，并注销企业法人资格的；
2. 因产权转让、减资、股权出资、出资人性质改变等导致企业出资人中不再存续履行出资人职责的机构和履行出资人职责的企业的；
3. 其他应当办理注销产权登记的情形。

三、国有资产产权登记改革的目标和原则

（一）国有资产产权登记改革的目标

在现有混合所有制经济条件下进行国有资产产权登记改革，总体目标就是使今后的国有资产产权登记工作能更加符合现实经济工作的需要，使产权登记工作能全面客观地反映国有资产情况，更有利于国有资产监管部门从出资人角度对国有资产进行监管，促进国民经济的健康快速发展。

国有资产产权登记工作作为国有资产产权管理的基础工作，是开展国有经济布局和结构的战略性调整的前提，对促进国有经济布局和结构的调整具有重要作用。国有资产产权登记的数据是分析国有资产分布状况的依据。

国有资产产权登记改革应实现下列目标。

第一，使改革后的国有资产产权登记工作能更全面地反映国有资产情况，如国有资产的行业、地域分布，各企业及行业中的出资额、持股比例，混合所有制企业中其他企业持股人及合作人情况，国有资产详细的投资、变化、流转情况。

第二，建立完整的国有资产数据库，为宏观经济研究及宏观经济政策制定提供便利及依据。

第三，更科学合理地进行国企改革及国有资产部署，使国有经济与市场经济发展的要求相符合，更好地促进国家经济发展。

（二）国有资产产权登记改革的原则

国有资产产权登记改革可以使国有资产产权登记工作更好地服务于经济的目标，国有资产产权登记改革应遵循以下原则。

1. 出资人监管原则，是指在进行国有资产产权登记改革时应注意从国有资产监管部门行使出资人监管的权利、义务的角度进行登记改革工作。进行国有资产产权登记改革的背景就是国有资产监管部门对国有资产的监管从行政监管转变为出资人监管，所以进行国有资产产权登记改革要以强化出资人监管方式为首要原则，应在登记中转变行政管理方式，建设服务型登记工作方式，改以往的行政命令手段为产权主体的经济手段。

2. 明确性原则，是指在改革中应对国有资产产权登记工作的性质、登记对象、登记内容进行明确规定，使日后的国有资产产权登记工作能有章可循、有法可依。

3. 客观性原则，是指产权登记应该客观地反映占有国有资产的各类企业的情况，包括符合国家规定及不符合规定的部分，而非只登记合规内容。我国国有资产广泛地分布于国民经济各行业中，应该通过登记进入数据库，一方面能够全面反映国有资产状况，另一方面也便于对国有资产进行战略调整。

4. 全面性原则，是指改革中要注意国有资产产权登记内容应涵盖国有资产监管中所需的各方面信息。国有资产产权登记工作应为出资人提供其资产情况的相关信息，为其资产调整和经济决策提供依据。

5. 简便性原则，是指改革后的国有资产产权登记不仅应便于登记工作单位的工作，

而且应该便于企业进行国有资产产权登记，使国有资产产权登记成为企业日常的一项简单工作，而不是繁重的工作负担。

6. 实时性原则，是指国有资产产权登记应能即时反映国有资产的任何变化情况。国有资产产权登记作为日常性工作，发生了经济行为就应及时办理登记。

第三节　国有资产清产核资

一、清产核资的含义

清产核资是指国有资产监督管理机构根据国家专项工作要求或者企业特定经济行为需要，按照规定的工作程序、方法和政策，组织企业进行账务清理、财产清查，并依法认定企业的各项资产损溢，从而真实反映企业的资产价值和重新核定企业国有资本金的活动。国有资产清产核资的目的是加强对企业国有资产的监督管理，真实反映企业的资产及财务状况，完善企业的基础管理，为科学评价和规范考核企业经营绩效及国有资产保值、增值提供依据。企业清产核资工作的监督管理部门是各级国有资产监督管理机构。

自中华人民共和国成立以来，我国已经进行了五次全国性的清产核资工作。第一次清产核资是从1951年开始，1952年结束，历时一年多。这次清产核资是在中华人民共和国刚刚成立的历史背景下进行的，政府没收了官僚资产阶级的财产归国家所有。这是为了查清这批资产的状况，摸清国有资产的“家底”而进行的一次清产核资。第二次清产核资于1962年3月开始，1962年9月底结束。这次清产核资是为了贯彻中央提出的“调整、巩固、充实、提高”八字方针。清查的重点是工商企业的流动资产、库存产品，并核定了流动资金定额。第三次清产核资于1971年开始，1974年结束。当时的经济工作和企业生产经营遭到严重破坏，企业物资、资金浪费严重。此次清产核资的目的是摸清“家底”，核定资金定额，挖掘潜力，加强经济核算和企业管理。第四次清产核资的时间是1978—1981年，是为了贯彻党的十一届三中全会精神，把党的工作重点转移到社会主义现代化建设上来。其目的是：整顿企业，挖掘现有财力和物资的潜力，改善企业经营管理水平。第五次清产核资的时间是1992—1995年，是在改革开放的新形势下进行的，其目的是进一步深化经济体制改革，巩固社会主义经济基础。通过清产核资，摸清了国有资产的“家底”，理顺了企业的产权关系，也为按资本金效益考核和评价企业经营成果打下了基础。同时，还初步摸清了国有企业在资产、财务、经营管理等方面存在的问题，帮助企业解决了一些历史包袱和实际问题，为国家宏观经济决策提供了重要依据。

二、清产核资的原因和意义

（一）清产核资的原因

各级国有资产监督管理机构对符合下列情形之一的，可以要求企业进行清产核资。

1. 企业资产损失和资金挂账超过所有者权益，或者企业会计信息严重失真、账实严重不符的；

2. 企业受重大自然灾害或者其他重大、紧急情况等不可抗力因素影响，造成严重资产损失的；

3. 企业账务出现严重异常情况，或者国有资产出现重大流失的；

4. 其他应当进行清产核资的情形。

对发生上述问题的企业，各级国有资产监督管理机构有权要求该企业进行清产核资。

当出现以下情况需要清产核资时，可由企业提出申请，报同级国有资产监督管理机构批准。

1. 企业分立、合并、重组、改制、撤销等经济行为涉及资产或产权结构重大变动情况的；

2. 企业会计政策发生重大更改，涉及的资产核算方法发生重要变化的；

3. 发生了国家有关法律、法规规定必须开展清产核资工作的企业特定经济行为的。

（二）清产核资的意义

首先，清产核资有利于摸清国情国力，为国家宏观决策提供依据。通过清产核资，能够对企业和单位占有、使用的国有资产进行全面清查，对各项国家资金及各项债权、债务进行全面查证，可以了解国有资产的数量、分布、结构、效益等情况，掌握基本的国情国力，使国家的宏观决策建立在切实可靠的基础之上，为国家科学制定国民经济和社会发展规划，研究制定切实可行的产业政策，合理规划生产力布局，促进产业结构优化，实现国有经济战略调整，发挥国有经济的主导作用提供可靠的依据。

其次，清产核资有利于解决国有资产管理中存在的矛盾和问题。自中华人民共和国成立以来，国家以各种方式对国有经济注入了大量的资金，形成了庞大的国有资产。但是长期以来，由于国有资产管理中的许多深层次问题没有得到很好的解决以及管理方式落后，国有资产管理中出现了较为严重的问题。如：由于管理松弛，资产账账不符、账实不符、账外设账的情况十分普遍，国有资产状况不清，管理混乱；由于缺乏必要的产权约束机制，致使“化大公为小公”“化公为私”的现象泛滥，严重侵蚀了国有资产的权益；因通货膨胀等方面的因素的影响，致使企业固定资产账面价值与实际价值严重背离，不仅企业技术更新困难，而且造成了企业成本失真、利润虚增等现象；对国有资产的经营使用缺乏严格有效的考核评价方法，国家资金投入与效益出现严重脱节等。要解决这些问题，首先就要通过清产核资，在理顺企业产权关系的基础上进一步研究和采取有效措施，改善企业经营机制，调整产业结构、企业组织结构，改进企业经营管理和理顺分配关系，只有这样，才能促使企业的经济效益不断提高。

三、清产核资的内容

根据《国有企业清产核资办法》，适用于国有资产清产核资的企业包括：由国务院，省、自治区、直辖市人民政府，设区的市、自治州级人民政府履行出资人职责的企业及其子企业或分支机构。

企业的清产核资包括账务清理、资产清查、价值重估、损溢认定、资金核实等内容。

（一）账务清理

账务清理是指对企业的各种银行账户、会计核算科目、各类库存现金和有价证券等基本财务情况进行全面核对和清理，以及对企业的各项内部资金往来进行全面核对和清理，以保证企业账账相符、账证相符，以及企业账务的全面、准确和真实。

（二）资产清查

资产清查是指对企业的各项资产进行全面的清理、核对和查实。在资产清查中应把实物盘点同核实账务结合起来，把清理资产同核查负债和所有者权益结合起来，重点做好各类应收及预付账款、各项对外投资、账外资产的清理，以及做好企业有关抵押、担保等事项的清理。

企业对清查出的各种资产盘盈和盘亏、报废及坏账等损失按照清产核资要求进行分类排队，提出相关处理意见。

（三）价值重估

价值重估是对企业账面价值和实际价值背离较大的主要固定资产和流动资产按照国家规定方法、标准进行重新估价。

企业在以前清产核资中已经进行资产价值重估或者因特定经济行为需要已经进行资产评估的，可以不再进行价值重估。

（四）损溢认定

损溢认定是指国有资产监督管理机构依据国家清产核资政策和有关财务会计制度规定，对企业申报的各项资产损溢和资金挂账进行认证。

（五）资金核实

资金核实是指国有资产监督管理机构根据企业上报的资产盘盈和资产损失、资金挂账等清产核资工作结果，依据国家清产核资政策和有关财务会计制度规定，组织进行审核并批复准予账务处理，重新核定企业实际占用的国有资本金数额。

企业占用的国有资本金数额经重新核定后，应当作为国有资产监督管理机构评价企业经营绩效及考核国有资产保值、增值的基数。

四、清产核资的程序和步骤

《国有企业清产核资办法》明确规定，企业清产核资除国家另行规定外，应当按照下列程序进行。

1. 企业提出申请；
2. 国有资产监督管理机构批复同意立项；
3. 企业制订工作实施方案，并组织账务清理、资产清查等工作；
4. 聘请社会中介机构对清产核资结果进行专项财务审计和对有关损溢提出鉴证证明；
5. 企业上报清产核资工作结果报告及社会中介机构专项审计报告；
6. 国有资产监督管理机构对资产损溢进行认定，对资金核实结果进行批复；
7. 企业根据清产核资资金核实结果批复调账；
8. 企业办理相关产权变更登记和工商变更登记；
9. 企业完善各项规章制度。

企业实施清产核资应当按下列步骤进行。

1. 指定内设的财务管理机构、资产管理机构或者多个部门组成的清产核资临时办事机构统称为清产核资机构，负责具体组织清产核资工作；
2. 制订本企业的清产核资实施方案；
3. 聘请符合资质条件的社会中介机构；
4. 按照清产核资工作的内容和要求具体组织实施各项工作；
5. 向同级国有资产监督管理机构报送由企业法人代表签字、加盖公章的清产核资工作结果申报材料。

企业清产核资实施方案以及所聘社会中介机构的名单和资质情况应当报同级国有资产监督管理机构备案。

企业清产核资工作结果申报材料主要包括下列内容。

1. 清产核资工作报告，主要反映本企业的清产核资工作基本情况，包括：企业清产核资的工作基准日、范围、内容、结果，以及基准日资产及财务状况；
2. 按规定表式和软件填报的清产核资报表及相关材料；
3. 需申报处理的资产损溢和资金挂账等情况，相关材料应当单独汇编成册，并附有关原始凭证资料和具有法律效力的证明材料；
4. 子企业是股份制企业的，还应当附送经该企业董事会或者股东会同意对清产核资损溢进行处理的书面证明材料；
5. 社会中介机构根据企业清产核资的结果，出具经注册会计师签字的清产核资专项财务审计报告并编制清产核资后的企业会计报表；
6. 其他须提供的备查材料。

五、清产核资的组织

《国有企业清产核资办法》规定，企业清产核资工作按照统一规范、分级管理的原则，由同级国有资产监督管理机构组织指导和监督检查。

各级国有资产监督管理机构负责本级人民政府批准或者交办的企业清产核资组织工作。

国务院国资委在企业清产核资中履行下列职责。

1. 制定全国企业清产核资规章、制度和办法；

2. 负责所出资企业清产核资工作的组织指导和监督检查；

3. 负责对所出资企业的各项资产损溢进行认定，并对企业占用的国有资本进行核实；

4. 指导地方国有资产监督管理机构开展企业清产核资工作。

地方国有资产监督管理机构在企业清产核资中履行下列监管职责。

1. 依据国家有关清产核资规章、制度、办法和规定的工作程序，负责本级人民政府所出资企业清产核资工作的组织指导和监督检查；

2. 负责对本级人民政府所出资企业的各项资产损溢进行认定，并对企业占用的国有资本进行核实；

3. 指导下一级国有资产监督管理机构开展企业清产核资工作；

4. 向上一级国有资产监督管理机构及时报告工作情况。

企业清产核资机构负责组织企业的清产核资工作，向同级国有资产监督管理机构报送相关资料，根据同级国有资产监督管理机构清产核资批复组织企业本部及子企业进行调账。

企业投资设立的各类多元投资企业的清产核资工作，由实际控股或协议主管的上级企业负责组织，并将有关清产核资结果及时通知其他有关各方。

六、清产核资的要求

为保证企业国有资产清产核资的顺利进行和其结果的真实可靠，参与国有资产清产核资工作的有关各方必须遵守国家对清产核资工作的有关要求。

（一）各级国有资产监督管理机构

各级国有资产监督管理机构是企业清产核资工作的监督管理部门，其工作必须遵循以下要求。

1. 各级国有资产监督管理机构应当加强企业清产核资的组织领导，加强监督检查；对企业清产核资工作结果的审核和资产损失的认定，应当严格执行国家清产核资有关的法律、法规、规章和有关财务会计制度规定，严格把关，依法办事，严肃工作纪律。

2. 各级国有资产监督管理机构应当对企业清产核资情况及相关社会中介机构清产核

资审计情况进行监督，对社会中介机构所出具的专项财务审计报告的程序和内容进行检查。

（二）进行清产核资的企业

1. 企业进行清产核资应当做到全面彻底、不重不漏、账实相符，通过核实“家底”，找出企业经营管理中存在的矛盾和问题，以便完善制度、加强管理、堵塞漏洞。

2. 企业在清产核资工作中应当坚持实事求是的原则，如实反映存在的问题，清查出来的问题应当及时申报，不得瞒报虚报。对于企业清产核资申报处理的各项资产损失，应当提供具有法律效力的证明材料。

3. 企业在清产核资中应当认真清理各项长期积压的存货，以及各种未使用、剩余、闲置或因技术落后淘汰的固定资产、工程物资，并组织力量进行处置，积极变现或者收回残值。

4. 企业在完成清产核资后，应当全面总结、认真分析在资产及财务日常管理中存在的问题，提出相应整改措施和实施计划，强化内部财务控制，建立相关的资产损失责任追究制度，以及进一步完善企业经济责任审计和企业负责人离任审计制度。

5. 对于企业清产核资中产权归属不清或者有争议的资产，可以在清产核资工作结束后依据国家有关法规向同级国有资产监督管理机构另行申报产权界定。

6. 企业对经批复同意核销的各项不良债权、不良投资及实物资产损失应当加强管理，建立账销案存管理制度，组织力量或成立专门机构积极清理和追索，避免国有资产流失。

7. 企业应当在清产核资中认真清理各项账外资产、负债，对于经批准同意入账的各项盘盈资产及同意账务处理的有关负债，应当将其及时纳入企业日常资产及财务管理的范围。

8. 企业对清产核资中反映出的各项管理问题应当认真总结经验，分清工作责任，建立各项管理制度，并严格落实。应当建立、健全不良资产管理机制，巩固清产核资成果。

9. 除涉及国家安全的特殊企业以外，企业清产核资工作结果须委托符合资质条件的社会中介机构进行专项财务审计。

10. 进行清产核资的企业应当积极配合社会中介机构的工作，提供审计工作和经济鉴证所必需的资料和线索。企业和个人不得干预社会中介机构的正常执业行为。

11. 企业应当根据会计档案管理的要求，妥善保管有关清产核资各项工作的底稿，以备检查。

12. 对于企业清产核资中清出的各项资产损失和资金挂账，应依据国家清产核资有关法律、法规、规章和财务会计制度处理。

（三）社会中介机构

1. 社会中介机构应当按照独立、客观、公正的原则，履行必要的审计程序，认真核实企业的各项清产核资材料，并按规定进行实物盘点和账务核对。对企业资产损溢按照国家清产核资政策和有关财务会计制度规定的损溢确定标准，在充分调查研究、论证的基础上进行职业推断和合规评判，提出经济鉴证意见，并出具鉴证证明。

2. 社会中介机构的审计工作和经济鉴证工作享有法律规定的权利，承担法律规定的义务。

3. 社会中介机构应当根据会计档案管理的要求，妥善保管有关清产核资各项工作的底稿，以备检查。

第四节　国有资产统计

一、国有资产统计的含义

国有资产统计是指在一定时期内综合反映国有资产存量、分布、结构及其变动和国有资产运营效益等基本情况的基本文件，包括国有资产统计报表和国有资产经营或使用情况的统计分析报告。

为加强企业国有资产监督管理，了解和掌握企业国有资产营运等情况，建立全国国有资本金统计报告工作规范，应当依据《企业国有资产监督管理暂行条例》和《企业国有资产统计报告办法》及国家有关财务会计制度建立国有资产统计报告制度。国有资产统计报告制度是指通过填报国有资产统计报告，将国有资产管理工作纳入程序化、规范化、民主化和科学化轨道的基本管理制度。国有资产统计报告是指企业按照国家财务会计制度规定，根据统一的报告格式和填报要求，编制上报的反映企业年度会计期间资产质量、财务状况、经营成果等企业国有资产营运基本情况的文件。

国有资产统计报告制度必须坚持以下原则。

（一）统计指标内容完整

国有资产统计报表有统一的格式和内容，各单位应将各种报表编报齐全，并按照要求将应填写的项目填报完整；对统计分析报告的编写也应按要求认真进行；报表的各级汇编单位应将需要汇总编制的项目、指标、情况进行全部汇总，不得缺报、漏报。统计资料应当翔实，指标内容完整。

（二）统计数字真实可靠

为保证统计数字的真实可靠，各企业、行政事业单位必须按照规定的要求按期结账、对账，并进行资产的清查盘点，使账表相符，账实相符，报表与分析报告的数字要相互衔接；必须保证统计数字的真实性，不许用估计数字或虚假数字来代替实际数字。报表的各级汇编单位要按照统一规定的编制要求和审核方法，对上报的各类报表、数据认真检查核对，做到层层数据真实、报表齐全、数据录入规范、汇总方法正确。

（三）统计报表编报及时

企业、单位应按照国有资产统计报告制度的要求，在规定的期限内上报统计报表和统计分析报告，以便上级部门能够及时汇总上报，满足各级政府经济管理的需要。迟报、拒报与虚报、瞒报等同样是违法行为。各企业、单位应当做好日常统计管理基础工作，注意各种资料的收集、整理和保管，按规定及时做好编报国有资产统计报表和统计报告。各企业、单位必须严格遵守国家统计法规和国有资产统计报告制度。对于违反国有资产统计报告制度的违法行为，必须追究其责任。

二、国有资产统计的地位

国有资产统计报告制度是国有资产管理的一项基础工作，也是国民经济统计的重要组成部分。统计工作实际上是对整个宏观经济和微观经济的综合反映，是经济管理的基础、决策的依据，是国家在市场经济的环境下对经济行为实施监督的基本手段。国有资产统计是国家加强企业国有资产监督管理，了解和掌握企业国有资产营运等情况，实施国民经济管理不可替代的基本工具，为政府经济管理工作的科学化、高效化奠定了基础。因此，国有资产统计在国民经济管理以及国有资产管理中居于基础地位。

（一）国有资产统计能够保证国有资产的安全和完整

国有资产统计中的资产存量变化能够反映国有资产的保值、增值指标。在日常的国有资产管理工作中，要求各占用、使用国有资产的企业和单位必须对国有资产的进出、转移、折旧、修理、处置等据实进行登记，做到账实相符、保管使用责任明确。而国有资产统计报告制度通过全面、系统、综合的反映和严格的监督，能够把各单位国有资产的运行置于规范、严密的监控之下，从而保证国有资产的安全与完整。

（二）为国家宏观决策和制订长期规划提供依据

通过建立国有资产统计报告制度，可以为国家及时、准确、连续、系统、全面地了解各部门、各单位、各行各业、各个经济领域的国有资产的存量、分布、结构和效益情况提供必要的数据和资料，从而成为编制国民经济计划以及制定国家政策，进行国民经济结构调整，实现国有资产优化配置，发挥国有经济在国民经济中的主导作用的重要依据。

三、国有资产统计报告的内容和编制范围

1996 年，我国国有资产年度报表依据不同行业或管理性质分为六大类，分别为企业类、境外企业类、金融保险类、行政事业单位类、建设单位类和房产经营类。

（一）国有资产统计报告的内容

根据《企业国有资产统计报告办法》的规定，国有资产年度统计报告由企业会计报表和国有资产营运分析报告两部分构成。

1. 企业会计报表按照国家财务会计统一规定由资产负债表、利润及利润分配表、现金流量表、所有者权益变动表、资产减值准备计提情况表及相关附表构成。企业会计报表应当经过中介机构审计。

2. 国有资产营运分析报告是对本地区、本部门或者本企业占用的国有资产及营运情况进行分析说明的文件，具体包括以下内容。

（1）国有资产总量与分布结构；

（2）企业资产质量、财务状况及经营成果分析；

（3）国有资产增减变动情况及其原因分析；

（4）国有资产保值、增值结果及其影响因素分析；

（5）其他须说明的事项。

（二）国有资产统计报告的编制范围

1. 编制国有资产统计报告的企业如下。

（1）由国务院，省、自治区、直辖市人民政府，设区的市、自治州级人民政府履行出资人职责的具有法人资格、独立核算、能够编制完整会计报表的境内外国有及国有控股企业。

（2）国有参股企业的国有资产及投资收益依据合并会计报表的规定，被纳入国有投资单位的国有资产统计范围的，原则上不单独编制国有资产统计报告。但对于重要参股企业，应当根据国有资产监督管理需要单独编制国有资产统计报告。重要参股企业的标准或者名单由相关国有资产监督管理机构确定。

2. 企业国有资产统计报告基本填报单位的级次如下。

大型企业（含大型企业集团）为第三级以上（含第三级）各级子企业，第三级以下子企业并入第三级进行填报；中小型企业为第二级以上（含第二级）各级子企业，第二级以下子企业并入第二级进行填报。

企业应当组织并做好总部及各级境内外子企业的国有资产统计报告编制工作，并编制集团或者总公司合并（汇总）的国有资产统计报告，以全面反映企业国有资产营运情况，并与所属境内外子企业的分户国有资产统计数据一同报送同级国有资产监督管理机构或者主管部门。

四、国有资产统计报告的组织管理

企业的国有资产统计报告工作应当遵循“统一规范、分级管理”的原则，按照企业的财务关系或者产权关系分别组织实施。

省级国有资产监督管理机构和各有关部门应当编制本地区、本部门所监管企业的汇总国有资产统计报告，并与所监管企业的分户国有资产统计数据一同报送国务院国资委。

（一）国务院国资委在国有资产统计报告工作中履行的职责

1. 制定全国企业国有资产统计报告规章、制度和工作规范；

2. 统一制定企业国有资产统计报告格式、编报要求和数据处理软件；

3. 负责所出资企业国有资产统计报告工作的具体组织实施；

4. 负责收集、审核和汇总各地区及各有关部门的国有资产统计报告，并向国务院报告全国企业国有资产营运情况；

5. 组织开展对企业国有资产统计报告质量监控工作，并组织开展企业国有资产统计报告编报质量的抽样核查。

（二）省级国有资产监督管理机构在企业国有资产统计报告工作中履行的职责

1. 依据统一的企业国有资产统计报告规章制度和工作规范，负责本地区监管企业国有资产统计报告工作的组织实施和监督检查；

2. 指导下一级国有资产监督管理机构开展企业国有资产统计报告工作；

3. 负责收集、审核、汇总本地区监管企业国有资产统计报告，并向同级人民政府报告本地区监管企业国有资产营运情况；

4. 负责向国务院国资委报送本地区监管企业国有资产统计报告；

5. 组织开展对本地区监管企业国有资产统计报告质量的核查工作。

（三）各有关部门在企业国有资产统计报告工作中履行的职责

1. 依据统一的企业国有资产统计报告规章制度和工作规范，负责本部门监管企业国有资产统计报告工作的组织实施和监督检查；

2. 负责收集、审核、汇总本部门监管企业国有资产统计报告；

3. 负责向国务院国资委报送本部门监管企业国有资产统计报告；

4. 组织开展对本部门监管企业国有资产报告质量的核查工作。

省级国有资产监督管理机构和各有关部门应当指定专门机构或者人员具体负责国有资产统计报告工作，并与国务院国资委建立相应的工作联系。

省级国有资产监督管理机构和各有关部门应当加强对企业国有资产统计报告相关数据资料的管理，做好归档整理、建档、建库和保密管理等工作。

五、国有资产统计报告的编报规范

第一，企业应当在全面清理核实资产、负债、收入、支出并做好财务核算的基础上，按照统一的报告格式、内容、指标口径和运用统一的操作软件，认真编制并按时上报企业国有资产统计报告，做到账实相符、账证相符、账账相符、账表相符；严格按照国家财务会计制度和统一的编制要求，编制企业国有资产统计报告，做到内容完整、数字真实，不得虚报、漏报、瞒报和拒报，并按照财务关系或产权关系采取自下而上的方式层层审核和汇总。同时，企业应在认真做好总部及各级子企业分户报表编制范围与编制质量的审核工作基础上，编制集团或总公司合并报表，并按照国家财务会计制度的统一规定做好合并范围和抵销事项的审核工作，对于未纳入范围和未抵销或者未充分抵销的事项应当单独说明。

第二，企业主要负责人对本企业编制的国有资产统计报告的真实性和完整性负责。企业财务会计等人员应当按照统一规定认真编制国有资产统计报告，如实反映本企业有关财务会计和国有资产营运信息。

第三，省级国有资产监督管理机构和各有关部门要加强对本地区、本部门监管企业国有资产统计报告工作的组织领导，加强督促指导，对企业报送的国有资产统计报告各项内容进行规范性审核。具体的审核内容主要包括：编制范围是否全面完整；编制方法是否符合国家统一的财务会计制度，是否符合企业国有资产统计报告的编制要求；填报内容是否全面、真实；报表中相关指标之间、表间相关数据之间、分户数据与汇总数据之间、报表数据与计算机录入数据之间是否衔接一致。

第四，省级国有资产监督管理机构和各有关部门必须认真做好本地区、本部门监管企业国有资产统计报告的审核工作，确保国有资产统计报告各项数据资料的完整和真实。凡发现报表编制不符合规定，存在漏报、错报、虚报、瞒报以及相关数据不衔接等情况，应当要求有关企业立即纠正，并限期重报。

第五，企业国有资产统计报告采取自下而上、逐户审核、层层汇总的方式收集上报。企业应当将经企业负责人、总会计师或主管财务工作负责人和报告编制人员签字并盖章后的国有资产统计报告于规定时间内上报。

第六，对于授意、指使、强令企业财务会计等人员编制和提供虚假国有资产统计报告的，以及玩忽职守、编制虚假财务会计信息，严重影响国有资产统计报告质量的，除依照《会计法》、《企业国有资产监督管理暂行条例》和《企业财务会计报告条例》等有关法律、法规处理外，还应对企业负责人给予纪律处分；有犯罪嫌疑的，依法移送司法机关处理。省级国有资产监督管理机构和各有关部门工作组织不力或者不当，给企业国有资产统计报告工作造成不良影响的，将给予通报批评。

一、本章复习题

1. 简述产权的特征与功能。
2. 试述与国有财产所有权相关的产权内容。
3. 简述国有资产产权界定的重要意义及应遵循的原则。
4. 简述产权交易的特征和方式。
5. 简述国有资产产权登记的含义及内容。
6. 简述国有企业清产核资的含义及主要内容。
7. 简述国有资产统计报告制度应坚持的原则。

二、本章讨论题

1. 所有权不能代替产权的原因。

2. 为什么国有资产产权登记制度如此重要？在国有资产产权登记过程中应注意什么问题？

3. 国有资产统计在国有资产管理中的地位和编报规范。

三、本章阅读资料

1. 薄越亮，等．产权管理理论与实务．北京：中国物资出版社，1992.

2. 耿明斋，等．国有资本生存边界与管理模式．北京：中国经济出版社，2003.

3. 李忠信，等．国有资产管理新论．北京：中国经济出版社，2004.

4. R. 科斯，等．财产权利与制度变迁：产权学派与新制度学派译文集．上海：上海人民出版社，1994.

5. 谢世荣．中国国有产权制度改革探索．北京：经济科学出版社，1996.

第五章 国有资产投资管理

本章关键词

国有资产投资　国有资产投资资金来源　国有资产投资方向
国有资产投资规模　国有资产投资结构　国有资产投资效益

本章内容提要

国有资产投资是政府或国有资产经营机构根据国民经济和社会发展的需要，为取得预期的经济社会效益，将资金投入社会再生产领域和社会公共服务领域，形成国有资产的活动。国有资产投资涉及资金来源和投资方向、规模、结构、效益等问题。国有资产投资资金来源主要有财政预算拨款、银行贷款、自筹资金、利用外资等。在“十二五”时期和之后一个较长时期内，国有资产投资的主要方向有基础产业、基础设施、高新技术产业、环境保护和国防工业等。国有资产投资规模是指一定时期内国有企业、事业单位和政府机关在国有资产再生产活动中投入的货币总量，即用货币表示的国有资产建设工作量。国有资产投资结构是指在一定时期的国有资产投资总额中，各个组成部分所占的比例或数量关系。国有资产投资效益是指国有资产投资所取得的效果与所消耗的投资额之间的比例。进行国有资产投资要消耗大量的人力、物力和财力等社会资源。

第一节　国有资产投资资金来源

国有资产投资是形成国有资产的起点，在国民经济和社会发展中具有举足轻重的作用。本节讨论国有资产投资的性质、作用和资金来源等问题。

一、国有资产投资的概念、性质和作用

（一）国有资产投资的概念、性质

1. 国有资产投资的概念。国有资产投资是政府或国有资产经营机构根据国民经济和社会发展的需要，为取得预期的经济社会效益，将资金投入社会再生产领域和社会公共服务领域，形成国有资产的活动。也就是说，国有资产投资既包括生产性投资，也包括非生产性投资，这是由政府的经济社会管理职能决定的。至于资源性国有资产，则是国家根据宪法规定的主权原则，拥有土地、森林、草地、海洋、矿藏等资源的所有权，一般不是国家投资的结果。在社会主义市场经济条件下，政府是重要的投资主体之一，有特定的投资领域和范围，与企业等民间投资形成互补优势，在优化社会资源配置，促进社会生产力发展方面有其独特的作用。

与国有资产投资相关的概念还有固定资产投资、基本建设投资等。在不少教材以及人们的传统习惯中，国有资产投资就等同于固定资产投资，论述固定资产投资时又等同于基本建设投资。这种模糊的认识和误解在一定条件下是可以理解的，如当国有企业流动资金全部由银行供给时，国有资产投资实际上就是固定资产投资。在中华人民共和国成立初期，新建大批国有企业且不需要进行更新改造时，固定资产投资基本上就是基本建设投资。但现在的问题是，在经济体制转轨速度加快，社会主义市场经济体制日益成熟的情况下，上述条件正在发生变化，甚至已不复存在，这就需要及时界定、明确有关概念。国有资产投资除固定资产投资外，还应当包括流动资产投资、无形资产投资等；固定资产投资除基本建设投资外，还应当包括更新改造投资。

2. 国有资产投资的性质。国有资产投资的性质是由国有资产投资所在的领域决定的。政府或国有资产经营机构在生产领域的国有资产投资是积累性的扩大再生产支出，即将当年新创造价值的一部分再投入社会再生产过程，扩大生产规模，为市场提供更多的商品和劳务。政府或国有资产经营机构在生产领域的投资是现代市场经济发展的需要。现代市场经济本质上是一种规模不断扩大的社会再生产，人口的增加、人民生活水平的提高、社会主义经济制度的巩固，都要求扩大生产经营规模，为市场提供更多的商品和劳务，满足日益增长的社会需要。而政府在教育、科技、文化、卫生、环境保护、行政管理等社会公共服务领域的投资所形成的非生产性国有资产是一种社会财富的积累。这些

国有资产用于满足社会公共部门提供公共服务的需要，虽然不直接创造物质财富，但国有资产不会在当年消耗掉，而是在较长时间内为社会提供服务，构成社会财富存量的重要组成部分。且这些国有资产提供的社会公共服务是经济发展和人民生活不可缺少的，有的服务，如教育、科技、环境保护、社会保障等，是一个国家或地区文明进步水平的重要标志。因而在政府投资安排中，生产性国有资产投资和非生产性国有资产投资必须统筹兼顾、协调发展，不可偏废。

与此相关的一个问题是，目前实际存在对“科教兴国”战略含义的误解，以及对政府国有资产投资的误导。我们所说的科学技术是一种广义的概念。科学既包括自然科学，也包括人文社会科学；技术既包括以自然科学理论和生产实践为基础发展起来的各种生产工艺、技能，以及生产设备的性能等，也包括各种管理的方法、手段、制度等。它不是单纯的自然科学和技术，否则，我们就会“重理轻文”，重蹈目前发达国家经济社会发展的覆辙。从现在人们的普遍理解和国家投资的重点来看，认为科学技术就是指自然科学和技术、科教兴国主要就是靠自然科学的倾向仍十分明显。近年来，政府及社会各界对社会科学投入不足，有些问题已开始凸显。这种现象应引起高度重视。我们发展经济，不仅要依靠科技进步，开发资源，加快发展，实现工业化、城市化和现代化，使人民生活摆脱贫穷走向富裕，而且要能够形成良好的社会风尚、高尚的道德伦理规范、文明有序的社会环境、积极向上的精神风貌，从而达到物质文明和精神文明成就的高度有机结合。我们不希望看到在经济迅速发展、物质财富不断增加、现代化水平快速提高的同时，社会风气却日益败坏、贪污腐化盛行、道德沦丧、社会秩序混乱、犯罪率居高不下，人民难以享受到社会文明进步的成果。

（二）国有资产投资的作用

在一个国家或地区经济社会发展中，国有资产投资是十分重要的，具有其他社会投资主体不可替代的作用。尽管在不同国家，以及同一国家的不同时期的经济体制下，国有资产投资作用的重点、方式大不相同，但基本功能是一致的。在社会主义市场经济体制下，国有资产投资的作用具体表现在以下几方面。

1. 调节国民经济运行，执行国家宏观经济社会政策。国有资产投资是财政政策的重要政策工具，直接为国家的宏观经济社会政策目标服务。在开放经济条件下，国民经济运行受到国内外市场供求关系、经济周期、经济社会发展水平等多重因素制约，容易出现通货膨胀与通货紧缩、过度繁荣与严重衰退等较为剧烈的波动，导致社会总供给与总需求的总量与结构的严重失衡，给经济发展、人民生活及社会资源配置效率带来重大损失。政府可利用国有资产投资调节国民经济运行，执行国家宏观经济社会政策，如：在经济衰退、社会有效需求不足时，增加投资，刺激经济回升；在经济增长速度加快、通货膨胀严重时，减少国有资产投资，防止经济过热。这样有利于保持宏观经济的均衡与稳定。近年来，我国政府实施积极的财政政策、治理通货紧缩、促进经济增长的成功实践也充分说明了这一点。

2. 壮大国有经济，巩固社会主义经济制度。以公有制为主体，多种经济成分并存，是我国社会主义初级阶段的基本经济制度，而国有经济是公有制的主要形式之一，在国

民经济运行中处于主导地位。筹集资金并进行大规模国有资产投资是发展和壮大国有经济的重要途径。这一点在我国社会主义制度建立初期和计划经济体制下更为明显，1950—1978 年国有资产投资（该时期反映为基本建设支出）情况如表 5－1 所示。

表 5－1　1950—1978 年国有资产投资情况

年份	基本建设支出（亿元）	基本建设支出在财政支出中的比重（%）	流动资金支出（亿元）	流动资金支出在财政支出中的比重（%）
1950	12.50	18.4	—	—
1951	27.03	22.1	—	—
1952	46.68	26.5	18.56	10.6
1953	70.34	32.0	13.78	6.3
1954	84.28	34.2	26.30	10.7
1955	88.53	32.9	30.81	11.4
1956	139.58	45.7	10.79	3.5
1957	123.71	40.7	20.82	6.8
1958	229.38	56.0	25.66	6.3
1959	302.34	54.7	54.28	9.8
1960	354.45	54.2	67.47	10.3
1961	110.18	30.0	29.39	8.0
1962	55.65	18.2	47.48	15.7
1963	80.21	23.6	36.65	10.8
1964	123.83	31.0	23.35	5.9
1965	158.49	34.0	27.55	5.9
1966	191.04	35.3	40.28	7.4
1967	161.25	36.5	29.10	6.6
1968	117.85	32.8	12.03	3.3
1969	206.21	39.2	26.61	5.1
1970	298.36	45.9	31.23	4.8
1971	309.56	42.3	35.30	4.8
1972	309.09	40.3	42.95	5.6
1973	317.17	39.2	53.82	6.7
1974	321.83	39.6	44.76	5.7
1975	326.96	39.8	41.84	5.1
1976	311.25	38.6	45.36	5.6
1977	300.88	35.7	65.68	7.8
1978	451.92	40.7	66.60	6.0

资料来源：财政部综合计划司．中国财政统计（1950—1988）．北京：中国财政经济出版社，1989.

1950—1978 年，财政用于国有资产投资的支出比重一般高达 40%～50%，尽管经历了许多挫折、失误，但国有资产投资为社会主义制度的建立和巩固做出了不可磨灭的历史贡献。改革开放以后，一方面，大规模投资建立社会主义制度的历史任务已完成；另一方面，受财政放权让利，经济主体多元化等因素影响，国有资产投资在财政支出中的比例有较大幅度的下降，但国有资产投资在国家重点项目建设、促进区域经济协调发展以及调节经济运行等方面仍具有举足轻重的作用，是国民经济的领导力量。国有企业上缴的利税仍是国家财政收入的支柱，因此，国有资产投资是巩固和发展社会主义经济制度的重要途径。

3. 调整经济结构，优化社会资源配置，促进社会生产力发展，增强国家综合经济实力。由于政府国有资产投资的特殊性，其在调整经济结构、优化社会资源配置方面具有其他投资主体无法替代的作用。在产业结构调整中，国家通过国有资产投资，加快薄弱产业发展，克服“瓶颈”约束，优化产业结构，增加社会有效供给，满足社会需求。政府可投资于那些民间投资主体不愿或无力投资，但又是经济社会发展不可缺少的产业项目，如投资额大、技术要求高、建设周期长、投资效益见效慢的项目，以及一些微利甚至无利可图的重大基础产业、基础设施领域及高风险的高新技术产业等。近年来，国家对能源、交通、通信、农业、科技等领域的大量投资，对优化经济结构、促进国民经济持续快速增长发挥了重要作用。在区域经济结构中，政府国有资产投资对各地区经济协调发展、缩小区域发展差距具有至关重要的作用。在中华人民共和国成立初期，国家对中西部地区的大量投资为这些地区的工业化、现代化进程奠定了基础。在改革开放后，国家在沿海地区的大量投资有力地促进了沿海开放战略的实施。在中央做出西部大开发的战略决策后，国家将投资重点开始向中西部特别是西部地区倾斜，可以预见，政府国有资产投资将在加快西部经济发展、缩小东西部地区差距方面做出更大的贡献。

4. 提供优质公共物品服务，提高人民福利水平。国家在科技、教育、文化、卫生、环境保护、社会保障领域的投资，为经济发展和人民生活提供了良好的社会公共服务，有利于提高和改善人民的生活水平，实现发展社会主义经济的最终目的。根据各国经济发展的一般规律，在一个国家和地区基本上实现了工业化，建立了较为完整的国民经济体系，人民生活水平越过温饱线后，对社会服务业等第三产业的需求就会大幅增加。我国已经进入全面建设小康社会的历史时期，面临实现工业化、现代化、信息化的战略任务。国家在科技、教育、文化、卫生、环境保护、社会保障领域的投资正是实现上述历史任务的需要。从近年来我国财政支出的具体情况来看，上述领域是财政支出增长速度最快的部分，特别是教育、科技等领域的支出受到《中华人民共和国义务教育法》等法律、法规的有力支持，这表明我国财政的公共服务性质得到了进一步增强。

二、国有资产投资资金来源

在明确了国有资产投资的概念、性质和作用后，我们再来分析国有资产投资资金来源。从我国国有经济发展的历史过程看，国有资产投资资金来源主要取决于国家经济管理体制，特别是财政管理体制的有关规定。从现行国家财政经济管理体制的有关规定来看，国有资产投资资金来源主要有以下几类。

1. 财政预算拨款。财政预算拨款是指在每年的财政预算中，国家根据国民经济和社会发展的需要，安排一部分资金用于国有资产投资。财政预算拨款在社会主义制度建立之初是国有资产形成的主要渠道。如前所述，1950—1978 年，国有资产投资在一般年份占财政支出的 40%左右。改革开放以后，一方面，经过几十年的建设，我国已建立比较完整的国民经济体系，国有经济占绝对优势，不需要再进行大规模投资；另一方面，财

政的放权让利使得我国没有形成与改革经济运行机制相适应的财政运行机制，国家集中性财力不足，这在一定程度上削弱了财政的国有资产投资能力，特别是地方财政，在不少欠发达地区实际上成为真正的“吃饭财政”。自1979年以来，国有资产投资占财政支出比重呈现大幅下降的趋势既有合理性的一面，也有财政宏观调控能力下降的问题，其利弊得失，不能一概而论。

财政预算用于国有资产投资支出的具体方式经历了一个较为复杂的过程。1950—1978年，固定资产投资采用无偿拨款的办法；流动资金的定额流动资金（即满足企业正常生产经营所需要的资金）也采用无偿拨款的方式拨付给国有企业使用，临时性的超定额流动资金由银行贷款解决。在此期间，我国也曾经实行过短暂的流动资金全额信贷管理。改革开放以后，我国开始进行“拨改贷”试点，即将原无偿拨付的固定资产投资改为贷款，由中国人民建设银行（后改名为中国建设银行，简称建设银行）发放。我国曾在1985年将所有固定资产投资都改为贷款，在1986年调整为对有偿还能力的企业实施“拨改贷”，对没有偿还能力的学校、行政机关等恢复无偿拨款方式。在建设银行停止执行财政职能后，有关业务由新成立的国家开发银行接管。实践表明，“拨改贷”在取得一定成效的同时，并没有从根本上解决国有经济投资领域的问题，且加重了国有企业的经济负担。近年来，我国又开始了“债转股”“贷改投”的工作，按现代企业制度的要求，处理财政预算用于国有资产投资支出的具体方式问题。

2. 银行贷款。银行贷款是指国家独资、控股和参股的企业、事业单位，凭借国有单位的信誉，或者以国有资产为抵押、担保，从商业银行取得贷款进行投资和生产经营，在贷款偿还后形成国有资产的经济活动。如前所述，在1978年以前，国有资产投资主要采取财政无偿拨款方式，银行不得发放固定资产贷款，流动资金贷款也只起补充作用。改革开放以后，除中国建设银行外，中国工商银行、中国农业银行、中国银行以及交通银行等股份制商业银行等开始发放固定资产贷款。1983年以后，国有企业流动资金全部由银行提供，除个别行业和地方新建企业外，财政部门不再为国有企业供应流动资金。这样，随着财政预算内国有资产投资比例的下降，银行贷款成为国有资产形成的重要来源之一。

3. 自筹资金。自筹资金是指按照国家财政制度的规定，由各地区、各部门和各单位利用自己掌握的国有资产收益进行的投资。改革开放以后，随着财政的放权让利，企业逐步成为市场投资的主体，各部门、各单位预算外资金迅速增长。具体来说，自筹资金主要包括以下几类。

第一，地方财政的自筹资金，包括财政预算安排资金、上年财政结余、财政预备费等地方机动财力。

第二，各主管部门的自筹资金，指在现行财政管理体制下，各主管利用所掌握的资金进行的固定资产投资。

第三，企业、事业单位的自筹资金。企业的自筹资金主要包括在企业所得税后提取的盈余公积金，以及折旧资金、资产处置收益等自有资金。当然，广义的企业自筹资金还应包括向银行贷款、发行企业债券、举借外债等，本节主要采用狭义的概念。事业单位的自筹资金包括各种事业性收费、劳务收入、资产处置收入等，其中，按国家财政制度规定收取的事业性收费等预算外资金是事业单位自筹资金用于国有资产投资的最主要的来源。

4. 外资。国有企业、事业单位可以凭借国有经济单位信誉，或者以国家财政及国有资产为担保，承担还本付息的责任，以举借外债等方式利用外资进行投资。外债一般分为国外贷款和在国外发行债券两种。国外贷款包括向国际金融组织及外国政府、银行、企业和个人的贷款等。改革开放以来，积极利用外资在引进先进技术、设备、管理方法和人才，发展壮大国有经济方面发挥了重要作用。不过，在国有资产投资资金来源中，利用外资是主要的补充，不是主渠道。要利用外资进行投资，必须充分考虑项目的经济效益和偿还债务的能力，以防范和化解债务风险。

第二节　国有资产投资方向、规模和结构

一、国有资产投资方向

在社会主义市场经济条件下，国有资产投资作为以政府为主体的、形成国有资产和发展国有经济的重要途径，具有与非国有制经济主体投资行为不同的性质、地位与特点，这也决定了国有资产投资的特殊方向。

（一）决定国有资产投资方向的主要因素

具体来说，目前决定我国国有资产投资方向的因素主要体现在以下几个方面。

第一，国有经济在国民经济和社会发展中的战略地位。改革开放后，我国抛弃了脱离中国社会生产力发展实际，在所有制上片面追求“一大二公”的极“左”路线，解放思想，根据我国生产力发展的实际水平和社会发展阶段，鼓励集体、私营、个体、“三资”企业等非国有制经济，特别是非公有制经济的发展，形成多种经济成分共同发展、共同繁荣的局面，极大地促进了国民经济的迅速发展，城乡人民生活得到显著改善，国家综合国力进一步增强。但各种经济成分在国民经济和社会发展中的地位并不是平等的，公有制经济是主体，且公有制经济中的国有经济是主导，这是我国自党的十一届三中全会以来一直坚持的一项基本经济制度。国有资产的投资方向必然要与国有经济的地位相适应。

第二，社会主义经济制度。我国经济体制、政治体制改革的性质是社会主义制度的自我完善，以及坚持走中国特色社会主义道路。尽管人们对社会主义的含义有不同的理解，但生产资料的公有制仍是其最基本的属性，而国有经济又是公有制中形态较高的一种，我国坚持走中国特色社会主义道路，必然对国有资产投资的方向产生决定性作用。

第三，公共财政体制。经济实践表明，在市场经济条件下，建立公共财政体制是一种必然的选择。我国已将建立公共财政框架作为深化财政体制改革的基点。而公共财政

的核心是通过政府的财政收支活动为社会提供公共物品服务，克服市场失灵，优化社会资源配置，满足社会的公共需要。这一点与计划经济体制下社会财力高度集中的国家财政有根本区别。国有资产投资是财政支出的重要组成部分，公共财政的性质必然影响到国有资产的投资方向。

第四，我国的经济发展阶段和水平。我国目前仍是世界上最大的发展中国家，从整体上讲，还没有完成工业化、城市化的历史任务，与信息化和知识经济仍有相当大的差距，存在明显的二元经济结构，人均收入处于世界较低水平，区域经济发展极不平衡。在此经济发展阶段和水平上，国家的宏观经济管理职能不完全等同于市场经济发达国家干预、调节市场失灵的范畴，政府还需要承担部分本应可由市场微观主体承担的一般竞争性产业投资和基础产业、基础设施投资，以及环境保护、协调区域经济发展的投资。政府国有资产投资在财政支出中所占的比重高于发达国家的比重。

第五，国家在一定时期内的宏观经济政策。国有资产投资在较长时间内对调整经济结构、促进经济增长具有决定性作用；在短期内，对治理国民经济周期性振荡也有明显的政策效果。因而，国有资产投资是政府调节国民经济运行和社会发展的重要政策工具，国家在一定时期内的宏观经济政策是决定国有资产投资方向的重要因素。具体分析，主要体现在以下几个方面。（1）国家产业政策。国家产业政策重点发展的领域，也就是国有资产投资重点选择的领域。（2）区域经济政策。如前所述，国有资产投资不仅要重视经济效益，而且要考虑其社会效益和生态效益。国家在一定时期内的区域经济政策是决定国有资产投资方向的重要因素。一般来说，国家区域经济发展的重点也是国有资产投资的重点。如改革开放后，国家实施沿海开放战略，财政投资的重点在沿海地区。从1999年年底国家实施西部大开发战略以来，国家投资开始向西部地区倾斜。（3）经济运行政策。调节国民经济运行主要是指利用国有资产投资熨平经济周期，促进经济持续、快速、稳定增长。在通货紧缩、社会有效需求不足时，可以增加国有资产投资，如投向产业关联程度高、能有效刺激社会需求的产业；在经济过度繁荣、物价上涨时，可以压缩国有资产投资，以减少社会有效需求，保持经济的平稳增长。

（二）国有资产投资的主要方向

通过上述因素分析可以看出，在不同时期，国有资产投资有不同的重点，且这些投资的重点可按不同的标准划分，如按第一、第二、第三产业划分，或者按具体的产业门类划分。按我国不同地域划分，可分为对东部、中部和西部的投资；按资产形式划分，可分为固定资产投资、流动资产投资和无形资产投资；等等。根据党的十九大报告、“十三五”规划中有关国有企业改革与发展的精神，以及目前国有经济运行的实际状况，在“十三五”时期和之后一个较长时期内，国有资产投资的主要方向有以下几个主要方面。

1. 基础产业。基础产业是指在国民经济中对其他产业的生存和发展具有决定性影响以及带动作用的产业，如能源、原材料、化工等产业。其产品属上游产品，是其他产业消费的对象。这类产业投资一般具有投资额大、建设周期长、技术要求高、资金周转慢及较明显的规模效益等特点，其发展直接影响到经济运行和人民生活的各个方面。也就是说，关系国计民生的重要产业适合政府投资。“十三五”期间，要支持国民经济持续健康发展，实现国家“三步走”战略的第三步战略目标，则我国对基础产业的发展有巨大的需求，因此基础产业构成了国有资产投资的重点。

2. 基础设施。基础设施主要是指为经济发展和人民生活服务的各类经济社会设施，主要包括供电、供水、供气、邮电、道路、桥梁、港口、机场等设施。更广义的基础设施还包括学校、医院、公园、商业网点、银行、图书馆、博物馆等设施。基础设施之所以成为国有资产投资的重点方向之一，是因为基础设施服务具有公共物品或准公共物品的性质，即具有非竞争性、非排他性和效用的不可分割性，企业和个人不愿、无力或不宜投资（有些产业具有自然垄断性），但这些设施是经济发展和人民生活所不可缺少的，且在一般情况下还需要一定程度的超前发展，需要政府投资，以满足社会的公共需要。我国基础设施的供给水平目前还比较低，而新型城镇化建设对基础设施的需求量很大，要求国家给予更多的投资。

3. 高新技术产业。在现代市场经济中，科学技术是第一生产力，是推动经济增长的主要因素。但在发展科学技术、开发高新技术产品的过程中，企业、个人面临着较大的市场风险，甚至超过了其承受能力。而这类高新技术产品一旦开发成功，且形成了新的产业，则会给投资者带来可观的收益，给国家财政提供丰厚的税源，并对全社会的科技进步产生推动作用，具有较明显的外部正效应。在这些产业开发之初，政府通过国有资产投资的方式给予扶持是十分必要的。不过，在这些产业发展成熟后，政府可通过逐步出售国有股份，使其走向市场化经营。

4. 环境保护。环境保护具有较明显的公共物品的特点，企业、个人往往无力或不愿投资，相当部分环境保护设施和产业投资需要政府来承担。从我国环境问题的现状来看，形势依然十分严峻，从水土流失、土壤沙化，到江河污染、大气污染和固体污染都不容乐观，局部还在恶化。此种形势将直接影响到我国经济社会的可持续发展，以及人民生活水平的提高，因此需要政府加大投资力度来治理。

5. 国防工业。由于历史的原因，我国国防工业一直由国家直接经营管理，在此格局下，为加强国防现代化建设，国防工业也是国有资产投资的重点之一。

二、国有资产投资规模

（一）国有资产投资规模的概念

国有资产投资规模是指一定时期内国有企业、事业单位和政府机关在国有资产再生产活动中投入的货币总量，也就是用货币表示的国有资产建设工作量。在国有资产投资管理中，投资规模是一个十分重要的经济变量。从长期来看，国有资产投资规模的大小会影响到国有经济的积累和发展能力，以及对经济结构的调整能力；从短期来看，它是社会有效需求的重要组成部分，关系到市场物价的稳定和供求关系的平衡。因而，国有资产投资规模对投资结构、效益具有重要影响。在我国，由于国有经济在国民经济中的特殊地位，国有资产投资规模对整个国民经济和社会发展具有决定性作用。

国有资产投资规模还可从两个方面来理解。一是指当年国有资产投资规模，即本年度国有企业、事业单位和政府机关在国有资产再生产活动中实际完成的投资额，反映了一个国家或地区的国有企业、事业单位和政府机关用于国有资产投资的人力、物力和财力的数量。二是指在建投资规模，即一个国家或地区的国有企业、事业单位和政府机关当年施工的建设项目全部建成并交付使用所需要的投资额，反映了一定年份国有资产投资在全国实际铺开的建设战线的规模。在讲到国有资产投资规模时，需要注意其具体含义。

此外，国有资产投资规模可以按不同标准进行分类。按用途分，有经营性国有资产投资规模和非经营性国有资产投资规模；按性质分，有基本建设国有资产投资规模和更新改造国有资产投资规模；按建设时间分，有年度国有资产投资规模和在建国有资产投资规模；按地域分，有境内国有资产投资规模和境外国有资产投资规模。根据理论研究和国有资产管理的需要，还可以进行其他分类。

（二）不同经济体制下国有资产投资规模的控制机制

如前所述，国有资产投资规模是国有资产投资管理的重要内容，但在不同的经济体制下，其控制机制是不同的。

在计划经济体制下，国有资产投资规模的控制主要是通过编制、执行国民经济和社会发展计划，以行政命令的方式进行的。从1950—1978年经济运行的实际情况分析，凡是国民经济比例关系严重失调、经济发展遭受重大挫折的年份，其基本特征是急躁冒进。国有资产投资中的基本建设投资规模过度膨胀，大大超过了国家人力、物力和财力的承受能力，迫不得已又进行国民经济调整。而国民经济调整的主要手段就是“砍”基本建设项目，即当时常说的关、停、并、转。每次大的比例关系失调和调整都给社会资源配置带来了重大损失。在计划经济体制下，基本建设投资规模失控是一个多年难以治愈的顽症，有人称之为“投资饥饿症”，许多学者对此进行了各种各样的解读，如国家对国有企业的“父爱主义”等。但基本建设投资规模失控的基本原因是，在计划经济体制下，企业不是独立的经济实体，而是行政机关的附属物，国有资产投资的决策、收益、风险相互脱节。

在社会主义市场经济条件下，国有资产投资规模的控制主要是通过市场机制进行的，并辅之以法律和必要的行政手段。在市场经济条件下，国有企业是独立的经济实体，其要对投资项目承担市场风险，以及相应的法律责任，如因重大投资决策失误造成企业经营陷入困境、资不抵债的，企业就要依法破产倒闭。国家以其在企业的投资股份承担有限责任，而不再像在计划经济体制下那样对企业亏损承担无限的补贴责任。从国有资产投资资金来源上分析，财政预算内资金只占较小的一部分，资金主要来自自筹和银行信贷资金就充分说明了这一点。并且，各银行近年来大大强化了信贷资金的风险管理，进一步加强了国有资产投资规模的市场机制约束力量。除经营性国有资产投资直接受市场机制调控外，事业单位和行政部门的国有资产投资规模也间接受制于市场机制，因为这些事业单位和行政部门的设立与国有资产的投资是根据社会公共服务的需求量决定的。此外，国家还可以利用财政预算、金融调控等经济手段，国民经济和社会发展计划等必要的行政手段，以及法律手段等，对国有资产投资规模进行有效调控。

（三）合理确定国有资产投资规模的原则

总结我国国有经济发展的理论与实践，合理确定国有资产投资规模需要坚持以下原则。

1. 量力而行的原则。坚持量力而行的原则，就是在一定时期内安排国有资产投资时，充分考虑国有经济发展可用于国有资产投资的实际财力，不搞缺口预算。国有资产投资是国有经济扩大再生产的行为，其财力安排应当是满足了以下几个条件后所剩余的财力：从当期实现的收入中扣除了简单再生产所需要的价值补偿；能满足上年已达到的消费水平（包括社会消费与个人消费），并有所提高；已建立了必要的社会后备。即将可运用的积累基金，再加上固定资产折旧资金。如果国有资产投资规模超过了国家财力，那么必然挤占国家预算的支出，以及国有单位的有关支出，影响国民经济的协调发展。国有经济发展的历史经验反复证明：确定国有资产投资规模必须量力而行，否则会欲速而不达。也就是说，坚持量力而行的原则，并不是消极保守，而是坚持实事求是的工作思路。

2. 瞻前顾后、统筹安排的原则。国有资产投资规模决策中不仅要考虑年度投资规模，而且要考虑在建投资规模。国有资产投资项目在未建成投产时，不向市场提供任何商品和劳务，还需要消耗大量的人力、物力和财力，影响市场供求关系和物价稳定。而有的建设项目不是一年或几年可以完成的，而是需要十几年、几十年才能完成，如三峡水电站、南水北调工程等，所以，在决策这些大的项目时，不仅要考虑当年的投资规模，而且要考虑今后十几年、几十年的投资规模。因此，必须严格控制新开工项目，坚持三条原则：一是不做无本投资，必须在有一定比例的资本金后才能申请银行贷款；二是不能通过挪用流动资金贷款来做固定资产投资；三是必须打足铺底流动资金。此外，国有资产投资规模还需要在财政预算拨款、银行贷款、自筹资金和外资之间统筹兼顾，合理安排，以保证国有资产投资的合理规模，落实投资资金的来源。

3. 合理界定积累率的高低的原则。在国民收入一定的情况下，国有资产投资规模主要取决于积累和消费的比例，而这两者是此消彼长的关系。因此，正确处理积累和消费的关系，从根本上说，是保持国有资产投资规模在一个比较合理范围内的条件。在计划经济体制下，我国存在的主要问题是积累率偏高，仅基本建设支出就占财政支出的30%～40%，挤占了改善人民生活所需的支出。在我国市场化改革中，财政支出中投资性支出比例下降及消费性增加是正常的，但作为发展中国家，国有资产投资还是要保持一定的水平。目前一些中西部地区的地方财政困难，甚至连“吃饭财政”都难以保障，未必是一件好事。

（四）合理调控国有资产投资规模的途径

国有资产投资规模的调控问题在我国国民经济运行中已发生了重大变化。在计划经济体制下，以及在1978—1998年以市场化为导向的经济体制改革时期，我国在国有资产投资领域的主要矛盾是由固定资产投资规模膨胀、管理失控引发的国民经济重大比例关系失调和物价上涨。国家也采用了一系列的措施进行治理，如严格基本建设项目审批程序、按投资大小实行分级管理、开征固定资产投资方向调节税（前身为1983年开征的建筑税），从总体上看，这些措施的效果并不理想，国家最后的手段仍是对基本建设项目关、停、并、转，治理成本很高。但1998年以后，我国国民经济运行状况发生了重大变化。经过多年的经济体制改革，国民经济运行机制的市场化取得了实质性进展，国有企业、商业银行的投资约束机制开始形成，买方市场已经出现，市场大部分商品和劳务供求平衡或供过于求。受东南亚金融危机、其他地区经济形势，以及国内国有企业改革和经济结构调整的力度进一步加大的影响，我国从1998年下半年开始出现了较为明显的通货紧缩、市场疲软、社会有效需求不足、经济增长乏力的问题。中央审时度势，调整了在“九五”规划中确定的执行适度从紧的财政政策、货币政策，在1998—2002年连续扩大了国债发行规模，增加了基本建设投资，刺激了社会有效需求，从而促进了经济的较快增长。这是我国在国有资产投资规模控制领域的一个重大转折。也就是说，在社会主义市场经济条件下，国有资产投资规模的调控不再是简单地控制其规模、抑制投资规模的膨胀，而是要根据国民经济运行状况相机抉择。

根据国有资产投资的主要资金来源和现行的国有资产管理体制，调控国有资产规模的途径主要如下。

1. 严格进行预算管理。财政预算安排的国有资产投资支出是国家一定时期内重点建设项目的重要资金来源，因此要按照《中华人民共和国预算法》（简称《预算法》）的要求，严格进行预算管理，合理调控国有资产投资规模。预算批准的国有资产支出，应按规定及时拨付资金，以保证国有资产投资项目建设的顺利进行。国有资产支出的追加、追减，要按法定程序报请批准，以维护国家预算执行的严肃性。同时，为使国家预算在社会财力分配中发挥主导作用，规范预算收支，加强财政监督，硬化预算约束，有必要将国家预算划分为公共预算、国有资本经营预算和社会保障预算三部分。国有资本经营预算是指管理国家以国有资产所有者身份取得的收入，以及国家用于经济建设及国有资产经营支出的预算。国家财政用于国有资产的投资主要就是国有资本经营预算的支出。通过国有资本经营预算，可以有效管理和调节国有资产投资规模。

2. 严格控制信贷规模。如前所述，国内银行贷款是国有资产投资的第二大来源。银行贷款除银行自有资金外，还有国家财政性存款和储蓄存款，其中，储蓄存款比例最大。国家只要控制了银行贷款这个源头，通过对资金供应进行调节，使投资总规模保持在合理的范围之内，国有资产投资规模就会得到有力控制。国家要合理确定和严格控制银行投资贷款、债券和股票发行的总规模；银行和非银行金融机构要实行资产-负债比例和贷款规模管理相结合的制度，并强化资产负债管理；有关部门还要建立各种信贷的比例关系，如贷款占存款与资本金之和的最高比例，灵活运用准备金率、贴现率等手段，从源头上及时和灵活地调节流入固定资产投资领域的资金量，实现对投资总规模的控制。另外，还可以通过调整利率来调整国有资产投资。当需求旺盛时，可以提高贷款利率，增大投资成本，同时提高存款利率，吸引更多的社会闲散资金用于固定资产投资；当需求不足时，可以降低贷款利率，减少投资成本，鼓励投资。这样，通过有关金融政策工具的运用，可有效调节国有资产投资规模，以达到国家宏观经济政策目标。

3. 建立、健全国有资产管理体制，形成经营性国有资产投资的风险约束机制。上述几种调控国有资产投资规模的途径，主要是政府利用其掌握的经济、法律和行政手段，对国有资产投资规模进行管理，以实现国家宏观经济政策目标。而对经营性国有资产投资而言，除政府利用上述手段进行管理外，更重要的是通过建立、健全国有资产管理体制，形成国有资产投资的风险内在约束机制，以解决长期存在的国有资产投资决策、收益和风险相脱节的问题，从国有经济内部自动产生投资规模约束机制。即国有资产投资的决策者、经营者要为国有资产活动承担相应的经济、法律责任，为最大化国有资产投资效益而努力。

三、国有资产投资结构

（一）国有资产投资结构的概念及分类

国有资产投资结构是指在一定时期的国有资产投资总额中，各个组成部分所占的比例或数量关系。国有资产投资结构可以根据国有资产投资管理的需要和理论研究的需要选择不同的标准进行划分。如按产业划分，可分为国有资产在第一、第二、第三产业中的投资；按具体部门划分，可分为国有资产对农业、工业、商业、建筑业、交通运输业等部门的投资；按地区划分，可分为国有资产在东部地区、中部地区和西部地区的投资；按技术水平划分，可分为国有资产对技术密集型产业、资本密集型产业和劳动密集型产业的投资；按再生产性质划分，可分为外延性投资和内涵性投资；按组织结构划分，可分为对大型、中型和小型项目的投资；等等。在本节，我们重点研究国有资产投资的产业结构、部门结构和地区结构。

在国有资产投资规模一定的条件下，国有资产投资结构是否合理是国有资产投资效益高低的决定性因素。国有资产投资要达到其预期的目的，就要优化其投资结构，为市场提供急需的商品和劳务，满足社会需求，提高投资效益。

（二）衡量国有资产投资结构是否合理的标准

优化国有资产投资结构是国有资产投资的主要内容。那么，衡量国有资产投资结构是否合理的标准是什么？第一，宏观经济标准，即国有资产投资结构是否有利于促进国民经济结构优化，合理配置社会资源，实现宏观经济的稳定与均衡。由于国有资产投资在经济社会发展中的特殊地位，其投资结构对整个国民经济结构的调整具有决定性作用。一方面，现有的国民经济结构，特别是产业结构、部门结构和地区结构等，制约着国有资产投资结构。另一方面，国家可通过国有资产投资在一定时期内组织若干重点建设项目，以引导社会投资方向，克服“瓶颈”产业约束，缩小地区发展差距，优化经济结构，增加社会有效供给，为宏观经济的稳定与增长发挥决定性作用。第二，微观经济标准，即国有资产投资结构是否有利于提高国有资产投资效益。如果国有资产投资结构合理，投资项目所提供的商品和劳务能够满足社会需求，那么就会达到投资所预期的经济、社会和生态效益。如果国有资产投资结构不合理，所生产的商品和劳务不能适应市场需要，经营性国有资产投资项目就难以收回投资和产生盈利，非经营性国有资产也难以实现其预期的社会效益和生态效益，国有资产投资就没有达到预期目标，从而造成社会资源的浪费。效益成为检验国有资产投资结构是否合理的最终标准。

（三）优化国有资产投资结构的途径

关于优化国有资产投资结构的具体途径，我们主要从决定国有资产投资结构的宏观因素、微观因素，以及自中华人民共和国成立以来，我国在国有资产投资结构领域的经验教训中寻找答案。

1. 自中华人民共和国成立以来，我国在国有资产投资结构领域的主要问题表现为以下几点。

（1）对农业、轻工业重视不足，曾一度偏重于发展重工业。从“一五”时期到“七五”时期，农业在国有资产基本建设投资中的比例平均为9.4%，轻工业为6%，重工业为45.7%。国家从“六五”时期开始增加了对轻工业的投资，适当降低了重工业的投资，但农业投资仍偏低。1990年、1995年、1997年、1998年和1999年国有经济固定资产投资中农业所占的比例分别为1.14%、0.85%、1.3%、1.54%和1.91%。国家财政预算内用于农业的基本建设支出的变化趋势也大致相同。农业的基础地位未得到应有的重视，突出的二元经济结构既是我国作为发展中国家的典型标志，又是我国经济社会发展的障碍。

（2）重基本建设，轻更新改造。在我国的国有资产投资中，重基本建设、轻更新改造的现象一直未得到根本的改观。我国固定资产投资中基本建设投资和更新改造投资所占比重如表5－2所示。

表5－2　我国固定资产投资中基本建设投资和更新改造投资所占比重

时期	固定资产投资总额（亿元）	基本建设		更新改造	
		投资额（亿元）	比重（%）	投资额（亿元）	比重（%）
“一五”时期	611.00	588.00	96	23.00	4
“二五”时期	1 307.00	1 206.00	92	101.00	8
1963—1965年	499.00	422.00	85	77.00	15
“三五”时期	1 209.00	976.00	81	233.00	19
“四五”时期	2 276.00	1 764.00	78	512.00	22
“五五”时期	3 186.00	2 342.00	74	844.00	26
“六五”时期	4 905.00	3 410.00	70	1 495.00	30
“七五”时期	11 326.00	7 349.00	65	3 977.00	35
“八五”时期	34 482.00	23 584.00	68	10 898.00	32
1996—1999年	59 399.00	42 860.00	72	16 539.00	28
2000年	2 682.91	2 094.89	78	588.02	22
2001年	3 150.56	2 510.64	80	639.92	20
2002年	3 712.76	3 142.98	85	569.78	15

资料来源：中国统计年鉴（2007）．北京：中国统计出版社，2007。

注：“六五”时期及以后的投资总额中没有包括其他固定资产投资。

从表5－2可以看出，更新改造投资在固定资产投资中的比重由“一五”时期的4%，上升到“七五”时期的35%，总的趋势是好的。但更新改造投资不能满足国有经济发展的需要，更新改造投资在固定资产投资中的比重仍然偏低，且在“八五”时期和1996—1999年又出现下降的趋势，到2002年降为15%。在中华人民共和国成立初期，国家投资兴建了大批国有企业，新建企业所需更新改造投资较少是正常的，但随着时间的推移，国有资产在生产经营中的使用价值逐渐发生磨损，需要及时在价值上得到补偿，因此对更新改造投资的需求必然增加。在改革开放初期，经过几十年的经济建设，我国已建立了比较完整的国民经济体系，特别是工业体系，大规模基本建设的历史任务已经完成，相当部分国有企业经过几十年的运行，更新改造的任务日趋繁重。如果更新改造投资的需要得不到满足，国有资产损耗不能足额补充，国有企业的简单再生产都难以维持，就更谈不上进一步发展了。这也是近年来一部分昔日曾辉煌一时，为国家经济建设做出过重大贡献的国有企业陆续陷入困境的主要原因。

（3）重生产性投资，轻非生产性投资。生产性投资是指用于社会再生产过程，直接生产物质产品的投资；非生产性投资是指用于科技、教育、文化、卫生、社会保障等满足人民生活消费需要的投资。在计划经济体制下，国有资产投资一直存在重生产性投资、轻非生产性投资的倾向，实际上背离了社会主义生产的最终目的。从“一五”时期到“五五”时期，国有资产投资中的生产性投资的比重平均为78.7%，非生产性投资的比重平均为21.3%。这种投资比例直接制约了人民生活水平的提高。改革开放以来，国家调整投资结构，大力发展科技、教育、文化、卫生、社会保障等各项社会事业，实施“科教兴国”战略，使得上述问题已大大缓解，但由于历史“欠账”太多，人们思想认识的转变有一个过程，这一问题尚未完全解决。如目前我国财政教育支出占GDP的比重还达不到发展中国家的一般水平，这不仅是经济发展水平问题，而且是一个政策问题。

（4）国有资产投资的地区结构与区域经济协调发展的目标有一定差距。国有资产投资的地区结构是指国有资产投资在空间的分布状况及其相互之间的关系。我国是一个地域辽阔、自然条件差别大、人口众多的多民族国家，由于历史、地理、经济和社会等方面的原因，各地区发展极不平衡，地区经济发展差距较大，区域经济关系和结构在我国经济社会发展中具有十分重要的意义，区域发展差距问题历来为政府所重视。在调整区域经济结构、促进区域经济协调发展方面，国有资产投资具有其他经济投资主体不可替代的功能。国有资产投资在缩小地区差距、实现区域经济协调发展方面虽然已做出了重大贡献，但还存在不少问题。在“一五”时期、“二五”时期，国家在加强和发展沿海地区原有工业的同时，大规模地向中西部地区投资，组织重点项目建设，大大改变了畸形的区域经济结构，成绩显著。在“三五”时期、“四五”时期，我国对国际形势判断失误，进行了以军工生产为主的“三线”建设。由于准备不足，损失浪费严重。至今，相当一部分企业的生产经营状况十分困难。后来的“以粮为纲”的政策给区域经济发展带来了很多问题。1978年实行改革开放以后，国家实行沿海开放战略，国有资产投资重点转向沿海地区，在有力地促进了沿海地区发展，并带动整个国民经济发展的同时，也进一步扩大了地区发展差距。1999年以来，国家开始实施西部大开发战略，国有资产投资逐步向中西部地区倾斜。

2. 优化国有资产投资结构的途径。根据国有资产投资的基本规律，以及上述我国在国有资产投资领域长期存在的主要问题，在现阶段，优化国有资产投资结构的途径如下。

（1）贯彻国家产业政策及其他宏观经济政策。国家产业政策表明了一定时期内国家重点发展什么产业、限制什么产业、禁止什么产业的政策导向，是优化国有资产投资结构的重要依据。若国有资产投资结构与国家产业政策相吻合，国有资产投资项目就能够生产出市场所急需的商品和劳务，以满足社会需要，特别是社会公共需要，投资项目也可以取得相应的经济、社会和生态效益。若国有资产投资脱离了国家产业政策的指导，违背了国家宏观经济整体利益，投资项目本身就难以达到预期的效益。目前，我国需要增加农业、基础产业、基础设施和高新技术产业的发展。此外，国有资产投资也要贯彻国家其他宏观经济政策，如治理通货膨胀或通货紧缩，促进经济增长等，兼顾宏观经济和微观经济效益。

（2）增加更新改造投资。经过70多年的经济建设，我国已形成了较为完整的国民经济体系和工业体系，国有资产存量规模庞大，在科学技术突飞猛进、世界经济一体化趋势加剧、国内外市场竞争更加激烈的情况下，为进一步提高国有经济的市场竞争力，必须改变国有资产投资重基本建设、轻技术改造的状况，应当增加更新改造投资。要制订科学、切实可行的行业规划，把技术改造、行业调整、企业结构改组及现代企业制度改造结合起来。同时要明确更新改造的战略目标，确定更新改造总规模，制定更新改造的技术政策、装备政策，以及达到重点行业、重点企业的技术水平，安排好对全局有重大影响的技术改造项目及重大措施。通过增加更新改造投资，可提高国有企业技术装备水平，增强市场竞争力，提高国有资产经营效益。

（3）固定资产投资与流动资产投资之间保持适当的比例关系。在经营性国有资产中，固定资产与流动资产的作用各不相同，客观上需要保持适当的比例。我国在国有资产投资方面，固定资产投资一直是重点，流动资产投资未得到应有的重视，甚至有些单位出现挪用流动资产用于固定资产投资的情况，固定资产投资项目建成后，因缺乏流动资产而处于停工待料状态，从而造成不应有的损失。从1983年开始，除个别行业外，国家财政停止给国有企业拨付流动资产，全部由银行贷款解决，预算内国有资产投资主要用于固定资产投资。此种体制使国有企业的资产负债率偏高，目前一般高达70%～90%，企业生产经营严重依赖于银行信贷资金，国家金融政策的变动对企业冲击过大，加大了企业经营的市场风险，在一定程度上削弱了国有企业的竞争力。因而，在国有资产投资体制改革中，需要进一步调整现行制度；在国有资产投资中，固定资产投资与流动资产投资之间应保持适当的比例，以保证国有企业生产经营活动的顺利进行。

（4）增加科技、教育、文化、卫生、环境保护和社会保障等社会公共服务领域的投资，提高人民福利水平。在我国国有资产投资中，存在重生产性投资、轻消费性投资的倾向，在科技、教育、文化、卫生、环境保护和社会保障等社会公共服务领域的欠账较多。在中华人民共和国成立初期，因国民经济处在恢复阶段，这种状况无疑具有合理性，但在经济体制比较健全、经济运行走向正轨以后，就需要将发展经济和改善人民生活结合起来，相互协调。且在生产力发展的基础上，不断提高人民物质和文化生活水平是发展社会主义经济的最终目的。今后，我国将继续实施科教兴国战略，全面建设小康社会，人民生活对社会公共服务的需求将会进一步增加。因此，在国有资产投资中，增加科技、教育、文化、卫生、环境保护和社会保障等社会公共服务领域的投资，提高人民福利水平，是今后优化投资结构的重要内容。

（5）缩小地区发展差距，促进区域经济协调发展。中国是一个发展中的大国，缩小地区发展差距和促进区域经济协调发展对维护社会稳定、促进民族团结、巩固国防和实现经济可持续发展具有十分重要的意义。由于国有资产投资在促进区域经济协调发展中处于特殊地位，在国家实施西部大开发战略中，我国加强了对西部地区基础设施、基础产业、环境保护等领域的国有资产投资，培植了西部主导产业，提高了西部地区的市场竞争力，并引导了社会投资方向。这对优化国民经济结构、缩小中西部地区与东部地区发展差距，以及实现国家第三步战略目标发挥了重要作用。

第三节 国有资产投资效益

一、相关的概念、意义和原则

（一）国有资产投资效益的概念

效益是投入与产出、所费与所得之间的比较。国有资产投资效益就是指国有资产投资所取得的成果与所消耗的投资额之间的比例。进行国有资产投资，要消耗大量的人力、物力和财力等社会资源。在一定时期内，相对于人们的需求而言，这些社会资源是有限的、稀缺的。利用有限的、稀缺的社会资源最大限度地满足人们的需要，客观上就需要提高资源的投资效益。一般来说，如果投资消耗不变，取得的成果越大，则投资效益越高；如果取得的成果不变，投资消耗越少，则投资效益越高。也就是要求尽可能以最小的投资消耗取得最大的成果。

政府的国有资产投资在国民经济和社会发展中承担着与其他投资主体不同的责任，具有其特殊的历史使命，其投资效益的体现具有多面性，可从不同的角度，选择不同的标准进行分类。按国有资产投资效益实现的领域可分为经济效益、社会效益和生态效益；按国有资产投资受益方式可分为直接效益与间接效益；按国有资产投资受益的期限可分为当前效益和长远效益；按国有资产投资受益的范围可分为宏观效益与微观效益；等等。

（二）提高国有资产投资效益的意义

由于国有资产投资在国民经济和社会发展中的地位，提高国有资产投资效益具有十分重要的意义。

第一，提高国有资产投资效益，有利于加快经济发展，壮大国家综合实力，实现国家现代化建设目标。我国国有经济掌握着国民经济命脉，在国民经济中处于主导地位。国有资产投资效益提高，就意味着单位投资额可以为市场提供更多的商品和劳务，创造更多的价值，满足社会需要。我国作为发展中国家，建设资金不足是长期面临的问题，提高国有资产投资效益就相当于将更多的资金投入国家建设，以加快经济发展，完成工业化、现代化的历史任务，使国民经济朝信息化和知识经济方向发展，壮大国家综合实力，实现国家第三步战略目标，把我国建设成为富强、民主、文明、和谐的社会主义强国。

第二，提高国有资产投资效益，有利于巩固和发展国有经济，把建设中国特色社会主义的伟大事业往前推进。提高国有资产投资效益也可以为国民经济提供更多、更好的

技术装备，进一步发展和壮大国有经济，提高国有企业市场竞争力，优化社会资源配置，在多种经济成分并存的条件下，充分发挥国有经济的主导作用，引导整个国民经济的发展方向，进一步巩固社会主义制度，为人类社会的历史发展做出更大的贡献。

第三，提高国有资产投资效益，有利于改善人民物质文化生活，提高人民福利水平。在国有资产投资项目中，相当一部分属于公共物品或准公共物品，特别是非生产领域的公共物品，完全是政府通过国有资产投资提供的，或者主要由政府来提供。国有资产投资效益提高后，政府利用相同的投资可以为社会提供更多的公共物品，从而进一步提高人民物质文化生活水平。在现阶段，我国的基础教育、基础科学研究、公共文化设施、公共卫生、环境保护、社会保障等领域还需要政府大量的投资。努力提高国有资产投资效益有利于提供更多的上述领域中的公共物品，对满足日益增长的社会需求具有十分重要的意义。

（三）提高国有资产投资效益的原则

如前所述，提高国有资产投资效益对我国经济和社会发展具有十分重要的意义，因此还需要坚持一些基本的原则。

1. 经济效益、社会效益和生态效益相结合。政府既是国有资产的所有者，又是社会公共权力机构，承担着一般社会宏观经济管理职能。国有资产投资不仅要考虑投资项目所产生的经济效益，而且要充分考虑投资项目对社会发展和生态环境的影响，即重视其社会效益和生态效益，做到科技、教育、文化、卫生、社会保障等各项社会事业发展与国家经济发展水平相协调，人民从经济增长中得到实惠，精神文明建设与物质文明建设同步。同时，在国有资产投资中，努力走可持续发展的道路，在经济发展与人口、资源和环境之间实现良性循环，不能再走以破坏资源、污染环境为代价换取经济增长的老路。努力做到经济效益、社会效益和生态效益相结合，如果经济效益与社会效益、生态效益发生矛盾，那么应坚持社会效益和生态效益优先的原则。

2. 宏观效益与微观效益相结合。国有资产投资的宏观效益是指从全社会的角度对投资项目的所得与成本进行比较；国有资产投资的微观效益是指从投资项目本身以及从投资单位、部门或地区的角度对投资项目的所得与成本进行比较。两者之间既有统一性，又有矛盾，一般来说，微观效益是宏观效益的基础，没有微观效益的提高，也就不可能有宏观效益的提高。对于一些投资项目，从单位、部门和地区来看，其投资效益可能较好，但从全国来看，可能存在重复建设、盲目建设，与现有生产能力争原料、争能源，导致产品和劳务供过于求的问题，若全面考察所得与成本，宏观投资效果则并不理想，这样国有资产投资就在宏观效益与微观效益之间存在矛盾。在这种情况下，就要进行协调，努力做到宏观效益与微观效益的统一。如果国有资产投资项目的宏观效益与微观效益出现冲突，则应以宏观效益为主。

3. 当前效益与长期效益相结合。国有资产投资的当前效益是投资项目在短期内就能取得的经济、社会和生态效益。一些建设期较短的项目甚至能够实现当年建设、当年投产见效。国有资产投资的长期效益是指投资项目建设周期长，需要较长时期才能发挥作用，或者建设项目的社会效益、生态效益需要经过较长的时间才能表现出来，当期效益并不十分明显。如基础教育投资主要表现为一种长期的社会效益、经济效益，即所谓“十年树木，百年树人”，在我国现行教育制度下，一个人从幼儿园，到中小学、大学，需要 20 年左右的培养周期。基础研究机构、公共图书馆和博物馆等公共文化设施的投资效益也有相同或相似的特点。因此，政府在国有资产投资中，需要统筹兼顾、权衡利弊，将国有资产投资的当前效益与长期效益相结合，促进经济社会的协调、健康发展，从而克服片面树“政绩”，只注重当前效益的短期行为。

二、国有资产投资效益的考核指标

为提高国有资产投资效益，实现国家宏观经济社会政策目标，则需要对国有资产投资效益状况进行考核，建立相应的奖惩机制，加强投资管理。因而建立、健全国有资产投资效益的考核指标体系并严格执行是十分重要的。下面介绍几个最主要的考核指标。

1. 投资效益系数，是指一定时期内国有经济国民生产总值增加额与同期国有经济固定资产投资额的比值。[①] 其计算公式为：

$$投资效益系数=\frac{本期国有经济国民生产总值增加额}{本期国有经济固定资产投资额}$$

该指标说明每单位国有经济固定资产投资相应增加了多少国有经济国民生产总值。投资效益系数越高，则投资的经济效益越好。

2. 固定资产交付使用率，是指一定时期已经建成即新增固定资产价值与同期全部在建项目固定资产投资完成额的比率，也是考核投资的宏观效益的指标之一。其计算公式为：

$$固定资产交付使用率=\frac{本期新增固定资产价值}{本期全部在建项目固定资产投资完成额}\times100\%$$

该指标可以反映本期投资额新增加多少固定资产。其缺点是分子与分母两项内容不一定完全对应，分母中的投资额是按本年完成额计算，而分子中本期新增固定资产价值则主要是在上年未完工的基础上形成的，不完全是本期投资完成额的结果。在特殊情况下，其数额可能超过百分之百。此外，固定资产交付使用率反映固定资产动用速度，一般来说越大越好，但这一指标只反映潜在的投资效益。如果固定资产交付使用率很高，但在交付使用后难以正常发挥效益，则投资效益也不能被认为是好的，所以，这一指标只能是从宏观上考核投资效益的辅助性指标。

3. 建设周期，是指本期全部施工项目计划投资额与本期全部施工项目完成投资额的比值。其计算公式为：

$$建设周期=\frac{本期全部施工项目计划投资额}{本期全部施工项目完成投资额}$$

该指标反映所有施工项目全部建成平均需要的时间，是从宏观上考核投资效益的一种时间性指标，可用来判断在建总规模是否正常。在建总规模与每年可能完成的投资额

① 本部分的考核指标均以本期为例，后不再说明。

之间应保持恰当的比例。该指标过大，说明在建工程战线过长，规模过大；该指标过小，则说明在建规模不足。

4. 大中型建设项目投资率，是指一定时期内建成投产的大中型项目个数占同期施工的大中型建设项目个数的比例。其计算公式为：

$$大中型建设项目投资率=\frac{本期建成投产的大中型建设项目个数}{本期施工的大中型建设项目个数}\times 100\%$$

该指标是从宏观上考核投资项目建设速度的指标。此指标越大，说明建设速度越快，投资效益越好。大中型项目一般都是国家重点建设项目，该指标具有较好的代表性。

5. 竣工投产率，是指本期竣工投产的项目个数与本期竣工项目个数的比例。其计算公式为：

$$竣工投产率=\frac{本期竣工投产的项目个数}{本期竣工项目个数}\times 100\%$$

该指标反映了在本期竣工项目个数中，有多少能够顺利投产，从而为市场提供有效商品和劳务。该指标越高，说明投资效益越好；反之，则投资效益越差。这是从宏观上考核投资效益的一个指标。

6. 投资回收期，是指建设项目自正式建成投产之日起，以投产累计提供的利润全部偿还项目建设投资所需要的时间。其计算公式为：

$$投资回收期=\frac{建设项目投资总额}{项目建成投产后年均利润总额}$$

投资回收期与项目建成投产后年均利润总额为反比关系，与建设项目投资总额为正比关系。项目建设中的建设项目投资总额越少，则投资回收期越短；项目建成投产后年均利润总额越大，则投资回收期越短。该指标是从微观上考核项目投资效益的综合性指标。在上述计算公式中，项目建成投产后年均利润总额是指项目实现的所得税后利润。

7. 建设周期，是指建设项目从正式开工到全部建成交付使用所经历的时间。这是从微观上考核投资效益的时间性指标。一般来说，这一指标越小越好。

8. 单位生产能力投资，是指建设项目本期固定资产投资完成额与本期新增生产能力的比值。其计算公式为：

$$单位生产能力投资=\frac{本期固定资产投资完成额}{本期新增生产能力}$$

该指标反映了单位生产能力所耗用的投资，是从微观上考核投资节约效益的指标。形成单位生产能力所耗用的投资越少，则投资效益越高。

9. 建设项目投资利税率，是指建设项目投产后实现的利税与建设项目投资额之间的比例。其计算公式为：

$$建设项目投资利税率=\frac{建设项目投产后实现的利税}{建设项目投资额}\times 100\%$$

该指标将建设过程与投产过程联系起来，是从微观上考核建设项目投资效益的综合性指标。该指标越大，则投资效益越好。

10. 流动资金周转率，是指项目建成投产后其流动资金在一定时期内（通常为一年）可以周转的次数（即流动资金周转次数）或流动资金周转一次所需要的天数（即流动资金周转天数）。其计算公式为：

$$流动资金周转次数=\frac{流动资金周转额}{流动资金平均占用余额}$$

在一定时期内，流动资金周转次数越多，说明周转速度越快，资金使用效益越好。

$$流动资金周转天数=\frac{流动资金平均占用余额\times 计算期天数}{流动资金周转额}$$

在一定时期内，流动资金周转天数越少，说明周转速度越快，资金使用效益越好。

三、提高国有资产投资效益的途径

国有资产投资效益问题贯穿于国有资产投资和经营的全过程，涉及诸多复杂因素，上一节所阐述的国有资产投资规模、结构都是影响国有资产投资效益的重要内容，本节不再重复。我们接下来主要从宏观和微观两个方面来概括提高国有资产投资效益的途径。

1. 以建立、健全社会主义市场经济条件下国有资产管理体制为核心，建立国有资产投资的宏观调控体系，努力提高国有资产投资效益。在市场经济条件下，国有资产投资资金来源多元化，国有资产投资涉及财政部、银行、发改委、业务主管部门等众多部门，需要以新型国有资产管理体制为核心，建立有效的国有资产宏观调控体系，从国民经济和社会发展大局的视角，运用经济、法律和行政等多种手段，对国有资产投资规模、结构等重大问题做出正确的决策，促进投资决策、投资收益和投资风险相结合，从宏观上保证国有资产投资效益的提高，充分发挥国有经济在国民经济中的主导作用，带动整个国民经济效益的提高。

2. 加强投资项目管理，努力提高国有资产投资的微观效益。除建立国有资产投资的宏观调控体系，从宏观上提高国有资产的效益外，还需要加强国有资产投资的具体项目管理，提高国有资产投资的微观效益。在市场经济运行中，国有资产投资既具有一般经济主体投资的特点，又具有其特殊性，需要在投资管理过程中采取相应的措施，以加强管理、堵塞漏洞、消除腐败、提高投资效益。从近年来我国国有资产投资领域的具体情况来看，在建设项目招标、投标，工程监理，建设工程预算、决算审查，基本建设财务审计等方面都需要进一步加强管理，以提高国有资产投资效益。

一、本章复习题

1. 国有资产投资的作用是什么？
2. 国有资产投资的资金来源有哪些？
3. 决定国有资产投资方向的主要因素有哪些？
4. 国有资产投资的主要方向是什么？
5. 合理调控国有资产投资规模的途径是什么？
6. 优化国有资产投资结构的途径是什么？
7. 提高国有资产投资效益的意义是什么？

8. 国有资产投资效益的考核指标有哪些?

二、本章讨论题

1. 如何看待社会主义市场经济条件下国有资产投资地位的变化?
2. 如何理顺国有资产投资领域的复杂关系?

三、本章阅读资料

1. 黄少安. 国有资产管理概论. 北京:经济科学出版社,2000.
2. 李松森,等. 国有资产管理. 大连:东北财经大学出版社,2010.
3. 潘岳. 国有资产管理教程. 北京:经济科学出版社,1997.
4. 田椿生. 国有资产投资学. 北京:中国财政经济出版社,1990.

第六章 国有资产经营

本章关键词

国有资产经营　国有资产经营形式　国有资产处置

本章内容提要

国有资产经营是指国有资产的所有者和经授权的经营者为了保证国有资产的优化配置、合理利用，提高运行的经济效益、社会效益及生态效益，实现国有资产的保值、增值，充分发挥其在国民经济中的主导地位而进行的一系列筹划、决策活动。国有资产经营的目的是合理配置国有资产，努力实现资产运营效益的最大化，实现国有资产的保值、增值。在现阶段，我国国有资产常见的经营形式有：股份制经营、独资经营、转让经营、授权经营、承包经营、租赁经营等。国有资产处置是指为了进行国有经济布局和结构的战略性调整，促进国有资产合理流动，通过规定程序将一部分闲置或国有企业不再经营的国有资产按照市场价格有偿转让给境内外法人、自然人或者其他组织的活动。国有资产处置要经过法定程序审批，并且利益相关者要承担相应的法律责任。

第一节　国有资产经营的概念、目的和原则

一、国有资产经营的概念

国有资产经营是指国有资产的所有者和经授权的经营者为了保证国有资产的优化配

置、合理利用，提高运行的经济效益、社会效益及生态效益，实现国有资产的保值、增值，充分发挥其在国民经济中的主导地位而进行的一系列筹划、决策活动。

国有资产经营是通过设立专门经营机构、聘用专业经营管理人员进行的。国有资产经营的专门化、职业化是现代市场经济发展的客观要求，也是加强国有资产管理、维护国有资产合法权益、提高资产运营效益、发挥国有经济主导功能的需要。在计划经济体制下，国家对国有资产实行国家所有、国家直接经营的制度，企业不是独立的经济实体。在我国发展社会主义市场经济、多种经济成分并存、实行对外开放、融入世界经济一体化进程的背景下，国有资产经营的专门化、职业化具有十分重要的意义。

国有资产经营的专门化、职业化可使国有经济直接面向市场开展生产经营活动，所生产的商品和劳务及时满足市场需要，灵活运用国有资产与其他企业开展公平竞争，在市场竞争中发展和壮大，避免层层行政审批所带来的官僚主义、效率低下，以及政出多门，责、权、利相脱节等问题。

国有资产经营的专门化、职业化有利于合理配置国有资源，提高资产使用效益。可利用收购、兼并、拍卖、出售等手段来优化国有资产的结构，及时处置不良资产，使得国有资产在企业生产经营中充分发挥其效用，为市场提供更多的有效商品和劳务，取得更好的经济效益、社会效益和生态效益。

国有资产经营的专门化、职业化有助于培养一支专职的企业家队伍，他们可以专门从事国有资产经营活动，以其专业技能和敬业精神，为加强国有资产管理、提高资产经营效益服务。

二、国有资产经营的目的

面对庞大的国有资产存量以及成千上万的国有独资企业、国有控股企业和国有参股企业，国家设立了专门机构、聘用了专业人员进行经营管理，其目的主要如下。

（一）合理配置国有资产，努力实现资产运用效益的最大化

国家连年投资，兴建大批国有企业，兴办科技、教育、文化和卫生等公共服务设施，最终的目的都是提高人民的物质文化生活水平。为实现这一目的，就需要有效开展国有资产经营，根据国家经济社会发展的需要，合理配置各种国有资产，最大限度地发挥其效用。在产业政策领域，积极发展薄弱产业，克服“瓶颈”约束，增加市场有效供给，满足社会需要；在区域经济政策领域，促进落后地区发展，缩小地区差距，实现区域经济协调发展；在科技、教育等公共服务领域，为社会提供优质服务，促进社会的文明进步；等等。国有资产管理使得国有资产在国民经济和社会发展中可以充分发挥其作用，实现资产运营效益的最大化，最终达到发展社会主义经济的目的。

（二）实现国有资产的保值、增值

实现国有资产的保值、增值是国有资产经营最直接的目的。国有资产的保值是指在资产经营过程中保持价值形态上的规模不变，以保证国有经济简单再生产的正常进行。

也就是说，对于国有资产在使用过程中所发生的损耗，在价值上要得到足额补偿，该提的折旧要提够，该垫付的流动资金在产品销售后要全额收回，企业经营不能吃老本。国有资产的保值通常以保全国有企业的存量资产为主，同时考虑对地区和行业的资产存量的保全。国有资产的保值受技术进步和通货膨胀的影响较大，因而在经营中要采用提高国有资产利用率、适当提高折旧率、历史成本指数化等办法来保证国有资产的完整性。另外，在国有资产经营中保持其价值的完整性时还会遇到一个非常重要的问题，就是要同各种违法、违纪行为做斗争，保证国有资产的安全。如化大公为小公、化公为私、转移资产、截留利润等。从发展的角度来讲，国有资产不仅要保值，而且需要一定的积累，即增值。即从国有资产收益中拿出一部分用于国有资产投资，进行扩大再生产，以发展和壮大国有经济，巩固社会主义制度，满足人民日益增长的物质文化生活需要。我国作为一个发展中大国，还处在社会主义初级阶段，对国有资产增值的需要是十分强烈的。

三、国有资产经营的原则

根据国有资产经营的性质和特点，在国有资产经营的过程中，还需要坚持以下原则。

（一）经济效益、社会效益和生态效益相结合的原则

如前所述，国有资产经营的主要目的是合理配置国有资产，努力实现资产运用效益的最大化，但这种效益必须是经济效益、社会效益和生态效益的结合，而不是像其他经济主体那样，以经济效益的最大化为其单一的经营目标。经济效益是指国有资产在一定时期实现的盈利，即经营收入扣除有关成本后的余额，既可用绝对数来表示，也可用相对数来体现。社会效益是指国有资产在各项社会事业服务中所体现的效益，如果能做到少花钱多办事、办好事，就是效益好。生态效益是指国有资产经营在治理污染、改善生态环境、恢复生态平衡方面取得的效益。国有资产经营的社会效益和生态效益有时难以用货币来衡量，但可用其他指标来间接反映，如中小学入学率对义务教育普及程度的体现，有关污染物指标的变化对环境质量的反映等。在国有资产经营中，以上三者之间既可能一致，也有可能相互发生矛盾，例如，有的国有资产经营效益较好，但存在环境污染等。由于政府是社会公共权力机关，承担着提供公共物品、管理社会经济活动的职责，国有资产经营必须做到经济效益、社会效益和生态效益的有机结合。特别是在经济活动领域，除具有自然垄断性行业外，政府不得通过国有企业进行垄断经营，与民争利；否则，就会破坏市场公平竞争，降低社会资源配置效率，阻碍社会生产力的发展。

（二）“三权分离”的原则

“三权分离”的原则是指在国有资产经营中，将国有资产所有权同政府宏观经济管理权、企业经营权相分离。“三权分离”的原则是现代市场经济发展的一般规则，也是我国经济体制改革发展的必然要求，因此成为我国国有资产经营的重要原则。实际上，我国自提出社会主义经济是有计划的商品经济，以及全面启动经济体制改革后，一直在探索“三权分离”的具体形式。“三权分离”的基本要求是正确分权、独立行使、互不干预、

各负其责。在政府有关经济职能部门中，国有资产产权管理由专门部门单独行使，与政府宏观经济管理权相分离，国有资产产权管理不能替代政府宏观经济调控职能，其他宏观经济管理部门也不能越权干预国有资产产权管理。在国有资产产权管理部门和国有企业之间，国有资产产权管理部门通过国有资产经营公司开展资产经营，其主要任务是产权管理，进行授权经营，不干预企业日常生产经营业务。国有独资企业、国有控股企业和国有参股企业拥有法人财产权，依法自主经营、自负盈亏、照章纳税，是独立的市场经济主体，承担依法有效经营企业资产、努力实现盈利最大化、维护股东合法权益的责任。目前，坚持“三权分离”原则的主要任务是如何具体探索其实现途径，并解决存在的问题，从而使这一原则得以落实。

（三）有效控制制约的原则

坚持有效控制制约的原则，就是在国有资产产权管理部门授权国有资产经营公司的过程中，既要按市场经济发展的客观需要，实行“三权分离”，又要能够通过正常的运行机制，进行有效监督、控制和制约，提高国有资产经营效益，维护国有资产的合法权益。近年来国有资产经营管理的实践经验表明，在改革开放初期，国有企业生产经营的重要问题是，国家统收统支，高度集中，企业没有自主权，于是改革的重点放在了放权让利上，从实行基金制、利润留成，到利改税、承包制，大体都是这一思路。这在当时无疑是正确的。但问题是，在对企业放权让利的同时，对资产经营的监督、制约又重视不足。一些国有企业发生的大案、要案给国家和社会造成的损失触目惊心，其性质之恶劣、社会影响之坏，与党、政机关发生的腐败现象没有什么区别。这也说明，国有资产产权管理不干预企业日常生产经营业务，并不是放弃对国有资产经营的依法监督。企业的各项生产经营活动必须在国家法律、法规的范围内进行，不得侵犯所有者的合法权益，不能借口扩大企业的经营自主权而忽视国家对国有资产经营的监督。

第二节　国有资产经营形式

一、国有资产经营形式的概念

国有资产经营形式是指国家对国有资产经营主体的经营活动的控制方式，以及国家与经营者之间的利益分配方式。由于国有资产规模、结构、分布行业的复杂性，以及国有经济主导地位的战略要求，国有资产经营必须选择恰当的经营形式，以实现其经营的最终目的。在现阶段，我国国有资产常见的经营形式有：股份制经营、独资经营、转让经营、授权经营、承包经营、租赁经营等。

我国国有企业改革、建立现代企业制度仍处于探索阶段，应鼓励各地区、各部门、各单位根据具体情况，以优化资源配置、提高国有资产经营效益为目的，探索国有资产经营的具体形式。

二、国有资产的股份制经营

国有资产的股份制经营是指国家通过与其他投资主体（包括国外投资者）联合兴建股份制企业，或者收购其他企业的股份，以及对原国有企业进行股份制改造等，运用国有资产，建立股份制企业，开展国有资产经营的形式。国家对企业以其投资的股份来承担有限责任。其目的是，适应现代市场经济发展，建立规范的现代企业制度，实现产权明晰，所有权与经营权分离。企业拥有法人财产权，应当构建所有者、经营者、生产者之间的制衡关系，建立企业内部科学管理制度，真正实现企业自主经营、自负盈亏、照章纳税，并且具有自我积累、自我约束、自我发展的能力，最大限度地发挥国有资产运营效益，实现国有经济的发展目标。

股份制是现代企业制度的主要形式，是社会化大生产与现代市场经济发展的产物，也是我国国有大中型企业改革的方向。规范的股份制企业主要有股份有限公司和有限责任公司。其主要的优点是产权明晰、两权分离、管理科学，实行法人财产权，国家对其投资承担有限责任，因而它是市场经济条件下国有资产的有效经营方式之一。此外，对国有资产实行股份制经营，在股权分散的条件下，还可以利用股份制，达到以少量国有资本控制、支配更多社会资本的目的，从而成为在新形势下发挥国有经济主导作用的有效手段。国家也可以利用发展资本市场如公司股票上市交易的途径来出售国有股份或进行收购，以实现优化国有资产结构、提高资产经营效益的目的。不过，对目前我国国有企业股份制改造而言，并不是“一股就灵”，因为现阶段国有企业面临的问题错综复杂，这是计划经济体制矛盾积累的结果，仅靠改制是不能解决问题的，还需要综合治理、联合攻关。

如前所述，国有资产的股份制经营是通过国有资产产权管理部门授权国有资产经营公司进行的，根据国有资产经营公司持有股份的比例，有国有控股企业和国有参股企业之分。国有控股企业和国有参股企业内部需要健全股东大会、董事会和监事会等法人治理结构，并妥善处理企业党组织的政治领导与企业管理的关系，维护职工合法权益，消除各种矛盾和冲突，提高国有资产的经营效益。

三、国有资产的独资经营

国有资产的独资经营是指国家对一些涉及国家安全、国防、高科技以及某些特殊行业和产品的企业，由政府独立投资，采用国有资产产权管理部门或委托有关主管部门直接经营的方式。即这部分国有资产归国家所有，由国家直接经营，所有权与经营权相结合，按照国家规定的方针、政策开展生产业务，实现政府特定的经营目标。

国有独资企业产权结构单一，内部机构设置不像规范的股份公司那样要求股东大会、董事会、监事会等法人治理结构齐全，而是可根据企业经营管理的需要灵活安排。国有独资企业的管理人员由国有资产产权管理机构或有关部门直接任命。但国有资产产权管理机构或资产经营机构要加强管理，以派出稽查特派员、委派财务总监等方式有效监督国有资产经营，提高资产运行效益。由于国有独资企业的特殊性质，只有少数类型的企业可采用此种经营方式。在国有企业改革中，大部分国有企业不宜采取独资企业形式；否则，国有企业的弊病很难根治。

国家实行独资经营的行业、企业将随着国家政治、经济体制和国内外形势的变化而变化。目前，国家对军工、邮政、部分基础设施等实行独资经营，也不排除今后将采取其他方式。

四、国有资产的转让经营

国有资产的转让经营是指根据国有经济战略布局、国有资产经营效益，以及国家的有关宏观经济政策，将国有资产存量有偿转让的过程，即国有资产的整体或部分的出售和拍卖活动。这是在市场经济条件下国有资产经营的一种正常的交易活动。国有资产的转让经营是对国有资产存量的投资方向、组织结构的调整，它关系到产业结构的变动和所有者权益的变动，可在经济运行中优化国有资产配置。它是国有资产经营的重要组成部分，在性质上与私有化有本质的区别。

与其他资产经营方式相比，国有资产的转让经营有其明显的特点：（1）有偿性。即按照正常的市场价格，对需要转让的国有资产进行处置，收回资金用于国有资产投资或其他政府财政支出。这一点与计划经济体制下无偿调拨国有资产形成了鲜明的对比。（2）自主性。即对国有资产的转让经营，是由国有资产经营机构根据调整国有资产战略布局的需要、资产经营状况以及市场供求关系等自主决定的，是国有经济的自我完善和优化。（3）公平性。即国有资产的转让经营是按照市场经济的规则，通过公平竞争实现的。无论是将国有资产出售给国有单位，还是集体、私营、个体、“三资”以及其他混合所有制企业，都应一视同仁，平等竞争。有关出售的方式、时间、地点、程序等都必须向社会公开，除国有资产管理主管部门之外，还需要广泛接受社会监督，防止私下交易、暗箱操作、行贿受贿，造成国有资产流失等违法、违纪行为的发生。

五、国有资产的授权经营

国有资产的授权经营是指在不改变国有资产所有权及资产最终处置权的前提下，国家将国有资产委托给大型企业集团、有关主管部门、地方政府及其他组织经营管理的方式。因为国民经济有些行业如邮电、铁路、民航、供水、供电、供热、供气等，具有天然的垄断性或有明显的行业特点，因此这些行业适合由国家来经营。国家将这类国有资产委托给有关行业的主管部门，有利于加强国家宏观调控，强化行业管理，保证国有资产的保值、增值。将国有资产授权给有关大型国有企业集团经营，是指国家授权有关企业集团对其所属企业的国有资产实行统一管理、经营。这也是市场经济条件下国有资产经营的重要方式。随着我国社会主义市场经济体制的逐步建立，以及改革开放政策的深入，企业面临着更加激烈的国内外市场竞争，经营风险增大，过去的国有企业大而全、小而全，散、乱、差的状况很难适应市场经济发展的需要，因而通过优化资产结构，收购、兼并弱势企业，组建大型企业集团，能够大大增强国有企业在国内外市场的竞争能力，特别是与国外大型跨国公司抗衡的实力，从而优化资源结构，提高资产运行效益。当然，实行国有资产集团经营、组建大型国有企业集团不能搞形式主义或用行政手段搞“拉郎配”，必须是企业自主、自愿以资产为纽带进行的强强联合，以达到优化资产结构、提高竞争力与效益的目的。同时，授权经营还需要国有资产产权管理部门加强对授权企业的监督，保证实现其资产经营目标。授权并不是放任自由，否则难以达到授权经营的目的。

六、国有资产的承包经营

国有资产的承包经营是指在坚持国有资产所有权不变的前提下按所有权与经营权相分离的原则，以承包经营合同的形式确定国家与企业间的责、权、利关系，在承包合同范围内使企业自主经营、自负盈亏的经营管理制度。承包制有多种形式，如行业投入产出承包、盈亏承包、“两保一挂”承包等。比较普遍实行的是“两保一挂”承包，即保上缴财政任务，保技术改造任务，工资总额与经济效益挂钩。承包制的基本原则是：包死基数、确保上缴、超收多留、欠收自补。1994 年税制改革以前，一般是在原来上缴的所得税和调节税的基础上，加上一定的增长比例作为承包基数。1994 年税制改革后，则是根据税利分流的原则核定承包基数。承包基数确定以后，企业要保证完成上缴任务。企业超目标完成的收入要实行分档、分成；企业没有完成承包任务时，要用自有资金补齐。

根据承包制的运行情况分析，与统收统支、高度集中的计划经济体制相比，承包制有明显的进步，在一定程度上明确了企业与国家之间的责、权、利关系，有利于打破“企业吃国家大锅饭”及“职工吃企业大锅饭”的状况，有利于调动企业的积极性，增加社会商品和劳务的有效供给。实践表明，承包制本身也存在若干问题，如：承包是有期限的，在承包期内存在拼人力、拼设备、重眼前利益、轻积累、忽视企业长远发展的短期行为问题；企业实际上负盈不负亏的问题；在政府与企业一对一的谈判中，最后让步的往往是政府；承包行为不规范的问题；等等。因此，要在市场经济条件下对承包经营方式进行进一步完善，特别是对于实行股份制改造、建立现代企业制度条件还不够成熟的企业，还要逐步规范承包行为，克服承包制弊端，提高国有资产运行效益。

七、国有资产的租赁经营

国有资产的租赁经营是指在不改变国有资产所有制性质的前提下，国家将部分国有资产出租给有关承租人经营。承租人必须按租赁合同的规定交纳租金，在合同限定的范围内对国有资产自主经营，并承担相应的法律责任。国有资产的租赁经营以租赁合同的形式明确规定在一定时期内国家与承租人之间的责、权、利关系，有利于调动经营者的积极性，维护国有资产的合法权益。

从承租人的类别看，国有资产的租赁经营有个人租赁、合伙租赁、全员租赁和法人租赁等。(1) 个人租赁，是指个人与国有资产经营机构签订租赁合同，规定双方的权利和义务，由个人在合同规定的期限内负责经营相应国有资产的经营方式。个人取得租赁权后便拥有生产经营自主权，可继续聘用该企业原有职工，也可以由承租人自己直接经营，还可以由承租人聘用原企业之外的人员开展生产经营活动。同时，个人也要依法履行租赁合同规定的责任，按期交纳租金，保证国有资产的保值、增值，维护职工的合法权益等。(2) 合伙租赁，是指将国有资产租赁给由几个人组成的利益集体经营，由合伙人集体承担租赁合同规定的权利与义务，以及相应的市场风险。在合伙租赁中，国有资产既可由合伙人自己直接经营，也可聘用原企业职工或雇用其他人员，国有资产经营机构不再干预。(3) 全员租赁，是指由全体职工向国有资产经营机构租赁经营国有企业。企业负责人一般由职工代表大会选举产生，并代表职工与国有资产经营机构签订租赁合同，全体职工集体承担履约职责，并交纳租赁抵押金。(4) 法人租赁，是指企业或其他社会组织租赁经营国有资产。与个人租赁或合伙租赁相比，法人以其资产做抵押开展租赁经营，有较高的信誉。且法人租赁一般是经济技术实力强、管理水平高的企业，租赁经营管理不善、经济效益不高的企业有利于提高国有资产的经营效益。

与国有资产的承包经营相似，租赁经营也存在短期行为的问题。因为租赁是有期限的，承租人的报酬是由租赁期内资产经营效益决定的，承租人为完成租赁合同或增加收益，必然拼设备、拼人力，对企业技术进步、职工培训等长远发展兴趣不大，甚至漠不关心。这对国有资产经营以及国家的根本利益是绝对不利的。同时，在个人租赁或合伙租赁中，还有可能出现承租人所抵押的财产与国有资产面临的风险不对称的问题，因为现阶段我国一般个人所拥有的财产是有限的。此外，由于租赁经营是国有资产管理部门与承租人通过一对一谈判、签订租赁合同的形式进行的，成本较高，因而在总体上，其不适于较大规模的国有资产经营，而较适于中小企业的国有资产经营。

以上国有资产经营方式各有其特点和不足，需要在国有资产经营管理中根据不同情况灵活选择，以实现国有资产的经营目标。同时，鉴于经济体制转轨时期的特殊性，需要鼓励各部门、各地区勇敢探索国有资产的新的经营方式，在实践中进一步总结提高，为社会主义市场经济条件下国有经济的发展做出历史性贡献。

八、国有资产经营和改制过程中需要注意的问题

近年来，各地积极推进国有经济布局和结构调整，探索公有制的多种有效实现形式和国有企业改制的多种途径，并已取得了显著成效，积累了宝贵经验。但国有企业经营改制工作中也出现了一些不规范的现象，从而造成了国有资产的流失，因此需要认真研究和解决。其重点如下。

1. 加强批准制度。国有企业改制应采取重组、联合、兼并、租赁、承包经营、合资、转让国有产权、股份制、股份合作制等多种形式进行。国有企业改制，包括转让国有控

股企业、国有参股企业的国有股权或者通过增资扩股来提高非国有股的比例等，必须制订改制方案。方案可由改制企业国有产权持有单位制订，也可由其委托中介机构或者改制企业（向本企业经营管理者转让国有产权的企业和国有参股企业除外）制定。国有企业改制方案须按照《企业国有资产法》和国务院国资委的有关规定履行决定或批准程序，未经决定或批准不得实施。国有企业改制涉及财政、劳动保障等事项的，须预先报经同级人民政府有关部门审核，批准后报国有资产监督管理机构协调审批；涉及政府社会公共管理审批事项的，依照国家有关法律、法规，报经政府有关部门审批；国有资产监督管理机构所出资企业改制为国有股不控股或不参股的企业，改制方案须报同级人民政府批准；转让上市公司国有股权审批也要按规定办理。加强批准制度可防范国有资产处置的随意性和非法流失。

2. 清产核资。国有企业改制必须对企业各类资产、负债进行全面认真的清查，做到账、卡、物、现金等齐全、准确、一致。要按照“谁投资、谁拥有产权”的原则，核实和界定国有资本金及其权益，其中，国有企业借贷资金形成的净资产必须界定为国有产权。企业改制中涉及资产损失认定与处理的，必须按有关规定履行批准程序。改制企业法定代表人和财务负责人对清产核资结果的真实性、准确性负责。

3. 财务审计。国有企业改制必须由直接持有该国有产权的单位决定聘请具备资格的会计师事务所进行财务审计。凡改制为非国有的企业，必须按照国家有关规定对企业法定代表人进行离任审计。改制企业必须按照有关规定向会计师事务所或政府审计部门提供有关财务会计资料和文件，不得妨碍其办理业务。任何人不得授意、指使、强令改制企业会计机构、会计人员提供虚假的资料和文件或违法办理会计事项。

4. 资产评估。国有企业改制必须依照《国有资产评估管理办法》聘请具备资格的资产评估事务所进行资产和土地使用权评估。国有控股企业进行资产评估时要严格履行有关法律、法规规定的程序。向非国有投资者转让国有产权的，由直接持有该国有产权的单位决定聘请资产评估事务所。企业的专利权、非专利技术、商标权、商誉等无形资产必须纳入评估范围。评估结果依照有关规定由批准国有企业改制和转让国有产权的单位核准或备案。

5. 交易管理。非上市企业国有产权转让要进入产权交易市场，不受地区、行业、出资和隶属关系的限制，并按照相关规定公开信息，竞价转让。具体转让方式可以采取拍卖、招投标、协议转让以及国家法律、法规规定的其他方式。

6. 定价管理。向非国有投资者转让国有产权的底价，或者以存量国有资产吸收非国有投资者投资时国有产权的折股价格，由依照有关规定批准国有企业改制和转让国有产权的单位决定。底价的确定主要依据资产评估的结果，同时要考虑产权交易市场的供求状况、同类资产的市场价格、职工安置、引进先进技术等因素。上市公司国有股转让价格在不低于每股净资产的基础上，参考上市公司的盈利能力和市场表现合理定价。

7. 转让价款管理。转让国有产权的价款原则上应当一次结清。一次结清确有困难的，经转让和受让双方协商，并经依照有关规定批准国有企业改制和转让国有产权的单位批准，可采取分期付款的方式。分期付款时，首期付款不得低于总价款的30%，其余价款应当由受让方提供合法担保，并在首期付款之日起一年内支付完毕。转让国有产权的价款优先用于支付解除劳动合同职工的经济补偿金和移交社会保障机构管理职工的社会保险费，以及偿还拖欠职工的债务和企业欠缴的社会保险费，剩余价款按照有关规定处理。

8. 依法保护债权人利益。国有企业改制要征得债权金融机构同意，保全金融债权，依法落实金融债务，维护其他债权人的利益。要严格防止利用改制逃废金融债务，金融债务未落实的企业不得进行改制。

9. 维护职工合法权益。国有企业改制方案和国有控股企业改制为非国有的企业的方案，必须提交企业职工代表大会或职工大会审议，充分听取职工意见。其中，职工安置方案须经企业职工代表大会或职工大会审议通过后方可实施改制。改制为非国有的企业，要按照有关政策处理好改制企业与职工的劳动关系。改制企业拖欠职工的工资、医疗费和挪用的职工住房公积金以及企业欠缴的社会保险费等，要按有关规定予以解决。改制后的企业要按照有关规定按时足额交纳社会保险费，及时为职工接续养老、失业、医疗、工伤、生育等各项社会保险关系。

10. 管理层收购。向本企业经营管理者转让国有产权必须严格执行国家的有关规定，并须按照有关规定履行审批程序。向本企业经营管理者转让国有产权方案的制订，由直接持有该企业国有产权的单位负责或其委托中介机构进行，经营管理者不得参与转让国有产权的决策、财务审计、离任审计、清产核资、资产评估、底价确定等重大事项，严禁自卖自买国有产权。经营管理者筹集收购国有产权的资金，要执行《贷款通则》的有关规定，不得向包括本企业在内的国有及国有控股企业借款，不得以这些企业的国有产权或实物资产做标的为融资提供保证、抵押、质押、贴现等。经营管理者对企业经营业绩下降负有责任的，不得参与收购本企业国有产权。

对国有资产监督管理机构工作人员、企业领导人员利用改制之机转移、侵占、侵吞国有资产的，隐匿资产、提供虚假会计资料造成国有资产流失的，营私舞弊、与买方串通低价转让国有产权的，严重失职、违规操作、损害国家和群众利益的，要进行认真调查处理。其中涉嫌犯罪的，依法移交司法机关处理；造成国有资产损失的，按照法律规定追究有关责任人的赔偿责任。对中介机构弄虚作假、提供虚假审计报告、故意压低评估价格等违规、违法行为，要加大惩处力度；国有资产监督管理机构和国有及国有控股企业不得再聘请该中介机构及其责任人从事涉及国有及国有控股企业的中介活动。

第三节　国有资产处置管理

一、国有资产处置的含义

国有资产处置是指为了进行国有经济布局和结构的战略性调整，促进国有资产合理流动，通过规定程序将一部分闲置或国有企业不再经营的国有资产按照市场价格有偿转让给境内外法人、自然人或者其他组织的活动。在市场经济条件下，国有资产处置是一种正常的资产管理行为，是维护国有资产权益的需要，其结果既有可能是国有资产总额下降，也有可能只是国有资产结构性调整，与私有化之间没有必然的联系。

国有资产处置引起的企业国有产权转让，应当在依法设立的产权交易机构中公开进行，不受地区、行业、出资或者隶属关系的限制。国家法律、行政法规另有规定的，从其规定。企业国有产权转让可按下列基本条件选择产权交易机构：(1) 遵守国家有关法律、行政法规、规章以及企业国有产权交易的政策规定；(2) 履行产权交易机构的职责，严格审查企业国有产权交易主体的资格和条件；(3) 按照国家有关规定公开披露产权交易信息，并能够定期向国有资产监督管理机构报告企业国有产权交易情况；(4) 具备相应的交易场所、信息发布渠道和专业人员，能够满足企业国有产权交易活动的需要；(5) 产权交易操作规范，连续 3 年没有将企业国有产权拆细后连续交易行为以及其他违法、违规记录。

企业国有产权转让可以采取拍卖、招投标、协议转让，以及国家法律、行政法规规定的其他方式进行。

二、国有资产处置的准则

国有资产处置要坚持公开、公平、公正的准则，保护国家和其他各方的合法权益。其具体含义如下。

第一，国有资产处置的公开准则。公开准则是指在国有资产处置过程中，有关处置资产的品种、规格、数量、性能、新旧程度、处置日期和程序等交易信息通过新闻媒体及时向社会公布，便于境内外法人、自然人或者其他组织了解资产处置状况，积极参与国有产权交易。同时，国有产权交易过程、交易场所也是公开的，这既有利于投资者，也便于监督，防止暗箱操作，维护国有资产合法权益。

第二，国有资产处置的公平准则。公平准则是指在国有资产处置过程中，遵守价值规律，通过充分市场竞争形成交易价格，维护交易双方的合法权益，防范和打击低价变卖国有资产、变相瓜分国有资产等违法、违纪行为，保证产权交易市场的正常秩序。

第三，国有资产处置的公正准则。公正准则是指在国有资产处置过程中保证资产交易过程和结果的客观性，排除各种人为干扰。对参与国有资产处置的境内外法人、自然人或者其他组织一视同仁，法律、规则面前人人平等，消除各种歧视性行为，实现资产处置的预期目的。

三、国有资产处置的程序

（一）企业国有产权转让的程序

企业国有产权转让的程序如下。

1. 企业国有产权转让应当做好可行性研究，按照内部决策程序进行审议，并形成书面决议。国有独资企业的产权转让应当由总经理办公会议审议。国有独资公司的产权转让应当由董事会审议；没有设立董事会的，由总经理办公会议审议。涉及职工合法权益

的，应当听取转让标的企业职工代表大会的意见，对职工安置等事项应当经职工代表大会讨论通过。

2. 按照规定批准程序，企业国有产权转让事项经批准或者决定后，转让方应当组织转让标的企业按照有关规定开展清产核资，根据清产核资结果编制资产负债表和资产移交清册，并委托会计师事务所实施全面审计（包括按照国家有关规定对转让标的企业法定代表人的离任审计）。资产损失的认定与核销应当按照国家有关规定办理。转让所出资企业国有产权导致转让方不再拥有控股地位的，由同级国有资产监督管理机构组织进行清产核资，并委托社会中介机构开展相关业务。社会中介机构应当依法独立、公正地执行业务。企业和个人不得干预社会中介机构的正常执业行为。

3. 在清产核资和审计的基础上，转让方应当委托具有相关资质的资产评估机构依照国家有关规定进行资产评估。评估报告经核准或者备案后，作为确定企业国有产权转让价格的参考依据。在产权交易过程中，当交易价格低于评估结果的 90%时，应当暂停交易，在获得相关产权转让批准机构同意后方可继续进行。

4. 转让方应当将产权转让公告委托产权交易机构刊登在省级以上公开发行的经济或者金融类报刊和产权交易机构的网站上，公开披露有关企业国有产权转让信息，广泛征集受让方。产权转让公告期为 20 个工作日。转让方披露的企业国有产权转让信息应当包括下列内容：(1) 转让标的的基本情况；(2) 转让标的企业的产权构成情况；(3) 产权转让行为的内部决策及批准情况；(4) 转让标的企业近期经审计的主要财务指标数据；(5) 转让标的企业的资产评估核准或者备案情况；(6) 受让方应当具备的基本条件；(7) 其他须披露的事项。

5. 在征集受让方时，转让方可以对受让方的资质、商业信誉、经营情况、财务状况、管理能力、资产规模等提出必要的受让条件。受让方一般应当具备下列条件：(1) 具有良好的财务状况和支付能力；(2) 具有良好的商业信用；(3) 受让方为自然人的，应当具有完全民事行为能力；(4) 国家法律、行政法规规定的其他条件。

6. 受让方为境外法人、自然人或者其他组织的，受让企业国有产权应当符合《指导外商投资方向规定》及其他有关规定。

7. 经公开征集产生两个以上受让方时，转让方应当与产权交易机构协商，根据转让标的的具体情况采取拍卖或者招投标方式组织实施产权交易。采取拍卖方式转让企业国有产权的，应当按照《中华人民共和国拍卖法》（简称《拍卖法》）及有关规定组织实施。采取招投标方式转让企业国有产权的，应当按照国家有关规定组织实施。企业国有产权转让成交后，转让方与受让方应当签订产权转让合同，并应当取得产权交易机构出具的产权交易凭证。

8. 经公开征集只产生一个受让方或者按照有关规定经国有资产监督管理机构批准的，可以采取协议转让的方式。采取协议转让方式的，转让方应当与受让方进行充分协商，依法妥善处理转让中所涉及的相关事项后，草签产权转让合同，并按照规定的程序进行审议。

9. 企业国有产权转让合同应当包括下列主要内容：(1) 转让与受让双方的名称与住所；(2) 转让标的企业国有产权的基本情况；(3) 转让标的企业涉及的职工安置方案；(4) 转让标的企业涉及的债权、债务处理方案；(5) 转让方式、转让价格、价款支付时间和方式及付款条件；（6）产权交割事项；（7）转让涉及的有关税费负担；（8）合同争议的解决方式；（9）合同各方的违约责任；（10）合同变更和解除的条件；（11）转让和受让双方认为必要的其他条款。转让企业国有产权导致转让方不再拥有控股地位的，在签订产权转让合同时，转让方应当与受让方协商提出企业重组方案，包括在同等条件下对转让标的企业职工的优先安置方案。

10. 企业国有产权转让的全部价款，受让方应当按照产权转让合同的约定支付。转让价款原则上应当一次付清。如金额较大、一次付清确有困难的，可以采取分期付款的方式。采取分期付款方式的，受让方首期付款不得低于总价款的30%，并在合同生效之日起5个工作日内支付；其余款项应当提供合法的担保，并应当按同期银行贷款利率向转让方支付延期付款期间利息，付款期限不得超过1年。

11. 转让企业国有产权中涉及国有划拨土地使用权转让和由国家出资形成的探矿权、采矿权转让的，应当按照国家有关规定另行办理相关手续。

12. 转让企业国有产权导致转让方不再拥有控股地位的，应当按照有关政策规定处理好与职工的劳动关系，解决转让标的企业拖欠职工的工资、欠缴的各项社会保险费以及其他有关费用，并做好企业职工各项社会保险关系的接续工作。转让企业国有产权取得的净收益，应按照国家有关规定处理。

13. 企业国有产权转让成交后，转让和受让双方应当凭产权交易机构出具的产权交易凭证，按照国家有关规定及时办理相关的产权登记手续。

（二）企业国有产权转让的批准程序

1. 国有资产监督管理机构决定所出资企业的国有产权转让。其中，转让企业国有产权致使国家不再拥有控股地位的，应当报本级人民政府批准。

2. 所出资企业决定其子企业的国有产权转让。其中，重要子企业的重大国有产权转让事项应当报同级国有资产监督管理机构会签财政部门后批准。涉及政府社会公共管理审批事项的，须预先报经政府有关部门审批。

3. 转让企业国有产权涉及上市公司国有股性质变化或者实际控制权转移的，应当同时遵守国家法律、行政法规和相关监管部门的规定。对非上市股份有限公司国有股权转让管理，国家另有规定的，从其规定。

4. 决定或者批准企业国有产权转让行为，应当审查下列书面文件：（1）转让企业国有产权的有关决议文件；（2）企业国有产权转让方案；（3）转让方和转让标的企业的国有资产产权登记证；（4）律师事务所出具的法律意见书；（5）受让方应当具备的基本条件；（6）批准机构要求的其他文件。

5. 企业国有产权转让方案一般应当载明下列内容：（1）转让标的企业国有产权的基本情况；（2）企业国有产权转让行为的有关论证情况；（3）转让标的企业涉及的、经企业所在地劳动保障行政部门审核的职工安置方案；（4）转让标的企业涉及的债权、债务包括拖欠职工债务的处理方案；（5）企业国有产权转让收益处置方案；（6）企业国有产权转让公告的主要内容。转让企业国有产权导致转让方不再拥有控股地位的，应当附送经债权金融机构书面同意的相关债权、债务协议及职工代表大会审议职工安置方案的决议等。

6. 对于国民经济关键行业中对受让方有特殊要求、企业在实施资产重组中将企业国有产权转让给所属控股企业的，经省级以上国有资产监督管理机构批准后，可以采取协议转让方式转让国有产权。

7. 企业国有产权转让事项经批准或者决定后，如转让和受让双方调整产权转让比例或者企业国有产权转让方案有重大变化的，应当按照规定程序重新报批。

四、国有资产处置的法律责任

1. 在企业国有产权转让过程中，转让方、转让标的企业和受让方有违法行为的，国有资产监督管理机构或者企业国有产权转让相关批准机构应当要求转让方终止产权转让活动，必要时应当依法向人民法院提起诉讼，确认转让行为无效，并对以上行为中转让方、转让标的企业负有直接责任的主管人员和其他直接责任人员，由国有资产监督管理机构或者相关企业按照人事管理权限给予警告，情节严重的，给予纪律处分，造成国有资产损失的，应当负赔偿责任；由于受让方的责任造成国有资产流失的，受让方应当依法赔偿转让方的经济损失，构成犯罪的，依法移送司法机关追究刑事责任。

2. 社会中介机构在企业国有产权转让的审计、评估和法律服务中违规执业的，由国有资产监督管理机构将有关情况通报其行业主管机关，建议给予相应处罚；情节严重的，可要求企业不得再委托其进行企业国有产权转让的相关业务。

3. 产权交易机构在企业国有产权交易中弄虚作假或者玩忽职守，损害国家利益或者交易双方合法权益的，依法追究直接责任人员的责任，国有资产监督管理机构将不再选择其从事企业国有产权交易的相关业务。

4. 企业国有产权转让批准机构及其有关人员违反法律、法规，擅自批准或者在批准中以权谋私，造成国有资产流失的，由有关部门按照干部管理权限给予纪律处分；构成犯罪的，依法移送司法机关追究刑事责任。

一、本章复习题

1. 国有资产经营的目的是什么？
2. 我国国有资产经营的主要形式有哪些？
3. 国有资产经营和改制过程中需要注意的问题是什么？
4. 国有资产处置的准则是什么？

二、本章讨论题

1. 结合国际经验，分析社会主义市场经济条件下国有资产经营形式的选择问题。
2. 如何依法治理国有资产经营和改制过程中的资产流失问题？

三、本章阅读资料

1. 陈共．财政学．3 版．北京：中国人民大学出版社，2002.
2. 李晓丹．国有资产管理与经营．北京：中国统计出版社，2000.
3. 李松森，等．国有资产管理．大连：东北财经大学出版社，2010.
4. 刘玉平，温来成．国有资产管理新论．北京：清华大学出版社，2004.

第七章
国有资产收益管理

本章关键词

国有资产收益　国有资产收益管理　国有资本经营预算

本章内容提要

本章主要介绍了国有资产收益的概念、国有资产收益管理的意义、国有资产收益的分配、我国目前国有资产收益的收缴形式，概括了我国国有资产收益管理的历史演变，还讨论了国有资本经营预算等问题。国有资产收益是指国有企业或国有控股企业、国有参股企业在一定时期内利用国有资产从事生产经营活动所产生的价值增值，其本质是劳动者当年创造的剩余价值的一部分。国有资产收益管理能够充分体现国家的所有者地位，有利于实现国有资产的价值管理，有利于增强国家对宏观经济的调控能力，有助于实现国有资产的保值、增值。国有资产收益的形式有利润、租金、股息、红利、资产占用费等多种形式。国有资本经营预算是国家以所有者身份依法取得国有资本收益，并对所得收益进行分配而发生的各项收支预算，是政府预算的重要组成部分。建立国有资本经营预算制度，对于增强政府的宏观调控能力、完善国有企业的收入分配制度、推进国有经济布局和结构的战略性调整、促进国有资本的合理配置、集中解决国有企业发展中的体制性和机制性问题都具有重要意义。

第一节　国有资产收益的含义

一、国有资产收益的相关概念

（一）财产所有权重心的转移

产权是指财产所有权以及与财产所有权有关的各项权能的总和。与财产所有权有关的权能包括对财产的占有权、使用权、收益权和处分权等一系列财产权利。占有权是指对财产直接控制的权能；使用权是指按照自己的意图，对财产的效用加以利用的权能；收益权是指享受财产运用而产生权益的权能；处分权是指对财产存在状态加以改变的权能。

财产所有权简称“财产权”，是一种最古老的财产权利，财产所有权制度也是最基本的财产权制度。在欧洲，财产所有权制度始建于古罗马时代，基本内容由罗马法确定。当今民法学意义上的财产权理论和制度就是在此基础上发展和完善起来的。

可以把基本遵循罗马法所确定的所有权原则和内容称为“古典所有权”。古典所有权理论认为，在四项权能中，处分权最重要，因为它涉及财产的命运。古典所有权理论是和自然经济及简单商品经济相适应的，因为当时生产的目的主要是消费，因而使用价值最有意义。古典所有权理论是由法学家们创立的，而现代产权理论则是由经济学家们创建的。

随着资本主义的发展，在生产和交换领域，法人取代自然人成为主要角色。在四项权能中，中心也开始向收益权倾斜。在现代市场经济中，一部分财产，主要是商品生产和交换之外的财产，仍然遵循古典所有权制度；另一部分财产，主要是从事商品生产和交换的财产，遵循的却是现代产权制度。

在现代市场经济条件下，对于用于生产经营的资本性财产来说，最重要的已不是使用价值，而是价值，更准确地说，是价值的增值，即财产所有权的重心开始向收益权倾斜。因此，国有资产的收益管理在国有资产管理的整个理论体系乃至实际运作中都显得尤为重要。

（二）国有资产收益的定义

国有资产收益是指国家或其授权的国有资产的经营机构凭借其对国有资产的出资者所有权取得的各种收益的总称，包括企业上缴利润、利息、股息、股权转让收入、资产占用费、国有资产转让收入和依法取得的其他收益。国有资产管理机构作为统一行使国有资产出资人职能的机构，收益管理是其重要的管理职能。

狭义的国有资产收益是指国有企业或国有控股企业、国有参股企业，在一定时期内利用资产从事生产经营活动所产生的价值增量，其本质是劳动者当年创造的剩余产品价值的一部分。

国有企业或国有控股企业、国有参股企业利用国有资产从事生产经营活动创造出的产品，从价值形态上考察包括 c、v 和 m 三部分。其中，c 是用于补偿生产过程中所消耗掉的生产资料的价值部分，这是对预付价值的补偿，也是维持企业简单再生产的必要扣除；v 是用于补偿生产过程中劳动力消耗的部分，通常以劳动者报酬的形式支付给劳动者个人，是维持劳动力再生产的必要扣除；m 是新创造的剩余价值，即企业的纯收入，可以在国家、企业和劳动者之间进行分配。因此，从本质上讲，国有资产收益就是劳动者当年新创造的剩余产品价值的一部分，反映了资产所有者、经营者和劳动者之间的经济利益分配关系。

二、国有资产收益的现状及经营亏损的处理

（一）国有资产收益的现状

党的十八大以来，我国国有资产收益状况不断改善，国有资产质量不断优化，对社会经济发展的作用进一步显现。

国有资产是全体人民共同的宝贵财富。党的十八届三中全会提出，要加强人大国有资产监督职能。2017 年 12 月，《中共中央关于建立国务院向全国人大常委会报告国有资产管理情况制度的意见》的发布表明我国开始部署建立国务院向全国人大常委会报告国有资产管理情况的制度，这是党和国家加强国有资产管理和治理的重要基础工作。2018 年 10 月，十三届全国人大常委会第六次会议审议了《国务院关于 2017 年度国有资产管理情况的综合报告》和《国务院关于 2017 年度金融企业国有资产的专项报告》。这是国务院首次向全国人大常委会报告国有资产“家底”，向全体人民交出一份涵盖各级各类国有资产的“明白账”。

此次提请审议的综合报告全口径、全覆盖地摸清了国有资产“家底”，报告了各类国有资产的基本情况、现行国有资产管理体制、主要管理工作和改革进展等。根据报告，2017 年，全国国有企业（不含金融企业）资产总额共 183.5 万亿元，国有金融企业资产总额共 241 万亿元，全国行政事业单位国有资产总额共 30 万亿元。报告全面摸清了我国境内外国有金融资产“家底”，既重点报告了中央情况，也汇总反映了地方情况，并统计了金融管理部门下属金融基础设施类机构、中央企业集团（非金融）控股各级金融子公司等情况。数据显示，2017 年，扣除客观因素后，中央国有金融企业平均保值增值率为 110.8%。2013—2017 年，中央国有金融企业营业收入由 4.3 万亿元增至 5.8 万亿元，归属母公司净利润从 1.2 万亿元增至 1.4 万亿元。

（二）国有资产经营亏损的处理

在实际经营过程中，国有资产可能获得收益，也可能导致亏损。国家作为国有资产的所有者，针对亏损原因的不同，对国有资产的管理政策也不相同。国有资产亏损分为经营性亏损和政策性亏损。前者是指国有企业因自身生产经营管理不善而导致的亏损，国有资产管理部门要代表国家督促其通过加强生产经营管理和进行产业结构调整等方法

来扭亏为盈；后者是指国有企业受国家的经济政策或指令性生产计划影响而导致的亏损，国家财政要给予相应的政策性补贴。

各级国有资产管理部门要根据实际补贴情况编制年度国有资产政策性亏损补贴计划，报财政部门批准之后，列入支出预算，下拨给国有资产管理部门，再由国有资产管理部门将指标落实到亏损企业。

对于经营性亏损，原则上要由企业自负盈亏，国家财政不予补贴。但是，由于我国在国有企业产权制度改革之后，国家与国有企业之间的产权关系一度比较模糊，职责不清，因此其亏损通常很难界定是政策性的还是经营性的，往往是政策性亏损掩盖经营性亏损，结果经营性亏损也得到了财政补贴。

对此，国有资产管理部门要及时分析各个企业发生亏损的具体原因，提出是否给予财政补贴的建议。对确实遇到暂时困难但具有良好发展前景的企业，国家可以适当追加投资，以帮助企业早日走出困境，扭亏为盈；反之，对于长期经营管理不善，出现连续、巨额经营性亏损的企业，国家不但不能追加投资，相反还要会同有关部门限期整顿和扭亏。如确实不能扭亏的企业，可以通过产权市场，采取兼并、拍卖、破产等形式转让国有资产，以实现国有资产的优化组合和合理配置。

三、国有资产收益的分类

为了便于进行管理和分析，可以将国有资产收益进行分类，通常有以下几种分类方法。

（一）按照直接占用者的属性标准，可分为企业收益和国家收益

区分企业收益和国家收益，有利于国家掌握和分析企业扩大再生产的情况，从而制定适于经济发展的积累比例。企业收益也称企业留存收益，是指按照国家有关规定留存企业自行支配的国有资产收益。这部分主要用于企业扩大再生产，也有少部分用于职工集体福利事业和职工奖励。

国家收益是在国有资产所有权和经营权相分离的条件下，国有资产所有权在经济上的实现。国有资产可以采取多种经营方式，因此收益的形式也有多种。

1. 国有企业应上缴国家的利润。
2. 股份有限公司中国家股份应分得的股利。
3. 有限责任公司中国家作为出资者按照出资比例应分得的红利。
4. 各级政府授权的投资部门或机构以国有资产投资形成的收益应上缴国家的部分。
5. 国有企业产权转让收入。
6. 股份有限公司中的国家股权转让（包括配股权转让）收入。
7. 对有限责任公司国家出资转让的收入。
8. 其他非国有企业占有国家资产应上缴的收益。
9. 其他按规定应上缴的国有资产收益。

（二）按照国有资产收益的实现方式，可分为国有资产经营收益和国有资产运营收益

国有资产经营收益是指通过对商品或劳务进行生产经营，使国有企业盈利而产生的收益，它是国有资产收益的主要来源部分。国有资产运营收益是指国有企业通过资本运作取得的国有资产增值部分，主要包括通过出售、转让、置换、并购等方式取得的收益。随着我国产权交易市场的发展，国有资产运营收益将会有较大幅度的增长。

合理地划分国有资产经营收益和国有资产运营收益，可以更好地解决国有资产的存量分布，合理调整产业结构。

（三）按照来源性质，可分为经营性收益和非经营性收益

经营性收益是指在国有资产经营的过程中，经营者和生产者通过努力提高经营管理水平，进行技术创新，促使劳动生产率提高和成本降低所获得的生产经营性成果。经营性收益是国有资产收益构成中的主要部分，是社会财富增长的源泉。不断提高经营收益和资产使用效率，是国有资产管理工作的一项基本任务。

非经营性收益是指并非由于企业自身努力，而是因为某种客观因素使企业获得的收益，如国家特许垄断经营收入、自然资源级差收入等。

将国有资产收益划分为经营性收益和非经营性收益，可以客观评价企业的经营业绩，并制定相应的收入分配政策，防止分配中产生不公平现象，实现对收入分配的有效调节，促进和谐社会的建设。

（四）按照收益的解缴对象，可分为中央收益和地方收益

中央收益是指直接解缴中央金库的国有资产收益，主要来源于中央直接管辖的国有企业的经营收益。地方收益是指直接解缴地方政府金库的国有资产收益，主要来源于由地方政府管理的国有企业的经营收益。

根据分级财政管理体制，对分别解缴中央和地方的国有资产收益进行合理划分，既符合国有资产由国家统一所有、政府分级管理的原则，又能充分调动中央和地方各级政府在国有资产管理中的积极性。因此，这属于政府间财政关系的范畴。

四、国有资产收益分配的原则

国有资产收益的实现是政府、企业和职工共同努力的结果，因此，这三者都应从中获得收益，具体如何进行分配就体现了各利益主体之间的相互经济关系。根据国有资产管理体制改革的要求和国有资产管理的实践，国有资产收益的分配一般要遵循下列原则。

（一）税利分流的原则

国家既是社会经济的管理者，又是国有资产的所有者。作为社会经济的管理者，国家可以通过征税的方式取得收入，用于保证政府各职能部门的正常运转并进行相应的宏观调控；作为国有资产的所有者，国家要对国有资产进行管理，以保证国有资产的保值

增值和结构优化。国家的这种双重身份就要求在进行国有资产收益分配时遵循税利分流的原则，即国家将以社会管理者身份从国有企业取得的税收，用于执行国家管理者的职能；将作为国有资产所有者身份取得的利润，用于对国有资产的再投资。

税利分流的原则体现了国家的双重身份，有利于实现政企分开和政资分开。

（二）资本金与收益相匹配的原则

根据现代产权理论，国家获取国有资产收益的依据就是其投入的国有资本金。因此，收益分配要和投入的资本金相匹配。投入的资本金多，获得的收益也就多；投入的资本金少，获得的收益也就少。这是现代产权理论的基本原则，也是建立现代企业制度的内在要求。

党的十八届三中全会提出：要让市场在资源配置中发挥决定性作用；积极发展混合所有制经济，国有资本、集体资本、非公有资本等交叉持股、相互融合的混合所有制经济是基本经济制度的重要实现形式，有利于国有资本放大功能、保值增值、提高竞争力，有利于各种所有制资本取长补短、相互促进、共同发展。允许更多国有经济和其他所有制经济发展成为混合所有制经济；国有资本投资项目允许非国有资本参股；允许混合所有制经济实行企业员工持股，形成资本所有者和劳动者利益共同体；完善国有资产管理体制，以管理资本为主来加强国有资产监管，改革国有资本授权经营体制，组建若干国有资本运营公司，支持有条件的国有企业改组为国有资本投资公司；国有资本投资运营要服务于国家战略目标，更多投向关系国家安全、国民经济命脉的重要行业和关键领域。

可以预见，随着未来我国混合所有制经济的大力发展，国家根据投入资本金获取的国有资产收益规模将不断扩大。

（三）兼顾国家、企业、职工三者利益的原则

在我国，国家、企业和职工三者的利益根本上是一致的，但也存在着局部、近期的矛盾。因此，国有资产的收益分配要兼顾三者的利益。国家作为国有资产的所有者，在国有资产收益的分配过程中处于主导地位，国有资产收益分配的有关比例等重要事项应由国家决定；同时，为了使国有企业能够保持发展后劲，还必须允许企业留存一部分收益，主要表现为企业提取的资本公积金和盈余公积金①；此外，企业除提取出一部分用于发展的资本积累之外，还要按照《会计法》和《公司法》的有关规定提取公积金和公益金②，这样才能保证企业在可持续发展的基础上，提高职工的工作积极性。

为鼓励技术创新，提高劳动力的职业素质，《国家中长期科学和技术发展规划纲要（2006—2020年）》规定，企业实际发生的职工教育经费支出按照职工工资总额的2.5%计入企业的成本费用，且对于超过标准的部分，允许无限制地向以后的纳税年度结转，并将其扩大统一适用于所有纳税人，包括内资企业和外资企业。这有助于鼓励企业加大教育投入，或者增加允许超过标准的部分，将其向以后纳税年度结转，以鼓励企业加大对

① 盈余公积金一般主要用于弥补亏损、转赠资本和分派现金利润或股利。

② 公益金专门用于企业职工福利设施的支出，如兴建职工宿舍、浴室等。

职工的教育投入，从而有利于引进国外的先进技术及管理经验，有利于促进企业的技术创新。

第二节　国有资产收益的收缴

一、国有资产收益的形式

如前文所述，按照我国现行的国有资产收益分配体制，国有资产收益是按照税利分流的原则收缴的，即对国有企业首先统一征收企业所得税，按照不同形式收取税后收益。

（一）对税利分流的原则的再认识

国有资产收益的收缴实行税利分流的原则的理论依据是政府的双重地位和双重职能相分离理论，即所有者地位和管理者地位、国有资产管理职能和社会管理职能相分离。政府的双重地位决定了它在执行双重职能目标时的目标、方式各不相同，因此政府分别以双重地位获得收益的收缴形式也是不同的。如果不对这两种收益的收缴方式进行区分，则必然会造成政企不分的局面，不利于市场经济的发展。

按照市场经济的投资收益原则，国家作为国有资产的所有者应该获得利润。当政府执行国有资产管理职能时，它通过占用、处置、使用，或委托经营者占用、处置、使用来实现国有资产的保值和增值的目的，在这个过程中必须遵循价值规律和等价交换的原则，因此以“利”的形式上缴给国家的收益依据的是利益等价交换基础上的契约关系。同时，国家作为社会管理者，可通过行使政治权力来执行社会管理职能，通过税收的形式来获取收益。税收显然并不是一种基于契约关系的纯粹的利益等价交换关系。

（二）留存国有企业的国有资产收益的分配形式

留存国有企业的国有资产收益的分配形式，根据国有资本经营形式的不同而有所不同，具体表现如下。

1. 根据《公司法》的规定，股份经营企业的收益分配，应在缴纳企业所得税、弥补亏损之后，按照净利润的10％提取法定公积金和5％提取法定公益金。当法定盈余公积金达到注册资本的50％时可以不再提取，之后剩余的利润可以向投资者进行分配。

2. 中外合资企业国有资产收益的分配方式是：根据《中华人民共和国中外合资经营企业法》及其实施细则的规定，合营企业在缴纳所得税之后，应当提取储备基金、职工奖励和职工福利基金、企业发展基金。其中，储备基金的提取比例不得低于税后利润的10％，累计提取数额达到企业注册资本的50％之后，可以不再提取。职工奖励和职工福利基金的提取比例由企业自定。储备基金主要用于弥补亏损，发展基金主要用于扩大企业生产经营或按企业章程规定作为投资人的增资，剩余利润部分可以按照章程、投资合同或投资比例在各投资方之间进行分配。

（三）国有资产收益上缴的形式

国有企业统一缴纳企业所得税之后，对于税后利润，根据企业不同的组织方式和经营方式，主要通过以下几种形式上缴。

1. 上缴利润。上缴利润是指国有企业实现的税后利润上缴国家的部分。上缴利润形式一般适用于未实行公司制改制的政府直接经营和试行承包经营的国有独资企业。因为这类企业的全部投资都来自国有资产，政府对其拥有绝对的处置权，所以其税后利润可以直接采取利润上缴的方式进行分配。

2. 股利。股利是指股份制企业按照股东的股本所占的股份比例分配给股东的利润。对于实行股份制经营的那部分国有资产，股利是政府作为股东，凭借其特有的资本所有权——股权，参与股份制企业经营收益分配而取得的收入。

股利包括股息和红利。股息是股东依据股本所有权以固定比例计算的股金利息，其中包括优先股股息和普通股股息；红利则是普通股股东依据股本在公司分配股息之后对剩余利润进行的分配。股息是公司所有股东获得股权收益的形式；红利的分配在普通股股息分配之后进行，其数量取决于企业分配股息之后剩余利润的数量。

这种分配方式主要适用于国有控股、参股等股份制经营的国有企业。

3. 租金。租金主要适用于实行租赁制的企业。为了调动企业和职工生产的积极性，20 世纪 80—90 年代，我国对国有资产一度实行了租赁的经营方式。租赁制是指在不改变国有资产的全民所有制性质的前提下，国家作为出租方将国有资产有限期地交给承租方经营，承租方按照租赁合同给出租方支付一定的租金，并进行自主经营。

4. 资产占用费。资产占用费是指国有企业对占用的国有资产按照规定的标准上交的费用。资产占用费是国家有偿使用的一种具体形式，是企业对占用的资产按照规定标准付费的责任制度。

这种分配方式主要适用于使用直接经营方式、委托经营方式的国有企业和占用国有资产的集体企业等。

5. 产权转让收入。国有资产的产权转让收入主要包括两部分：一是国有资产产权转让收入，即国家通过国有资产产权转让、出售、拍卖、兼并等方式取得的收入；二是国有资产使用权转让收入，即国家通过转让国有资产的使用权获得的收入。这种方式适用于所有存在国有资产产权转让和交易行为的企业和单位。

二、国有资产收益的收缴管理

（一）国有企业不同收益形式的收缴管理

根据国有资产收益上缴形式的不同，国家对国有资产收益的收缴管理做了相应的具体规定。

1. 国有企业应上缴国家的利润。根据企业财务制度的规定，企业税后利润在提取盈余公积金和公益金之后应该向投资者分配利润。国有企业上缴国家的利润就是国家以投

资者身份从税后利润中获得的收益。作为投资者，国家享有企业所有者的各项权利，包括税后利润的分配权。

但是，考虑到20世纪末国有企业利润水平比较低的情况，《国务院关于实行分税制财政管理体制的决定》规定：作为过渡措施，可根据具体情况对1993年以前注册的多数国有全资老企业实行税后利润不上缴的办法。少数国有企业应上缴国家的利润按企业财务隶属关系分别由财政部和省级（含计划单列市）财政部门根据企业和当地政府的财政情况确定。

我国在2007年开始试行国有资本经营预算制度之后，对国有企业2006年之后实现的利润要逐步开始收缴。

2. 股份公司国有股利的上缴。国有股权收益应当按照同股同利的原则，由国有持股单位及时足额收取。原则上，由国家机构直接持有的股份的收益由国家持股单位收取并上缴国库；国有法人股收益由持股单位收取，计入企业利润总额，不单独作为国有资产收益上缴。其具体做法如下。

第一，国有企业整体改造为股份有限公司的，国家股应分得的股利由国家持股单位收取并上缴。

第二，国有企业部分改制，分为两个独立法人，改制后的股份有限公司委托行业主管部门持股管理的，国家股应分得的股利由行业主管部门收取并上缴。

第三，国有企业部分改制，在原国有企业的基础上成立集团公司，改建之后的股份有限责任公司由集团公司控股的，国有企业应分得的股利由集团公司收取，作为投资收益纳入集团公司的利润总额。

第四，国有企业部分改制，分离出来的原老企业应自负盈亏，企业发生的经营性亏损在国家规定的期限内用税前利润弥补；企业发生的政策性亏损，经同级财政部门审批，可在一定期限内按企业隶属关系，由同级财政部门给予适当补贴。财政部门弥补的亏损数不得大于分离出的股份有限公司实际上缴国家的股利。

3. 有限责任公司中国家应分得红利的上缴。有限责任公司中国家应分得红利的上缴方式具体如下。

第一，国有独资公司中国家应分得的红利由国家授权投资的机构或部门收缴。

第二，对于新设立的有限责任公司，国家直接投资应分得的红利由投资单位收缴。

第三，在原国有企业基础上吸收其他单位投资组建的有限责任公司应上缴国家的红利，由原国有企业的产权持有单位收缴。

4. 其他国有资产收益形式的收缴。国有资产的其他收益形式主要如下。

第一，各级政府授权的投资部门或机构，以国家资产投资取得的国有资产收益由投资部门或机构就地上缴，也可由被投资单位直接上缴。

第二，其他非国有企业占有国有资产应上缴的收益由投资部门或单位直接上缴。

第三，各级主管部门使用国家拨款或各类建设基金进行投资的，其分回的税后利润、股息、红利收入由各级主管部门直接上缴。

（二）不同类型国有企业的国有资产收益的收缴管理

国有企业上缴利润采取按月预交、全年清算的办法。股份有限公司分配现金股利时，国家股利经国有资产管理部门确认后及时收缴；有限责任公司分配红利时，国家按出资比例分得的红利经国有资产管理部门和财政部门确认后及时收缴；国有企业产权转让收入、股份有限公司国家股股权转让收入（包括配股权转让收入）以及有限责任公司国家出资转让收入时，由国有资产管理部门会同财政部门确认后收缴；其他非国有企业占有国有资产应上缴的收益，应按照财政部门、国有资产管理部门的有关规定上缴。

国有资产收益既有中央收益也有地方收益的，按照有关规定，国有资产收益的收缴工作由财政部门会同国有资产管理部门负责。其中，中央企业国有资产收益上缴工作由财政部授权财政部驻省、直辖市、计划单列市财政监察专员办事机构负责。地方国有资产收益收缴办法可由各省、自治区、直辖市、计划单列市人民政府根据本地区实际情况自主确定。国有资产收益的减免由国有资产管理部门按照有关政策规定审批核定。

三、土地出让金与房地产税

（一）我国土地出让制度的形成与发展

1949—1979 年，我国实行的都是城市土地单一的国家所有制，以及与之相适应的国有土地无偿使用制度。1979 年，为了适应改革开放形势的发展，我国开始通过立法对国有土地使用制度进行改革。《中华人民共和国中外合资经营企业法》规定：中国合营者的投资可以包括为合资企业经营期间提供的场地使用权。《关于中外合营企业建设用地的暂行规定》进一步指出：中外合营企业用地，不论新征土地，还是利用原有企业场地，都应计收场地使用费。到 1988 年，全国已有 100 多个城市先后开征了土地使用费。

为进一步规范土地使用费的征管行为，1988 年，国务院发布了《中华人民共和国城镇土地使用税暂行条例》，规定从 1988 年 11 月 1 日起，将土地使用费改为城镇土地使用税。[①] 土地使用税的开征，增强了人们合理用地、节约用地的观念，增加了国家财政收入。但是，1988—1991 年，全国征收的土地使用税只有 88.5 亿元[②]，由于税负标准偏低，征收范围较窄，还没有触动我国无偿使用土地制度的根基，价值规律、市场机制依

① 1950 年公布的《全国税政实施要则》规定，全国统一征收房产税和地产税。1950 年 6 月，为简并税种，我国将房产税和地产税合并为房地产税。1951 年，《中华人民共和国城市房地产税暂行条例》（简称《城市房地产税暂行条例》）发布。1973 年工商税制改革时，把对（国有）企业征收的城市房地产税并入工商税，只对有房产的个人、外商独资企业和房产管理部门继续征收城市房地产税。1984 年，国务院在对国有企业进行第二步利改税和改革工商税制时，确定恢复征收房产税。但我国的城市土地属于国家所有，土地使用者没有土地所有权，因此将城市房产税分为房产税和城镇土地使用税两个税种，并先后于 1986 年和 1988 年发布了这两个税种的暂行条例。从此，对内资纳税人征收房产税和城镇土地使用税，城市房地产税只适用于外资纳税人。房产税按房产原值进行一定比例扣除后的余值或租金的标准计算，城市房地产税按标准房价或标准地价的一定比例计算，城镇土地使用税直接按所使用的土地面积计算。2008 年，国务院规定，1951 年发布的《城市房地产税暂行条例》自 2009 年 1 月 1 日起废止。自 2009 年 1 月 1 日起，外商投资企业、外国企业和组织以及外籍个人，依照《中华人民共和国房产税暂行条例》缴纳房产税，这标志着我国内外资房地产税制的统一。马海涛．中国税制．北京：中国人民大学出版社，2004.

② 朱玉明，黄然．土地出让金管理与土地调控政策．北京：经济科学出版社，2005.

然被排除在土地分配和管理工作之外。

针对这种情况，内地土地出让制度在借鉴香港等地土地批租经验的基础上，于 1987 年开始在深圳等地试点。1988 年，第七届全国人大第一次会议通过了《中华人民共和国宪法修正案》，土地的使用权可以依照法律的规定转让。这就为我国土地出让制度的改革扫清了道路。1988 年 12 月，全国人大常委会修改了《土地管理法》，规定国有土地和集体土地的使用权可以依法转让，国家依法实行国有土地有偿使用制度，从而解决了土地公有制条件下的使用权转让问题，我国土地出让制度基本形成。

此后，招标、拍卖、挂牌等市场化的土地出让方式被逐步引入。2002 年，《招标拍卖挂牌出让国有土地使用权规定》明确指出：商业、旅游、娱乐和商品住宅等各类经营性用地，必须以招标、拍卖或挂牌①方式出让。这就意味着我国正式结束了实行了 10 多年的经营性用地协议出让方式。行政划拨出让土地面积的比重从 1999 年的超过 40%下降到了 2003 年的 20%左右②，表明我国土地出让方式的市场化程度有了显著提高，市场机制开始在土地这种稀缺资源的配置中发挥基础性作用。

（二）主张将土地出让金纳入房地产税的原因

随着近年来我国土地出让金收入规模的不断扩大，特别是在十六届三中全会提出取消有关税费、开征统一规范的物业税以及十八届三中全会提出加快房地产税立法并适时推进改革之后③，出现了将土地出让金并入房地产税分年度征收的观点，主要体现在以下几个方面。

第一，一次性收取 40 年甚至 70 年④的土地出让金，并将其在短期内花掉，这是一种短期行为，是对未来土地收益的一种“透支”。尽管这会暂时增加地方政府的财政收入，却不利于长期财政收入的稳定。而且，将未来年度的财政收入纳入当期来支出，还有违代际公平。短期容易助长地方大量出让土地，长期则可能使未来政府出现“无地可卖（出让）”的尴尬局面。

新制度学派代表人物诺斯提出的“诺斯悖论”⑤ 有助于解释地方政府一次性收取多年土地出让金的短期行为。“诺斯悖论”认为，从长期来看，国家的存在是经济增长的关键。但是，国家政策是由任期相对短期化的官僚来执行的，官僚任期的短期化导致了其所负责任也具有不连续性，从而在自己任期内收取以后年度的土地出让金收入并进行支出，从而危及地方财政的长期稳定性，也不利于地方土地市场的健康发展，甚至会带来

① 挂牌出让是指市、县人民政府土地行政主管部门发布挂牌公告，按公告规定的期限将拟出让宗地的交易条件在指定的土地交易场所挂牌公布，接受竞买人的报价申请并更新挂牌价格，根据挂牌期限截止时的出价结果确定土地使用者的行为，是国有土地使用权招标、拍卖方式的一种补充。

② 应当指出的是，土地出让不可能全部采用市场方式，以划拨方式出让土地使用权的范围至少应当包括：国家机关用地和军事用地；城市基础设施用地和公益事业用地；国家重点扶持的能源、交通、水利等项目用地等。

③ 从十六届三中全会的物业税到 2011 年上海、重庆开始试点的房产税，再到十八届三中全会的房地产税，本书认为其经济实质内容一致，故不做区分，但房地产税是今后更为规范和权威的表述。

④ 根据《中华人民共和国城镇国有土地使用权出让和转让暂行条例》的规定，土地使用权出让的最高年限按用途确定：居住用地为 70 年；工业用地为 50 年；教育、科技、文化、卫生、体育用地为 50 年；商业、旅游、娱乐用地为 40 年；综合或其他用地为 50 年。

⑤ 诺斯．经济史中的结构与变迁．上海：三联书店上海分店，1991.

财政风险。

第二，从性质上讲，土地出让金既然是一种地租收入，那么根据地租理论，其中就不仅应当包括政府部门垄断土地所有权而获得的绝对地租，而且应当包括级差地租。

级差地租也称区位地租，是指租用、利用较优土地所获得的归土地所有者所有的超额利润，其来源是土地经营者获得的个别产品生产价格与社会生产价格之间的超额利润。按照级差地租形成的条件，又可以分为两部分：级差地租Ⅰ是指因利用区位较优和地质条件较好的土地所产生的超额利润而转化成的地租，这是由土地的先天自然条件所形成的；级差地租Ⅱ是指在土地上连续追加投资、改善土地条件形成了劳动生产率的差异，由该差异产生的超额利润转化成的地租。① 该地租是经过人们的后天努力而形成的。根据投资的不同特点，级差地租Ⅱ又可以分为由直接投资形成的级差地租Ⅱa 和由间接投资形成的级差地租Ⅱb。前者一般应归对土地进行直接投资的开发建设者所有，后者又可以细分为级差地租Ⅱb-1 和级差地租Ⅱb-2。② 前者是由市政基础设施投资形成的，理论上应归国家或各级政府所有；后者是指社会投资辐射性地租，即除市政设施之外的工业、商务、文教、住宅等其他基本建设对一定范围的地段所产生辐射作用而形成的地租。可见，除了由政府直接投资形成的级差地租Ⅱb-1 部分之外，政府作为土地所有者，也可以分享其他部分的级差地租。

我国政府部门在一次性收取数十年的地租之后，很难享受到地价随着经济发展和土地开发程度提高所能带来的级差地租Ⅱ，从而造成了政府财政收入的损失。

第三，一次性收取土地出让金，使土地开发成本大大提高，既不利于房地产行业的健康发展，也大大提高了房价，影响了人民居住水平的不断提高。在我国现阶段，高房价增加了广大民众的负担，甚至在一定程度上影响到了我国和谐社会的构建。

如果能将土地出让金纳入房地产税且分为多年度征收，则可以稳定地方政府的长期财政收入，降低房地产的开发成本，在一定程度上降低房价，提高土地的保有成本，有利于提高土地资源的配置效率。2018 年，围绕房地产税立法的工作在加快，十三届全国人大常委会对外公布立法规划。其中，房地产税法被写入立法规划，属于第一类项目，即条件比较成熟、任期内拟提请审议的法律草案。

（三）反对将土地出让金纳入房地产税的主要依据

将土地出让金并入房地产税的观点一经提出，立即遭到了学术界的反对，原因主要如下。

第一，二者性质不同。土地出让金是政府部门依据土地所有权获得的一种“地租”收入，而且作为交换条件，土地使用让人因此获得了相应的“对价”——土地使用权。因此，从本质上讲，土地使用人和政府部门之间进行的是一种遵循等价交换原则的市场交易行为。

在法律上，土地使用权的出让是一种出让财产的民事法律合同行为。土地使用权出让的法律关系主体——作为出让方的国家（在合同上签字的出让方是市、县人民政府土

① 毕宝德．土地经济学．北京：中国人民大学出版社，1998.

② 岑艳，崔娟．新房地产税制设计面临的土地出让金征收问题．商场现代化，2005（30）.

地管理部门）和作为受让方的土地使用者，在土地出让活动中的法律地位是平等的。

而房地产税的征收则不然，它作为主要对房地产征收的一种财产税，是政府凭借其手中的政治权力、作为社会管理者向房地产所有人课征的一种税收，具有强制性、无偿性、固定性等税收的共同属性。①

换句话说，土地出让金属于以市场分配为基础的初次分配，房地产税则是政府对纳税人进行的一种再分配。因此，将土地出让金纳入房地产税一并征收从理论上讲不通。

第二，如前文所述，土地使用权的有偿出让制度不仅是政府取得收入的一种工具，而且是政府用来配置土地这种稀缺资源的一种手段，是经过不断的改革和探索才最终形成的。

房地产税的税收性质决定了其首要职能是为政府部门筹集财政收入，其次才是对房地产市场进行调节；土地出让金则相反，它首先是对土地这种稀缺的经济资源进行有效配置的工具，附属职能才是为政府筹集财政收入。

如果将土地出让金并入房地产税征收，将意味着土地市场会重新回归到行政划拨的老路上去，是对土地有偿出让制度改革的一种否定和倒退，而且容易滋生腐败和寻租行为，将不利于土地资源的有效配置。

第三，由于房地产税和土地出让金的不同性质，导致二者的确定依据和过程也不相同。从开征房地产税的西方国家来看，它们大体遵循的是“以支定收”的原则。房地产税的税率（r）通常是由下面的公式计算出来的。②

$$r=(E-NPTR)/NAV$$

其中，E 为某一地方政府在一个财政年度中的计划支出总额，$NPTR$ 为其预计的非房地产税财政收入，（$E-NPTR$）为地方政府在此年度所需的房地产税收入，NAV 为该地方政府辖区内房地产税应税财产的评估净价值。可见，房地产税的税率实际上取决于地方政府的支出缺口和当地应税财产的比率。

而土地出让金作为地租的资本化，则是未来一定年限的地租收益折现后的总值，主要取决于土地的未来收益状况。在土地市场发育较好的情况下，土地出让金往往采取招标、拍卖或挂牌等市场化方式来确定。

第四，将土地出让金并入房地产税征收面临实践难题。由于脱离了土地出让市场，因此物业税只能通过评估来确定每年的税基，这就对我国土地价值评估提出了较高的要求。同时，从征管制度来看，目前，我国土地出让金已经形成了土地管理部门代为收取、财政部门开设财政专户进行核算的一套规范化、制度化的征收监管机制。而且，由于土地出让金的支付是用地者取得土地使用权的先决条件，因此，拒付土地出让金的现象几乎不可能发生。但是，在目前普遍存在购房人拖欠税费、征管困难的情况下，未来在房产保有阶段征收物业税的成本也将会很高，这些都使将土地出让金并入房地产税征收的

① 尽管在现代社会经济条件下，税收的强制性、无偿性、固定性也是相对的，即政府在课税的同时，要负担起向纳税人提供公共产品的义务，否则政府的合法性（又称为义理性）基础将会遭到削弱，但是，由于税收和公共产品的交换在时间上不具有及时性，对单个的纳税人也没有对等性，因而强制性、无偿性、固定性依然是税收区别于政府其他收入形式的重要特征。

② Mikesell, John L. *Fiscal Administration: Analysis and Applications for the Public Sector, Sixth Edition*, Wadsworth Publishers, 2003.

可行性受到质疑。

其实，将土地出让金并入房地产税征收不可行的主要原因在于，物业税和土地出让金性质截然不同。土地出让金作为配置土地资源的重要调控手段几乎不可替代。而征收房地产税是我国税制改革的大势所趋，西方国家以房地产为主要课税对象的财产税的普遍存在充分证明了这一点。随着我国财产登记制度和财产评估制度的不断完善，房地产税将最终成为我国地方政府的主体税种。

既然一次性征收土地出让金存在诸多弊端，而又不宜将其并入房地产税征收，那么是否存在对土地出让金制度进行完善的其他选择呢？

（四）年租制在理论和实践中都难以实行

土地出让金的租金性质似乎决定了其不宜一次性收取，而应分期征收[①]，即年租制。年租制是和内地借鉴香港所形成的一次性收取全部土地出让金的批租制相对而言的。显然，之所以称为批租制，除了具有批准租予的含义，可能还因为这种土地出让制度一次性收取了全部的土地出让金，土地出让具有“批发”的特点。那么，年租制是否可以破解我国一次性征收土地出让金的诸多难题呢？答案应当是否定的。

首先，从理论层面来看，在批租制中，用地者通过一次性付清土地出让金，获得的是具有物权性质的土地使用权，可以在相当大的限度内享有占有、使用、收益及部分处置土地的权利。

而如果实行年租制，由于其主要以合同维系土地所有者和土地使用者之间的关系，按年支付租金，因此用地者不享有充分、稳定的产权保障，土地使用者取得的土地使用权属于典型的土地债权。[②] 这样，土地承租者就只能自己占有和使用土地，而不能进行土地交易，即不能将土地承租权加以转让、转租、抵押，从而使用地者缺乏经营活力，制约土地市场的健康发展。与之类似，党的十八届三中全会指出，要建立城乡统一的建设用地市场。在符合规划和用途管制的前提下，允许农村集体经营性建设用地出让、租赁、入股，实行与国有土地同等入市、同权同价。这一政策在实际执行过程中遇到的各种问题在很大程度上也是源于农村集体经营性建设用地的不完整产权。

此外，土地所有者在按期调整租金、按年收取租金的过程中，还面临诸多问题，从而会使交易成本进一步提高，因而在理论上就讲不通。

其次，从实践层面来看，在20世纪80年代我国土地有偿使用制度建立初期，许多地方政府都曾实行过年租制的做法，但因管理成本太大，欠缴、拖缴、拒缴年租金的现象普遍存在，因此逐步由年租制转向了批租制。可以说，我国土地出让由年租制向批租制转变是市场和实践选择的结果。[③] 对此，《规范国有土地租赁若干意见》明确规定了国有土地租赁的适用范围，指出国有土地租赁是出让方式的补充，应当以完善国有土地出让为主，稳步推行国有土地租赁。其中还特别强调，对于经营性房地产开发用地，必须实行出让，不能实行租赁。

---

① 康宇雄，黄国平．向非私有土地征收房地产税是否矛盾．财贸经济，2005（7）．

② 赵红梅．论土地年租与存量划拨土地使用权改制．中国土地，1998（3）．

③ 於海滨．也谈年租制．中国土地，2006（4）．

既然年租制也不可行，那么到底应当如何改革土地出让金制度，协调好其与房地产税改革之间的关系呢?

(五) 将部分土地出让金纳入房地产税，综合利用市场和税收手段调控土地市场

300多年前，被誉为政治经济学之父的威廉·配第就说出了“劳动是财富之父，土地是财富之母”的名言，可见土地对于社会经济的发展具有无可替代的作用。在我国，人多地少的矛盾更是将土地资源的稀缺性、有限性几乎放大到了极致，这一点透过人们对房价的热切关注就可见一斑。因此，我们探讨房地产市场的规范，以及处理好土地出让金和物业税之间的关系就显得尤为重要。

1. 土地出让金与房地产税之间不无交集。其实，房地产税和土地出让金之间并不是完全水火不相容的，二者之间存在交集部分。课征房地产税的依据——“受益说”认为，政府利用从房屋所有人那里征收的税收来改善房屋周边的道路等基础设施，促进了房屋的升值，这样房地产税的税基——房屋价值就有了增加，政府因此获取的税收收入也出现了上升。政府和纳税人之间依靠物业税实现了良性循环。而土地出让金中的部分级差地租也正是由于政府对基础设施的投资而带来的房地产价值的增值。这就使得在保持现有土地出让制度的前提下，将部分土地出让金并入房地产税，或者说赋予房地产税一定的土地出让金功能具备了理论依据。

我国当前实行的一次性收取全部土地出让金的做法，只获得了政府作为土地所有权垄断者的绝对地租和部分级差地租，而没有得到因政府对土地进行连续投资所形成的级差地租，从而造成了政府财政收入的流失。因此，批租制这种通过市场配置土地资源的方式有其局限性，即在对土地进行批租的时候，很难将土地在未来40年乃至70年的全部预期增值，或者说级差地租完全考虑进来。土地的巨大增值空间助长了土地投机活动，刺激了一些人大量囤积土地，购地后不开发或少开发，只是待机转让，以便从中渔利。解决这一问题的可行办法是，将部分土地出让金并入物业税征收，填补对闲置土地的调节“真空”。

2. 通过市场和税收相结合，实现对土地市场的有效调控。如前文所述，将土地的批租制改为年租制，一方面面临法律方面的障碍，另一方面和房地产税一样，也需要对房地产价值进行定期评估，且现实中很难将土地出让金和房地产税泾渭分明地分开。

由于我国土地实行公有制，政府同时也代表着土地所有者的权益，因此，可以在保持现有土地出让金制度、坚持通过市场机制对土地资源进行配置的同时，将部分土地出让金——由于政府投资部分所形成的级差地租——并入房地产税征收。这是因为，尽管我国土地实行公有制，但房屋和土地的价值是很难分开的，而且，随着时间的推移，房屋的价值由于折旧不断贬值，房屋价格的攀升依赖的是其所附属的土地价值的上升。将部分土地出让金并入房地产税征收，可以保证政府在土地增值的情况下相应地获得财政收入。

此外，由税务部门征收含有土地出让金性质的房地产税，还可以节约征管成本，实现规范化管理，避免土地行政部门每年收取土地租金时因缺乏执法手段和措施，缺少强制手段，难以得到法院和有关部门支持的尴尬，从而符合公共财政的整体改革方向。

总之，在我国较为可行的办法就是，在保持现有土地出让金的基础上，将因土地增值所形成的级差地租并入房地产税征收，通过市场手段和税收政策的协调来实现对土地制度的有效调控。①

第三节　国有资产收益制度的历史演变

国有资产收益制度，也称国有资产利润分配制度，规定了国家和国有企业对利润进行分配的具体形式、比例和方法，是国家财政管理体制和企业财务管理制度的重要组成部分。为了适应不同时期国民经济发展、财政管理体制变革的要求，我国曾实行过多种不同的国有资产收益制度（又称利润分配制度）。

一、1978 年以前的利润分配制度

1978 年之前，我国国有企业的利润分配制度虽然经过几次变革，但主要实行企业利润绝大部分上缴、国家不向企业征收所得税的统收统支的体制。在这一时期，除了国民经济恢复时期之外，国有企业收入占国家财政收入的比重一般在 40%～60%，见图 7-1。

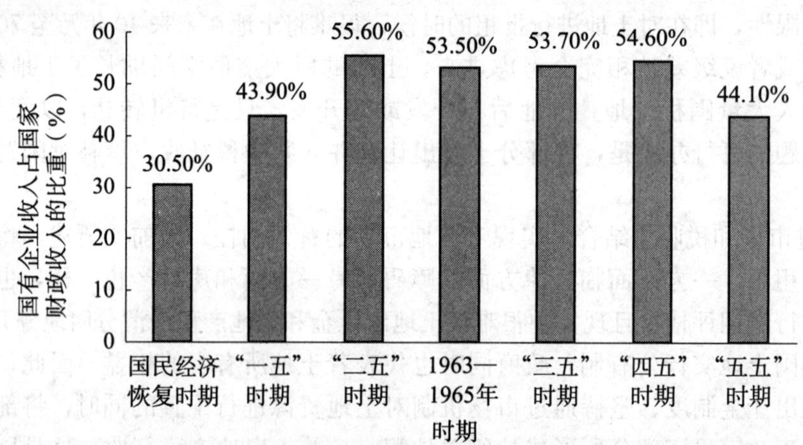

图 7-1　1978 年之前各时期国有企业收入占国家财政收入的比重

（一）国民经济恢复时期（1949—1952 年）

在国民经济恢复时期，我国实行了高度集中的统收统支体制，即企业实现的利润全部上缴国家财政，企业所需的资金由财政拨款解决。这种利润分配制度尽管在当时特定的历史条件下具有一定的意义，但是忽视了国家与企业、企业与职工之间的利益关系，

① 白彦锋．土地出让金与我国的物业税改革．财贸经济，2007（4）．

使企业一度缺乏内在的发展动力。

(二) 企业奖励基金制度

1952年开始实行的企业奖励基金制度规定，企业在完成了国家下达的生产、销售、财务等计划指标之后，可以按照计划及不同行业规定的比例，从利润中提取企业奖励基金，主要用于举办集体福利事业、改进和扩充生产设备，剩余利润再全部上缴。

(三) 利润留成制度

1958年开始实行的利润留成制度规定，企业可根据实现的利润和规定的留成比例提取一部分利润，这部分利润主要用于四项费用，即补偿流动资金、补偿计划内基本建设投资不足、适当的职工福利及适当的职工奖励等，剩余利润再全部上缴国家。

利润留成是兼顾国家、企业和职工三者利益的一种制度，它扩大了企业的财权，使企业和职工的经济利益和经营成果结合起来，调动了企业的生产积极性。但是1958年后的几年里，由于经济指导工作的失误和自然灾害的影响，国民经济发展失衡，大批企业亏损，盈利企业的利润水平也大幅下降。1961年开始按照“调整、巩固、充实、提高”的方针，企业利润留成制度也进行了相应的变革。1962年起停止利润留成制度，恢复了企业奖励基金制度。

二、1978—1994年的利润分配制度

党的十一届三中全会以后，我国的经济形势和经济工作的指导思想发生了很大变化。为适应经济体制和财政体制的变化，国有企业的利润分配机制也发生了重大和实质性的变革。

(一) 企业基金制度

1978年，国有企业开始实行企业基金制度，即企业在完成国家规定的经济指标的前提下，按照企业职工全年工资总额的一定比例提取企业基金，主要用于职工福利和奖金。

企业基金制度虽然在一定程度上扩大了企业财权，但由于企业基金是按照工资总额的一定比例提取的，而不是按照企业实现利润的多少提取，因而未能把企业和职工的经济利益同经营成果挂钩，不能充分调动经营者和生产者的积极性。

(二) 利润留成制度的恢复实行

1979年，我国国有企业开始重新实行利润留成制度，即企业利润在国家和企业之间进行分配。首先，按照一定标准核定企业留成基数，将企业留利同企业实现的利润总额及其增长相联系，使企业经济利益和其创造的利润总额挂钩；其次，在企业留利中建立生产发展基金、职工福利基金和职工奖励基金等三种基金，用于发展生产和改善职工生活福利。

利润留成制度使企业拥有了一定的资金自主权，为企业逐步过渡为独立的商品生产者和经营者奠定了一定的物质基础，但同时存在着一些问题，主要表现为利润留成基数和留成比例主观性强，容易造成企业间苦乐不均等现象。而且，随着整个经济形势的变化，留成基数和留成比例需要不断加以调整，这就使得国家和国有企业之间的收益分配关系难以稳定。

（三）利改税制度

1983 年 1 月，我国国有企业开始实行第一步利改税，也称以税代利，即国有企业把原来上缴给国家的利润改为按规定上缴税金，因此，利改税的实质是向企业征收企业所得税。大中型国有企业被要求按照 55%的比例税率征收企业所得税。征收所得税之后的利润在扣除企业留利之后，分别以递增包干、固定比例、定额包干和缴纳调节税的形式上缴国家财政，并规定税后留利应建立专项基金，即生产发展基金、新产品试制基金、后备基金、职工福利基金和职工奖励基金。其中，前三项基金的比例之和不得低于 60%，后两项基金的比例之和不得高于 40%。对小型国有企业按八级超额累进税率征收所得税，税后利润由企业自主支配。可见，第一步利改税并不彻底，实际上是税利并存。

1984 年 10 月，国有企业开始实行第二步利改税，其主要内容是：（1）将工商税划分为产品税、增值税、营业税和盐税；（2）开征资源税；（3）恢复和开征房产税、车船使用税、土地使用税和城市维护建设税等四个地方税种；（4）将大中型国有企业所得税税后利润的上缴改为征收国有企业调节税，对小型国有企业实行新的八级超额累进税率。这次利改税成为彻底的以税代利。

利改税这种利润分配改革的意义在于：对国有企业开征所得税，会使国家和国有企业之间的利润分配关系以税收的形式固定和规范下来，有利于国家财政收入的稳定增长和国有企业的自主经营。与此同时，所进行的税制改革实行了多税种、多环节、多层次的复合税制，有利于综合发挥税收的经济调节职能。

但是，回过头来看，当时的利改税改革也存在明显的缺陷。一是企图用单一的税收完全替代利润上缴，从“税收无用论”走向了“税收万能论”的极端，否定了利润形式的特点和作用，混淆了国家的经济所有者地位和政治统治者地位、经济管理职能和政治管理职能。二是实行税前还贷，其实质是用国家财政的钱替国有企业还贷。这一方面减少了国家财政收入；另一方面大大弱化了企业和银行的自我约束机制，容易助长投资规模的膨胀。三是按企业经济性质设置了不同的所得税税率，这样不仅打击了国有企业的生产积极性，也从根本上违背了市场经济的公平竞争原则。

（四）承包经营责任制

1987 年，我国开始对国有企业实行承包经营责任制（又称上缴承包利润制），即在维护企业全民所有制的前提下，按照所有权与经营权相分离的原则，发包方和承包方以签订的承包合同为依据分配利润。承包经营责任制的原则是：包死基数，确保上缴，超收多留，欠收自补。这为企业确立了自主经营、自负盈亏的经营约束机制。

国有企业的承包经营责任制尽管大大激发了企业和职工发展生产的积极性，但是承包经营责任制在其执行过程中也存在一些明显的问题。一是承包经营责任制是税前承包，即包括所得税在内的承包。尽管国营企业[①]还上缴所得税，但国家与企业之间的分配实际上是按照承包利润结算的，这样就使得征收所得税对企业没有实质意义了。二是承包基数和分成比例的核定并不规范，在实际中经常出现讨价还价的“扯皮”现象。三是承包经营责任制容易造成生产经营行为的短期化，在实际中表现为重消费、轻积累，以及拼设备、吃老本等现象。另外，我国承包经营责任制在实际中还经常出现负盈不负亏的现象。因此，要想更好地协调国家和企业之间的利益分配关系，有必要对承包经营责任制做进一步的变革。

（五）税利分流制度

1989 年，国家开始对部分城市进行税利分流的试点，其主要形式如下：一是税利分流，即企业实现的利润分别以利润和所得税两种形式上缴国家，剩余部分留给企业。二是税后承包，即把企业上缴所得税之后应交给国家的国有资产收益部分以承包的形式确定下来。三是税后还贷，即企业固定资产投资借款必须用企业所得税后的留利归还。

税利分流改革综合了利改税制度和承包经营责任制的长处，将利改税制度的规范性和承包经营责任制的灵活性有机地结合起来。与以往实行的各种利润分配制度相比，税利分流制度具有以下特点：第一，税利分流跳出了“以税代利”和“以利代税”的税利不分的传统模式，明确了税收和利润是两种不同属性的分配方式，区分了国家的经济职能和政治职能、所有者地位和管理者地位。第二，税利分流在国家和国有企业之间建立了规范、稳定的分配制度，而不是单纯的减税让利。第三，把“税前还贷”改为“税后还贷”，改变了国家代企业承担贷款的不合理现象，强化了投资约束机制。

当然，这时实行的税利分流制度在所得税税率的确定上还没有体现出“公平税负、平等竞争”的原则。另外，所得税税后利润的一部分以承包的形式上缴，没能从根本上解决企业负盈不负亏、企业经营行为短期化等问题。

三、1994 年以后的利润分配制度

在 1994 年分税制改革之后，我国国有企业的利润分配制度体现为两条主线：一是 1994 年分税制改革统一了内资企业所得税税负标准，在此基础上，2008 年开始实施的《中华人民共和国企业所得税法》（简称《企业所得税法》）进一步将内外资企业所得税税法进行了统一。二是考虑到国有企业改革中的困难，1994 年分税制改革时曾规定国有企业不用上缴利润。随着近年来国有企业经营状况的改善，我国先是从 2006 年开始对国有石油垄断企业开征了特别收益金，然后从 2007 年开始试行国有资本经营预算，要求国

① 从称谓的历史变迁——国营企业→国有企业→国有资产——也可以看出我国对国有企业的干预力度是在逐渐减弱的：最初的称谓是国营企业，即国家不仅是国有资产的所有者，还要亲自参与经营；1993 年的《中华人民共和国宪法修正案》将国营企业改称为国有企业，意味着国家不再直接从事国有资产的经营；2002 年，中共十六大提的则是国有资产，标志着国有资产的实现形式开始多样化，纯粹意义上的国有企业已经比较少了。

有企业开始恢复上缴其税后利润。这就标志着我国国有企业的改革已经完成了过渡期，一种与市场经济体制相适应的利润分配制度基本建立了起来。

（一）企业所得税的合并

1. 内资企业所得税的合并。1994 年之前的企业所得税制度，除“三资”企业[①]所得税之外，内资企业所得税还按照所有制性质分为国营企业所得税、集体企业所得税和私营企业所得税。这种征收制度的最大缺陷是违背了统一原则和公平原则，税率悬殊、税负不公，不利于多种所有制企业的发展。

1994 年的分税制改革统一了企业所得税的征收，体现了“公平税负、平等竞争”的原则。这次改革的主要内容是：将原来的国营企业所得税、集体企业所得税、私营企业所得税合并，统一了内资企业所得税；实行 33%的比例税率，与外商投资企业和外国企业所得税的名义税率一致，为后来内外资企业所得税的合并奠定了基础；规定了企业所得税的税前列支标准，改变了企业应税所得额从属于企业财务制度的状况，稳定和拓宽了税基；取消了国营企业调节税、能源交通重点建设基金和预算调节基金的征收，减轻了企业负担；取消了税后还贷，建立了新的企业还贷制度，允许将还款利息计入企业成本，并适当加速折旧。

2. 内外资企业所得税的合并。我国原来的企业所得税按内资企业、外资企业分别立法，外资企业适用于《中华人民共和国外商投资企业和外国企业所得税法》。

自 20 世纪 70 年代末实行改革开放以来，为吸引外资、发展经济，我国对外资企业采取了有别于内资企业的税收政策，实践证明这样做是必要的，对改革开放、吸引外资、促进经济发展发挥了重要作用。

截至 2009 年年底，我国累计批准设立外商投资企业 68.3 万家，实际外商直接投资额达到 9 454 亿美元。2009 年，外商投资企业工业产值、税收、出口分别占全国工业产值、税收、出口的比例为 28%、22.7%和 55.9%，直接吸纳的就业人口达到 4 500 万人。2010 年，中国实际使用外资1 057.4亿美元，首次突破 1 000 亿美元，创历史最高水平。[②]根据中华人民共和国商务部（简称商务部）的统计，2018 年 1—12 月，全国新设立外商投资企业 60 533 家，同比增长 69.8%；实际使用外资金额 1 349.7 亿美元，同比增长 3%（折 8 856.1 亿元，同比增长 0.9%）（未含银行、证券、保险领域数据）。[③]

当前，我国经济社会情况发生了很大变化，社会主义市场经济体制初步建立。自我国加入世界贸易组织后，国内市场对外资进一步开放，国有企业等内资企业也逐渐融入世界经济体系之中，而且面临越来越大的竞争压力，继续采取内资、外资企业不同的税收政策必然使内资企业处于不平等竞争地位，从而影响统一、规范、公平竞争的市场环境的建立。

内资企业、外资企业所得税制度在执行中也暴露出一些问题，已经不适应新的形势要求。一是现行内资税法、外资税法差异较大，造成企业之间税负不平、苦乐不均。现

① 即在中国境内设立的中外合资经营企业、中外合作经营企业、外商独资经营企业三类外商投资企业。
② 2010 年实际使用外资额创新高 首次突破 1 000 亿美元．中国经济网，2011－01－19.
③ 见商务部官网。

行税法在税收优惠、税前扣除等政策上存在对外资企业偏松、内资企业偏紧的问题。根据全国企业所得税税源调查资料的测算，内资企业平均实际税负为 25%左右，外资企业平均实际税负为 15%左右，内资企业高出外资企业近 10 个百分点，企业要求统一税收待遇、公平竞争的呼声较高。二是现行企业所得税优惠政策存在较大漏洞，扭曲了企业经营行为，造成了国家税款的流失。比如，一些内资企业采取将资金转移到境外再投资境内的“返程投资”方式，以享受外资企业所得税优惠等。三是现行内资税法、外资税法实施 10 多年来，我国经济社会情况发生了很大变化，因此需要针对新情况及时完善和修订相关税法。以部门规范性文件发布的许多重要税收政策也需要及时补充到法律中。

为有效解决企业所得税制度存在的上述问题，有必要在统一不同经济性质的内资企业所得税的基础上尽快统一内资企业、外资企业的所得税。企业所得税“两法合并”改革有利于促进我国经济结构优化和产业升级，有利于为国有企业等各类企业创造一个公平竞争的税收法制环境，是适应我国社会主义市场经济发展新阶段的一项制度创新，是促进经济社会可持续发展战略的配套措施，是中国经济制度走向成熟、规范的标志性工作之一。

《企业所得税法》于 2007 年经第十届全国人民代表大会第五次会议审议通过，自 2008 年起正式施行。除了内资企业、外资企业统一实行 25%的比例税率之外，《企业所得税法》还统一了纳税人的认定、税前扣除办法及标准、优惠政策等内容。20 世纪 80 年代，国营企业自我财务约束机制不健全、国有资产收益分配制度不完善，因此我国规定了工资限额扣除政策，即每人每月工资税前扣除限额最高为 1 600 元，超过限额的部分要计入企业应纳税所得额，这对防止过度发放企业工资、调节收入分配、缓解收入分配不公等起到了积极作用。目前，随着我国经济体制改革的不断深入，以及国有企业产权治理结构的不断完善，《企业所得税法》对内资企业取消了工资限额扣除政策，实行与外资企业一致的工资支出据实扣除政策，使企业工资支出得到了足额补偿，可以进一步降低包括国有企业在内的所有内资企业的税负水平。

当然，大量以非货币形式出现的附加福利对传统的税收制度提出了新的挑战。附加福利一方面作为企业的成本降低了企业所得税的税基；另一方面由于通常以实物的形式发放给雇员，从而对个人所得税的税基也带来了冲击。在澳大利亚开征附加福利税之前的 1985 年，澳大利亚政府估测，政府因附加福利而损失的税收收入大约为 7 亿澳大利亚元，其中，2.8 亿澳大利亚元来自汽车福利，福利住房和低息贷款造成的税收收入损失也分别达到了 0.8 亿澳大利亚元和 0.9 亿澳大利亚元。① 因附加福利而损失的税收收入由此可见一斑。因此，将附加福利税纳入税收网络，可以有效地减少通过在现金收入和福利收入之间转化进行避税而造成的对原有个人所得税的侵蚀，从而保持所得税制的完整性和调节的有效性。因此，澳大利亚、新西兰等国开征了独立的附加福利税，美国、英国等其他国家则将附加福利税纳入了个人所得税的课税体系。未来，我国亦有必要逐步引入附加福利税，以防止对国有资产的侵蚀，完善对国有资产收益的调节。②

① Michael Kobetsky, et al. *Income Tax*, *Sixth Edition*, Federation Press, 2006.

② 白彦锋．企业所得税改革中的计税工资、附加福利问题研究．财贸经济，2008（2）．

（二）国有企业利润的收缴

1.1994 年分税制改革的规定。考虑到国有企业所承担的历史包袱，根据《国务院关于实行分税制财政管理体制的决定》，作为过渡措施，可根据具体情况，对 1993 年以前注册的多数国有全资老企业实行税后利润不上缴的办法。由于当时很多国有企业不景气、盈利能力严重不足，放弃利润收缴也就意味着企业自己要承担对亏损的弥补，减轻政府对国有企业的补亏性支出，因此当时被当作振兴财政的手段之一。

2. 征收特别收益金。根据《国务院关于开征石油特别收益金的决定》的规定，自 2006 年 3 月 26 日起，我国开始对石油开采企业销售国产原油时因价格超过一定水平（40 美元/桶）所获得的超额收入，按比例征收石油特别收益金。这标志着我国开始对石油征收暴利税。从 2011 年 11 月 1 日起，石油特别收益金起征点从 40 美元/桶提高至 55 美元/桶，见《关于提高石油特别收益金起征点的通知》（财企［2011］480 号）。从 2015 年 1 月 1 日起，石油特别收益金起征点又提高至 65 美元/桶，见《关于提高石油特别收益金起征点的通知》（财税［2014］115 号）。

可见，暴利税实际上不过是政府取得的对国有资源的一种收益形式。我国目前正在构建对资源类产品的财税调节体系，除大家熟知的资源税之外，还要征收权利金和特别收益金。其中，权利金是指资源开采权的出让价格主要根据资源储量确定；特别收益金又称暴利税，是针对行业取得的超额利润征税。我国石油特别收益金的征收比率及速算扣除数见表 7-1。

表 7-1　我国石油特别收益金的征收比率及速算扣除数

石油价格（美元/桶）	征收比率（%）	速算扣除数（美元/桶）
65～70（含）	20	0
70～75（含）	25	0.25
75～80（含）	30	0.75
80～85（含）	35	1.50
85 以上	40	2.50

石油是现代世界经济的命脉、工业的血液，在各国经济中占有举足轻重的地位。正是因为石油企业对国民经济具有如此重大的影响力，其因垄断地位在高油价时期获得的超额利润引起了一些国家政府的高度关注。它们除对石油企业的超额利润按照税制规定正常课征所得税外，还会选择对其征收暴利税。石油输出国政府希望以此来调节本国石油资源的流出，维护本国的财政利益；而石油消费国政府则希望通过对垄断石油企业课征暴利税，来消除普通消费者的不满，维护国内市场的稳定。对石油企业课征额外税收的国家包括美国、英国、挪威和巴西等。对于该额外税收，美国称其为暴利税，英国称其为石油收益税，挪威称其为特别税。

英国政府于 1975 年宣布开征石油收益税。该税旨在限制外国石油公司在本国牟利，其税率在 1978 年、1979 年、1980 年分别为 45%、60%、70%。1983 年提高为 75%，其后随国际油价下跌而逐步降低。2005 年 3 月，英国也曾计划向 2004 年盈利暴增的壳牌公司、英国石油公司等征收暴利税以补贴社会福利开支。

此外，英国还曾对私有化的垄断企业征收过高达50亿英镑的暴利税。在英国20世纪初开始的公有企业私有化过程中，许多企业的定价都是按照当时企业所提供的信息估价并按照有关私有化法规进行的。但是，后来发现当时的私有化法规过于宽松，这些公司的定价远远低于企业的实际市场价值。不仅如此，许多电信、煤气、燃气、电力、机场、铁路和供水等行业的公用设施企业在根据有关法规通过上市实现私有化之后，其价值不仅在市场上成倍增长，而且形成了自然垄断。这在社会上引起了激烈争论，许多人都怀疑国有资产在私有化过程中被贱卖了，也就是存在国有资产流失现象。

为了挽回国有资产流失造成的损失，同时为了限制垄断、维护市场的平等竞争、保护消费者利益，1997年，英国政府采取了对这些私有化企业征收暴利税的措施，具体包括三条原则：一是到1997年7月2日，任何在私有化过程中从股票上市的意外所得中获利的企业都必须缴纳暴利税；二是暴利税的税率为23%，且只征收一次，只针对企业，不针对个人；三是税基是私有化4年之内的超额利润。英国将征得的暴利税收入全部用于福利和就业计划，特别是对年轻人的职业教育，收到了良好的效果。

英国的经验表明，暴利税的课税对象不只是限于石油行业，为了维护社会公平，政府对任何存在自然垄断、获取超额利润的行业都保有课征暴利税的权力。

尽管有的国家的石油公司的部分超额利润可能不是通过开采和销售本国原油获得的，而是通过向国内销售国外原油实现的，但根据课税的目的地原则①，其所获得的超额利润仍然源于本国消费者，因此本国在向它们征收暴利税时仍然底气十足。因此，我国在居民收入差距不断拉大的情况下，适时向拥有垄断收益的企业或行业开征暴利税就不难理解了。

3. 试行国有资本经营预算。2007年，国务院发布了《关于试行国有资本经营预算的意见》，决定中央本级国有资本经营预算从2008年开始实施，2008年收取实施范围内企业在2007年实现的国有资本收益。2007年进行国有资本经营预算试点，收取部分企业在2006年实现的国有资本经营收益。各地区国有资本经营预算的试行时间、范围、步骤，由各省、自治区、直辖市和计划单列市人民政府决定。

《关于试行国有资本经营预算的意见》发布之后，从2007年10月开始，烟草企业及国资委监管的155家中央企业陆续向财政部上缴总额约170亿元的企业红利。中央企业（简称央企）国有资本收益将按“适度、从低”原则分三档上缴财政部。其中，石油石化、电信、煤炭、电力、烟草五个行业的上缴标准为税后利润的10%；科研院所和军工企业3年内暂时不上缴；其余央企均按照5%的标准上缴红利，试行阶段减半征收。

按照《关于印发〈中央企业国有资本收益收取管理办法〉的通知》及《关于扩大中央国有资本经营预算实施范围有关事项的通知》的规定，纳入中央国有资本经营预算实施范围的中央企业税后利润（净利润扣除年初未弥补亏损和法定公积金）的收取比例分为五类执行：第一类为烟草企业，收取比例为20%；第二类为石油石化、电力、电信、煤炭等具有资源垄断性特征的行业的企业，收取比例为15%；第三类为钢铁、运输、电子、贸易、施工等一般竞争性行业的企业，收取比例为10%；第四类为军工企业、转制科研院所、中国邮政集团公司、2011年和2012年新纳入中央国有资本经营预算实施范围

① 与之相对应的是来源地原则。

的企业，收取比例为5%；第五类为政策性企业，包括中国储备粮总公司、中国储备棉总公司，免交国有资本收益。符合小型、微型企业规定标准的国有独资企业，应交利润不足10万元的，比照第五类政策性企业，免交当年应交利润。

按照《关于进一步提高中央企业国有资本收益收取比例的通知》的要求，从2014年起，适当提高中央企业国有资本收益收取比例。国有独资企业应交利润收取比例在现有基础上提高5个百分点，即第一类企业为25%，第二类企业为20%，第三类企业为15%，第四类企业为10%，第五类企业免交当年应交利润。符合小型、微型企业规定标准的国有独资企业，应交利润不足10万元的，比照第五类政策性企业，免交当年应交利润。事业单位出资企业国有资本收益收取政策，按照《关于中央级事业单位所属国有企业国有资本收益收取有关问题的通知》执行，收益收取比例提高至10%。

党的十八届三中全会明确提出，要划转部分国有资本以充实社会保障基金，完善国有资本经营预算制度，提高国有资本收益上缴公共财政比例，于2020年提到30%，更多用于保障和改善民生。

第四节 国有资本经营预算

一、试行国有资本经营预算的必要性

（一）国有资本经营预算的概念

2007年，国务院发布了《关于试行国有资本经营预算的意见》，决定中央国有资本经营预算从2008年开始实施，2008年收取实施范围内企业在2007年实现的国有资本收益。2007年进行国有资本经营预算试点，收取部分企业在2006年实现的国有资本经营收益。各地区国有资本经营预算的试行时间、范围、步骤，由各省、自治区、直辖市和计划单列市人民政府决定。如果从1994年分税制开始实行算起，这就标志着国有企业，至少是中央级的国有企业正式结束了11年不向国家上缴利润的历史。

从狭义上讲，“经营性国有资产”应是指经济学中的“资本”，会计学中的“所有者权益”，而非“资产”。狭义的“国有资产”即“国有资本”，包括国家作为出资者对企业投入的资本及形成的资本公积金、盈余公积金和未分配利润等。在国有独资企业中，企业国有资产为该企业的所有者权益，即净资产，而总资产是企业作为独立法人所拥有的法人财产，包括所有者权益和负债。在股份制企业中，企业国有资产是该企业所有者权益中的国家资本，总资产则是公司法人财产，即国家、其他法人或自然人共同出资形成的全部所有者权益和负债共同形成的全部财产。

国有资本经营预算是国家以所有者身份依法取得国有资本收益，并对所得收益进行分配而发生的各项收支预算，是政府预算的重要组成部分。

(二)试行国有资本经营预算的必要性

建立国有资本经营预算制度,对于增强政府的宏观调控能力,完善国有企业的收入分配制度,推进国有经济布局和结构的战略性调整,促进国有资本的合理配置,集中解决国有企业发展中的体制性、机制性问题都具有重要意义。

试行国有资本经营预算,有利于把握我国国有资产及其收益的现状。2006 年,国有企业实现利润 1.219 3 万亿元,税后利润达 6 252 亿元。其中,159 家中央企业实现利润 7 546.9亿元。可以说,国有企业上交了一份令人满意的答卷,但是有人对此提出了质疑。在 2004 年的“两会”期间,有参会人员认为,2004 年中央企业申请核销的不良资产达 3 100多亿元,财政部已经批准的则有 1 000 多亿元,两者相加超过4 000亿元,与上述利润相抵,则会使得国有企业的经营状况大打折扣。国有资产的保值、增值状况究竟如何,如果有历史数据对照,则可以一览无余。

近年来,我国中央企业进一步突出主业,优化了资源配置。2003—2006 年,共有 36 组(72 户)中央企业进行了重组,中央企业户数从 196 户减少为 161 户,至 2010 年减少到 117 户。① 目前,中央企业在国防军工、石油石化、电力、电信、民用航空、航运、重要矿产资源开发等关系国家安全和国民经济命脉的重要行业和关键领域中的户数占全部中央企业户数的 25%,但资产总额占 75%,国有资产占 82%,实现利润占 79%。

从全国情况来看,经营性国有资产分布的企业数量在 1998 年年末为 23.8 万户,2003 年年末为 15 万户,净减少 8.8 万户,递减的速度比较缓慢。在 2003 年年末的 15 万户国有企业中,属于一般竞争性行业的国有企业有 11.4 万户,所占比重达到 76%,仅比 1998 年的 78%降低了 2 个百分点。由此可见,我国国有经济布局和结构的战略性调整的任务仍然比较艰巨,国有经济行业分布不合理、布点过多过广的问题仍然比较突出。

党的十六大报告明确强调了国有经济的战略性调整,即国有经济要有进有退,有所为有所不为。通过制定切实可行的国有资本经营预算、确保新增国有资本的投资方向符合“有所为有所不为”的原则,能够对现有国有资产存量进行结构调整,引导不符合国家产业政策和市场需求的一般竞争性企业,通过售股变现、收购兼并、债务重组、破产清算等方式有序地退出市场,以促进经济结构的合理调整和优化升级,保证重点,实现国有经济战略性调整的目标。

当前,一些外资轻易地并购了中国加工装备业的排头兵企业②,一个重要原因就是各地国有资产监督管理机构没有利用国有资本经营预算这个有效手段来参与产业结构调整。地方财力有限,行业整合缺乏主体,加上无形资产与未来预期收益评估不足,使得我国一些龙头企业很快就以较低的价格被外资并购,致使我国在这个行业失去了发展的机会。可以说,我国的国有资本经营预算就是在这样的背景下适时推出的。

---

① 参见国务院国资委官方网站。

② 外资选择的收购对象,几乎都是中国各个行业的龙头企业:美国凯雷青睐的徐工集团是国内工程机械最大的开发、制造和出口企业,德国舍弗勒意图收购的洛阳轴承集团是中国轴承行业规模最大的综合性轴承制造企业。如果追溯得更远一点,飞利浦买断的孔雀电视、西门子收购的扬子冰箱也都是中国曾经的龙头企业,而这些本土品牌现在全部销声匿迹了。对于外资的这种收购行为,一些中国专家将其称为“斩首”收购或垄断式收购。

二、我国试行国有资本经营预算的理论依据

（一）我国财政收入的构成

我国试行国有资本经营预算的主要理论依据在于国家在国有资产管理中具有双重地位和双重职能。一方面，我国作为以生产资料公有制为主体的社会主义国家，政府在国有资产管理中是国有资产的所有者；另一方面，政府还要维护国家机器的正常运转，因此又处于社会管理者的地位。

第一，作为国有资产的所有者，国家要在一些关键性领域进行直接资本投资，使国有资产在社会生产经营活动中发挥主导作用，这样必然会形成国家在这方面的收支活动。其收入主要来源于国家作为国有资产的所有者，凭借财产所有权参与企业利润分配而取得的收入，如国有企业上缴的利润、产权转让收入等，以及将取得的国有资产收益进行再投资所取得的收益和发行公债取得的收益等。其支出主要是面向国有企业的，如国有资本投入、债务支出、分红派息支出等。

第二，国家作为社会管理者，要维护国家各个职能部门的正常运转，也要有相应的收支活动，如税收、收费和各项公共支出等。

应当注意的是，政府以上述两种角色进行的收支活动的性质并不相同，以所有者身份取得的国有资本经营收益也不同于税收等其他收入形式。作为政府公共预算最主要收入形式的税收收入具有法定性、相对无偿性和相对强制性等特征①，在政府财政收入中的比重通常高达90%以上。广义的国有资产还包括国防、法律等无形资产，它们虽然通常并不直接产生经济效益，甚至还要消耗经济资源，但它们是经济主体产生效益必不可少的外部条件，因此税收收入也可以被看作政府在提供这些公共产品和公共服务的过程中获得的一种收益，属于广义国有资产收益的范畴。

但是，一般来讲，税收收入还是和国有资产收益有着明显的区别。例如，国有资本的经营收益具有不确定性的特点，这在很大程度上取决于国有企业的经营收益状况，相应地，其在政府财政收入中的比重目前也要远远低于税收收入的比重②，见表7-2和图7-2。二者的支出性质亦不相同，国家以社会管理者身份进行的支出主要用于政府消费、转移支出等，不具有增值性；而以所有者身份进行的支出主要用于生产经营，具有追求保值、增值的属性。

---

① 从单个纳税人的角度来看，其缴纳的税款似乎确实是无偿的。但从纳税人整体来看，纳税人缴纳了税款必然要求政府提供同等数量和质量的公共产品，包括社会秩序、人身和财产安全、基础设施、文化教育、医疗卫生、社会保障、国防等诸多领域。否则，政府的合法性将受到质疑，执政地位将受到威胁。从这个意义上来讲，在现代社会，政府和国民都应树立税收有偿的观念。坚持税收的有偿性，对于政府来说，可以促使政府增加公共政策的透明度，使其加强财政收支的信息披露力度，提高税款的使用效率；对于国民来说，则有利于增强纳税人的纳税意识，提高纳税人的纳税遵从度。类似地，对于税收在传统意义上的强制性也应给予辩证的理解。

② 改革开放之前，与当时的经济体制相适应，来自国有企业的利润上缴等收入一度超过了税收收入。但是，改革开放之后，特别是1994—2006年，随着我国分税制财政体制的推行，“企业收入”（此处指国有企业收入）作为一个收入项目在《中国统计年鉴》中根本就不存在了，在表7-2及图7-2中该项计为0。

表 7-2　我国财政收入的构成（%）

年份	税收收入	企业收入	其他收入
1950	78.78	13.98	7.24
1951	64.92	24.44	10.64
1952	51.16	32.93	15.91
1953	56.20	35.96	7.84
1954	53.91	40.63	5.46
1955	51.13	44.91	3.96
1956	50.28	47.92	1.80
1957	51.09	47.55	1.36
1958	49.35	49.84	0.81
1959	42.02	57.30	0.68
1960	35.59	63.93	0.48
1961	44.59	53.73	1.68
1962	51.69	46.63	1.68
1963	48.01	50.45	1.54
1964	45.55	53.29	1.16
1965	43.16	55.83	1.01
1966	39.73	59.66	0.61
1967	46.89	52.10	1.01
1968	53.03	46.15	0.82
1969	44.70	54.44	0.86
1970	42.42	57.17	0.41
1971	41.97	57.52	0.51
1972	41.36	58.14	0.50
1973	43.10	56.45	0.45
1974	46.02	52.00	1.98
1975	49.38	49.07	1.55
1976	52.53	43.53	3.94
1977	53.55	46.01	0.44
1978	45.86	50.52	3.62
1979	46.91	43.18	9.91
1980	49.29	37.52	13.19
1981	53.57	30.08	16.35
1982	57.74	24.45	17.81
1983	56.74	17.60	25.66
1984	57.66	16.85	25.49
1985	81.25	1.74	17.01
1986	85.45	1.72	12.83
1987	83.10	1.66	15.24
1988	85.26	1.82	12.92
1989	83.57	1.95	14.48
1990	80.26	2.23	17.51
1991	81.70	2.04	16.26
1992	83.93	1.53	14.54
1993	88.76	1.04	10.20
1994	91.81	0	8.19

续表

年份	税收收入	企业收入	其他收入
1995	91.90	0	7.10
1996	89.21	0	10.79
1997	94.64	0	5.36
1998	90.73	0	9.27
1999	91.04	0	8.96
2000	92.01	0	7.99
2001	91.70	0	8.30
2002	92.03	0	7.97
2003	91.23	0	8.77
2004	91.55	0	8.45
2005	90.93	0	9.07
2006	89.79	0	10.21
2007	88.89	0.27	10.84
2008	88.41	0.89	10.70
2009	86.87	1.27	11.86
2010	88.10	0.53	11.37
2011	86.39	—	13.61
2012	85.81	—	14.19
2013	85.56	—	14.44
2014	84.90	—	15.10
2015	82.05	—	17.95
2016	81.68	—	18.32
2017	83.65	—	16.35

资料来源：根据《中国财政年鉴》（2002）及《中国统计年鉴》（2018），财政部以及中国日报网等公布的有关数据计算得出。

注：从2007年起央企上缴红利，因此，自2007年后表中的企业收入按照央企上缴的红利计算。

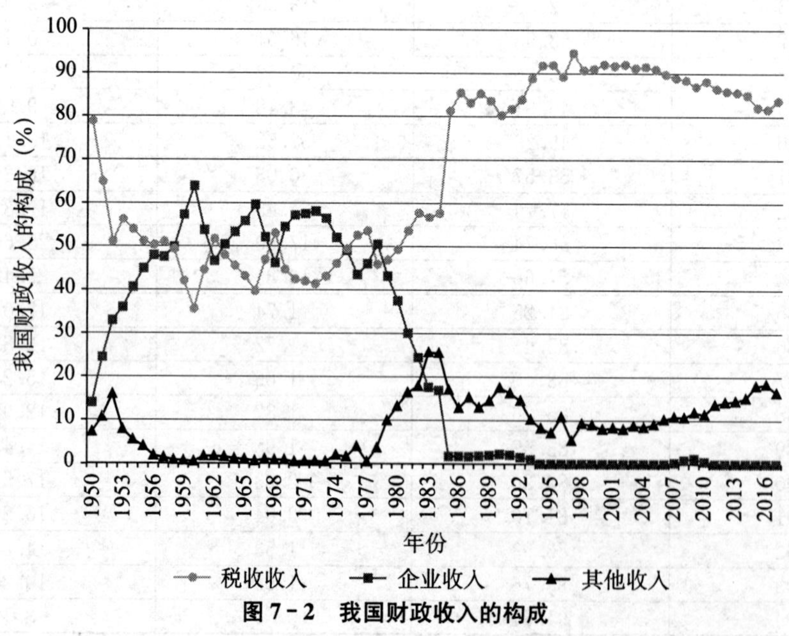

图7-2　我国财政收入的构成

正是由于国家以所有者身份和以社会管理者身份进行的收支具有不同的性质，因此在国家预算中有必要将这两种收支活动分别予以反映，以保障国家这两种不同的职能正常发挥。通常将反映国家社会管理职能的收支活动构成的预算称为政府公共预算；将反映国有资产所有者职能的收支活动的预算称为国有资本经营预算。《中华人民共和国预算法实施条例》（简称《预算法实施条例》）规定，各级政府预算要按照复式预算编制，分为公共预算、国有资本经营预算、社会保障预算和其他预算。

（二）国有资本经营预算的特点

国有资本经营预算作为我国复式预算体系中的一种新型预算方式，具有较强的独立性和人格化的特点，是政府行使财产权利的表现形式，和表现政治权力的公共预算有着较大的不同。与公共预算相比，国有资本经营预算具有以下特点。

1. 从理论依据上看，国有资本经营预算依据的是国有资产所有权及其派生出来的收益索取和支配权；而公共预算依据的是国家公共权力及其派生出来的对国民收入进行再分配的权力。

2. 从目标上看，国有资本经营预算侧重于追求经济效益的最大化；而公共预算更侧重于实现社会效益的最大化。

3. 从收支范围上看，国有资本经营预算仅限于国有资产的经营企业或经营部门；而公共预算的收支范围涉及社会的所有领域。国有资本收益的使用应当在服从国家财政的统一需要的前提下进行，一般应用于特定行业和企业的再投资，从而实现“税保国家财政，利活国有经济，费养社会保障”的改革目标。

4. 从收支形式上看，国有资本经营预算的收入以上缴利润为主，支出以投资形式为主；而公共预算的收入以税收形式为主，支出以无偿拨款为主。

5. 从管理手段上看，国有资本经营预算中所有者与经营者之间以产权为纽带，两者之间是法律地位平等的民事契约关系；而公共预算中的管理者与被管理者之间是行政管辖关系。

（三）公共预算、社会保障预算和国有资本经营预算之间的关系

就公共预算、社会保障预算和国有资本经营预算三者之间的关系来看，三者都有自己的收入来源，相对独立，各自平衡，同时密切衔接，适度互通，共同构成了国家财政预算的有机整体，见图 7-3。公共预算的收入来源是面向社会所有经济主体征收的税款，相应的支出主要是为了满足社会公共需要。国有资本经营预算的收入主要来源于国家以资本所有者身份取得的各种国有资本收益，包括国有企业上缴的利润、国有股份红利收入、国有资产产权转让收入、土地等国有资源使用权出让应上缴的收入、非国有企业占有国有资产应上缴的占用费收入等。国有资本经营预算的支出结构与公共预算也不相同，其主要用于国有资本的再投入、扩大投资，这些支出包括对新建项目的资本金投入、向不同所有制企业的参股控股、对国家鼓励发展的建设项目的贴息等。

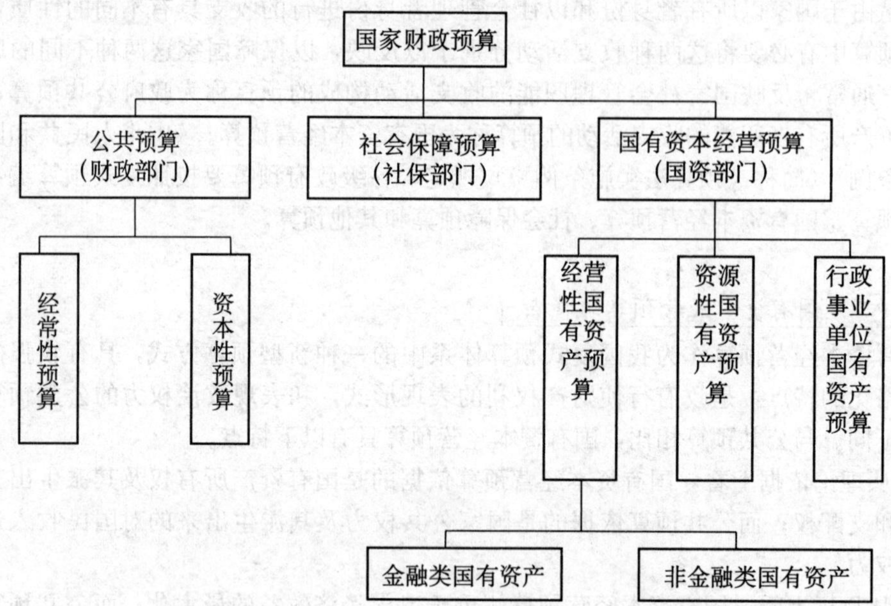

图 7-3　国家财政预算与公共预算、社会保障预算、国有资本经营预算关系图

在预算收支结构上，公共预算和国有资本经营预算之间既有分工又相互衔接，因此，应在两者的预算收支科目中分别设置专门的衔接科目，按照预算收支平衡原则，在公共预算有结余时，按照国家的产业政策实行转移支付，对国有资本重点投资的领域进行投资。如果这种投资项目本身无法在短期内实现投资本身的保值、增值，公共预算则可以采取补贴的方式来弥补国有资本经营预算的赤字，以共同完成国家的宏观调控任务。再如，在我国目前经济改革纵向推进的过程中，当为支持改革而支付的成本使得公共预算支出和社会保障预算支出面临较大的资金缺口时，可以按照量力负担的原则，由国有资本经营预算加以弥补，见图 7-4。

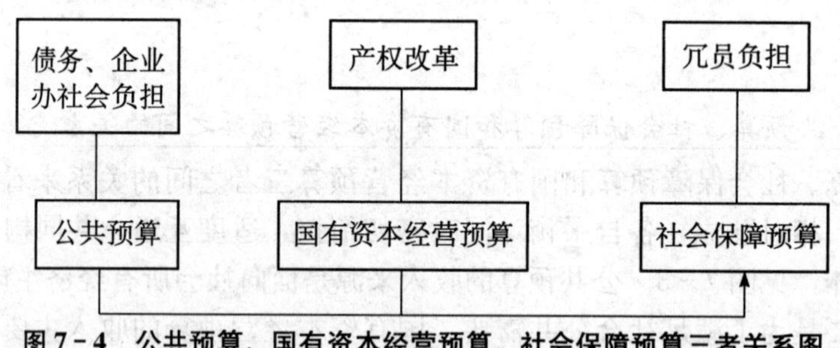

图 7-4　公共预算、国有资本经营预算、社会保障预算三者关系图

三、国有资本经营预算的框架

（一）试行国有资本经营预算的原则

国有资本经营预算既不同于企业财务预算和资产经营公司预算，也不同于国家的公共预算，它是国资委依据政府授权，以国有资本出资人身份在预算年度内取得国有资产

收益、安排国有资产收益支出的一种国有资本出资人的专门预算。我国当前试行国有资本经营预算，应坚持以下原则。

1. 统筹兼顾，适度集中。统筹国有企业自身积累、自身发展和国有经济结构调整及国民经济宏观调控的需要，适度集中国有资本收益，合理确定国有资本经营预算的收支规模。

2. 相互独立，相互衔接。既要保持国有资本经营预算的完整性和相对独立性，又要保持与公共预算的相互衔接。

3. 分级编制，逐步实施。国有资本经营预算实行分级管理、分级编制，根据条件逐步实施。

（二）国有资本经营预算的收支范围

国有资本经营预算的收入是指各级人民政府及其部门、机构履行出资人职责的企业（即一级企业，下同）上缴的国有资本收益，主要包括：

1. 国有独资企业按规定上缴国家的利润。

2. 国有控股企业、国有参股企业国有股权（股份）获得的股利、股息。

3. 企业国有产权（含国有股份）的转让收入。

4. 国有独资企业清算收入（扣除清算费用），以及国有控股企业、国有参股企业国有股权（股份）分享的公司清算收入（扣除清算费用）。

5. 其他收入。

国有资本经营预算的支出主要包括：

1. 资本性支出。根据产业发展规划、国有经济布局和结构调整、国有企业发展要求，以及国家战略、安全等需要安排的资本性支出。

2. 费用性支出。用于弥补国有企业改革成本等方面的费用性支出。

3. 其他支出。具体支出范围依据国家宏观经济政策以及不同时期国有企业改革和发展的任务统筹安排确定，必要时可部分用于社会保障支出。

（三）国有资本经营预算的编制和审批

1. 国有资本经营预算单独编制，预算支出按照当年预算收入规模安排，不列赤字。

各级财政部门为国有资本经营预算的主管部门。各级国有资产监管机构以及其他有国有企业监管职能的部门和单位为国有资本经营预算单位（以下通称预算单位）。

国有资本经营预算试行期间，各级财政部门会同国有资产监督管理机构等编制国有资本经营预算草案，报经本级人民政府批准后下达各预算单位。各预算单位具体下达所监管（或所属）企业的预算，抄送同级财政部门备案。

在国有资本经营预算试行阶段，财政部门和各预算单位的职责分工如下。

财政部门的主要职责包括：负责制（修）定国有资本经营预算的各项管理制度、预算编制办法和预算收支科目；编制国有资本经营预算草案；编制国有资本经营预算收支月报，报告国有资本经营预算执行情况；汇总编报国有资本经营预算；会同有关部门制定企业国有资本收益收取办法；收取企业国有资本收益。财政部负责审核和汇总编制全国国有资本经营预算、决算草案。

各预算单位的主要职责是：负责研究制定本单位国有经济布局和结构调整的政策措施，参与制定国有资本经营预算的有关制度规定；提出本单位年度国有资本经营预算建议草案；组织和监督本单位国有资本经营预算的执行；编报本单位国有资本经营预算决算草案；负责组织所监管（或所属）企业上缴国有资本收益。

2. 对于国有资本经营预算的编制主体，也存在一些争论。从 1994 年实施分税制开始，国有企业就没有实行分红政策。近年来，当国有资产监督管理机构提出编制国有资本经营预算时，财政部门认为国有资本经营预算编制的主体应当是财政部。围绕国有资本经营预算编制和执行的权属问题，财政部门和国有资产监督管理机构展开了激烈的争论。尽管这一争论随着《关于试行国有资本经营预算的意见》的公布已经尘埃落定，但是回顾这一争论过程，有利于我们更为全面地了解这一问题。

建议由国有资产监督管理机构编制国有资本经营预算的主要观点包括：（1）国有资产监督管理机构统一履行出资人职责，由国有资产监督管理机构编制国有资本经营预算是国有资产监督管理机构管资产和管人、管事相结合的保障；（2）政府公共权力和法人财产权在国家利益和股东利益上存在冲突；（3）出资人的市场地位和企业经营预算管理的对接要求国有资本经营预算由国有资产监督管理机构编制。

建议国有资本经营预算由财政部门编制的主要观点有：（1）根据我国现行法律制度的规定，应当由财政部门编制国有资本经营预算。（2）根据政府预算统一性、完整性的原则，国有资本经营预算的编制主体也应为财政部门。国有资本经营预算应和教育预算、军事预算等一样，一起纳入国家整个财政预算的范畴，以全面反映国家的资产收益状况。（3）国有资本经营预算只有由财政部门统一编制，才能保证公共预算、社会保障预算和国有资本经营预算余缺相继，相互融通。（4）保值、增值只是国有资本经营在微观层次的具体要求，国有资本应当发挥比国有资产保值、增值更大的作用。国有资本经营预算作为政府宏观调控的衍生手段，只有超越部门利益、地方利益，才能发挥更大的作用。

（四）国有资本经营预算的执行

国有资本经营预算收入由财政部门、国有资产监督管理机构收取和组织上缴，企业按规定应上缴的国有资本收益应及时、足额直接上缴。

国有资本经营预算资金支出由企业在经批准的预算范围内提出申请，报经财政部门审核，按照财政国库管理制度的有关规定，直接拨付使用单位。使用单位应当按照规定用途使用、管理预算资金，并依法接受监督。

国有资本经营预算执行中如需调整，则按照规定程序报批。年度预算确定后，企业改变财务隶属关系引起预算级次和关系变化时，应当同时办理预算划转。

年度终了后，财政部门应当编制国有资本经营决算草案报本级人民政府批准。

（五）国有资本经营预算的监管

国有资本经营预算的监管是国有资本经营预算执行中的重要问题。选择什么样的部门来监管是国有资本经营预算中的重要问题，需要在今后国有资本经营预算完善的过程中解决。

1. 由全国人民代表大会进行监管。审议、批准和监管政府财政预算是西方国家议会的固有权力之一。国有资本经营预算作为复式预算体系中的重要部分，关系到国计民生中的重大问题，因此，由全国人民代表大会对其进行监管顺理成章。但是，由于全国人民代表大会是国家的最高权力机关，当全国人民代表大会直接监管国有资本经营预算时，行使权力的力度和范围是难以把握的。因此，监管的权力全部归属全国人民代表大会将会付出很高的监管成本。

2. 由各级人民代表大会授权本级人民政府监管。从成本上来讲，由各级人民代表大会授予本级人民政府部分监管国有资本经营预算的权力是降低监管成本的捷径。但问题是，应该由政府的哪个部门来监管。就我国政府的组织结构来看，只有财政部门和审计部门有能力进行监管。如果由财政部门负责编制公共预算，体现国家的政治权力，同时负责国有资本经营预算的编制和监管，则有走向单一预算的老路之嫌；若授权审计部门进行监管，则也有政府自己监管自己、缺乏外部监督之嫌。

一、本章复习题

1. 国有资产收益管理的分类有哪些?
2. 国有资产收益分配的原则是什么?
3. 国有资产收益收缴的形式有哪些?
4. 我国国有资产收益分配的历史沿革是怎样的?
5. 我国试行国有资本经营预算的框架是怎样的?

二、本章讨论题

1. 谈一谈我国试行国有资本经营预算的理论依据。
2. 我国为什么要征收特别收益金?

三、本章阅读资料

1. 白彦锋．我国石油“暴利税”的开征与和谐社会的构建．经济视角，2006（10）．

2. 国务院国有资产监督管理委员会研究中心课题组．加快建立国有资本经营预算制度．证券时报，2007－06－16.

3. 国务院国有资产监督管理委员会．中央企业改革与发展和国有资产管理体制改革进展情况．国务院国资委官网，2006－12－19.

4. 李松森．中央与地方国有资产产权关系研究．北京：人民出版社，2006.

5. 刘玉平，温来成．国有资产管理新论．北京：清华大学出版社，2004.

第八章 国有资产评估

本章关键词

资产评估　资产评估方法　资产评估管理

本章内容提要

资产评估是国有资产管理的基础手段。资产评估是估算资产时点价值的活动，基本内容包括资产评估的主体、客体、特定目的、价值类型、原则、程序和方法。资产评估应用于国有资产管理应遵循相应的程序。资产评估的相关法律、法规和资产评估准则是促进资产评估行业发展的重要保证。

第一节　国有资产评估概述

一、资产评估的概念及其特点

（一）资产评估的概念

资产评估是一项动态化、市场化的社会经济活动，它是市场经济条件下客观存在的经济范畴，本章的资产评估主要是指国有资产评估。在我国，随着社会主义市场经济体制的确立和发展，资产评估作为社会性和公正性活动，在国有资产的产权转让、企业改制重组、资产流动等方面发挥着重要作用，成为社会经济生活中新兴的不可缺少的行业。

一般地说，资产评估是指通过对资产某一时点价值的估算，从而确定其价值的经济活动。《中华人民共和国资产评估法》（简称《资产评估法》）从资产评估执业的角度对资产评估进行了定义：资产评估是指评估机构及其评估专业人员根据委托对不动产、动产、无形资产、企业价值、资产损失或者其他经济权益进行评定、估算，并出具评估报告的专业服务行为。该定义认为：

1. 从事资产评估的主体是资产评估机构及其资产评估专业人员。资产评估专业人员包括资产评估师和其他具有资产评估专业知识及经验的评估从业人员。

2. 资产评估的客体（即对象）是不动产、动产、无形资产、企业价值、资产损失或者其他经济权益。

3. 资产评估是应委托所从事的专业服务，是一种受托民事行为。

4. 资产评估服务的内容主要是对评估对象的价值进行评定、估算。具体来说，就是由资产评估机构及其资产评估专业人员依据国家规定和有关资料，根据特定的目的，遵循适用的原则，选择恰当的价值类型，依照法定的程序，运用科学的方法，对约定时点的资产价值进行评定和估算。

5. 资产评估服务的成果通常是资产评估机构向委托人出具的资产评估报告。

通过对概念的解释可以看出，资产评估主要由六大要素组成，即资产评估的主体、客体、特定目的、程序、价值类型和方法。资产评估的主体是指资产评估由谁来承担，它是资产评估工作得以进行的重要保证；资产评估的客体是指资产评估的对象，它是对资产评估内容上的界定；资产评估的特定目的是指资产业务发生的经济行为会直接决定和制约资产评估价值类型和方法的选择；资产评估的价值类型是对评估价值的质的规定，对资产评估方法的选择具有约束性；资产评估的方法是确定资产评估价值的手段和途径。同时，整个资产评估工作是按一定程序进行的。资产评估的要素是一个有机组成的整体，它们之间相互依托，相辅相成，缺一不可。而且，它们也是保证资产评估价值的合理性和科学性的重要条件。

（二）资产评估的特点

充分理解和把握资产评估的特点有利于进一步弄清资产评估的实质，对于做好资产评估工作、提高资产评估质量具有重要意义。一般来说，资产评估具有以下特点。

1. 现实性。现实性是指以资产评估基准期为时间参照，按这一时点的资产实际状况对资产进行的评定估算。

资产评估基准期是指确定的资产评估价值的基准时间。由于各种资产都是处在不断变化中的，资产的数量、结构、状态和价值也就不可能长期保持不变。因此，资产评估只能是评估某一时点的资产，它不能完全反映各个时期的资产状况。为了科学实施资产评估，使评估结果具有可解释性，便于客户和公众对其进行合理利用，必须确定资产评估基准期。资产评估基准期一般以“日”为基准时点，选择与资产业务或评估作业时间较为接近的时期。

资产评估的现实性表现在以下三个方面。

（1）资产评估直接以现实存在为资产确认、估价和报告的依据，没有与过去的业务及其记录进行衔接，只需要说明当前资产状况，而不需要说明为什么形成这种状况，以及是如何由过去状况变成当前状况的。

(2) 以现实状况为基础反映未来。

(3) 现实性强调客观存在。形式上存在而实际上已消失者，以及形式上不存在而事实上存在者，都要以客观存在为依据来进行校正。

2. 市场性。资产评估是来源于市场、服务于市场的活动，其市场性特点表现为：在资产交易活动发生的条件下，资产评估通过模拟市场条件对资产做出评定估算和报告，并且这一估算和报告结果必须接受市场检验。

3. 预测性。预测性是指用资产的未来时空的潜能说明现实。现实的评估价值必须反映资产的未来潜能，未来没有潜能和效益的资产的现实评估价值是不存在的。因此，通常用未来预期收益折算来反映整体资产的现实价值，用预期使用年限和功能来评估某类资产的重置价值，这是预测性特点的现实表现。

4. 公正性。公正性是指资产评估行为对于评估当事人具有独立性，它服务于资产业务的需要，而不是服务于相互矛盾的资产业务当事人的任何一方的需要。公正性的表现有两点：一是资产评估是按公允、法定的准则和规程进行的，具有公允的行为规范和业务规范，这是公正性的技术基础；二是评估人员通常是与资产业务没有利害关系的第三者，这是公正性的组织基础。

5. 咨询性。咨询性是指资产评估结论是为资产业务提供的专业化估价意见，这个意见本身并无强制执行的效力，评估者只对结论本身合乎职业规范要求负责，而不对资产业务定价决策负责。事实上，资产评估为资产交易提供的估价往往由当事人作为要价和出价的参考，最终的成交价格取决于讨价还价的本领。咨询性除具有上述有限法律责任这一含义以外，还具有另一含义，即资产评估是职业化专家活动，其表现是一定数量的专家组成专业评估机构，形成专业化的社会分工，评估活动已被专业化、市场化了。这种专业化、市场化的评估行业拥有大量的资产市场信息，从而能够更好地为资产业务的优化服务。

二、资产评估的对象

（一）资产的含义

资产评估的对象，是指被评估的资产，即资产评估的客体。什么是资产，却不是一个轻易可以回答的问题。作为资产评估对象的资产，有的是单项资产，有的则是若干项资产的组合体；有的是某一资产的所有权，有的则是资产的使用权；等等。我国的资产评估对象的确定最初是以企业为主体进行研究的，当然也不排斥各项独立形态的资产，如房地产等。就企业主体而言，《企业会计准则》中对资产的定义是：资产是企业拥有和控制的、能以货币计量的经济资源。《企业财务会计报告条例》指出：资产是指过去的交易或事项形成并由企业拥有或者控制的资产，该资源会给企业带来经济利益。《企业会计准则——基本准则》指出：资产是指企业过去的交易或者事项形成的、由企业拥有或者控制的、预期会给企业带来经济利益的资源。符合资产定义和资产确认条件的项目，应当列入资产负债表；符合资产定义但不符合资产确认条件的项目，不应当列入资产负债表。从会计学的角度来说，上述定义的资产指的是企业资产负债表中左方的内容，即企业的全部资产。从资产评估的角度来说，评估一个企业资产的价值，其客体可以是全部资产，可以是净资产，也可以是普通股权益。显然，上述资产的定义包含不了这些资产的内容。2017 年的《国际评估准则》并未给出资产的定义，但是从资产的外延角度指出了资产的范围。该准则的框架部分指出：资产评估中的资产，除了资产之外，还包括负债或多项负债、资产组或负债组，以及资产与负债组合。因此，2017 年的《国际评估准则》明确了资产评估中的资产的概念，这一概念并不是通常意义中会计学或者经济学中的资产。

对于作为资产评估对象的资产，可以从以下几个方面理解。

1. 资产是一种权利。面对众多不同类型和形态的资产，要科学估算其价值，首先应判断其价值的内容。资产是一种权利，同样的资产载体，其权利是不同的。正如 2017 年的《国际评估准则》中指出的：从技术上说，被评估的对象是资产的所有权或所有者的权利，而不是有形资产或无形资产本身。诸如商标权的评估，其所有权价值和许可使用权价值是不同的。再如有关资源资产评估，涉及地质、矿藏、森林、旅游资源等。实际上，若要准确地评估这些资源的价值是不容易的，甚至是做不到的。评估者要评估的不是这些资源本身，而是这些资源某一方面的权利。

2. 资产是一种获利能力。判断和评估一项财产是否是资产，其价值如何，首要问题是判断其是否具有获利能力。如果不具备获利能力，也就不具备资产的特征，也就无所谓价值的存在。资产的价值是由资产所具有的获利能力决定的，不是评估人员评估出来的。评估人员只是采用适当的方法将其价值反映出来。

3. 资产必须为某一主体所拥有和支配。资产作为具有获利能力的权利，必须有其拥有和支配的主体，权属问题也是资产的本质内容，例如有关定理、公式等是社会共有财富，无从判断其价值。而且，权属模糊不清，就无法界定资产范围，也就无从估算其价值。

（二）资产的分类

为了科学地进行资产评估，应对资产评估对象按不同的标准进行合理的分类。

1. 按资产存在的形态分类。按资产存在的形态可以分为有形资产和无形资产。

有形资产是指那些具有实体形态的资产，包括机器设备、建筑物、流动资产等。会计学中的固定资产，一般是以使用年限在一年以上，单位价值在规定限额以上为标准的主要劳动手段。在资产评估中，固定资产具体是指机器设备、建筑物等，评估时应分别进行，因为它们具有不同的功能和特性。

无形资产是指那些没有物质实体而以某种特殊权利和技术知识等经济资源存在并发挥作用的资产，包括专利权、商标权、非专利技术、土地使用权、商誉等。

2. 按资产是否具有综合获利能力分类。按资产是否具有综合获利能力可以分为单项资产和整体资产。

单项资产是指单台、单件的资产。比如机器设备、原材料、建筑物、专利、特许使用权等都可以作为单项资产进行评估。资产评估业务中，单项资产还包括若干项以独立形态存在、可以单独发挥作用或以个体形式进行销售的资产。

整体资产是指由一组单项资产组成的具有获利能力的资产综合体。《企业会计准则第8号——资产减值》引入了资产组的概念。资产组是指企业可以认定的最小资产组合，其产生的现金流入应当基本上独立于其他资产或者资产组。资产组应当由创造现金流入的相关资产组成，因此，资产组满足整体资产的内涵要求。整体企业是典型的整体资产。

作为资产评估对象的资产，大多具有可确指的存在形态，可以单件、单台地进行评估。例如，我们可以确切地评估厂房、机器设备的单项价值，以及某项技术专利等无形资产的开发或购置成本。以单项资产为对象的评估称为单项资产评估。但是，当不是变卖单项资产，而是转让整体资产如企业的全部股东权益或部分股东权益时，由于存在表外资产以及资产之间的协同效应价值，一般不能简单地将单项资产评估的价值总和作为交易价格的参考尺度，因而存在有别于单项资产评估的整体资产评估。典型的整体资产一般是一个企业，也可以是某一车间，或者是一组无形资产的综合体。企业整体资产不是企业单项可确指资产的汇集，其价值也不等于单项可确指资产价值的简单加总，因为企业的整体资产评估考虑的是它作为一个整体资产的生产能力或获利能力，所以，其评估价值除了包括单项可辨认的资产价值以外，还包括不可辨认的资产，即商誉的价值。

3. 按资产能否独立存在分类。按资产能否独立存在可以分为可辨认的资产和不可辨认的资产。

可辨认的资产是指能独立存在的资产，前面所列示的有形资产和无形资产，除商誉以外都是可辨认的资产；不可辨认的资产是指不能独立于有形资产而单独存在的资产，如商誉。商誉是由于企业地理位置优越、信誉卓越、生产经营出色、劳动效率高、历史悠久、经验丰富、技术先进等原因，能获得的投资收益率高于一般正常投资收益率所形成的超额收益，它不能脱离企业的有形资产单独存在，所以称为不可辨认的资产。

从西方发达国家资产评估历史来看，最初的资产评估对象主要是不动产，即非货币性长期资产。但随着市场经济的发展和资产评估业务的不断开展，资产评估的对象范围在不断扩大。例如，以美国为代表的资产评估领域，评估对象不仅包括不动产，而且包括动产、珠宝、机器设备、企业价值等；以英国为代表的欧洲资产评估体系几乎完全偏重于不动产评估，《国际评估准则》最初是以不动产为对象予以规范的。但值得注意的是，从20世纪90年代以后，《国际评估准则》的内容在发生变化。1997年的《国际评估准则》中指南3为厂房和设备的评估；2000年的《国际评估准则》中增加了指南4——无形资产评估；2001年的《国际评估准则》中共有十项评估指南，其中指南6为企业价值评估。这说明资产评估对象的范围也在不断地丰富和发展。2011年的《国际评估准则》更是包括了资产评估各类业务内容。随后2017年的《国际评估准则》进一步对各类资产评估业务内容进行了系统归纳。由此可见，资产评估业务由单项资产评估向综合性资产评估发展。

三、资产评估的特定目的和价值类型

(一) 资产评估的特定目的

资产评估的特定目的指的是被评估资产即将发生的经济行为。同样的资产，因为评估的特定目的不同，其评估值也不相同。资产评估的特定目的对资产评估的影响表现在两个方面：一是在什么样的条件下，即资产发生怎样的经济行为时应该评估和可以评估；二是不同的经济行为决定了评估价值类型的差异，进而引致资产评估结果的差异。

我国国有资产评估的特定目的主要有：资产转让；企业兼并；企业出售；企业联营；股份经营；中外合资、合作；企业清算；抵押；担保；企业租赁；债务重组；等等。

1. 资产转让。资产转让是指资产拥有单位有偿转让其拥有的资产，通常是指转让非整体性资产的经济行为。

2. 企业兼并。企业兼并是指一个企业以承担债务、购买、股份化和控股等形式有偿接收其他企业的产权，使被兼并方丧失法人资格或改变法人实体的经济行为。

3. 企业出售。企业出售是指独立核算的企业或企业内部的分厂、车间及其他整体资产产权出售行为。

4. 企业联营。企业联营是指国内企业、单位之间以固定资产、流动资产、无形资产及其他资产投入组成各种形式的联合经营实体的行为。

5. 股份经营。股份经营是指资产占有单位实施股份制经营方式的行为，包括法人持股、内部职工持股、向社会发行不上市股票和上市股票。

6. 中外合资、合作。中外合资、合作是指我国的企业和其他经济组织与外国企业和其他经济组织或个人在我国境内举办合资或合作经营企业的行为。

7. 企业清算。企业清算包括破产清算、终止清算和结业清算。

8. 抵押。抵押是指资产占有单位以本单位的资产作为物质保证进行抵押而获得贷款的经济行为。

9. 担保。担保是指资产占有单位以本企业的资产为其他单位的经济行为担保，并承担连带责任的行为。

10. 企业租赁。企业租赁是指资产占有单位在一定期限内，以收取租金的形式，将企业全部或部分资产的经营使用权转让给其他经营使用者的行为。

11. 债务重组。债务重组是指债权人按照其与债务人达成的协议或法院的裁决同意债务人修改债务条件的事项。

(二) 资产评估的价值类型

资产评估价值是资产评估的结果，也是资产评估工作的目标。资产评估价值的真实性和科学性，是衡量资产评估工作质量好坏的重要标志。资产评估价值含义不清，价值类型选择不当，会直接影响评估结果的准确程度，影响评估工作质量。

价值类型在资产评估业务中具有重要的作用，表现如下。

1. 价值类型是影响和决定资产评估价值的重要因素。资产评估价值是某项资产在特定条件下的价值表现，其价值含义不同，结果也不一样。《国际评估准则》中指出：专业评估师应避免使用未经限定的“价值”概念，而应对所涉及的特定价值类型进行详细描述。在运用和理解评估时明确披露价值类型和定义尤为重要，价值类型和定义需要与特定的资产评估业务相适应，价值定义的改变会对各种资产所具有的价值产生实质性的影响。因此，每一个资产评估价值都是有条件的特定价值，而非资产本身的客观价值和内在价值。价值类型指的是评估价值的类别，是每一项评估价值的具体价值尺度。目前有一种观点认为，一项资产因价值含义不同而产生评估价值差异，会使得评估价值具有随意性和偏好性，缺乏客观性。这种担心可以理解，但没有必要。因为强调评估价值含义不同会导致评估价值差异，正是为了更有效、真实地反映资产的评估价值。通常情况下，资产发生的经济行为不同，其使用价值实现的市场环境和条件也不一样。一台机器设备在用于投资行为的评估和用于销售变现行为的评估中的价值含义不同，评估价值也不一样。用于销售变现行为的评估时，该资产的使用价值取决于市场的交换条件和需求者对其使用价值的判断；用于投资行为的评估时，则只是考虑该机器设备在新投资企业中是否有用及其有用程度。显然，这时需求者及其市场条件就会产生差异。

2. 价值类型制约资产评估方法的选择。价值类型实际上是评估价值的一个具体标准，为了获得某种标准的评估价值，需要通过评估方法获得。国际上通行的评估方法主要有三种：市场法、成本法和收益法。现实工作中，我国更多地采用的是成本法，市场法和收益法的应用相对较少。应该说，评估方法无所谓先进和落后之分，只要能够获得满足价值类型结果的方法都是可行和有效的，我国之所以更多采用成本法，主要是受制于市场条件。因此，在价值类型确定的情况下，评估方法的选择具有随机性和多样性。《国际评估准则》中指出：评估市场价值的最常见方法包括市场法（比较法）、收益资本化或现金流折现法（收益法）和成本法。根据我国《国有资产评估管理办法》的规定，资产评估方法主要有四种：重置成本法、现行市价法、收益现值法和清算价格法。前三种方法除了语言表达方面的差异外，内涵与国际通行的方法相同；清算价格法是我国特有的方法。但实践证明，清算价格法不是一种有用的方法。

事实上，评估方法本身只是估算评估价值的一种思路，价值类型确定后会直接制约着方法应用中各种指标、参数的判断和选择。

3. 明确评估价值类型，可以更清楚地表达评估结果，避免委托方误用评估结果。任何评估结果都是有条件的，不同的评估目的、市场条件决定其价值含义是不同的，评估价值也不相同。评估师在评估报告中提出评估价值，并明确其价值类型，可以使委托方更清楚地使用评估价值，这样也可以规避评估师的责任。

关于价值类型问题，一直是评估业界的焦点和难点。现在至少已在下列方面达成共识：一是价值类型是必需的；二是价值类型应指导评估过程始终；三是必须定义每一种价值类型。现在的难点是如何确定价值类型的种类并定义每一种价值类型。

决定和影响价值类型的因素是多方面的，但主要因素包括：（1）评估的特定目的（经济行为）；（2）市场条件；（3）资产功能及其状态。上述三项因素是一个有机整体，核心问题是评估的特定目的，因为特定目的的确定会直接影响市场条件，进而影响资产功能和状态。比如，资产在发生售卖的经济行为下直接决定了市场中需求者的范围。通常情况下，资产评估的特定目的不同，评估价值也不一样，这种差异本身就是由特定目的引致的价值类型不同造成的。需要进一步说明的是，许多情况下我们可以根据特定目的，加上对市场条件的假设和判断选择价值类型，但例外的情况是，评估师也可以根据委托者的要求选择价值类型。一般地，当企业破产、资产拍卖时，我们可以选择清算价格，但也可以根据委托者要求选择市场价值类型。根据对市场价值概念的分析，国际评估界似乎对市场价值具有更大的偏好性，它是一种理想化的评估价值。当然，价值类型选择不同会直接影响评估价值。而且，不同价值类型下的评估价值与实际资产交易值的差异度是不同的。如果企业破产评估选用清算价格这种价值类型，实际处置时，处置值和评估值差异就会很小；如果选用市场价值类型，处置值和评估值差异就会较大。可见，在评估目的相同的情况下，不同价值类型的评估值所表现的实际交易值与评估值的差异程度不同。需要强调说明的是，评估价值与资产交易值之间存在差异是正常的现象，因为交易过程中的许多因素并非评估师所应考虑的内容，委托方使用评估价值时，应注意分析二者差异的原因。当然，这并不是说评估师对评估值就没有责任了，其仍然应对形成评估值的因素及参数选择方面负责。

四、资产评估的原则

资产评估的原则是调节资产评估委托者、评估业务承担者以及资产业务有关权益各方在资产评估中的相互关系，规范评估行为和业务的准则。它包括两个层次的内容，即资产评估的工作原则和资产评估的经济原则。

（一）资产评估的工作原则

1. 独立性原则。独立性原则要求在资产评估过程中摆脱资产业务当事人利益的影响，评估工作应始终坚持独立的第三者立场。评估机构应是独立的社会公正性机构，不能为资产业务各方的任何一方所拥有，评估工作不应受外界干扰和委托者意图的影响。评估机构和评估人员不应与资产业务有任何利益上的联系。

2. 客观性原则。客观性原则是指评估结果应以充分的事实为依据。评估人员要从实际出发，认真进行调查研究，在评估过程中排除人为因素的干扰，具有客观、公正的态度和采用科学的方法。评估的指标具有客观性，评估过程中的预测、推理和逻辑判断等只有建立在市场和现实的基础资料上才具有意义。

3. 科学性原则。科学性原则是指在资产评估过程中，必须根据评估的特定目的选择适当的价值类型和方法，制订科学的评估实施方案，使资产评估结果科学合理。资产评估方法的科学性不仅在于方法本身，而且必须严格与价值类型相匹配。价值类型的选择是以评估的特定目的为依据，它对评估方法具有约束性，不能以方法取代价值类型，以技术方法的多样性和可替代性模糊评估价值类型的唯一性会影响评估结果的合理性。

另外，科学性原则还要求资产评估程序科学合理。资产评估业务不同，其评估程序也会有繁简的差异。因此，应根据评估本身的规律性和国家有关规定，结合资产评估的实际情况，确定科学的评估程序。这样才能既有利于节约人力、物力和财力，降低评估成本，又有利于提高评估效率，保证评估工作的顺利进行。

4. 专业性原则。专业性原则要求资产评估机构必须是提供资产评估服务的专业技术机构。资产评估机构必须拥有一支由工程、技术、营销、财务会计、法律和经济管理等多学科的专家组成的资产评估专业队伍。这支专业队伍的成员必须具有良好的教育背景、专业知识和丰富的经验，这是确保资产评估方法正确、评估结果公正的技术基础。此外，专业性原则还要求资产评估行业内部存在专业技术竞争，以便为委托方提供广阔的选择余地，这是确保资产评估公平的市场条件。

（二）资产评估的经济原则

1. 贡献原则。贡献原则是指某一资产或资产的某一构成部分的价值，取决于它对其他相关的资产或资产整体的价值贡献，或者根据当缺少它时对整体价值下降的影响程度来衡量确定。贡献原则要求在评估一项由多个资产构成的整体资产的价值时，必须综合考虑该项资产在整体资产构成中的重要性，而不是孤立地确定该项资产的价值。

2. 替代原则。替代原则是指当同时存在几种效能相同的资产时，最低价格的资产需求最大。这是因为，有经验的买方对某一资产不会支付高于能在市场上找到相同效用替代物的费用。评估时，某一资产的可选择性和有无替代性是需要考虑的一个重要因素。

3. 预期原则。预期原则是指在资产评估过程中，资产的价值可以不按照过去的生产成本或销售价格决定，而是基于对未来收益的期望值决定。资产评估价值的高低取决于实现资产的未来效用或获利能力。一项资产取得时的成本很高，但对购买者来说，其效用不高，评估值就不会很大。预期原则要求在进行资产评估时，必须合理预期其未来的获利能力以及拥有获利能力的有效期限。

资产评估的各经济原则是相互联系的，在评估过程中应综合运用这些原则，以保证资产评估工作效率的提高和评估结果的合理性。

应当说明的是，被评估资产的价值在客观上是一个量，而人们对它的评估又是一个量。资产评估就是通过对资产的全面认识和判断，来反映其客观价值。但是，一般来说，要使评估价值与资产的客观价值完全一致是很难的，资产评估者的目标或任务应是努力缩小这个差距。

第二节　国有资产评估方法

一、市场法

（一）市场法的概念及其适用的前提条件

市场法也称市场价格比较法，是指通过比较被评估资产与最近售出类似资产的异同，并将类似资产的市场价格进行调整，从而确定被评估资产价值的一种资产评估方法。市场法是一种最简单、有效的方法，因为评估过程中的资料直接来源于市场，同时为即将

发生的资产行为估价所用。但是，市场法的应用与市场经济的建立和发展，以及资产的市场化程度密切相关。在我国，社会主义市场经济的建立和完善为市场法提供了有效的应用空间，市场法日益成为一种重要的资产评估方法。

应用市场法进行资产评估，必须具备以下前提条件。

1. 需要有一个充分发育、活跃的资产市场。在市场经济条件下，市场交易的商品种类有很多，资产作为商品，是市场发育的重要方面。在资产市场上，资产交易越频繁，与被评估资产相类似资产的价格越容易获得。

2. 参照物及其与被评估资产可比较的指标、技术参数等资料是可搜集到的。运用市场法，重要的是能够找到与被评估资产相同或相类似的参照物。但与被评估资产完全相同的资产是很难找到的，这就要求对类似资产参照物进行调整，有关调整的指标、技术参数能否获取是决定市场法运用与否的关键。

（二）运用市场法进行资产评估的方式

当运用市场法进行资产评估时，因市场条件的差异和参照物的不同，应采取不同的方式。一般地说，在市场上如能找到与被评估资产完全相同的参照物，就可以把参照物价格直接作为被评估资产的评估价值。这是市场法运用最简单、直观的方式。但是，在资产评估过程中，完全相同的参照物是很少见的，更多的情况下获得的是类似参照物的价格，需要进行价格调整，因此市场法也称作市场价格比较法，是指一项被评估资产需要评估时，在公开市场上找不到与之完全相同的资产，但在公开市场上能找到与之类似的资产，以类似的资产为参照物，并依据其价格做相应的差异调整，确定被评估资产价值。资产评估过程中，在公开市场上完全相同的参照物几乎是不存在的，即使是一个工厂出产的相同规格、型号的设备，在不同企业中使用，由于维护保养条件、操作使用水平以及利用率高低等多种因素的作用，其实体损耗也不可能是同步的。即使新旧程度相同，但交易条件方面是否相同，也只能经过详细的调查研究，通过仔细的对比分析，才能得出正确的结论。因此，采用市场法时，一方面是选择确定参照物价格，选择的参照物应具有相关性和代表性，而且应足够多；另一方面则是分析和确定参照物的差异调整因素。参照物的差异调整因素主要包括以下三个方面。

一是时间因素。时间因素是指参照物交易时间与被评估资产评估基准日相差时间所影响的被评估资产价格的差异。在不同的时间条件下，资产价格不同，应注意时间因素导致的价格变化。

二是地域因素。地域因素是指资产所在地区或地段条件对资产价格的影响差异。地域因素对房地产价格的影响尤为突出。

三是功能因素。功能因素是指资产实体功能过剩或不足对价格的影响。如一座房屋或一台机器设备，就特定资产实体而言，其功能较高，用途广泛，但购买者未来使用并不需要如此高的功能；反之，购买者也可能有超出特定资产现有条件的要求，因而产生实体功能对价格的影响。一般情况下，功能越高，售价越高，但买主未来若对资产特定功能没有需求，就不愿意多花钱去购买这项资产，特殊功能的资产对所有者来讲并没有特殊价值。

（三）运用市场法进行资产评估的程序

运用市场法评估资产时，一般按下列程序（或步骤）进行。

1. 明确评估对象。

2. 进行公开市场调查，收集相同或类似资产的市场基本信息资料，寻找参照物。

3. 分析和整理资料并验证其准确性，选择参照物。评估人员对收集到的资料应认真分析并验证其真实可信程度，分析其交易条件和背景，选择三个或三个以上的可比参照物。

4. 把被评估资产与参照物比较。

5. 分析并调整差异，得出结论。

一般来说，市场越活跃，市场法运用的空间越大，评估结论越准确。

市场法是资产评估中最简单、最有效的方法，其优点表现在：

1. 能够客观反映资产目前的市场情况，其评估的参数、指标直接从市场获得，评估值更能反映市场现实价格；

2. 评估结果易于被各方面理解和接受。

市场法的缺点表现在：

1. 需要有公开及活跃的市场作为基础，有时缺少可对比数据而难以应用；

2. 不适用于专用机器设备、大部分的无形资产，以及受地区、环境等严格限制的资产的评估。

二、成本法

（一）成本法的概念及其适用的前提条件

成本法是指在评估资产时按被评估资产的现时重置成本扣减其各项损耗价值来确定被评估资产价值的方法。

采用成本法对资产进行评估的理论依据如下。

1. 资产的价值取决于资产的成本。

资产的原始成本越高，资产的原始价值越大，反之则小，二者在质和量的内涵上是一致的。根据这一原理，采用成本法对资产进行评估，必须首先确定资产的重置成本。重置成本是在现行市场条件下重新购建一项全新资产所支付的全部货币总额。重置成本与原始成本的内容构成是相同的，而二者反映的物价水平是不相同的，前者反映的是资产评估日期的市场物价水平，后者反映的是当初购建资产时的物价水平。资产的重置成本越高，其重置价值越大。

2. 资产的价值是一个变量，随资产本身的运动和其他因素的变化而相应变化。

影响资产价值量变化的因素，除了市场价格以外，还应考虑以下几点。

（1）资产投入使用后，由于使用磨损和自然力的作用，其物理性能会不断下降，价值会逐渐减少。这种损耗一般称为资产的物理损耗或有形损耗，也称实体性贬值。

（2）新技术的推广和运用，使用企业原有资产与社会上普遍推广和运用的资产相比较，在技术上明显落后、性能降低，其价值也就相应减少。这种损耗称为资产的功能性损耗，也称功能性贬值。

（3）由于资产以外的外部环境因素变化引致资产价值降低。这些因素包括政治因素、宏观政策因素等。例如，政府实施新的经济政策或发布新的法规限制了某些资产的使用，使得资产价值下降。这种损耗一般称为资产的经济性损耗，也称经济性贬值。

采用成本法评估资产须具备的前提条件如下。

1. 应当具备可利用的历史资料。成本法的应用是建立在历史资料基础之上的，许多信息资料、指标需要通过历史资料获得。同时，现时资产与历史资产具有相同性或可比性。

2. 形成资产价值的耗费是必需的。耗费是形成资产价值的基础，但耗费包括有效耗费和无效耗费，采用成本法评估资产，首先的问题是这些耗费是必需的，而且这些耗费应体现社会或行业平均水平。

（二）成本法运用的思路及其各项指标的估算

根据成本法的含义，成本法的基本计算公式可以表述为：

被评估资产评估值＝重置成本－实体性贬值－功能性贬值－经济性贬值

被评估资产评估值＝重置成本×成新率

成本法的计算公式为正确运用成本法评估资产提供了思路。评估操作中，重要的是依此思路确定各项技术经济指标。

1. 重置成本及其估算。重置成本一般可分为复原重置成本和更新重置成本。

复原重置成本是指运用原来相同的材料、建筑或制造标准、设计、格式及技术等，以现时价格复原购建这项全新资产所发生的支出。

更新重置成本是指利用新型材料，并根据现代标准、设计及格式，以现时价格生产或建造具有同等功能的全新资产所需的成本。

选择重置成本时，在同时可获得复原重置成本和更新重置成本的情况下，应选择更新重置成本。在无更新重置成本时，可采用复原重置成本。一般来说，复原重置成本大于更新重置成本，但由此导致的功能性损耗也大。之所以要选择更新重置成本，一方面，随着科学技术的进步，以及劳动生产率的提高，新工艺、新设计的采用被社会普遍接受；另一方面，新型设计、工艺制造的资产无论从其使用性能还是成本耗用方面都会优于旧资产。

更新重置成本和复原重置成本的相同点在于采用的都是资产的现时价格，不同点在于技术、设计、标准方面的差异。对于某些资产，其设计、耗费、格式几十年实行一贯制，更新重置成本与复原重置成本是一样的。应该注意的是，无论是更新重置成本还是复原重置成本，资产本身的功能不变。例如，当评估一台386型电子计算机时，就不能以486型电子计算机作为更新重置成本。

重置成本的估算一般可以采用下列方法。

（1）重置核算法。它是指按资产成本的构成，把以现行市价计算的全部购建支出按其计入成本的形式，将总成本分为直接成本和间接成本来估算重置成本的一种方法。

直接成本是指直接可以构成资产成本支出的部分，如建筑物的基础、墙体、屋面、内装修等项目；机器设备类资产的设备购价、安装调试费、运杂费、人工费等项目。直接成本应按现时价格逐项加总。

间接成本是指为建造和购买资产而发生的管理费、总体设计制图等项支出。在实际工作中，间接成本可以通过下列方法计算。

①人工成本比例法。计算公式为：

$$间接成本=人工成本总额\times成本分配率$$

也就是说，

$$成本分配率=\frac{间接成本}{人工成本总额}\times100\%$$

②单位价格法。计算公式为：

$$间接成本=工作量（按工日或工时）\times单位价格/工日或工时$$

③间接成本占直接成本百分率法。计算公式为：

$$间接成本=直接成本\times间接成本占直接成本百分率$$

［例 8-1］ 重置购建设备一台，现行市场价格为每台 50 000 元，运杂费为 1 000 元，直接安装成本为 800 元，其中，原材料为 300 元，人工成本为 500 元。根据统计分析求得安装成本中的间接成本为每元人工成本 0.8 元，该机器设备的重置成本为：

直接成本	51 800 元		
其中：买价		50 000 元	
运杂费		1 000 元	
直接安装成本		800 元	
其中：原材料			300 元
人工成本			500 元
间接成本（安装成本）	400 元		
重置成本合计	52 200 元		

（2）物价指数法。这种方法是在资产历史成本基础上，通过现时物价指数确定其重置成本，计算公式为：

$$被评估资产重置成本=资产历史成本\times\frac{资产评估时物价指数}{资产购建时物价指数}$$

或

$$被评估资产重置成本=资产历史成本\times(1+物价变动指数)$$

公式中，资产历史成本要求真实、准确并符合社会平均的合理成本的要求；资产评估时物价指数指的是评估基准日（或能够代表评估基准日）的物价指数，而且应是资产的类别或个别物价指数。

［例 8-2］ 某项被评估资产于 2000 年购建，账面原值为 100 000 元，2009 年进行评估，已知 2000 年和 2009 年的该类资产定基物价指数分别为 100%和 150%。则被评估资产重置成本为：

$$被评估资产重置成本=100\ 000\times\frac{150\%}{100\%}=150\ 000（元）$$

或

$$被评估资产重置成本=100\ 000\times(1+50\%)=150\ 000（元）$$

物价指数法与重置核算法是重置成本估算较常用的方法，但二者具有明显的区别，

表现如下。

①物价指数法估算的重置成本仅考虑了价格变动因素，因而确定的是复原重置成本；而重置核算法既考虑了价格因素，也考虑了生产技术进步和劳动生产率的变化因素，因而可以估算复原重置成本和更新重置成本。

②物价指数法建立在不同时期的某一种或某类甚至全部资产的物价变动水平上；而重置核算法建立在现行价格水平与购建成本费用核算的基础上。

明确物价指数法和重置核算法的区别，有助于重置成本估算中方法的判断和选择。一项科学技术进步较快的资产，采用物价指数法估算的重置成本往往偏高。当然，物价指数法和重置核算法也有相同点，如都是建立在利用历史资料的基础上。因此，资产评估时重置成本与委托方提供历史资料（如财务资料）的口径差异是上述两种方法应用时需要共同注意的问题。

(3) 功能价值法，也称生产能力比例法。这种方法是寻找一个与被评估资产相同或相似的资产为参照物，计算其每一单位生产能力价格或参照物与被评估资产生产能力的比例，据以估算被评估资产的重置成本。计算公式为：

$$被评估资产重置成本=\frac{被评估资产年产量}{参照物年产量}\times参照物重置成本$$

[例 8-3]　重置一台全新的机器设备的价格为 50 000 元，年产量为 5 000 件。现知被评估资产的年产量为 4 000 件，由此可以确定其重置成本：

$$被评估资产重置成本=\frac{4\ 000}{5\ 000}\times50\ 000=40\ 000（元）$$

这种方法运用的前提条件和假设是资产的成本与其生产能力呈线性关系，生产能力越强，成本越高，而且是正比例关系。应用这种方法估算重置成本时，首先应分析资产成本与生产能力之间是否存在这种线性关系，如果不存在这种关系，这种方法就不可以采用。

(4) 规模经济效益指数法。通过不同资产的生产能力与其成本之间关系的分析可以发现，许多资产的成本与其生产能力之间不存在线性关系，当资产 A 的生产能力比资产 B 的生产能力大一倍时，其成本却不一定大一倍，也就是说，资产的生产能力和成本之间只表现为同方向变化，而不是等比例变化，这是规模经济效益的结果。将两项资产的重置成本和生产能力相比较，其关系可用下列公式表示：

$$\frac{被评估资产重置成本}{参照物资产重置成本}=\left(\frac{被评估资产产量}{参照物资产产量}\right)^x$$

推导可得：

$$被评估资产重置成本=参照物资产重置成本\times\left(\frac{被评估资产产量}{参照物资产产量}\right)^x$$

公式中的 x 是一个经验数据，称为规模经济效益指数。在美国，这个经验数据一般为 0.4～1，如加工工业一般为 0.7，房地产行业一般为 0.9。我国到目前为止尚未有统一的经验数据，评估过程中要谨慎使用这种方法。公式中的参照物一般可选择同类资产中的标准资产。

上述四种方法均可用于确定在成本法中的重置成本。至于选用哪种方法，应根据具体的评估对象和可以收集到的资料确定。这些方法可能同时适用于某项资产，有时则不然，应用时必须注意分析方法运用的前提条件，否则将得出错误的结论。

另外，用成本法对企业整体资产及其某一相同类型资产进行评估时，为了简化评估业务，节省评估时间，还可以采用统计分析法确定重置成本，这种方法运用的步骤如下。

①在核实资产数量的基础上，把全部资产按照适当标准划分为若干类型，如建筑物按结构划分为钢结构、钢筋混凝土结构等；机器设备按有关规定划分为专用设备、通用设备、运输设备、仪器仪表等。

②在各类资产中抽样选择适量具有代表性的资产，应用功能价值法、物价指数法、重置核算法或规模经济效益指数法等估算其重置成本。

③依照分类抽样估算出的资产的重置成本与账面历史成本计算出分类资产的调整系数，其计算公式为：

$$K=R'/R$$

式中，K 为资产重置成本与历史成本的调整系数；R' 为某类抽样资产的重置成本；R 为某类抽样资产的历史成本。

根据 K 估算被评估资产重置成本，计算公式为：

$$\text{被评估资产重置成本}=\sum \text{某类资产账面历史成本}\times K$$

式中，某类资产账面历史成本可以从会计记录中取得。

［例 8-4］ 评估某企业某类通用设备。经抽样选择具有代表性的通用设备 5 台，估算其重置成本之和为 30 万元，而该 5 台具有代表性的通用设备历史成本之和为 20 万元，该类通用设备账面历史成本之和为 500 万元，则

$$K=30/20=1.5$$

$$\text{该类通用设备重置成本}=500\times1.5=750\text{（万元）}$$

2. 实体性贬值及其估算。资产的实体性贬值是资产由于使用和自然力作用而形成的贬值。实体性贬值的估算一般可以采用以下几种方法。

（1）观察法，也称成新率法。它是指由具有专业知识和丰富经验的工程技术人员对被评估资产的主要实体部位进行技术鉴定，并综合分析资产的设计、制造、使用、磨损、维护、修理、改造情况和物理寿命等因素，将评估对象与其全新状态相比较，考察使用磨损和自然损耗给资产的功能、使用效率带来的影响，判断被评估资产的成新率，从而估算实体性贬值。计算公式为：

$$\text{资产的实体性贬值}=\text{重置成本}\times(1-\text{成新率})$$

（2）公式计算法。其计算公式为：

$$\text{资产的实体性贬值}=\frac{\text{重置成本}-\text{预计残值}}{\text{总使用年限}}\times\text{实际已使用年限}$$

上式中：

①预计残值是指被评估资产在清理报废时净收回的金额。在资产评估中，通常只考虑数额较大的残值，如残值数额较小，则可以忽略不计。

②总使用年限指的是实际已使用年限与尚可使用年限之和。计算公式为：

$$\text{总使用年限}=\text{实际已使用年限}+\text{尚可使用年限}$$

实际已使用年限=名义已使用年限×资产利用率

由于资产在使用中负荷程度的影响，必须将资产的名义已使用年限调整为实际已使用年限。名义已使用年限是指资产从购进使用到评估时的年限。名义已使用年限可以通过会计记录、资产登记簿、登记卡片来查询和确定。实际已使用年限是指资产在使用中实际损耗的年限。实际已使用年限与名义已使用年限的差异可以通过资产利用率来调整。资产利用率的计算公式为：

$$资产利用率=\frac{截至评估日资产累计实际利用时间}{截至评估日资产累计法定利用时间}\times 100\%$$

当资产利用率>1时，表示资产超负荷运转，资产的实际已使用年限比名义已使用年限要长；当资产利用率=1时，表示资产满负荷运转，资产的实际已使用年限等于名义已使用年限；当资产利用率<1时，表示开工不足，资产的实际已使用年限小于名义已使用年限。

[例8-5] 某资产于2000年2月购进，2010年2月评估时，名义已使用年限是10年。根据该资产技术指标，正常使用情况下，每天应工作8小时，该资产实际每天工作7.5小时。由此可以计算资产利用率：

$$资产利用率=\frac{10\times 360\times 7.5}{10\times 360\times 8}\times 100\%=93.75\%$$

由此可确定其实际已使用年限约为9.4年。

在实际评估过程中，由于企业基础管理工作较差，再加上资产运转中的复杂性，计算资产利用率的指标往往很难确定。评估人员应综合分析资产的运转状态，诸如资产开工情况、大修间隔期、原材料供应情况、电力供应情况等各方面因素。

尚可使用年限是根据资产的有形损耗因素预计的资产的继续使用年限。

3. 功能性贬值及其估算。功能性贬值是由技术相对落后造成的贬值。估算功能性贬值时，主要根据资产的效用，生产加工能力，工耗、物耗、能耗水平等功能方面的差异造成的成本增加和效益降低，来相应确定功能性贬值。同时，还要重视技术进步因素，注意替代设备、替代技术、替代产品的影响，以及行业技术装备水平现状和资产更新换代速度。

通常，功能性贬值的估算可以按下列步骤进行。

(1) 将被评估资产的年运营成本与功能相同但性能更好的新资产的年运营成本进行比较。

(2) 计算二者的差异，确定净超额运营成本。由于企业支付的运营成本是在税前扣除的，企业支付的超额运营成本会导致税前利润下降，所得税额降低使得企业负担的运营成本远远低于其实际支付额。因此，净超额运营成本是超额运营成本扣除所得税以后的余额。

(3) 估计被评估资产的剩余寿命。

(4) 以适当的折现率将被评估资产的剩余寿命内每年的超额运营成本折现，这些折现值之和就是被评估资产的功能性损耗（即功能性贬值），计算公式为：

$$被评估资产功能性贬值=\sum(被评估资产年净超额运营成本\times 折现系数)$$

[例8-6] 某技术先进设备比原有的技术陈旧设备生产效率高，节约工资费用，有关资料及计算结果如表8-1所示。

表 8-1　技术先进设备与技术陈旧设备对比

项目	技术先进设备	技术陈旧设备
月产量	10 000 件	10 000 件
单件工资	0.80 元	1.20 元
月工资成本	8 000 元	12 000 元
月差异额		12 000－8 000＝4 000 元
年工资成本超支额		4 000×12＝48 000 元
减：所得税（税率 25%）		12 000 元
扣除所得税后年净超额工资		32 160 元
资产剩余使用年限		5 年
5 年年金折现系数（假定折现率为 10%）		3.790 8
功能性贬值		136 468.8 元

应当指出，在技术先进设备与技术陈旧设备的对比中，除生产效率影响工资成本超额支出外，还可对原材料消耗、能源消耗以及产品质量等指标进行对比，计算其功能性贬值。

此外，功能性贬值的估算还可以通过超额投资成本的估算进行，即超额投资成本可视同功能性贬值，计算公式为：

功能性贬值＝复原重置成本－更新重置成本

4. 经济性贬值及其估算。经济性贬值是由外部环境变化所造成的资产的贬值。计算经济性贬值时，主要是根据因产品销售困难而开工不足或停止生产形成资产的闲置、价值得不到实现等因素，来确定其贬值额。评估人员应根据资产的具体情况来分析和确定。当资产使用基本正常时，不计算经济性贬值。

5. 成新率及其估算。成新率是反映评估对象的现行价值与其全新状态重置价值的比率。该成新率指的是重置成本法第二个公式（被评估资产评估值＝重置成本×成新率）中的成新率，它是综合考虑资产使用中各类损耗后确定的。在成新率计算过程中，应充分注意资产的设计、制造、实际使用、修理、改造情况，以及设计使用年限、物理寿命、现有性能、运行状态和技术进步等因素的影响。通常，成新率的估算方法有以下几种。

（1）观察法。即由具有专业知识和丰富经验的工程技术人员对资产实体各主要部位进行技术鉴定，以确定被评估资产的成新率。与实体性贬值中的成新率不同，这一成新率是在综合考虑资产实体性贬值、功能性贬值和经济性贬值等基础上确定的，而不只是考虑使用磨损和自然损耗的影响。

（2）使用年限法。即根据资产预计尚可使用年限与其总使用年限的比率确定成新率，计算公式为：

$$成新率=\frac{预计尚可使用年限}{实际已使用年限+预计尚可使用年限}\times 100\%$$

（3）修复费用法。即通过估算资产恢复原有全新功能所需要的修复费用占该资产的重置成本（再生产价值）的百分比来确定，计算公式为：

$$成新率=1-\frac{修复费用}{重置成本}\times 100\%$$

估算成新率的方法有很多，本书将在各类型具体资产的评估中进行具体研究，这里不再详述。需要说明的是，在评估工作中，有些评估人员直接按照会计学中的折旧年限估算成新率，这种做法是不正确的，必须摒弃，理由如下。

第一，折旧是由损耗决定的，但折旧并不就是损耗，折旧是高度政策化了的损耗。在资产使用过程中，价值的运动依次经过价值损耗、价值转移和价值补偿，折旧作为价值转移，是在损耗基础上确定的。但会计学上的折旧率或折旧年限是对某一类资产做出的会计处理的统一标准，是一种高度集中的理论系数或常数，对于该类资产中的每一项资产虽然具有普遍性和法定性，但不具有实际磨损意义上的个别性和特殊性。实际上，它表现出以下几个方面的特征：其一，折旧年限是一个平均年限，对于同一类型中的任何资产均适用；其二，它是在考虑损耗的同时，又考虑社会技术经济政策和生产力发展水平，有时甚至把它作为经济杠杆，体现对某类资产的鼓励或限制生产政策；其三，它是以同类资产中各项资产运转条件均相同的假定条件为前提的。在这种情况下，同类型的资产，无论其所在地、保养维护情况、运行状况如何，均适用同一折旧年限。而评估中的成新率则是根据资产的具体运行状态、使用频率、工作环境等确定的，具有特殊性和个别性特征。

第二，折旧年限的确定以资产正常运转为前提。也就是说，修理被当作追加劳动支出，而不增加资产效用和价值。但实际上，每一项资产在使用过程中，由于运转条件、保养、维修条件不同，其损耗以及实际运作功能也不相同。评估中通常所讲的完全相同的资产是很少见的，就是这个道理。实际工作中，许多资产提前报废或超龄服役，无不与其保养、修理和运转状况有关。可见，资产的维修在保证资产正常运转的同时，具有更新的性质，可以增加资产的效用和功能，资产评估更注重资产运转的实际效能。需要说明的是，尽管维修费用的发生会增大资产价值，延长资产使用寿命，从而影响其成新率，但成新率不是资产运转中费用增减的反映（并非发生修理费用越多，成新率就越高），而是运转过程中更新、修理费用在资产性能和使用期限等方面结果的体现。

当然，并不是所有的维护修理都是有效的，从评估角度来看，应注意区分可修复性损耗和不可修复性损耗。可修复性损耗是指为了改进效用而花费的成本，低于由此得到的收益。不可修复性损耗则是指由于一项资产的改进成本超过了这种改进带来的收益，而不能弥补改进的资产贬值和价值损失。因此，只有因可修复性损耗而发生费用支出从而影响成新率变化才是应予考虑的。

第三，折旧年限的确定基础与评估中成新率的确定基础——损耗本身具有差异性。确定折旧年限的损耗包括有形损耗（实体性贬值）和无形损耗。而评估中确定成新率的损耗，包括实体性贬值、功能性贬值和经济性贬值。其中，功能性贬值只是无形损耗的一种形式，而不是无形损耗的全部。经济性贬值则是由资产外部原因引起的，为评估过程所特有。

第四，资产评估过程中，一些评估机构和评估人员根据实地勘察鉴定的结果，确定的使用年限与折旧年限完全相同。这时当然可以采用折旧年限。但这仅仅是偶然性结果，并不具有必然性，而且，这是经过分析、比较、判断后的结果，恰恰说明成新率的确定应根据实地勘察确定，而不是将折旧年限拿来就用。

（三）运用成本法评估资产的程序

运用成本法评估资产一般按下列程序进行：

1. 确定被评估资产，并估算重置成本；
2. 确定被评估资产的使用年限；
3. 估算被评估资产的损耗或贬值；
4. 计算并确定被评估资产的价值。

（四）成本法的优缺点

采用成本法评估资产的优点有：

1. 比较充分地考虑了资产的损耗，评估结果更趋于公平合理；
2. 有利于单项资产和特定用途资产的评估；
3. 在不易计算资产未来收益或难以取得市场参照物的条件下可广泛地应用。

采用成本法的缺点是工作量较大，而且它是以历史资料为依据来确定目前价值，必须充分分析这种假设的可行性。另外，经济性贬值也不易全面、准确地计算。

三、收益法

（一）收益法的概念及其使用的前提条件

收益法是指通过估算被评估资产未来预期收益并折算成现值，借以确定被评估资产价值的一种资产评估方法。

采用收益法对资产进行评估所确定的资产价值，是指为获得该项资产以取得预期收益的权利所支付的货币总额。这里不难看出，资产的评估价值与资产的效用或有用程度密切相关，资产的效用越大，获利能力越强，它的价值也就越大。从收益法概念本身也可以分析和确定收益法应用的前提条件。

众所周知，资产成交后能为新的所有者带来一定的收益，所有者支付的货币量不会超过该项资产（或与其具有同样风险因素的相似资产）的期望收益的折现值。换一个角度分析，投资者在购买资产时一般要进行可行性分析，只有在其预计的内部回报率超过评估的折现率时才肯支付货币额以取得该项资产。应用收益法评估资产必须具备的前提条件是：

1. 被评估资产必须是能用货币衡量其未来期望收益的单项或整体资产；
2. 资产所有者所承担的风险也必须是能用货币衡量的。

应该注意的是，运用收益法对资产评估时，是以资产投入使用后连续获利为基础的。资产作为特殊商品，在资产买卖中，人们购买的目的往往并不在于资产本身，而是资产的获利能力。如果在资产上进行投资不是为了获利，进行投资后没有预期收益或预期收益很少而且又很不稳定，则不能采用收益法。

(二) 收益法应用的形式

收益法的应用实际上就是对被评估资产未来预期收益进行折现或资本化的过程。一般来说，有以下几种情况。

1. 资产未来收益有限期的情况。在资产未来预期收益具有特定时期的情况下，通过预测有限期内各期的收益额，以适当的折现率进行折现后求和，获得各年预期收益折现值之和，即为评估值，其基本公式是：

$$评估值=\sum_{i=1}^{n}\frac{R_i}{(1+r)^i}$$

式中，

R_i——未来第 i 个收益期的预期收益额，收益期有限时，其中还包括期末资产剩余净额；

n——收益期限（一般单位为年）；

r——折现率。

[例 8-7] 某企业尚能继续经营 3 年，营业终止后资产全部用于抵充负债，现拟转让。经预测得出 3 年内各年预期收益的数据如表 8-2 所示。

表 8-2 某企业 3 年内各年预期收益

	收益额（万元）	折现率（%）	折现系数	收益折现值（万元）
第一年	300	6	0.943 4	283.0
第二年	400	6	0.890 0	356.0
第三年	200	6	0.836 9	167.9

如此可以确定其评估值为：

评估值＝283.0＋356.0＋167.9＝806.9（万元）

2. 资产未来收益无限期的情况。在未来收益无限期的情况下，有以下两种情形。

(1) 未来收益年金化的情形。在这种情形下，首先预测其年收益额，然后对年收益额进行资本化处理，即可确定其评估值。基本公式为：

资产评估值（收益现值）＝年收益额/资本化率

上述公式实际是预期收益折现值求和的特殊形式，推导过程如下：

假设未来预期收益分别为 R_1，R_2，…，R_n，折现率为 r，折现值之和为 PV，则有

$$PV=R_1/(1+r)+R_2/(1+r)^2+\cdots+R_n/(1+r)^n$$

当 $R_1=R_2=\cdots=A$ 时，

$$\begin{aligned}PV&=A\cdot[1/(1+r)+1/(1+r)^2+\cdots+1/(1+r)^n]\\&=A\cdot[(1+r)^n-1]/[r\cdot(1+r)^n]\\&=A\cdot[1-1/(1+r)^n]/r\end{aligned}$$

当 $n\to\infty$ 时，$1/(1+r)^n\to 0$，则

$$PV=A/r$$

有的资产在评估时，其未来预期收益尽管不完全相等，但生产经营活动相对稳定，各期收益相差不大，在这种情况下也可以采用上述方法进行评估，其步骤如下。

第一步，预测该项资产未来若干年（一般为 5 年）的收益额，并折现求和。

第二步，用折现值之和求取年等值收益额。根据上述计算公式可知

$$\sum_{i=1}^{n}\frac{R_i}{(1+r)^i}=A\sum_{i=1}^{n}\frac{1}{(1+r)^i}$$

因此，

$$A=\frac{\sum_{i=1}^{n}\frac{R_i}{(1+r)^i}}{\sum_{i=1}^{n}\frac{1}{(1+r)^i}}$$

其中，$\sum_{i=1}^{n}\frac{1}{(1+r)^i}$ 为各年现值系数，可查表求得。

第三步，将求得的年等值收益额进行资本化计算，确定该项资产评估值。

(2) 未来收益不等额的情形。在这种情形下，首先预测若干年内（一般为5年）的各年预期收益额。再假设自若干年的最后一年开始，以后各年预测收益均相同，最后，将企业未来预期收益进行折现和资本化处理。基本公式为：

资产评估值（预期收益现值）$=\sum$ 前期各年收益×各年折现系数
　　＋后期年金收益/资本化率
　　×前期最后一年的折现系数

上述计算公式如图8-1所示。

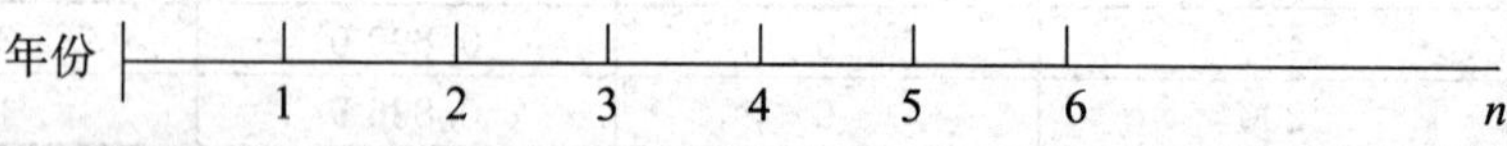

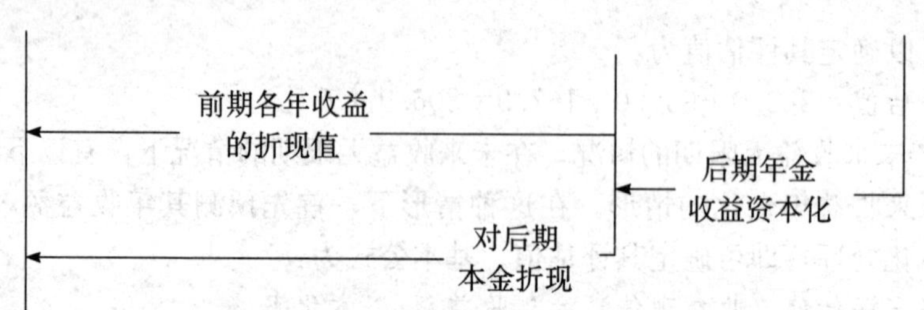

图8-1　资产评估值的计算公式图示

应当指出，确定后期年金收益的方法，一般以前期最后一年的收益作为后期永续年金收益，也可以将后期第一年的收益作为永续年金收益。

[例8-8]　某企业预计未来五年收益额分别是12万元、15万元、13万元、11万元和14万元。假定从第六年开始，以后各年收益均为14万元，确定的折现率和资本化率为10%。确定该企业在持续经营下的评估值。

评估过程可按下列步骤进行：

首先，确定未来五年收益额的现值总额。

$$\begin{aligned}现值总额&=\frac{12}{1+10\%}+\frac{15}{(1+10\%)^2}+\frac{13}{(1+10\%)^3}+\frac{11}{(1+10\%)^4}+\frac{14}{(1+10\%)^5}\\&=12\times0.9091+15\times0.8264+13\times0.7513+11\times0.6830+14\\&\quad\times0.6209\end{aligned}$$

=49.277 7（万元）

计算中的现值系数可从复利现值表中查得。

其次，将第六年以后的收益进行资本化处理，即

14/10%=140（万元）

最后，确定资产评估值，

资产评估值=49.277 7+140×0.620 9=136.203 7（万元）

（三）收益法中各项指标的确定

收益法的运用不仅在于掌握其在各种情况下的各种计算过程，更重要的是科学、合理地确定方法运用中的各项指标。收益法中的主要指标有收益额、折现率、资本化率、收益期限。

1. 收益额。收益法运用中，收益额的确定是关键。收益额是指由被评估资产在使用过程中产生的超出其自身价值的余额。对于收益额的确定，应把握以下两点。

（1）收益额指的是资产使用带来的未来收益期望值，是通过预测分析获得的。无论对于所有者还是购买者，要判断该项资产是否有价值，首先应判断该项资产是否有收益。评估时对其收益进行判断，不仅要看其现在的收益能力，而且要预测其未来的收益能力。

（2）收益额必须是由被评估资产直接形成的，对于不是由该项资产形成的收益，应将其分离出来。

关于收益额的构成，以企业为例，目前有以下几种观点：

第一，税后利润，即净利润；

第二，现金流量；

第三，利润总额。

至于选择哪一种作为收益额，评估人员应根据所评估资产的类型、特点以及评估目的来决定，重要的是准确反映资产收益，并与折现率或资本化率口径保持一致。

2. 折现率和资本化率。确定折现率，首先应该明确折现的内涵。折现是一个时间优先的概念，即将来的收益低于现在同样的收益，并且，资产价值随着收益时间的推迟而有系统地降低。同时，折现作为一个算术过程，是把一个特定比率应用于一个预期的收益，从而得出当前的价值。从折现率本身来说，它是一种特定条件下的收益率，说明了资产取得该项收益的收益率水平。收益率越高，资产评估值则越低。因为在收益一定的情况下，收益率越高，意味着单位资产增值率高，所有者拥有的资产价值就低。折现率的确定是运用收益法评估资产时比较棘手的问题。折现率必须谨慎确定，折现率的微小差异会带来评估值数以万计的差异。在确定折现率时，不仅应有定性分析，而且应寻求定量方法。折现率与利率不完全相同，利率是资金的报酬，折现率是管理的报酬。利率只表示资产（资金）本身的获利能力，而与使用条件、占用者和使用用途没有直接联系；折现率则与资产以及所有者使用的效果有关。一般来说，折现率应包含无风险利率、风险报酬率和通货膨胀率。无风险利率是指资产在一般条件下的获利水平，风险报酬率则是指冒风险取得的报酬与资产的比率。每一种资产投资，由于其使用条件、用途及所处行业不同，因此风险也不一样，因此，折现率也不相同。通常，它要由评估人员根据社

会、行业、企业和评估对象的资产收益水平来综合分析、确定，而且选择折现率时还要注意，所选收益的计算口径应与折现率的口径保持一致。

资本化率与折现率在本质上是没有区别的，只是适用的场合不同。折现率是将未来有限期的预期收益折算成现值的比率，用于有限期预期收益的还原；资本化率则是将未来无限期预期收益折算成现值的比率。

3. 收益期限。收益期限是指资产收益的期间，通常指收益年限。收益期限由评估人员根据未来获利情况、损耗情况等确定，也可以根据法律和合同规定来确定。

（四）收益法评估资产的程序

收益法评估资产的程序是：

1. 收集和验证有关经营、财务状况的信息资料；
2. 计算和对比分析有关指标及其变化趋势；
3. 预测资产未来预期收益，确定折现率或资本化率；
4. 将预期收益折现或资本化处理，确定被评估资产价值。

（五）收益法评估资产的优缺点

1. 收益法评估资产的优点是：

（1）能真实和较准确地反映企业资本化的价值；

（2）与投资决策相结合，应用此法评估的资产价值易为买卖双方所接受。

2. 收益法评估资产的缺点是：

（1）预期收益预测难度较大，受较强的主观判断和未来不可预见因素的影响；

（2）在评估中适用范围较小，一般适用企业整体资产和可预测未来收益的单项资产评估。

四、资产评估方法的比较和选择

（一）资产评估方法的比较

资产评估方法有很多，各种方法都有其各自的特点。同时，这些方法之间又是相互关联的。研究资产评估方法的特点，分析比较各种方法之间的联系和区别，对于选择资产评估方法具有重要意义。

1. 资产评估方法之间的联系。从整体上来说，资产评估方法是由互相关联的、不可分割的技巧和程序组成的，其共同目标就是获得令人信服、可靠的评估价值。成本和市场销售数据的分析通常是收益法运用中不可缺少的部分；同样地，折现和资本化也时常被运用于市场法和成本法中。例如，在市场法中，分析和调整参照物价格与被评估资产价格的差异因素会用到折现和资本化的技巧；在成本法中，对功能性贬值等的确定也要采用折现和资本化的方法。一般来说，成本法、收益法的运用都是建立在现行市价基础之上的，只是它们的运用不像市场法运用表现得那么直接而已。

2. 市场法与成本法的区别。资产评估过程中，市场法和成本法往往容易混淆。区别市场法和成本法具有重要的理论和实践意义。两种方法的区别表现为以下几点。

（1）成本法是按现行市场价格确定重新购买该项资产的价值，而市场法是按市场上该项资产的交易价格确定的。前者主要从买者角度，即以购建某项资产的耗费来确定的；后者则是从卖者角度，即市场上的销售价格来确定的。

（2）市场法中的现行市价指的是资产的独立价格，是交易过程中采用的。而重置成本不仅包括该项资产的自身价格（购建价格），还包括该项资产的运杂费、安装调试费等。

（3）市场法的运用与历史成本没有直接联系，而成本法中的某些计算则要用到被评估资产的历史成本和原始资料。

（4）成本法是按全新资产的购建成本和扣除被评估资产的各项损耗（或贬值）来确定评估价值；市场法则是按参照物价格，考虑被评估资产与参照物的各项差异因素并进行调整来确定评估价值。两种方法具有不同的操作程序，资料的获得和指标确定有着不同的思路。

（二）资产评估方法的选择

资产评估方法主要有成本法、市场法、收益法等多种方法。资产评估方法的多样性为评估人员提供了适当选择评估途径、有效完成评估任务的现实可能。选择合适的资产评估方法，有利于简捷、合理地确定资产评估价值。资产评估方法的选择主要应考虑以下因素。

1. 资产评估方法的选择必须与资产评估价值类型相适应。资产评估价值类型决定了应该评估的价格类型，资产评估方法作为获得特定价值尺度的技术规程，必须与评估价值类型相适应。资产评估价值类型与资产评估方法是两个不同的概念。资产评估价值类型说明“评什么”，是资产评估价值的质的规定，具有排他性，对资产评估方法具有约束性；资产评估方法说明“如何评”，是资产评估价值的量的确定，具有多样性和替代性，并服务于资产评估价值类型。资产评估价值类型与资产评估方法是资产评估价值具有科学性和有效性的重要保证。

2. 资产评估方法必须与评估对象相适应。评估对象是单项资产还是整体资产，是有形资产还是无形资产等，往往要求不同的评估方法与之相适应。同时，资产评估对象的状态不同，所要求的评估方法也往往不同。例如，一台市场交易很活跃的旧机器设备的评估可以采取市场法进行评估，而旧的专用设备的评估通常只能采用成本法进行评估。

3. 资产评估方法的选择还要受可收集数据和信息资料的制约。各种方法的运用都要根据一系列数据和资料进行分析、处理和转换，没有相应的数据和资料，方法就会失灵。资产评估的过程实际上也就是收集资料的过程。比如在方法运用过程中，西方评估机构采用更多的是市场法，但在我国，由于受市场发育不完全、不完善的限制，市场法的应用无论从广度还是使用效率方面都远远落后于其他国家的水平。因此，评估者应根据经努力能收集到的资料来选择适当的方法。就资产评估来说，方法的科学性依赖于方法运用中指标的确定。

4. 选择资产评估方法还要考虑不同的评估途径。在同一资产评估价值类型的约束下，由于方法具有可替代性，因此可能几种方法都可以使用。在选择方法时，一是要充分考虑资产评估工作的效率，选择简便易行的方法；二是根据资产评估人员的特长进行选择。一般来说，方法的选择应在资产评估开始之前予以确定。当然，也可以分别采取几种方法进行评估，分析比较结果的科学性。

有时，一项资产同时采用两种或两种以上的方法评估，会得出两种或两种以上不同的结论，这种情况是很常见的。这时，我们一般不能用各种方法得出的评估结果进行简单平均或加权平均，而应该根据资产评估价值类型以及不同评估结果对市场的适用性选择一种评估结果作为评估结论。

第三节　国有资产评估管理

一、我国国有资产评估管理的进程

资产评估作为一种服务于市场经济的专业服务活动，可以追溯到百年以前。而作为一种有组织、有理论指导的专业服务活动则起始于 20 世纪 40 年代。20 世纪 70 年代以后，世界各国的资产评估活动开始趋于规范化和国际化。中国的资产评估是在改革开放和建设社会主义市场经济的过程中兴起的，并在服务市场经济的过程中迅速发展，成为我国市场经济发展中不可或缺的行业。我国资产评估行业发展过程中表现出了如下特点：一是资产评估业务量不断增长；二是资产评估服务范围从单一的国有资产评估向非国有资产评估领域拓展，形成多元化资产评估体系；三是资产评估业务种类增加。传统的股份制改造、中外合资的评估业务量占总评估业务量比重下降，这不仅因为企业兼并、股权转让、破产抵押等评估业务在增加，而且因为一些新的业务类型，如政府征税、保险、企业投资、企业并购、法律诉讼、以财务报告为目的的评估等业务行为正在开拓，使得资产评估业务在各个领域发挥着越来越重要的作用。

为了促进资产评估业的发展，必须加强资产评估管理。资产评估发展的历史，也是资产评估管理的历史。以我国财政部门监管的资产评估行业发展为例，资产评估管理的手段、方法多种多样，在不同历史阶段各有差异，但总体来说，可以归纳如下。

1. 1991 年 11 月，国务院发布了《国有资产评估管理办法》，它是我国第一部对全国的资产评估行业进行政府管理的最高法规。《国有资产评估管理办法》的发布标志着我国评估业走上政府法制化管理的轨道。它明确规定了全国资产评估管理的政府职能部门是国有资产管理部门，以及将审批评估机构纳入国有资产管理部门的管理，并规定了被评估资产的管理范围、评估遵循的程序、评估的方法及法律责任等。由于国有资产占全社会资产的绝对优势，《国有资产评估管理办法》的颁布为发展统一的评估行业奠定了基础，保证了全国资产评估业务的健康、有序发展。

2. 1993 年 12 月，中国资产评估协会成立，标志着我国资产评估管理由政府管理向行业自律管理过渡。资产评估行业的特点决定了资产评估行业应实行行业自律管理。植根于传统经济下的中国资产评估行业，虽然发展伊始得到政府的扶持、干预，但行业自律管理作为其方向，应逐步实现。中国资产评估协会就是这样一个组织，它既受政府的管理和监督，又协助政府贯彻执行有关资产评估的法规政策。它作为独立的社团组织，具有跨地区、跨部门、跨行业、跨所有制的特点，使资产评估管理工作覆盖整个行业。

之所以说中国资产评估协会的成立标志着我国资产评估管理由政府管理向行业自律管理过渡，是因为：从其发展轨迹来看，首先是独立的中国资产评估协会与资产评估行政管理部门并存（1993 年）；然后是中国资产评估协会与资产评估行政管理部门合二为一，即“两块牌子，一套人马”（1994 年）；1998 年国务院机构改革以后，中国资产评估协会再一次成为一个真正独立的行业自律组织，从理论上说，这无疑是一项历史性的进步。从中国资产评估协会的职能角度分析，尽管从构架上具有了行业自律管理的特征，但在我国经济管理体制改革尚未完成的条件下，其并没有真正具备行业自律管理的本质特征。通过中国资产评估协会实现行业自律管理，不仅需要形式上的变化，而且需要实质内容的变化。

3. 1995 年开始，我国实行注册资产评估师制度，标志着我国资产评估管理由过去的重视机构管理、项目管理向注重资产评估人员管理转变。这一制度的建立，一是有利于促进资产评估人员的执业准入控制，规范资产评估行业人员管理，为资产评估机构和人员摆脱政府行政部门干预，独立、客观、公正地执业打下良好基础。二是有利于提高资产评估人员的素质和执业水平，从而推进我国评估行业的发展。注册资产评估师制度的建立，引进了资产评估人员的竞争机制。资产评估人员经过统一考试、公平竞争，合格者才能进入评估行业，具有执业的法律资格。这种竞争方式将逐步改进评估队伍的知识结构、年龄结构，淘汰不合格人员，无疑将促进评估队伍进一步发展壮大，促使评估人员提高资产评估质量，更好地满足社会主义市场经济发展的需要。三是强化了注册资产评估师的责任，增强其风险意识。特别是从 1998 年 6 月 1 日开始实行的注册资产评估师签字制度使注册资产评估师的责、权、利有机结合起来，进一步规范了其行为。四是有利于与国际惯例接轨，通过与其他国家对资产评估师资格的对等管理等，与国际评估市场进行更多沟通。

4. 1996 年，《资产评估操作规范意见（试行）》的颁布与实施使我国资产评估行业从此走上科学化、规范化操作的新阶段。长时期以来，由于缺乏统一的评估操作规程和操作标准，各个评估机构自行拟定评估操作方法和规程，对于同一类资产评估，各个评估机构的评估程序、评估规则各不相同，不利于评估质量的提高，也不利于行业水平的提高。同时，经过若干年的积累，资产评估理论研究取得进展，评估理论日渐成熟，评估操作积累了丰富的经验，因此，《资产评估操作规范意见（试行）》的颁布与实施有利于提高评估业务水平，有利于规范评估业务程序，同时为以后制定行业统一评估准则奠定了基础。随着我国资产评估准则体系的发展和完善，《资产评估操作规范意见（试行）》涉及的规范内容可以由相关的评估准则进行规范。2011 年 10 月，中国资产评估协会发布通知，对《资产评估操作规范意见（试行）》予以废止。

5. 2001 年 12 月，《关于改革国有资产评估行政管理方式　加强资产评估监督管理工作的意见》取消了政府部门对国有资产评估项目的立项确认审批制度，实行核准制和备案制。

这次改革是资产评估行业系统改革的一项重要内容，它与1998年进行的中介机构脱钩改制、1999年国务院开展的清理整顿经济鉴证类中介机构工作一起为实现资产评估行业的统一管理提供了重要保证。我国资产评估行业长期以来不统一，处于多头管理状态，这是由旧体制的惯性造成的。资产评估业务按其资产类型的不同，分属于各政府部门直接管理，客观上形成了资产评估的多头管理。对资产评估立项确认制度的改革减少了行政性审批，淡化了政府行政管理，割断了政府行政部门与资产评估机构之间的附属关系，有利于实现资产评估行业的自律管理，有利于资产评估行业的形成。

这次改革的进行，也是对国有资产管理部门行使资产评估管理职能调整的过程。以往国有资产管理部门通过对国有资产评估的立项确认，实际上同时行使了国有资产所有者职能和政府行政管理者职能。从行使政府行政管理者职能角度来说，这次改革改变了政府管理方式，由政府直接管理资产评估方式转变为间接管理方式，也就是政府退出微观领域，通过研究制定法律、法规，实施对资产评估行业的间接调控。从行使国有资产所有者职能的角度来说，对国有资产评估项目的立项确认，正是这种职能的具体体现。取消国有资产评估的立项确认制度，并不是弱化国有资产所有者职能，相反，必须强化对国有资产的管理。因此，对于涉及国有资产产权变动等行为的重大项目仍要实行核准制，对其他国有资产评估项目实行备案制，其职责也分别由财政部门和企业集团承担，这也是基于目前国有资产管理体制现状的一种现实选择。国有资产管理部门不仅对资产评估活动进行监督管理，而且要严格规范资产评估活动中国有资产各有关主体的行为。可见，这次改革虽然改变了对资产评估管理的方式，但是进一步强化了国有资产所有者职能，从而避免在企业改制、中外合资、企业兼并和破产等活动中借评估行为弄虚作假，造成国有资产流失。

这次改革为注册资产评估师和资产评估机构提供了充分的业务空间，同时强化了注册资产评估师和资产评估机构的风险和责任。注册资产评估师必须恪守独立、客观、公正的原则，全面提高资产评估业务水平。

6. 资产评估准则体系的形成和完善。2001年7月，财政部发布了《资产评估准则——无形资产》。2004年2月，财政部又发布了《资产评估准则——基本准则》和《资产评估职业道德准则——基本准则》，这标志着我国资产评估准则体系的初步形成，各项准则的制定也在加紧执行。2006年6月，全国人民代表大会财政经济委员会全面启动资产评估立法工作，资产评估管理工作进入新阶段。2007年11月，《资产评估准则——不动产》等七项准则的颁布，标志着我国资产评估准则体系的基本形成。2007年以后，每年都会颁布新的资产评估准则，资产评估准则的颁布走上制度化轨道。

7. 2003年，国务院国资委成立，资产评估管理职能发生变化。财政部作为资产评估政府管理部门，对资产评估行业进行行政管理，中国资产评估协会作为资产评估行业自律组织，对资产评估行业实行自律管理，国资委则以国有资产所有者代表身份管理国有资产评估项目。

8. 2009年12月，财政部颁布《关于推动评估机构做大做强做优的指导意见》，促进评估机构的壮大和发展。2011年8月，财政部发布《资产评估机构审批和监督管理办

法》。对规范资产评估机构的审批、加强资产评估机构的监督具有重大意义。2012年，财政部印发《中国资产评估行业发展规划》，资产评估行业进入新的发展阶段。

9.2014年8月，国务院发布《关于取消和调整一批行政审批项目等事项的决定》，取消了注册资产评估师的资格许可和认定。2014年8月，中华人民共和国人力资源和社会保障部（简称人力资源和社会保障部）印发《关于做好国务院取消部分准入类职业资格相关后续工作的通知》，将资产评估师职业资格调整为水平评价类职业资格，赋予了行业协会更多的管理职能，进一步强化了行业自律管理。

10.2016年7月，第十二届全国人大常委会第二十一次会议审议通过了《中华人民共和国资产评估法》，全面确立了资产评估行业的法律地位，资产评估行业进入依法治理新时代，对促进资产评估行业发展具有重大历史意义和现实意义。

11.2017年4月，财政部发布了《资产评估行业财政监督管理办法》，为加强资产评估行业财政监督管理、促进资产评估行业健康发展提供了行政管理依据。

12.2017年8月，财政部发布了《资产评估基本准则》。2017年9月，中国资产评估协会发布了资产评估执业准则和职业道德准则的修订稿。修订后的资产评估准则体系包括1项基本准则、1项职业道德准则和24项执业准则，形成了覆盖资产评估主要执业流程及领域、符合国情、与国际趋同的较为完整的资产评估准则体系。这些准则符合资产评估的执业和监管需求，对规范执业行为、促进行业发展、提高行业公信力发挥着重要作用。

二、国有资产评估管理的法律、法规制度

（一）国有资产评估管理直接的法律、法规制度

1.《国有资产评估管理办法》。1991年11月，国务院发布了《国有资产评估管理办法》，它不仅明确规定了全国资产评估管理的政府职能部门是国有资产管理部门，将审批评估机构纳入国有资产管理部门的管理，同时具体规定了国有资产应当评估和可以评估的情形、评估程序、评估方法及法律责任等。

2.《企业国有资产评估管理暂行办法》。2005年8月，国务院国资委颁布《企业国有资产评估管理暂行办法》，该办法自2005年9月1日起施行。具体内容如下。

（1）企业国有资产评估项目实行核准制和备案制。经各级人民政府批准经济行为的事项所涉及的资产评估项目，分别由其国有资产监督管理机构负责核准。

经国务院国有资产监督管理机构批准经济行为的事项所涉及的资产评估项目，由国务院国有资产监督管理机构负责备案；经国务院国有资产监督管理机构所出资企业（以下简称中央企业）及其各级子企业批准经济行为的事项所涉及的资产评估项目，由中央企业负责备案。

地方国有资产监督管理机构及其所出资企业的资产评估项目备案管理工作的职责分工，由地方国有资产监督管理机构根据各地实际情况自行规定。

（2）规定了需要评估的经济行为。其规定，企业有下列行为之一的，应当对相关资产进行评估：整体或者部分改建为有限责任公司或者股份有限公司；以非货币资产对外

投资；合并、分立、破产、解散；非上市公司国有股东股权比例变动；产权转让；资产转让、置换；整体资产或者部分资产租赁给非国有单位；以非货币资产偿还债务；资产涉讼；收购非国有单位的资产；接受非国有单位以非货币资产出资；接受非国有单位以非货币资产抵债；法律、行政法规规定的其他需要进行资产评估的事项。

(3) 规定了企业产权持有单位委托的资产评估机构应当具备的基本条件。

(4) 规定了资产评估项目核准、备案的程序及其相关要求的内容。

(5) 规定各级国有资产监督管理机构应当加强对企业国有资产评估工作的监督检查，重点检查企业内部国有资产评估管理制度的建立、执行情况和评估管理人员配备情况，定期或者不定期地对资产评估项目进行抽查。

(6) 规定企业进行与资产评估相应的经济行为时，应当以经核准或备案的资产评估结果为作价参考依据；当交易价格低于评估结果的90%时，应当暂停交易，在获得原经济行为批准机构同意后方可继续交易。

(7) 强化了处罚机制。企业违反了《企业国有资产评估管理暂行办法》，有下列情形之一的，由国有资产监督管理机构通报批评并责令改正，必要时可依法向人民法院提起诉讼，确认其相应的经济行为无效。这些情形包括：应当进行资产评估而未进行评估；聘请不符合相应资质条件的资产评估机构从事国有资产评估活动；向资产评估机构提供虚假情况和资料，或者与资产评估机构串通作弊导致评估结果失实；应当办理核准、备案而未办理。

3.《关于加强企业国有资产评估管理工作有关问题的通知》。2006 年 12 月，国务院国资委颁布了《关于加强企业国有资产评估管理工作有关问题的通知》，主要针对《企业国有资产评估管理暂行办法》施行以来的实际情况，对企业国有资产评估管理过程中的一些具体问题做了进一步明确说明。

4.《中央企业资产评估项目核准工作指引》和《企业国有资产评估项目备案工作指引》。2010 年 5 月，国务院国资委颁布了《关于印发〈中央企业资产评估项目核准工作指引〉的通知》，2013 年 5 月，国务院国资委颁布了《关于印发〈企业国有资产评估项目备案工作指引〉的通知》，进一步规范了企业国有资产评估项目的核准和备案工作。

(二)《中华人民共和国企业国有资产法》

2008 年 10 月，《中华人民共和国企业国有资产法》(简称《企业国有资产法》) 由第十一届全国人大常委会第五次会议审议通过，于 2009 年 5 月 1 日起生效实施。该法中专门设一节的内容对资产评估进行规范。具体内容包括：

1. 规定应进行资产评估的情形。《企业国有资产法》第 47 条规定，国有独资企业、国有独资公司和国有资本控股公司合并、分立、改制、转让重大财产，以非货币财产对外投资、清算或者有法律、行政法规以及企业章程规定应当进行资产评估的其他情形的，应当按照规定对有关资产进行评估。

2. 规定资产评估机构的委托。《企业国有资产法》第 48 条规定，国有独资企业、国有独资公司和国有资本控股公司应当委托依法设立的符合条件的资产评估机构进行资产评估；涉及应当报经履行出资人职责的机构决定的事项的，应当将委托资产评估机构的情况向履行出资人职责的机构报告。

3. 规定委托方如实提供评估资料的义务。《企业国有资产法》第 49 条规定，国有独资企业、国有独资公司、国有资本控股公司及其董事、监事、高级管理人员应当向资产评估机构如实提供有关情况和资料，不得与资产评估机构串通评估作价。

4. 规定资产评估机构评估行为的要求。《企业国有资产法》第 50 条规定，资产评估机构及其工作人员受托评估有关资产，应当遵守法律、行政法规以及评估执业准则，独立、客观、公正地对受托评估的资产进行评估。资产评估机构应当对其出具的评估报告负责。

（三）《中华人民共和国资产评估法》

2005 年 12 月，资产评估法被正式列入第十届全国人大常委会的补充立法计划。2012 年 2 月，第十一届全国人大常委会第二十五次会议首次审议资产评估法草案。2013 年 8 月，第十二届全国人大常委会第四次会议对资产评估法草案进行了第二次审议。2016 年 7 月，第十二届全国人大常委会第二十一次会议审议通过了《中华人民共和国资产评估法》（简称《资产评估法》）。2016 年 12 月 1 日，《中华人民共和国资产评估法》正式开始施行。

三、资产评估准则

（一）制定资产评估准则的必要性

1. 制定资产评估准则，有利于实现资产评估行业的统一管理。制定统一的资产评估准则，是资产评估行业统一管理的基础。如前所述，尽管这些年来，各部门、协会（学会）制定了许多适合本专业特点的评估方法和准则，但由于评估方法、评估准则不统一，引致执业不规范。因此，实现评估行业统一管理的基础是制定统一的评估方法和评估准则。

西方发达国家的评估团体经过多年鼎足而立，正在走向联合与统一。而联合和统一的标志之一，就是形成统一的资产评估准则。例如，英国有关评估的协会有三家，其中影响最大的是英国皇家特许测量师学会（RICS），另外两家分别是估价师与拍卖师协会（ISVA）和税收评估协会（IRRV）。三家协会正在寻求合并和统一之路，并于 1995 年共同制定和发布了《评估与估价手册》（俗称《红皮书》）。具有 100 多年历史的美国资产评估行业在发展过程中，自发地成立了许多综合和专业性的民间自律性组织，这些组织均有自己的规范。1987 年，美国成立了评估促进委员会，并制定了统一的行业标准。1995 年，已有 16 个评估协会成为评估促进委员会会员，统一遵守行业标准。在澳大利亚，尽管有许多评估行业团体，但澳大利亚资产学会（API）是唯一真正的专业化评估团体。为了统一执业标准，澳大利亚资产学会每年出版《专业实务手册》。《专业实务手册》的出版为从业人员提供了统一的执业规范。出版的目的不仅要唤起民众的意识、推动专业化的实践以及追求高标准，而且要保持连续性。该手册每年 9 月颁布，下一年执行。由于《专业实务手册》的许多要素都已按同一方式撰写，因此，不管用户从事何种业务，都可以很快地熟悉其内容。无论是实务准则还是指导性说明，这种固定的应用方式在每一要素组合中都具有一定程度的重要性。西方国家各类资产评估协会、组织形成的动因、环境、条件等与我国有很大差异，但其为实现行业统一管理采取的思路对我们不无借鉴意义。

2. 制定资产评估准则，有利于实现政府行政管理向行业自律管理的转变。比较和研究我国和西方主要资产评估行业发达国家的管理制度，资产评估行业的管理模式主要有三种：（1）政府管理模式；（2）行业自律管理模式；（3）政府监管下的行业自律管理模式。

政府管理模式是指资产评估业务活动，包括人员资格、机构、项目均由政府行政管理部门进行管理。政府行政管理在我国资产评估行业发展初期作用非常明显。我国长期以来实行计划经济，我国资产评估行业的建立与发展虽然产生于市场经济，却是由政府推动建立起来的。在资产评估发展初期，资产评估管理是纯粹的政府管理。政府管理模式适于由计划经济向市场经济转型过程中的国家。在法律不完善、行业准则未建立的情况下，这种管理模式有其客观必要性。但政府管理模式在资产评估日益发展后，其局限性和弊端就显露出来了。它容易造成政府部门直接干预评估业务，使评估行业有失公正、公允；政府部门出于本位利益设立本部门的评估体系，导致多头管理、评估市场条块分割等。

行业自律管理模式是指资产评估行业置于社会自发形成的行业协会管理之下，资产评估行业的发展依赖于评估行业内形成的准则和规范。资产评估行业协会作为资产评估机构和资产评估专业人员实现自我管理、自我约束、自我教育、自我监督的自律性组织，具有对会员的行为规范、规则约束和权益维护作用。行业自律管理模式适于资产评估行业依市场需求自发形成的国家，以及资产评估行业日益发展成熟的阶段。市场经济发达国家如美国、英国等在行业自律管理模式方面积累了丰富的经验，我国资产评估行业也将行业自律管理模式作为其发展方向。行业自律管理模式有利于行业业务水平的提高，但有时会因与政府缺乏沟通、缺乏政府制约，从而对社会经济产生不利影响。

政府监管下的行业自律管理模式是资产评估管理较为理想的模式。美国是奉行自由经济的国家，长期以来，评估行业与律师行业、会计师行业等被视为自由职业者行业，政府除了在税收等方面对评估行业进行与其他行业共性的管理外，对评估行业不进行任何干预，主要是通过评估协会等非政府性质的评估行业专业组织进行自律管理。20 世纪 80 年代，美国经济遭受泡沫经济的严重冲击，在事后的研究与分析中，不当的评估行为被当作导致泡沫经济的原因之一而受到广泛指责。许多经济学家指出，由于政府放任资产评估行业的管理和监督，直接损害了银行等金融机构的利益和资产质量，在一定意义上促进了泡沫经济的形成。这种观点被经济界和管理部门广为接受。为规范评估执业行为、保护国家和公共利益，在综合各方面因素的基础上，1989 年，美国国会通过了《金融机构改革、复原和强制执行法令》。这是美国关于评估管理方面的重要立法，也是政府干预、管理评估行业的开始和最直接体现。这一立法结束了美国对评估行业的自由放任管理，认为对于美国不动产评估，尤其是涉及联邦权益和社会公共利益的评估行为，政府必须对其进行依法监管。

在这种模式下，如果不能形成评估准则体系，就难以规范业务活动和资产评估师的道德行为，形成不了行业自律体系，强化评估管理只能依靠行政管理的加强。因此，制定资产评估准则并形成评估准则体系，可以逐渐淡化政府行政管理，实现行业自律管理。

3. 制定资产评估准则，有利于资产评估行业执业水平的提高。衡量一个国家评估业务水平的标志之一是其准则体系的形成情况。资产评估准则是资产评估业务发展过程中产生的客观需求。资产评估越发展，对资产评估准则的要求越强烈；评估准则体系越完善，资产评估业务越规范。相比较而言，国外发达国家的资产评估准则制定较早，也比较完善，新兴国家的资产评估准则形成较晚，而且急需完善。但无论怎样，发达国家也好，新兴国家也好，为了促进资产评估行业的发展，都应该把制定资产评估准则作为行业发展中的重要任务。

（二）我国资产评估准则体系

由于我国资产评估行业发展的综合性，我国资产评估准则将涉及各种类型资产、各种经济行为，因此需要设计合理灵活的资产评估准则体系。在参考和借鉴国际评估准则及其他国家评估准则的基础上，从 1996 年开始，我国根据资产评估实际情况、资产评估行业特点进行设计，形成了资产评估准则体系。

目前，我国财政监管的资产评估行业的资产评估准则体系包括以下几方面。

1.《资产评估基本准则》。《资产评估基本准则》由财政部制定，是资产评估机构及其资产评估专业人员执行各种资产类型、各种评估目的的资产评估业务的基本规范。其规范内容应不区分所评估资产的类别和评估目的，而是各类资产评估业务应当共同遵守的基本准则。《资产评估基本准则》对于制定资产评估执业准则和《资产评估职业道德准则》具有指导作用。

2.《资产评估职业道德准则》。《资产评估职业道德准则》由中国资产评估协会制定，是对资产评估专业人员必不可少的职业道德标准要求，对规范资产评估机构及其资产评估专业人员的职业道德行为，提高职业素养，维护职业形象具有重要作用。

3. 资产评估执业准则。资产评估执业准则分为资产评估具体准则、资产评估指南和资产评估指导意见。

（1）资产评估具体准则。资产评估具体准则分为程序性准则和实体性准则两个部分。程序性准则是关于资产评估机构及其资产评估专业人员通过履行一定的专业程序来完成评估业务、保证评估质量的规范，包括资产评估委托合同、资产评估程序、资产评估档案、资产评估报告、利用专家工作及相关报告等准则。实体性准则是针对不同资产类别的特点，分别对不同类别资产评估业务的执业行为进行规范，主要包括企业价值、无形资产、不动产、机器设备、珠宝首饰、森林资源资产等评估准则。

（2）资产评估指南。资产评估指南包括对特定评估目的、特定资产类别（细化）的评估业务以及评估中某些重要事项的规范。由于资产评估机构及其资产评估专业人员在执行不同评估业务中所关注的事项不同，因此资产评估指南主要对资产评估行业涉及的特定评估目的和业务进行规范，如《以财务报告为目的的评估指南》、《知识产权资产评估指南》、《企业国有资产评估报告指南》和《金融企业国有资产评估报告指南》等。此外，资产评估指南还包括一些对资产评估工作中重要特定事项的规范，如《资产评估机构业务质量控制指南》等。

（3）资产评估指导意见。资产评估指导意见是针对资产评估业务中的某些具体问题的指导性文件。该层次较为灵活，主要是针对评估业务中新出现的问题及时提出指导意见，如《金融不良资产评估指导意见》、《实物期权评估指导意见（试行）》和《投资性房地产评估指导意见》等。某些尚不成熟的资产评估指南或具体评估准则也可以先作为指导意见发布，待成熟后再将其制定为正式的准则或指南。

2017 年，在财政部的指导下，中国资产评估协会完成了资产评估准则的全面修订工作，形成了现有的、较为完善的资产评估准则体系，这是资产评估行业加强《资产评估法》配套制度建设的又一重要举措。本次修订在保护资产评估当事人的合法权益和公共利益，有效衔接法律、法规，吸收理论和实践的最新成果的三大原则下，保留已实施准则中符合行业实际、行之有效的内容，保持准则体系和内容基本稳定，增加和调整因市场、法律和专业环境变化而确有必要补充和调整的内容，从立足行业整体发展着眼进行修改和完善。本次修订保证了准则的合法性，提高了准则的操作性和专业性，使得准则体系更加系统和完善，对于规范执业行为、促进资产评估行业健康发展具有重要意义。

一、本章复习题

1. 什么是资产评估？资产评估的特点有哪些？
2. 如何理解资产的概念？
3. 如何理解资产评估的价值类型？
4. 资产评估的工作原则和经济原则是什么？
5. 资产评估的方法有哪些？适用的前提条件是什么？
6. 如何选择评估方法？
7. 我国资产评估准则体系是怎样的？

二、本章阅读资料

1. 查尔斯·H. 温茨巴奇，等．现代不动产．北京：中国人民大学出版社，2001.
2. 柴强．房地产估价．6 版．北京：首都经济贸易大学出版社，2008.
3. 刘丽松．资产评估前沿报告．北京：中国经济出版社，2001.
4. 刘玉平．资产评估教程．3 版．北京：中国财政经济出版社，2010.
5. 刘玉平．资产评估准则研究．北京：中国财政经济出版社，2002.
6. 汤姆·科普兰，等．价值评估：练习手册．北京：机械工业出版社，2004.
7. 杨志明．机器设备评估．北京：中国人民大学出版社，2002.

第九章 国有资产管理效益评价

本章关键词

效益　效益管理　效益评价指标　国有资产效益管理制度

本章内容提要

国有资产管理效益是指在国有资产管理过程中所得与所费之间的对比关系，但其与一般的管理效益又有很大的不同。效益是国有资产管理的核心内容之一，追求高效则是国有资产管理的重要目标之一，因此，效益管理在国有资产中占有非常重要的地位。衡量国有资产管理效益的高低，必须借助于一系列指标体系。科学设计指标体系，并正确地加以运用，能够加强对国有资产的管理，并提高国有资产管理效益。要想真正提高国有资产管理效益，就必须建立科学合理的国有资产效益管理制度。

第一节　国有资产管理效益的含义

一、国有资产管理效益的相关概念

（一）效益的定义

效益是指某一特定系统运转后所产生的实际效果和利益。效益是管理的永恒主题。任何组织的管理都是为了获得某种效益。效益的高低直接影响着组织的生存和发展。效果、效率和效益是既相互联系又相互区别的。效果是一项活动的成效与结果，是人们通过某种行为、力量、方式或因素而产生的合乎目的的结果。效率是指特定的系统在单位时间内的投入与所取得的效果之间的比率。效益是一种有益的效果，具体地说，它反映了人们的投入与所带来的利益之间的关系。在管理学中，效果、效率和效益都是对投入与产出之间的关系的评价。其中，效果的概念侧重于主观的方面，强调合乎目的的程度。效率的概念侧重于客观的方面，反映了投入与产出的比率。而效益的概念要求从主观与客观两个方面的统一中进行判断：当效益的评价发生在造成这种结果的系统之内时，它是指效果与效率的统一；当在这一系统之外做出对效益的评价时，所强调的则是该系统造成的结果对它的环境的有益程度。效益可以分为经济效益和社会效益。

一切管理都是以提高效益为目的的，现代管理更加突出了效益的问题。管理的效益问题是衡量管理工作的价值标准。对于现代管理来说，各个环节、各项工作都是围绕提高社会效益和经济效益展开的，管理就是要科学地、高效地安排、调度和处理人、财、物等各种资源，以期有效地实现组织目标。由于效益问题是一切管理工作的基本出发点和最终目标，所以，效益的优劣便成为衡量管理效果好还是不好的基本标准。管理效益的高低通常受管理者、管理对象和管理环境的影响。

管理效益是由生产方式决定的。现代管理是社会生产力发展的产物，是适应现代社会化大生产的要求而产生的。现代社会化大生产的要求在于提高效益，希望以最小的投入和消耗去获取最大的收益。为达到这一目的，管理活动必须适应生产力的发展，用最新的技术和设备，以及科学的手段和方法去进行管理。在某种意义上，管理活动是生产方式的外在表现，有什么样的生产方式就必然会有什么样的管理活动。所以，生产方式既决定着管理的性质，也决定着管理的方式。管理具有什么样的性质和以什么样的方式存在，又直接决定着管理的效益。因而，生产方式决定管理的效益。

（二）国有资产管理效益的定义

资产管理的目的是为资产所有者或使用者带来收益或创造利润，即为其带来效用，这一切的实现必须通过资产的保值、增值实现。国有资产管理的目的也是追求效用最大化，但是国家的利益是复杂的、多元的，因此，国有资产追求的效用最大化的形式也是多种多样的，不仅表现为国有资产的保值、增值，而且表现在国家宏观经济目标的实现上，也就是说，国有资产管理的另一个重要目标是进行宏观调控。这两个目标并非完全一致，而是需要进行协调，在一些情况下，要保值、增值就难以进行宏观调控，而要进行宏观调控就难免有一些国有资产不能保值、增值。但是二者又不是完全对立的，国有资产保值、增值了，宏观调控的目标才能更顺利地实现；宏观经济目标实现了，反过来又为保值、增值创造了条件。

国有资产管理效益实际上是其实现国有资产管理目标的程度。如果给其下个定义，可表述为，国有资产管理效益是指在国有资产管理过程中所得与所费之间的对比关系。但其与一般的管理效益又有很大的不同，可以从不同的角度来理解。

1. 从内容上看，包括效益和效率两层含义。从效益的角度考察，国有资产分为经营性国有资产和非经营性国有资产，对经营性国有资产而言，对其管理的主要目的是为了保值、增值，实现较高的经济效益；对非经营性国有资产而言，由于其主要目的在于弥补市场失灵，所以对其管理的主要目的是实现宏观调控的目标。从效率的角度考察，国有资产使用和管理部门应力求高效地利用国有资产。

2. 从范围上看，包括微观效益和宏观效益。微观效益主要指经营性国有资产的经济效益，即要实现保值、增值。宏观效益主要指有些国有企业担负着弥补市场失灵的重任，以实现社会的宏观经济目标。这也是国有企业与私营企业最大的不同。

3. 从对象上看，包括对人和对资产的管理。国有资产管理主要是对资产进行管理，但我们在考察国有资产管理效益时，不能只是关注资产，还要对管理和使用资产的人进行管理，做到管人、管事和管资产相结合，只有这样才能真正提高国有资产的管理效益。

4. 从过程来看，包括事前管理、事中管理、事后管理。国有资产管理效益评价要贯穿于国有资产管理的全过程。事前管理主要是对国有资产管理效益进行预测。若效益低下，则说明项目不可行；若效益不高，则应寻求效益更高的项目投资。事中管理主要是指在国有资产投资以后及收益之前进行的效益评价，主要目的是对已经投资的国有资产进行有效管理，发现问题，及时纠正。事后管理是对国有资产投资结束后的效率和效果进行评价，主要目的是为了总结经验，为进一步的投资管理打下良好基础。

二、效益管理在国有资产管理中的地位

效益是国有资产管理的核心内容之一，追求高效则是国有资产管理的重要目标之一，因此，效益管理在国有资产管理中占有非常重要的地位。

（一）效益管理是发挥社会主义制度优越性的重要手段

自中华人民共和国成立以来，我国各族人民坚持自力更生、艰苦奋斗的精神，经过70多年的建设，已积累了数额很大的国有资产。这些资产是社会主义公有制经济的物质基础，是国家取得财政收入的主要源泉，也是推进社会主义建设和改革，不断改善全国人民物质文化生活的重要保证。对国有资产进行效益管理，保卫国有资产及其权益不受损害，并合理配置和有效经营国有资产，提高经济和社会效益，对于实现国民经济持续稳定协调发展，充分发挥社会主义制度优越性具有重大意义。社会主义的优越性主要体现在社会主义能够更好地满足人民群众的物质文化生活需要上。社会的公益事业、公共福利事业的发展，既是现代社会的一个重要标志，也是衡量一个社会发展水平的十分重要的社会指标。在大力发展社会主义市场经济的基础上，大力发展社会主义公益事业，如医疗卫生、教育事业、福利事业和社会保障等，会使人民真正感受到社会主义的优越性。而这些事业的发展和完善，正是一些非经营性国有资产不断发展的结果，社会主义的优越性也就是通过这些资产的高效运转体现出来的。

（二）效益管理是完善社会主义市场经济体制的需要

党的十四大确立了建立社会主义市场经济体制的宏伟目标。国有经济是我国国民经济的主导力量，是国民经济增长的主体，是国家财政的主要来源，是社会主义市场经济

体制的基础。

国有企业在关系国家经济命脉的重要行业和关键领域占支配地位。国有经济支撑、引导和带动社会经济发展的主导作用，不仅表现在规模、利润和对社会资本的支配控制上，更体现在核心竞争力上，是推动我国经济参与国际竞争和合作的基本力量。完善社会主义市场经济体制，发展壮大国有经济，提高国有资产的管理效益，对于发挥社会主义制度的优越性，增强我国的经济实力、国防实力和民族凝聚力，以及实现全面建设小康社会的奋斗目标都具有重大的战略意义。

（三）效益管理是探索公有制多种有效实现形式的需要

以公有制为主体的社会主义基本经济制度，是由我国社会主义性质和经济发展的客观要求决定的。公有制的主体地位要靠搞活国有企业，盘活国有资产，切实提高国有资产的管理效益来进行巩固。

公有制是社会主义经济制度的基础，是国家引导、推动经济和社会发展的基本力量，是实现最广大人民根本利益和共同富裕的重要保证。公有制经济特别是国有经济一直是我国国民经济的支柱。国有经济在我国社会主义现代化进程中发挥了不可替代的作用，在新世纪、新阶段推进新型工业化建设，全面建设小康社会的过程中，发展壮大国有经济对发挥社会主义制度的优越性，增强我国的经济实力、国防实力和民族凝聚力具有关键性作用，必须毫不动摇地巩固和发展公有制经济。

国有经济的作用主要是通过国有企业体现出来的，要推进国有企业改革，则必须深化国有资产管理体制改革，通过构建符合基本经济制度要求的国有资产管理体制，实现政企分离和国有资产保值、增值。从这个意义上说，不解决国有资产管理体制问题，国有经济的关键性作用就难以发挥，基本经济制度也难以完善。正因为如此，党的十六大报告将改革国有资产管理体制作为深化经济体制改革的重大任务，也表明了我们对经济体制改革、国有企业改革的认识在不断深化。党的十九大报告又提出，要完善各类国有资产管理体制，改革国有资本授权经营体制，加快国有经济布局优化、结构调整、战略性重组，促进国有资产保值增值，推动国有资本做强、做优、做大，有效防止国有资产流失。

（四）效益管理是推进国有企业产权制度改革的需要

我国经济生活中存在的一个突出问题是经济发展往往偏重数量扩张，单纯追求增长速度而忽视质量、效益的提高。造成这种状况的原因是多方面的，但产权制度不合理是一个关键原因。拥有过长的国有经济战线和虚置的产权主体的国有企业体制使政府成为经济活动的主体，经济发展的主要力量也源自政府的行政推动。建立、健全现代产权制度，产权界定清晰，相关权责明确，财产保护严格，就能使经济发展的主体和动力源发生革命性置换，企业和个人就能成为推动经济发展的主力，发展经济的动力源也由外在的压力转变成各市场主体的内在动力。这样不仅能保持高速的经济发展，而且能实现高效益。在这样的环境下，高速发展的经济也就是效益型经济、实惠型经济。

在过去相当长的一个时期内，公有制实现形式单一，国有资产经营方式僵硬，致使许多国有资产不是流失，就是自然贬值。在近年实施产权改革的基础上进一步建立、健全现代产权制度，特别是积极推动国有资产的流动、重组，不仅能增强国有资本的运营活力，优化国有资本的配置，而且能有效改变国有企业的资本架构，实现投资主体多元化，使国有资本通过股份制或混合所有制大幅增进运营效益。

（五）效益管理是实现微观搞活和宏观效益的有效途径

社会主义市场经济体制要求市场发挥决定性资源配置作用，政府的作用范围应限于市场经济失灵的领域。世界银行在20世纪90年代中期，通过对100多个国家国有企业的调查，得出了以下基本结论：世界上所有国家的国企都不盈利，且效率低下；国有企业不是盈利的工具，而是政府用来弥补市场不足或者纠正市场失灵的工具。

但是，由于国有经济的主导地位关系着我国国体、政体的格局，是保持国家稳定的基石，同时，我国国有经济的规模非常巨大，不可能通过急风暴雨式的私有化手段来提高这部分资产的运营效率，因此，中国的国有企业不仅是政府用来弥补市场失灵的工具，还应当在较长的一段时间内关注经营管理能力。由此可见，我国国有企业从总体上来看，其功能应该是多元的，而不应局限于"政府用来弥补市场不足或者纠正市场失灵的工具"。对于经营性国有资产，应重点关注微观搞活；对于非经营性国有资产，要充分发挥其宏观调控功能，促进社会效益的提高，为经营性国有资产和其他所有制经济的健康发展创造良好的外部环境。

在这里，政府职能的转变是非常关键的，政府要把握好为与不为的界限。长期以来，我国以国有企业效益的好与坏作为经济运行效果的衡量标准，将搞活国有企业作为政府经济工作的一项任务。而在市场经济体制初步建立以后，微观搞活已成为企业存在的必然条件，如果政府刻意追求微观搞活，甚至去保证经济中某一经济成分的搞活，则必然会损害调控的公正性和权威性，也使政府陷于具体的事务之中。所以，必要时，政府应从微观目标中脱离出来，重点把握好带有方向性和全局性的调控指标，以国民经济整体利益为唯一目标，微观利益必须服从宏观利益，让所有微观决策在宏观调控措施产生影响和调控参数发生变化的环境下进行调整和优化。

国有资产的效益管理是评价经营者业绩的重要指标，也是政府制定宏观经济政策的重要参考依据。从2004年起，我国开始全面调整国债政策投向，其投向之一就是支持我国东北地区老工业基地的改造。东北地区老工业基地是中华人民共和国工业的摇篮，为我国形成独立、完整的工业体系和国民经济体系以及改革开放和现代化建设做出了历史性重大贡献。改革开放以后，东北地区老工业基地的体制性、结构性矛盾日益显现，其突出表现就是国有企业效益普遍低下，因此，支持东北地区老工业基地的改造是提高国有资产效益的重要举措。

（六）效益管理是提高政府行政效率的重要组成部分

提高国有资产管理效率是国有资产效益管理的重要内容。长期以来，我们更多的是关注资产的管理，以及资产效益的发挥，忽视了管资产行为本身，而实际上，效益取决于正确的目标与效率，可见，效率是效益的重要影响因素。而提高效率本身又是我国这几年进行机构改革的重要内容，国有资产效益管理必将为这项改革添砖加瓦。

第二节 国有资产管理效益评价指标设计指导思想

一、围绕国有资产管理的目标进行设计

设计国有资产管理效益评价指标体系必须围绕国有资产管理的目标进行。国有资产管理的总体目标至少应包括下述三个方面。

（一）经营性国有资产要从总体上保值、增值

经营性国有资产作为一种政府拥有的资产，必须具备一般资产的共性，即以向社会提供商品和劳务取得收入来满足自身进行正常的运营所需要的支出。如果经营性国有资产不从提供商品和劳务中取得收入，而完全依靠政府预算供应取得资金以维持自身的活动，那它就称不上经营性国有资产，而是政府机构。因此，是否通过提供商品和劳务以取得收入来满足维持自身正常运营所需支出，应是区别国有资产与政府机构的一条基本标准，由此可以引出一条判断国有资产整体状况好坏的标准，即国有资产能否保值、增值。不同国有资产所承担的商业功能和社会功能可能不同，其经营结果可能随之出现差异，但从整体上来看，在一个较长时期内，国有资产能否实现保值、增值（至少是保值）应成为判断国有资产整体状况好坏的一个标准。

（二）国有资产要有效地服务于国民经济的整体效益和长远利益

国有资产是整个国民经济的重要组成部分。国有企业作为政府的企业，不但具有一般企业的共性，而且具有自身的特性。国有资产作为政府的资产，除了要通过提供商品、劳务取得收入外，还要承担政府赋予的职能，如营造良好的市场环境（防止私人垄断、提供公共产品等），为国民经济提供基础服务（从事基础设施建设等），进行战略开发（风险极高、所需投资巨大的高科技产品的研制等）及其他一系列经济和社会职能。简而言之，凡是非国有经济不愿做或无力做而政府机构又做不了或做了却对全社会不利的事情，只能由国有资产这一介乎一般企业与政府机构之间的特殊资产来做。这些非国有企业和政府机构不愿从事或不能从事的活动可能会带来利润甚至高额利润，也可能完全无利可图。对于这些活动，国有资产都必须从事，因而部分国有资产（甚至一定时期内国有资产整体）即使亏损了，但对国民经济的整体效益和长远利益是有利的，就应认为国有资产的整体功能得到了发挥，其状况是好的。如果没有国有资产来行使这样的功能，为社会所需要但利润不高的公共产品无人提供，基础设施和服务跟不上，对国民经济长远发展有极强带动作用的高科技上不去，必将导致全社会经济秩序的紊乱，以及整个经济环境的恶化，从而使整个社会经济运行的成本变得极高，所以，当国有资产在短期内以损失自身的财务收益为代价换取了整个社会经济效益的提高时，这部分增加的产出应

被视为国有资产的间接效益。

(三) 国有资产要有效地实现政府的政策目标

国有资产作为政府的资产，在某些时候是政府实现其政治、经济、社会目标的手段，如财政政策手段、货币政策手段等，但这些手段各有其局限性。在它们都不能有效地实现政府的政策意图时，把国有资产作为一种直接体现政府意图的政策手段加以运用，有时能起到不可替代的作用。如一些国家为了实现对外政策的目标，政府可以命令“自己”的资产放弃某些利润极高的项目而从事另一些本身微利甚至并不盈利的活动，这时政府赋予国有资产的目标并不是商业目标，而是政治目标，因为这样做符合国家利益（政治利益）。又如，当通货膨胀率上升时，为了遏制通货膨胀和降低失业率，政府可能让生产原材料、动力等上游产品的国有资产以较低价格出售产品，以防止这些产品的企业成本大幅攀升，同时让国有资产吸收一部分失业人员（或限制国有企业裁员），否则高通胀、高失业率将威胁到社会的稳定。再如，为了缩小地区经济差距和居民收入差距，除了运用财政货币政策外，还可以通过政府在落后地区直接投资兴办国有企业以实现地区平衡发展，增加贫困居民个人收入。所有这些政府目标的实现都有赖于国有资产充分发挥其作用。如果运用得当，国有企业出色地行使了上述功能，从而为国民经济和社会发展做出了自己应有的贡献，就应认为国有资产状况从整体上看是好的。

二、设计国有资产管理效益评价指标体系应处理好几个关系

(一) 要处理好效率与效益的关系

效率通常是指花最少的时间干好某件事情，而效益通常是指花最少的费用取得最大的效应。由此可见，效率与效益既互相统一，又互相矛盾。效率是效益的前提和基础，效益则是效率的目标。但有时效率和效益会互相冲突，如过于追求高效率可能会造成效益的低下。因此，在制定国有资产管理效益评价指标时，既要有效率指标，又要有效益指标。在判断国有资产管理效益的高低时，要把效率指标和效益指标结合起来。

(二) 要处理好经济效益和社会效益的关系

国有资产管理效益有经济效益，也有社会效益。对于经营性国有资产来说，通常关注其经济效益；而对非经营性国有资产而言，由于其主要目标不是盈利，而是为了弥补市场失灵，所以其经济效益通常低下，但其社会效益很高。所以，当进行国有资产效益评价时，一定要分清国有资产的性质，依此判断其效益的高低。一般来说，应做到经济效益服从社会效益，社会效益兼顾经济效益。

(三) 要处理好宏观效益和微观效益的关系

国有资产管理宏观效益是指通过对国有资产的总量和结构进行安排与调整，所产生的有关国民经济和社会发展全局以及国民整体利益、长远利益的经济效果，如国民经济

的稳定均衡发展、充分就业等。国有资产管理的微观效益通常指一项国有资产所带来的具体效果。二者的关系表现为：宏观效益具有主导作用，它是实现微观效益的前提条件；微观效益是实现宏观效益的现实途径。二者有时会存在矛盾，比如某项国有资产宏观效益很高，但微观效益很低，在这种情况下，微观效益应服从宏观效益。

（四）要处理好长期效益和短期效益的关系

国有资产管理效益有长期效益和短期效益之分。与私人相比，国有资产管理更看重长期效益。一项投资，也许从短期看效益很低，甚至没有效益，但从长期看效益很高，这样政府会选择投资，所以，在进行国有资产效益评价时，要兼顾短期效益和长期效益。

三、我国国有资产管理效益评价指标体系

当前，我国国有资产管理效益评价指标体系主要由中央企业综合绩效评价指标和中央企业负责人经营业绩评价指标组成。

（一）中央企业综合绩效评价指标

2006 年，国务院国资委为进一步加强对中央企业的财务监督，规范企业综合绩效评价工作，综合反映企业资产运营质量，促进提高资本回报水平，制定了《中央企业综合绩效评价管理暂行办法》，并于同年发布了《中央企业综合绩效评价实施细则》，对中央企业负责人任期绩效和会计年度绩效评价进行了规定。

中央企业综合绩效评价指标由财务绩效定量评价指标和管理绩效定性评价指标两部分组成。财务绩效定量评价指标依据各项指标的功能作用划分为基本指标和修正指标。管理绩效定性评价指标包括企业发展战略的确立与执行、经营决策、发展创新、风险控制、基础管理、人力资源、行业影响、社会贡献等。

（二）中央企业负责人经营业绩评价指标

2003 年 10 月，国务院国资委审议通过了《中央企业负责人经营业绩考核暂行办法》。该办法自实施以来，得到了绝大多数中央企业的认同和支持，在促进企业深化价值管理、引领科学发展方面的成效比较明显。但随着“一五三”① 总体思路的深入推进和企业内外部环境的变化，该考核工作也面临一些新的矛盾和问题。因此，为适应形势变化，2019 年 3 月，国务院国资委发布了《中央企业负责人经营业绩考核办法》，该办法自 2019 年 4 月 1 日起施行。

中央企业负责人的经营业绩实行年度考核与任期考核相结合、结果考核与过程评价相统一、考核结果与奖惩相挂钩的方案。中央企业负责人的经营业绩考核由年度经营业绩考核和任期经营业绩考核组成。两大考核指标均由基本指标和分类指标组成。对中央

① 即对央企提出的一个目标、五大战略、三个保障。

企业负责人的奖惩依据年度和任期的经营业绩考核结果，并将此作为中央企业负责人任免的重要依据。

第三节 中央企业综合绩效评价指标体系

一、综合绩效评价的内涵

2006年，国务院国资委专门发布了《中央企业综合绩效评价管理暂行办法》，对中央企业负责人任期绩效和年度绩效评价进行了规定。同年，为规范开展中央企业（以下简称企业）综合绩效评价工作，有效发挥综合绩效评价工作的评判、引导和诊断作用，推动企业提高经营管理水平，根据《中央企业综合绩效评价管理暂行办法》，国务院国资委又专门制定了《中央企业综合绩效评价实施细则》。《中央企业综合绩效评价管理暂行办法》和《中央企业综合绩效评价实施细则》对中央企业综合绩效评价指标体系进行了详细的规定。

综合绩效评价是指以投入产出分析为基本方法，通过建立综合评价指标体系，对照相应行业评价标准，对中央企业特定经营期间的盈利能力、资产质量、债务风险、经营增长以及管理状况等进行的综合评判。中央企业综合绩效评价根据经济责任审计及财务监督工作的需要，分为任期绩效评价和年度绩效评价。任期绩效评价是指对中央企业负责人任职期间的经营成果及管理状况进行综合评判。年度绩效评价是指对中央企业一个会计年度的经营成果进行综合评判。为确保综合绩效评价工作的客观、公正与公平，有效发挥对企业的全面评判、管理诊断和行为引导作用，开展综合绩效评价工作应当以经社会中介机构审计后的财务会计报告为基础。按规定不进行社会中介机构审计的企业，其综合绩效评价工作以经企业内部审计机构审计后的财务会计报告为基础。

开展中央企业综合绩效评价工作应遵循以下几方面的原则：一是全面性原则。中央企业综合绩效评价应当通过建立综合的指标体系，对影响中央企业绩效水平的各种因素进行多层次、多角度的分析和综合评判。二是客观性原则。中央企业综合绩效评价应当充分体现市场竞争环境特征，依据统一测算的、同一期间的国内行业标准或者国际行业标准，客观公正地评判企业经营成果及管理状况。三是效益性原则。中央企业综合绩效评价应当以考察投资回报水平为重点，运用投入产出分析基本方法，真实反映中央企业资产运营效率和资本保值、增值水平。四是发展性原则。中央企业综合绩效评价应当在综合反映企业年度财务状况和经营成果的基础上，客观分析中央企业年度之间的增长状况及发展水平，科学预测企业的未来发展能力。

中央企业综合绩效评价工作按照产权管理关系进行组织，国资委负责其履行出资人职责的企业的综合绩效评价工作，企业集团（总）公司负责其控股子企业的综合绩效评价工作。

二、中央企业综合绩效评价指标体系的组成

中央企业综合绩效评价由财务绩效定量评价和管理绩效定性评价两部分组成。中央企业综合绩效评价指标由22个财务绩效定量评价指标和8个管理绩效定性评价指标组成。

（一）财务绩效定量评价指标

财务绩效定量评价是指对企业一定期间的盈利能力、资产质量、债务风险和经营增长四个方面进行定量对比分析和评判。企业盈利能力分析与评判主要通过资本及资产报酬水平、成本费用控制水平和经营现金流量状况等方面的财务指标，综合反映企业的投入产出水平以及盈利质量和现金保障状况。企业资产质量分析与评判主要通过资产周转速度、资产运行状态、资产结构以及资产有效性等方面的财务指标，综合反映企业所占用经济资源的利用效率、资产管理水平与资产的安全性。企业债务风险分析与评判主要通过债务负担水平、资产负债结构、或有负债情况、现金偿债能力等方面的财务指标，综合反映企业的债务水平、偿债能力及其面临的债务风险。企业经营增长分析与评判主要通过销售增长、资本积累、效益变化以及技术投入等方面的财务指标，综合反映企业的经营增长水平及发展后劲。

财务绩效定量评价指标依据各项指标的功能作用划分为基本指标和修正指标。基本指标反映企业一定期间财务绩效的主要方面，并得出企业财务绩效定量评价的基本结果。修正指标是根据财务指标的差异性和互补性，对基本指标的评价结果做进一步的补充和矫正。

财务绩效定量评价指标由反映企业盈利能力状况、资产质量状况、债务风险状况和经营增长状况的8个基本指标和14个修正指标构成，用于综合评价企业财务会计报表所反映的经营绩效状况。

1. 企业盈利能力状况。企业盈利能力状况以净资产收益率、总资产报酬率2个基本指标，以及销售（营业）利润率、盈余现金保障倍数、成本费用利润率、资本收益率4个修正指标进行评价，主要反映企业一定经营期间的投入产出水平和盈利质量。

2. 企业资产质量状况。企业资产质量状况以总资产周转率、应收账款周转率2个基本指标，以及不良资产比率、流动资产周转率、资产现金回收率3个修正指标进行评价，主要反映企业所占用经济资源的利用效率、资产管理水平与资产的安全性。

3. 企业债务风险状况。企业债务风险状况以资产负债率、已获利息倍数2个基本指标，以及速动比率、现金流动负债比率、带息负债比率、或有负债比率4个修正指标进行评价，主要反映企业的债务负担水平、偿债能力及其面临的债务风险。

4. 企业经营增长状况。企业经营增长状况以销售（营业）增长率、资本保值增值率2个基本指标，以及销售（营业）利润增长率、总资产增长率、技术投入比率3个修正指标进行评价，主要反映企业的经营增长水平、资本增值状况及发展后劲。

（二）管理绩效定性评价指标

管理绩效定性评价是指在财务绩效定量评价的基础上，通过采取专家评议的方式，对企业一定期间的经营管理水平进行定性分析与综合评判。管理绩效定性评价指标包括战略管理、发展创新、经营决策、风险控制、基础管理、人力资源、行业影响、社会贡献等方面。财务绩效定量评价指标和管理绩效定性评价指标构成中央企业综合绩效评价指标体系。各指标的权重依据评价指标的重要性和各指标的引导功能，通过参照咨询专家意见和组织必要的测试进行确定。

管理绩效定性评价指标包括战略管理、发展创新、经营决策、风险控制、基础管理、人力资源、行业影响、社会贡献 8 个方面的指标，主要反映企业在一定经营期间所采取的各项管理措施及其管理成效。

1. 战略管理评价主要反映企业所制定战略规划的科学性，战略规划是否符合企业实际，员工对战略规划的认知程度，战略规划的保障措施及其执行力，以及战略规划的实施效果等方面的情况。

2. 发展创新评价主要反映企业在经营管理创新、工艺革新、技术改造、新产品开发、品牌培育、市场拓展、专利申请及核心技术研发等方面的措施及成效。

3. 经营决策评价主要反映企业在决策管理、决策程序、决策方法、决策执行、决策监督、责任追究等方面采取的措施及实施效果，重点反映企业是否存在重大经营决策失误。

4. 风险控制评价主要反映企业在财务风险、市场风险、技术风险、管理风险、信用风险和道德风险等方面的管理与控制措施及效果，包括风险控制标准、风险评估程序、风险防范与化解措施等。

5. 基础管理评价主要反映企业在制度建设、内部控制、重大事项管理、信息化建设、标准化管理等方面的情况，包括财务管理、对外投资、采购与销售、存货管理、质量管理、安全管理、法律事务等。

6. 人力资源评价主要反映企业人才结构、人才培养、人才引进、人才储备、人事调配、员工绩效管理、分配与激励、企业文化建设、员工工作热情等方面的情况。

7. 行业影响评价主要反映企业主营业务的市场占有率、对国民经济及区域经济的影响与带动力、主要产品的市场认可程度、是否具有核心竞争能力，以及产业引导能力等方面的情况。

8. 社会贡献评价主要反映企业在资源节约、环境保护、吸纳就业、工资福利、安全生产、上缴税收、商业诚信、和谐社会建设等方面的贡献程度和社会责任的履行情况。

上述管理绩效定性评价指标应当根据评价工作需要做进一步的细化，能够量化的应当采用量化指标进行反映。

（三）中央企业综合绩效评价指标的权重

中央企业综合绩效评价指标的权重实行百分制，依据指标的重要性和各指标的引导功能，通过征求咨询专家意见和组织必要的测试进行确定。

财务绩效定量评价指标的权重为 70%，管理绩效定性评价指标的权重为 30%。在实际评价过程中，财务绩效定量评价指标和管理绩效定性评价指标的权重均按百分制设定，分别计算分项指标的分值，然后按 7∶3 折算。

三、评价标准

中央企业综合绩效评价标准分为财务绩效定量评价标准和管理绩效定性评价标准。财务绩效定量评价标准包括国内行业标准和国际行业标准。

国内行业标准根据国内企业年度财务和经营管理统计数据，运用数理统计方法，分年度、行业、规模统一测算并发布。国际行业标准根据居于行业国际领先地位的大型企业相关财务指标实际值，或者根据同类型企业相关财务指标的先进值，在剔除会计核算差异后统一测算并发布。

财务绩效定量评价标准的行业分类按照国家统一颁布的国民经济行业分类标准，结合企业实际情况进行划分。财务绩效定量评价标准按照不同行业、不同规模及指标类别，分别测算出优秀值、良好值、平均值、较低值和较差值五个档次。大型企业集团在采取国内标准进行评价的同时，应当积极采用国际标准进行评价，开展国际先进水平的对比活动。

管理绩效定性评价标准根据评价内容，结合企业经营管理的实际水平和出资人监管要求，统一制定和发布，并划分为优、良、中、低、差五个档次。管理绩效定性评价标准不进行行业划分，仅提供给评议专家进行参考。财务绩效定量评价指标的实际值应当以经审计的企业财务会计报告为依据，并按照规定对会计政策差异、企业并购重组等客观因素进行合理剔除，以保证评价结果的可比性。

四、评价计分

财务绩效定量评价计分以指标实际值对照企业所处行业、规模标准，运用规定的计分模型进行定量测算。管理绩效定性评价计分由专家组根据评价期间企业管理绩效相关因素的实际情况，参考管理绩效定性评价标准来确定分值。对企业任期财务绩效定量评价计分应当依据经济责任财务审计结果，运用各年度评价标准对任期各年度的财务绩效进行分别评价，并运用算术平均法计算出企业任期财务绩效定量评价的分值。

中央企业综合绩效评价计分方法采取功效系数法和综合分析判断法，其中，功效系数法用于财务绩效定量评价指标的计分，综合分析判断法用于管理绩效定性评价指标的计分。

五、评价基础数据调整

企业综合绩效评价的基础数据资料主要包括企业提供的评价年度财务会计决算报表及审计报告、关于经营管理情况的说明等资料。

为确保评价基础数据的真实、完整、合理，在实施评价前应当对评价期间的基础数据进行核实，按照重要性和可比性原则进行适当调整。在任期经济责任审计工作中开展任期财务绩效定量评价，其评价基础数据以财务审计调整后的数据为依据。

企业评价期间会计政策与会计估计发生重大变更的，需要判断变更事项对经营成果的影响；产生重大影响的，应当调整评价基础数据，以保持数据口径基本一致。企业评价期间发生资产无偿划入、划出的，应当按照重要性原则调整评价基础数据。原则上，划入企业应纳入评价范围，无偿划出、关闭、破产（含进入破产程序）企业不纳入评价范围。企业被出具非标准无保留意见审计报告的，应当根据审计报告披露的影响企业经营成果的重大事项调整评价基础数据。

国资委在财务决算批复中要求企业纠正、整改，企业对影响自己财务会计报表、能够确认具体影响金额的，应当根据批复调整评价基础数据。

企业在评价期间损溢中消化处理以前年度或上一任期资产损失的，承担国家某项特殊任务或落实国家专项政策而对财务状况和经营成果产生重大影响的，经国资委认定后，可作为客观因素调整评价基础数据。

六、评价工作程序

中央企业综合绩效评价包括财务绩效定量评价和管理绩效定性评价两个方面内容。由于任期绩效评价和年度绩效评价的工作目标不同，评价工作内容应有所区别。

任期绩效评价作为任期经济责任审计工作的重要组成部分，需要对企业负责人任职期间企业的绩效状况进行综合评价，工作程序包括财务绩效评价和管理绩效评价两方面内容。年度绩效评价除根据监管工作需要组织财务绩效与管理绩效的综合评价外，一般作为年度财务决算管理工作的组成部分，每个年度只进行财务绩效定量评价。

七、评价结果与评价报告

（一）评价结果

中央企业综合绩效评价结果用评价分数、评价类型和评价级别表示。

评价类型是根据评价分数对中央企业综合绩效所划分的水平档次，用文字和字母表示，分为优（A）、良（B）、中（C）、低（D）、差（E）五种类型。评价级别是对每种类型再划分级次，以体现同一评价类型的不同差异，采用在字母后标注“＋”和“－”号的方式表示。

（二）评价报告

中央企业综合绩效评价报告是根据评价结果编制、反映被评价企业综合绩效状况的文本文件，由正文和附件构成。

正文应当包括评价目的、评价依据、评价方法、评价过程、评价结果及评价结论、重要事项说明等内容。中央企业综合绩效评价报告的正文应当文字简洁、重点突出、层次清晰、易于理解。

附件应当包括企业经营绩效分析报告、评价结果计分表、问卷调查结果分析、专家咨询报告、评价基础数据及调整情况。其中，企业经营绩效分析报告是根据综合绩效评价结果对企业经营绩效状况进行深入分析的文件，应当包括评价对象概述、评价结果与主要绩效、存在的问题与不足、有关管理建议等。

第四节　中央企业负责人经营业绩评价指标

一、中央企业负责人的界定

为切实履行企业国有资产出资人职责，维护所有者权益，落实国有资产保值、增值责任，建立有效的激励和约束机制，国务院国资委于 2019 年 3 月发布了《中央企业负责人经营业绩考核办法》，对中央企业负责人经营业绩评价指标体系进行了详细的规定。

中央企业负责人是指经国务院授权由国务院国资委履行出资人职责的国家出资企业①中由中央和国资委管理的相关人员。

二、中央企业负责人经营业绩考核制度

（一）中央企业负责人经营业绩考核原则

中央企业负责人经营业绩考核遵循以下原则：坚持依法依规，严格执行国家有关法律、法规，按照权利、义务相统一的要求，建立、健全依法合规经营且可追溯的资产经营责任制；坚持市场化改革方向；根据市场经济的内在要求，遵循企业发展规律，实行与企业功能定位、经营性质和业务特点相适应的分类考核，提高考核的针对性和有效性；坚持与激励约束紧密结合。建立与企业负责人选任方式相匹配、与企业功能定位相适应、与经营业绩紧密挂钩的差异化激励约束机制；坚持短期目标与长远发展相统一。强化国际对标和行业对标，构建年度考核与任期考核相结合，立足当前、着眼长远的考核体系。

（二）中央企业负责人经营业绩考核导向

中央企业负责人经营业绩考核导向包括：突出发展质量，引导企业牢固树立创新、协调、绿色、开放、共享的发展理念，主动适应和引领经济发展新常态，不断改善经营管理，实现高质量、可持续的发展；注重资本运营效率，引导企业以提高经济效益为中

① 本节中的企业主要指该类企业。

心，优化资本布局、规范资本运作、提高资本回报、维护资本安全，提高价值创造能力；准确界定企业功能，引导企业在服务国家战略目标、保障国家安全和国民经济运行、发展前瞻性战略性产业以及完成特殊任务中发挥重要作用，增强国有经济活力，放大国有资本功能；坚持创新发展，引导企业深入实施创新驱动发展战略，强化自主创新，加强协同创新，大力推动大众创业、万众创新，加快科技成果转化，提升核心竞争力；重视国际化经营，引导企业积极稳妥参与“一带一路”倡议建设，加强国际产能和装备制造合作，推动产品、技术、标准、服务走出去，规范、有序参与国际市场竞争，培育具有世界一流水平的跨国公司；健全问责机制，引导企业科学决策，依法合规经营，防范经营风险，防止国有资产流失。

（三）中央企业负责人经营业绩考核实施分类考核制度

根据国有资本的战略定位和发展目标，结合企业实际，对不同功能和类别的企业，突出不同考核重点，合理设置经营业绩考核指标及权重，确定差异化考核标准，实施分类考核。2016 年 8 月，国资委发布《关于完善中央企业功能分类考核的实施方案》（以下简称《实施方案》），详细解释了分类考核制度。

《实施方案》将中央企业依照其主业分为三类：一是主业处于充分竞争行业和领域的商业类中央企业；二是主业处于关系国家安全、国民经济命脉的重要行业和关键领域，主要承担重大专项任务的商业类中央企业；三是公益类中央企业。

主业处于充分竞争行业和领域的商业类中央企业以增强国有经济活力，放大国有资本功能，实现国有资本保值、增值为导向，重点考核企业经济效益、资本回报水平和市场竞争能力，引导企业提高资本运营效率，提升价值创造能力。考核要点主要包括以下几个方面。

1. 突出资本回报的考核要求。将企业经济增加值和盈利状况作为年度考核重点，根据企业资本结构和行业平均资本回报水平，加强与资本市场对标，确定差异化的资本成本率。将国有资本保值、增值能力和可持续发展能力作为任期考核重点，加强对企业中长期业绩的考核。

2. 根据不同行业特点、发展阶段、管理短板和产业功能，合理确定不同企业的考核重点，设置有针对性的考核指标。

3. 鼓励企业在符合市场经济要求的前提下积极承担社会责任。

主业处于关系国家安全、国民经济命脉的重要行业和关键领域且主要承担重大专项任务的商业类中央企业，以支持企业可持续发展和服务国家战略为导向，在保证合理回报和国有资本保值、增值的基础上，加强对服务国家战略、保障国家安全和国民经济运行、发展前瞻性战略性产业以及完成重大专项任务情况的考核。考核要点主要包括以下几个方面。

1. 将企业承担国家安全、行业共性技术或国家重大专项任务完成情况作为重要内容纳入业绩考核。考核指标及权重视企业具体情况而定。

2. 调整和完善资本回报考核机制。根据企业承担的国家安全、行业共性技术或国家重大专项任务资本占用情况和经营性质，适度调整经济效益指标和国有资本保值增值率指标考核权重，合理确定经济增加值指标的资本成本率。

3. 企业承担的国家安全、行业共性技术或国家重大专项任务完成情况较差的企业，无特殊客观原因的，在业绩考核中予以扣分或降级处理。

公益类中央企业以支持企业更好地保障民生、服务社会、提供公共产品和服务为导向，坚持经济效益和社会效益相结合，把社会效益放在首位，重点考核产品服务质量、成本控制、营运效率和保障能力。考核要点包括以下几个方面。

1. 强化考核公益性业务完成情况和保障能力，考核指标及权重视企业具体情况而定。

2. 根据不同企业特点，有区别地将经济增加值和国有资本保值增值率指标纳入年度考核和任期考核，适当降低考核权重和回报要求。

3. 引入社会评价。对企业提供的公共产品和服务的质量、营运效率、成本控制和安全保障能力引入第三方评价，将相关评价结果纳入业绩考核。对第三方评价结果较差的企业，根据具体情况，在业绩考核中予以扣分或降级处理。

三、中央企业负责人经营业绩评价指标的组成

中央企业负责人经营业绩考核由年度经营业绩考核和任期经营业绩考核两大部分组成。国资委按照企业发展与国民经济发展速度相适应，与在国家经济建设中骨干地位作用相匹配，与做强、做优、做大要求相符合的原则，主导确定企业经营业绩总体目标（以下简称总体目标）。年度经营业绩考核和任期经营业绩考核目标值均应与总体目标衔接，根据不同功能企业情况，以基准值为基础予以核定。

（一）年度经营业绩考核指标

年度考核基准值根据企业考核指标上年完成值、前三年完成值的平均值、外部因素、行业对标情况综合确定。

年度利润总额、经济增加值指标目标值设置为三档。第一档：目标值达到历史最好水平，或者明显好于上年完成值且增幅高于企业总体目标。第二档：目标值不低于基准值。第三档：目标值低于基准值。经行业对标，目标值处于国际优秀水平或国内领先水平的，不进入第三档目标。

国资委将企业年度利润总额、经济增加值指标目标值与考核计分和结果评级紧密结合。第一档目标值完成后指标得满分，同时根据目标值先进程度给予加分奖励。第二档目标值完成后正常计分。第三档目标值完成后加分受限，考核结果不得进入 A 级。

年度利润总额目标值与工资总额预算挂钩。对于第一档目标值，工资总额预算高于上年水平。超额完成目标的，按照工资总额预算管理制度可以实施特别奖励。对于第二档目标值，工资总额预算原则上不低于上年水平（目标值低于上年完成值较多的除外）。对于第三档目标值，工资总额预算比上年应有所下降。

（二）任期经营业绩考核指标

任期考核基准值根据上一任期完成值和上一任期第三年完成值综合确定。各项考核目标

值经对标处于行业优秀水平的，完成后得满分；考核目标值低于基准值的，加分受限。

（三）经营业绩考核指标的权重

根据国有资本的战略定位和发展目标，结合企业实际，对不同功能和类别的企业应突出不同考核重点，合理设置经营业绩考核指标及权重，确定差异化考核标准，实施分类考核。

主业处于充分竞争行业和领域的商业类中央企业以增强国有经济活力，放大国有资本功能，实现国有资本保值、增值为导向，重点考核企业经济效益、资本回报水平和市场竞争能力，引导企业提高资本运营效率，提升价值创造力，鼓励企业积极承担社会责任。

主业处于关系国家安全、国民经济命脉的重要行业和关键领域，主要承担重大专项任务的商业类中央企业，以支持企业可持续发展和服务国家战略为导向，在保证合理回报和国有资本保值、增值的基础上，加强对服务国家战略、保障国家安全和国民经济运行、发展前瞻性战略性产业以及完成重大专项任务情况的考核。另外，应适度调整经济效益指标和国有资本保值增值率指标考核权重，合理确定经济增加值指标的资本成本率。承担国家安全、行业共性技术或国家重大专项任务完成情况较差的企业，无特殊客观原因的，在业绩考核中予以扣分或降级处理。

公益类中央企业以支持企业更好地保障民生、服务社会、提供公共产品和服务为导向，坚持经济效益和社会效益相结合，把社会效益放在首位，重点考核产品服务质量、成本控制、营运效率和保障能力。应根据不同企业特点，有区别地将经济增加值和国有资本保值增值率指标纳入年度考核和任期考核，适当降低考核权重和回报要求。对社会效益指标引入第三方评价，评价结果较差的企业，根据具体情况，在业绩考核中予以扣分或降级处理。

四、评价标准

年度经营业绩考核和任期经营业绩考核分为 A、B、C、D 四个等级。国资委依据年度经营业绩考核结果和任期经营业绩考核结果对中央企业负责人实施奖惩。经营业绩考核结果作为中央企业负责人薪酬分配的主要依据和职务任免的重要依据。

第五节 国有资产效益管理制度

一、国有资产效益管理制度含义

国有资产效益管理制度是有关国有资产管理效益的各项法律、法规、规章制度的总称。建立国有资产效益管理制度的核心目的在于提高国有资产的管理效益，促进国有资产保值、增值，增强国有资产在国民经济中的竞争力。按照管资产与管人、管事相结合的原则，一项完整的国有资产效益管理制度至少应该包括以下几方面的内容。

（一）完善的法律、法规

没有规矩不成方圆。要想真正提高国有资产的管理效益，就必须要有一整套完善的法律、法规作支撑，只有这样才能做到有法可依，才能真正通过法律手段使得提高国有资产管理效益的目标落到实处。

（二）国有企业效益管理制度

国有企业是国有资产的重要载体，因此，提高国有资产管理效益的一个重要途径就是提高国有企业（尤其是竞争性的国有企业）的管理效益。这种管理效益主要是通过设置一套科学合理的保值、增值指标体系来衡量的。

（三）国有资产经营管理人员效益管理制度

国有资产管理得好不好，关键在人，特别是直接进行国有资产经营管理的人员。因此，调动经营管理者的积极性、提高国有资产经营管理人员的经营效益是国有资产整体效益提高的重要一环，这需要借助于激励约束机制的建立。

（四）国有资产宏观效益管理制度

一般而言，私有财产投入经营的唯一目的就是赚取最大利润，而国有资产与之不同。国有资产在讲求微观经济效益的同时，更多地关注宏观经济效益，如产业结构的合理化、地区发展平衡等，因此宏观效益管理制度是国有资产效益管理制度的重要组成部分。

二、国有企业的国有资产效益管理制度

长期以来，我国国有企业的国有资产效益低下，存在重复建设、无效投资等现象。今后要逐步建立国有企业的国有资产效益管理制度，建立科学的法人治理结构，完善衡量国有企业经营管理效益的各项指标，以此来衡量国有企业效益，督促企业改进经营管理，防止国有资产流失，提高国有资产管理效益。要转变政府职能，真正实现政企分开，为国有企业改革的深化创造前提。国有企业改革的目标是建立现代企业制度，而现代企业制度的一个重要特点就是政企分开。政企分开的本质在于把政府的经济管理职能与国有资产所有者职能分开，把国有资产监督管理与国有资产经营职能分开。政府的所有行政机构不再直接干预国有企业的微观决策，要割断政府与企业的直接联系。政府要把工作中心放在对经济整体的宏观调控和统一的公平竞争市场秩序的建立上，强化自身的公共服务职能。同时要加强对政府工作的监督力度，包括立法监督、行政监督、检察监督和舆论监督等。

三、国有资产负责人效益管理制度

按照管资产与管人、管事相结合的原则，在国有资产效益管理中要体现以人为本的思想，切实加强对国有资产经营管理人员的管理，要建立对国有资产经营管理人员的激励约束机制。

国资委依据年度经营业绩考核结果和任期经营业绩考核结果对中央企业负责人实施奖惩，并把经营业绩考核结果作为中央企业负责人任免的重要依据。具体体现在以下几点。

(1) 中央企业负责人的薪酬由基本年薪、绩效年薪、任期激励收入三部分构成。基本年薪是中央企业负责人的年度基本收入。对中央企业负责人应实行物质激励与精神激励。物质激励主要包括与经营业绩考核结果挂钩的绩效年薪和任期激励收入。精神激励主要包括给予任期通报表扬等。

(2) 中央企业负责人的绩效年薪以基本年薪为基数，根据年度经营业绩考核结果并结合绩效年薪调节系数确定。绩效年薪按照一定比例实施按月预发放。国资委依据年度经营业绩半年预评估结果对中央企业负责人预发绩效年薪予以调整。任期激励收入根据任期经营业绩考核结果，确定为不超过中央企业负责人任期内年薪总水平的30%。

(3) 中央企业负责人年度综合考核评价为不胜任的，不得领取绩效年薪；任期综合考核评价为不胜任的，不得领取任期激励收入。

(4) 中央企业主要负责人的分配系数为1，其余被考核人的分配系数由中央企业根据各负责人的经营业绩考核结果，确定为0.6～0.9，适度拉开差距。分配方案报国资委审核备案后执行，同时抄送派驻本企业的监事会。

(5) 对取得重大科技创新成果、承担重大专项任务和社会参与做出突出贡献的，在年度经营业绩考核中给予加分奖励。对经营业绩优秀及在科技创新、品牌建设、国际化经营、节能减排方面取得突出成绩的，经国资委评定后对企业予以任期激励。

(6) 连续两年年度经营业绩考核结果为D级或任期经营业绩考核结果为D级的中央企业，且无重大客观原因的，对中央企业负责人予以调整。

(7) 中央企业发生下列情形之一的，国资委根据具体情节给予降级或者扣分处理，并相应扣发或追索扣回中央企业法定代表人及相关负责人的绩效年薪或任期激励收入；情节严重的，给予纪律处分或者对中央企业负责人进行调整；涉嫌犯罪的，依法移送司法机关处理。

第一，违反《中华人民共和国会计法》及《企业会计准则》等有关法律、法规，虚报、瞒报财务状况的。

第二，中央企业法定代表人及相关负责人违反国家法律、法规，导致重大决策失误、较大及以上生产安全责任事故、重大质量责任事故、重大环境污染责任事故、重大违纪和法律纠纷案件、境外恶性竞争，造成重大不良影响或者国有资产损失的。

四、国有资产的宏观配置效益

在我国，公有制是国民经济的基础，国有资产在经济社会中占有相当重要的地位。国有资产除了要有微观效益以外，更重要的是要能够产生宏观效益，促进经济发展和社会稳定。国有资产管理的宏观效益也就是国有资产的宏观配置效益，是在给定的技术经济条件下，国有资产在不同的目的之间合理配置，使有限的国有资产得到合理利用，使其最大限度地满足人们的需要。而国有资产宏观效益管理制度则是有关国有资产宏观效益的一系列法律、法规及规定的总称，建立国有资产宏观效益管理制度的主要目的就是提高国有资产宏观管理效益。

国有资产的宏观配置效益包括国有资产的规模配置效益、产业配置效益和区域配置效益。其中，国有资产的规模配置效益是指国有资产在整个国民经济的合理比例和国有资产自身的规模经济。在社会主义基本经济制度下，国有资产是国民经济的主导力量，国有资产的规模以确保公有制的主导地位为条件，而国有资产管理的效益与国有资产自身的规模经济成正比。国有资产的产业配置效益是指国有资产在各产业部门之间的合理、有效配置。一国的生产分布于不同的产业部门，这些产业部门都是国民经济不可或缺的部分，但其效益并不是各部门效益的简单相加，而是一个系统的相互作用的过程。因此，要使国有资产在各产业部门之间的配置达到一个合适的比例，从而使国民经济整体效益最大，就应当使产业配置效率达到最高。国有资产的区域配置效益是指国有资产在一个国家的不同地区之间的合理配置，从而使得地区之间经济发展平衡。各地区平衡发展对于我国这样一个大国尤为重要，要利用有限的国有资产，通过在地区间的配置达到资源的最优利用，为社会创造出尽可能多的财富。

一、本章复习题

1. 什么是国有资产管理效益？
2. 效益管理在国有资产管理中地位如何？
3. 设计国有资产管理效益评价指标体系的指导思想是什么？
4. 国有资产管理效益评价指标有哪些？
5. 中央企业综合绩效评价指标有哪些？
6. 中央企业负责人经营业绩评价指标有哪些？
7. 什么是国有资产效益管理制度？
8. 国有企业的国有资产效益管理制度的内容是什么？
9. 什么是国有资产的宏观配置效益？

二、本章讨论题

1. 如何将“和谐社会”理念体现在国有资产管理效益评价中？
2. 如何建立对国有资产经营管理人员的激励约束机制？

3. 如何完善我国的国有资产效益管理制度?

三、本章阅读资料

1. 郭平．国有资本营运与管理．长沙：湖南大学出版社，2003.
2. 黄少安．国有资产管理概论．北京：经济科学出版社，2000.
3. 李松森，等．国有资产管理．大连：东北财经大学出版社，2010.
4. 张先治，等．国有资本管理、监督与营运机制研究．北京：中国财政经济出版社，2001.

第十章 资源性国有资产管理

本章关键词

资源性国有资产　国有土地资产　国有矿产资产　国有水资源　国有森林草原资源

本章内容提要

资源性国有资产是指依据法律、法规，所有权属于国家的资源性资产。它与经营性国有资产和非经营性国有资产共同构成了完整的国有资产体系。资源性国有资产可按照不同标准进行分类。资源性国有资产管理的内容包括产权管理、勘察管理、开发利用管理和保护管理四项工作。本章主要介绍土地、矿产、水、森林、草原等国有资源。狭义的国有土地资产包括：国家拨给国有企业、企事业单位使用的土地，城市市区土地，城镇建设已经使用的土地，国家建设依法征用集体所有的土地，国家拨给机关、企（事）业单位、军队的农副业生产和职工家属生产使用的土地等。我国矿产资源属于国家所有，由国务院行使对矿产资源的所有权。地表和地表下的矿产资源的所有权不随其所依附的土地所有权或者使用权的不同而改变。对于水资源，除农村集体组织所有的水塘、水库中的水属于集体所有制外，凡是我国领域内的一切水资源均属于国家所有。我国法律规定，森林、草原属于全国人民所有，有法律规定属于集体所有的除外。

第一节 资源性国有资产概述

一、资源性国有资产的含义

资源性国有资产是国有资产的重要组成部分，要准确把握它的含义，首先要了解自然资源和资源性资产这两个概念。

(一) 自然资源

根据联合国环境规划署在 1972 年的定义，自然资源是指在一定时空范围内，能产生经济价值，以提高人类当前和将来福利的自然、环境因素和条件。可见，自然资源是指天然形成的，现在或将来能够为人类所利用并提供一定价值的自然物质要素。自然资源是人类生产和生活的重要物质来源，是社会经济发展的物质基础，为便于对这些种类繁多、数量庞大的自然资源进行管理和分析，人们一般将它们分为以下几类。

按照资源可否再生，分为不可再生性资源和可再生性资源。前者是指资源的实物形态不能通过人类的劳动再生产而增加，如土地、河流、矿藏等，大部分自然资源都是不可再生性资源。后者是指资源的实物形态可通过人类的劳动再生产而增加，如森林、草原等资源。对于不可再生性资源更要进行合理的开发利用以实现资源的优化配置。

按照资源的投入使用方式，分为可直接利用类资源和需投资开发类资源。前者是指不需要投资、开发就可直接利用的资源，比如土地，人们可直接利用它进行耕种或建筑，而不需要投资和开发。后者是指必须经过投资开发后才能利用的资源，比如某些河流，必须经过开发后才能航行。

按照资源是否会耗竭，分为不可耗竭资源和可耗竭资源。前者是指资源的实物形态不随其开发利用过程而耗竭，并始终保持原有的实物形态，如河流、土地等。这类资源可以循环重复利用，属于生产要素中的劳动资料。后者是指资源的实物形态随其开发利用过程而逐步减少或耗竭，如矿藏、森林等。可耗竭资源一般只能作为生产的原材料。

按照资源管理的需要，可分为土地资源、水资源、矿产资源、森林资源、草原资源等。

除以上分类外，人们还根据实践的需要将其分为地下资源、地表资源和气候资源；生物资源和非生物资源；农业资源、工业资源、旅游资源和地质矿产资源等。这些不同标准的分类有利于人们从不同角度对自然资源进行研究和利用。

(二) 资源性资产

资源性资产是指在人们现有的认识和科技水平下，对其开发能够产生一定经济价值的资源。可见，资源性资产是指在当前能够为人们所利用的自然物质要素，当人类现有的科技和经济水平尚未能开发和利用并产生经济价值时，它只是作为自然资源存在而不是资源性资产。一种自然资源是否属于资源性资产不是固定不变的，这与当时的技术条件有很大的关系。比如太阳，在人类尚未懂得利用太阳能时，太阳就不是资源性资产，而只是一种自然资源。当人类发明了太阳能技术后，太阳就变成了资源性资产。因此资源性资产是自然资源的一部分，但并不是所有的自然资源都能形成资源性资产。自然资源要成为资源性资产须具备以下六个条件：(1) 必须处于静态的存置空间，即当某项自然资源被人们所拥有和控制时，其空间位置不会发生变化。(2) 必须处于使用状态。(3) 可以用货币计量。(4) 必须能为特定主体拥有或占有、控制。(5) 可为特定主体的未来经营带来收益。(6) 能够用现代技术完全取得。

资源性资产的分类和自然资源的分类基本相同，这里不再赘述。

（三）资源性国有资产

资源性国有资产是指依据法律、法规，所有权属于国家的资源性资产，它与经营性国有资产和非经营性国有资产共同构成了完整的国有资产体系。一般而言，资源性资产绝大部分属于国有资产，因此有时人们将资源性国有资产简称为资源性资产。《宪法》规定：矿藏、水流、森林、山岭、草原、荒地、滩涂等自然资源，都属于国家所有，即全民所有；由法律规定属于集体所有的森林和山岭、草原、荒地、滩涂除外。《宪法》还规定：城市的土地属于国家所有。农村和城市郊区的土地，除由法律规定属于国家所有的以外，属于集体所有；宅基地和自留地、自留山，也属于集体所有。另外，国务院代表国家统一行使对资源性资产的所有权。

资源性国有资产具有以下特点：(1) 天然性。它是存在于自然界的，经过多种自然因素作用形成的。(2) 有用性。它是能够为人类所利用和消费并产生一定经济价值的。(3) 有限性。大多数资源性资产都是稀缺性资源，其供给数量相对于人们日益增长的需求是有限的。当然，随着人类开发和利用自然能力的提高，可能将来会发明资源性资产的替代物，但在一定的时间和空间范围内，资源总是有限的，况且在人类目前的技术水平下，还很难解决资源的替代性问题。(4) 可计量性。即可以用货币或实物计量。由于资源性资产已经进入了人类的生产和生活并产生了效益，因此只有具备可计量性，人们才能方便地利用它。(5) 垄断性。即资源性资产由国家垄断。资源性资产能够带来经济利益，这些经济利益是由于自然界的作用天然产生的，不应该归属于某个人或某部门，而应该由全体人民共同拥有。更重要的是，资源性资产是一国的经济基础，对国民经济建设发挥着重要的作用，是国家进行宏观经济调控的必要保证，应该由国家垄断。(6) 价值多重性。这是资源性国有资产区别于一般经济资源的重要特征。一般经济资源，如机器、设备等只具有经济价值，而资源性国有资产不但具有经济价值，还具有生态价值，即它与其他自然资源一起构成整个生态系统。国有资源的经济价值和生态价值是相辅相成、互相制约的。因此，在开发利用资源的过程中，不能单纯强调它的经济价值，必须同时注意保护它的生态价值。

资源性国有资产主要包括国有土地资源、国有矿产资源、国有水资源、国有森林资源和国有草原资源。

二、我国资源性国有资产的现状

我国是资源大国，但人均保有量很低，而且随着开发利用程度的加强，对资源的消耗特别是能源的消耗越来越多，资源的保有量和人均存量逐渐减少。虽然近年来加强了对资源的保护，但总体上没有明显的缓解。具体来说，我国资源性国有资产呈现以下特点。

1. 总体资源比较丰富，品种比较齐全。我国位于世界上面积最大的陆地——欧亚大陆的东部，以及面积最大的海洋——太平洋的西岸，农业资源较为丰富，物种资源的多样性也在世界名列前茅。我国是世界上植物种类最丰富的国家之一，我国现有种子植物24 500多种，其中被子植物24 300多种，291科，相当于全世界被子植物科数的53.3%；我国陆栖脊椎动物2 000余种，约占世界总数的10%。另外，在广袤的土地上和海域内，还蕴藏着大量的化学资源、矿产资源和能源资源。我国目前已经发现并探明储量的矿产资源有157种，也就是说，全世界已经发现的矿产种类中，有95%以上在我国都有蕴藏，而且有很多矿产比如钨、锡、钼、铋、锑、汞、锂、铌、钽、铍等的储量都居世界前列。可以说，我国是世界上少数几个能够依靠自有资源构建自己独立经济体系的国家之一。

2. 我国人均资源占有量十分有限。据统计，我国人均土地占有量是世界平均水平的1/3，人均耕地面积为世界平均水平的4/11。可以说，以占世界7%的土地养活占世界20%的人口，是一件非常了不起的事情。另外在我国，人均森林面积不足世界平均水平的1/8；人均草场面积不足世界平均水平的1/2；人均水资源占有量是世界平均水平的1/4；人均矿产资源为世界平均水平的1/2。目前我国人口增速虽然放缓，但仍以每年1 000万人的规模在增加，这无疑加剧了资源短缺的矛盾。

3. 资源的利用率低下，资源浪费严重。据统计，在我国的国民经济运行过程中，全社会需要的最终商品仅占原材料投入的20%～30%，也就是说，有70%～80%的资源在生产过程中被无端地耗费掉，而且造成了水、大气、土壤等生态环境的污染。我国能源利用率也很低，仅能达到30%左右，相当于日本、美国等国家能源利用率的1/2左右。

4. 资源的结构性短缺问题严重。资源的结构性短缺表现为三个方面，即总体的结构性短缺、同类资源的结构性短缺和开发条件的结构性短缺。从总体上看，在全部资源种类中，除煤炭外，我国的富有矿藏均为金属和非金属矿藏，这类矿藏在经济建设中的需求量并不很大，而对经济建设而言，需求量较大的资源又不十分丰富。从同类资源的结构上看，我国的能源资源以煤炭为主，同类资源的石油和天然气储量所占比例却很低，煤炭不是清洁能源，其燃烧效率远低于石油和天然气，对环境的影响也很大。从开发条件来看，我国的矿产资源虽然比较丰富，储量很大，但很多矿产资源都是贫矿，杂质多，品位低，开采和冶炼的成本比较高，难度也很大。比如，我国的铁矿、磷矿就存在这样的问题。我国富铁矿以含铁量30%作为标准，而其他很多国家的标准都要高于50%。在我国的铁矿中，含铁量高于80%的富矿只占7.1%，其余90%以上为贫矿。

三、资源性国有资产管理的地位和作用

资源性国有资产管理就是国家及有关部门根据相关法律、法规，以行政的、法律的和经济的手段，来协调、控制和监督资源性国有资产的开发利用过程。其目的是维护资源的国家所有，实现资源开发与经济发展的和谐以及资源的优化配置，逐步改善生态环境，取得良好的经济效益和社会效益。国家作为宏观经济调控主体，有能力对各种各样的资源进行可持续性的勘探、研究和开发，最大限度地利用各种资源，而私人部门无论从人力上还是资金上都不具备这样的能力，因此，由国家对资源性资产进行宏观管理就成了资源性资产优化配置的现实选择。

资源性国有资产管理在国有资产管理中处于重要地位，是经营性国有资产管理和非经营性国有资产管理的基础，关系到国有资产整体的保值、增值。随着人们开发利用的资源性国有资产规模的扩大，各国也逐渐认识到了资源性国有资产管理的重要地位及其作用。

1992年，在巴西里约热内卢召开的联合国环境与发展大会通过了《关于环境与发展的里约热内卢宣言》和《21世纪议程》，主要是呼吁各国调整消费结构、广泛应用环境无害技术和清洁生产方式，实现高效益、节约资源和能源、减少废物排放的可持续发展。尤其在当前世界人口规模突破70亿人的情况下，人口与资源的关系更加紧张。联合国人口基金会在全球人口满70亿人的仪式前夕发布警告：全世界70亿人共享地球资源意味着地球资源紧张进一步加剧，人口压力对各国资源使用和环境保护将带来极大挑战。

根据《21世纪议程》，我国政府结合国情制定了《中国21世纪议程》，将可持续的发展战略与重大行动规定为：按照资源有偿使用的原则，国家将着手研究制定自然资源开发利用补偿政策和环境税收政策；研究试行把自然资源和环境因素纳入国民经济核算体系，使有关统计指标和市场价格比较准确地反映经济活动所造成的资源和环境的变化；改革资源价格体系，促进资源的节约利用和保护增值。“自然资源保护与可持续利用”一章中指出：不合理的定价方法导致了资源市场价格的严重扭曲，表现为自然资源无价、资源产品低价以及资源需求的过度膨胀；我们的目标是在自然资源使用分配中引入市场机制，实行“使用者付费”的经济原则，以促进采取有益于环境的方式开发自然资源。我国政府已将保护环境确立为基本国策，要实施可持续发展战略。国务院在召开第六次全国环境保护大会时，把环境保护摆上更加重要的战略位置。国务院先后印发《关于落实科学发展观加强环境保护的决定》、《国家环境保护“十一五”规划》及《全国主体功能区规划》等，明确经济建设必须符合环境保护要求。

具体地讲，加强资源性国有资产管理能够起到以下几方面的重要作用。

（一）有利于维护全体国民的共同利益

资源性国有资产的所有权归国家，即由全体国民所共有。只有通过有计划、有目的的管理，才能保证资源的合理开发利用，进而维护全体国民对资源的所有权。

(二) 有利于资源的优化配置

资源性国有资产具有有限性，是典型的稀缺性经济资源，如何实现它的优化配置显得尤为重要。而且某些资源具有不可再生性，一旦不能合理利用，将不可能再次利用。因此，必须通过加强对资源性国有资产的管理来避免资源的损失和浪费，从而实现优化配置。

(三) 有利于促进经济的可持续发展

资源性国有资产管理与可持续发展问题紧密相关。一国或一个地区只有保持可持续发展才是长久的、真正的经济发展，如果以牺牲自然资源和生态环境为代价，换得经济的短期快速发展，最终将得不偿失。通过加强资源性国有资产管理，以一定的科学技术为基础，合理地、有计划地开发和利用资源，能够有助于提高资源的利用效率和实现资源节约型发展。

(四) 有利于保护生态平衡

资源性国有资产是以自然形态存在的，对它的开发利用关系到生态环境问题。随着人们认识水平的提高，目前许多国家都把保护生态平衡作为一项重要的国策。如果对资源性国有资产管理不善，盲目追求经济利益，乱开发、乱采伐，将会导致生态环境的恶化，最终破坏人类赖以生存的环境。实际上，在这一方面一些发达国家已经有过沉痛的教训，我们应该吸取教训，加强资源性国有资产的管理，尊重客观规律，实现人类社会与自然界的协调发展。

(五) 有利于节约型社会的建设

我国当前处于快速发展的阶段，而经济的快速发展是以巨大的资源消耗为代价的。2005 年，中国跃升成为全球最大的铜、镍和锌耗用国，工业原材料消耗增长相对于世界其他地方更加突出。在这种情况下，加快建设节约型社会，是缓解资源供需矛盾的根本出路，是贯彻落实科学发展观的必然需要。

四、资源性国有资产管理的内容

资源性国有资产管理的内容主要包括产权管理（即权属管理）、勘察管理、开发利用管理和保护管理四项工作。

(一) 产权管理

产权是指所有权以及与之相关的权利，包括所有权、使用权、处分权和收益权。《宪法》明确规定，矿藏、水流、森林、山岭、草原、荒地、滩涂等自然资源，都属于国家所有，即全民所有；由法律规定属于集体所有的森林和山岭、草原、荒地、滩涂除外。其他自然资源只能属于国家所有，任何国家机关、社会团体和个人都不能作为自然资源所有权的主体，也不能与国家共同分享资源的所有权。资源的所有权只能由国家统一行使，除非国家授权，任何单位或个人都无权行使资源所有权。因此，产权管理是资源性资产管理的核心，也是其他资产管理的基础。只有加强产权管理，理顺产权关系，才能从根本上维护资源性国有资产所有者和使用者的合法权益。

（二）勘察管理

勘察管理是指依靠科学理论，采用科学技术方法，对资源进行认真的调查研究，探明资源的分布、储量、开采条件、利用价值等情况，以便于国家有步骤、有计划地进行开发。加强勘察管理是对资源进行综合利用和保护的基础。勘察资源必须依法进行登记，取得勘察权。独立进行经济核算的勘察单位凭批准的勘察计划，在填写勘察申请登记书、到登记管理机关办理登记手续、领取勘察许可证后从事勘查工作。

（三）开发利用管理

自然资源的开发利用必须依法申请取得开采权。经批准取得的开采权不得买卖、出租，不得用作抵押。乡镇集体企业和个人开采自然资源，也应依法申请，获得批准。国家对它们要实行积极扶持，合理规划，正确引导，加强管理的方针；鼓励它们开发国家指定的资源，帮助它们不断提高技术水平，提高资源利用效率和经济效益。

（四）保护管理

自然资源和自然环境是一个整体，同时具有经济效益和生态效益，两者相辅相成。对资源的保护应坚持“谁开发谁保护，谁污染谁治理，谁破坏谁受罚”的原则，实行开发利用和保护并重的方针，以使自然资源的开发利用处于良性循环状态，为社会经济发展奠定稳定的物质基础。

五、我国资源性国有资产管理的问题及其改善

（一）我国资源性国有资产管理的问题

我国资源性国有资产管理目前仍沿用计划经济体制下高度集中的以部门分割为特征的管理体制，单纯强调计划调控而缺乏市场机制，与我国当前发展社会主义市场经济的大背景相悖，这是造成资源性国有资产管理不善的最主要原因。我国资源性国有资产管理的问题主要如下。

1. 产权不清。这是我国国有资产管理中普遍存在的问题，资源性国有资产也不例外。虽然法律规定资源归国家所有，但在实践中国家作为资源所有者的地位模糊，产权被虚置或被弱化，所有权被条块和部门分割，以使用权代替所有权，谁占有谁所有，不能切实地维护所有者的权利。

2. 无偿使用。资源性国有资产和其他生产要素一起进入生产领域，应该有偿使用，这样既能真实反映产品的成本，又能从产品收入中获得补偿。但我国长期以来对土地等

资源都实行划拨等无偿使用的办法，流失了大量国有资产收益，损害了国家的所有者权益，并且使耗竭的资源难以得到补偿。

3. 部门之间不协调。由于产权关系不明晰，资源性国有资产的所有者、使用者或者经营者之间的责、权、利关系不能在法律上明确界定，中央和地方之间、部门与部门之间、部门与企业之间等缺乏利益调节与协调机制，致使权益纠纷此起彼伏，资源遭受严重浪费甚至破坏。

4. 过度开发。经济发展过分依赖能源和资源的消耗，生态环境破坏比较严重。

5. 资源配置效率低下。我国资源的开发权单纯地由行政分配，缺乏市场机制，资源的利用效率非常低下。

6. 注重实物管理而忽视价值管理。在我国，自然资源不作为国有资产进行核算，未被纳入国民经济核算体系，从而导致了资源的不合理定价。价格扭曲削弱了资源基础，在一定程度上影响了经济与社会的持续、快速、健康发展。

7. 投入不足。在资源性国有资产被无偿使用的情况下，我国对资源开发利用的资金主要来自财政，我国财力有限，这就极大地制约了资金的投入，而投入不足又导致开发利用不足，难以实现良性循环。

目前我国政府已经认识到了上述资源性国有资产管理中的不足，开始制定一些政策以缓解上述问题，比如，《国民经济和社会发展第十一个五年规划纲要》专门对建设资源节约型、环境友好型社会进行了规定，为落实节约资源和保护环境的基本国策，建设低投入、高产出，低消耗、少排放，能循环、可持续的国民经济体系，以及资源节约型、环境友好型社会指明了发展方向。

（二）改善我国资源性国有资产管理的基本原则

随着世界经济的高速增长和人口的迅速膨胀，如何合理开发利用资源性国有资产，已经成为国际社会的一个重大而紧迫的课题。我国作为一个发展中大国，面临着人口基数大、人均资源少、经济和科学水平落后等问题，在建设节约型社会和实现可持续发展的今天，如何妥善处理经济与人口、资源、环境之间的关系显得尤为重要。世界上许多发达国家的经济发展都是以牺牲生态环境为代价的，在我国要实现经济的快速发展，必然要以自然资源的开发利用为基础，而只有对资源性国有资产进行有序的管理，才能既满足当前经济发展的需要，又造福子孙后代，实现“双赢”。实际上，我国的很多区域都蕴藏着丰富的自然资源和生产资源，但经济发展比较缓慢，东北地区就是典型的例子。东北地区土地肥沃，矿产资源丰富，城市用地也比较富余，但是东北地区的经济发展速度在全国的排名非常靠后。由此可见，拥有自然资源这一先天优势并不一定能够促进经济发展，只有建立起良好的管理机制，才能发挥它为经济服务的作用。有关专家指出，我国经济发展的约束已经从投资约束以及其后的需求约束，改变为资源及国际竞争双重约束。值得关注的是，资源的约束已经开始对中国经济发展发生重大作用。比如 2002 年以来，中国经济的一大特点是，很多产品正在面临着资源的约束、环境的约束，现在能源是一个非常大的瓶颈。以煤为例，我国的煤储量 1 000 多亿吨，扣掉已开采的还有 600 多亿吨，而在这 600 多亿吨里，有可能开采的只有 60 多亿吨。但以目前经济发展对煤炭需求的增长情况来看，每年需要增加一个兖州煤矿，这是根本不可能实现的。石油也是如此，我国实际石油生产的最大增长可能仅在2亿吨左右，可是我国实际需求不断地上升，预计2020年将超过4亿多吨。因此，在目前资源的稀缺性日渐突出的情况下，该如何进行管理，从而使得资源性国有资产最大限度地为我国经济发展服务，就成了理论和实践工作者的一个重要而紧迫的课题。为此，我国有必要遵循以下基本原则，以加强对资源性国有资产的管理。

1. 遵循客观规律。资源性国有资产是存在于自然界、天然形成的一种资产，它本身具有一定的客观规律，只有掌握了这些客观规律，才能进一步地开发利用它，因此资源性国有资产管理首先要讲科学性。在资源性国有资产进入生产、生活过程后，就开始参与国民经济整个经济链条的运行，必须遵照经济规律进行管理才能发挥它的生产要素作用，否则就会干扰经济的正常运行。

2. 明晰产权。国家依法拥有自然资源所有权，自然资源所有权是国家对各种自然资源享有的占有、使用、收益、处分的权利，任何单位和个人都不能侵蚀自然资源的国家所有权，必须依法取得自然资源的开采权，依照国家规定缴纳资源税和资源补偿费，实行有偿开采。

3. 统一规划和因地制宜相结合。我国自然资源分布广泛，这决定了对它的开发利用必须具有全局观念，不能只顾局部地区或部门利益。同时，为调动各资源分布地的政府的积极性和提高资源的管理效率，还应该赋予地方政府一定的权力，让它们因地制宜地进行管理。另外，虽然我国自然资源总量丰富，但大部分资源的人均占有量非常少，因此在国家统一规划部署的前提下，各地和各部门要有步骤、有计划地进行开发利用，而不能急功近利。

4. 经济效益、社会效益和生态平衡相统一。人类对资源进行开发利用是为了获得一定的经济效益和社会效益，但这必须在与生态平衡相统一的前提下进行，既要合理开发，又要有效保护，还要不断地培育、发展各种资源，以达到经济效益、社会效益和生态平衡的统一。

现有的统计指标中，绿色GDP是最能够综合反映资源性国有资产的经济效益和生态效益的指标之一。绿色GDP核算是在现有的国民经济核算基础上，考虑到自然资源与环境的因素，将经济活动中自然资源的耗减成本与环境污染成本予以扣除的资源、环境和经济综合核算的核算体系。目前，许多国家都在进行有关绿色国民经济核算的研究和应用，如挪威关于石油、森林、渔业等重要资源的核算，法国的自然资产账户，美国的关于环境防御支出数据库的构建，联合国环境与经济综合核算体系（SEEA）等。我国也正在研究和搭建中国的绿色国民经济核算体系，中华人民共和国生态环境部（简称生态环境部）和中华人民共和国国家统计局（简称国家统计局）已经联合成立了绿色国民经济核算研究工作机构，提出了《中国资源环境经济核算体系框架》和《基于环境的绿色国民经济核算体系框架》。

5. 培育和发展产权市场。培育和发展资源产权市场，促进生产要素合理流动，是深化自然资源管理体制改革的重要内容。在我国深化改革的进程中，必须重视产权市场的培育和完善，只有资源开采权进入市场，其价值才能得到确认和实现，从而提高资源的配置效率。

(三) 资源性国有资产的资产化管理

上述资源性国有资产管理中存在的弊端决定了传统的资源性国有资产管理体制必须进行改革，实行资源性国有资产的资产化管理是一种改革的办法，它将对我国的经济和社会发展产生深远的影响。

资源性国有资产的资产化管理是指将自然资源作为资产，开发利用自然资源的企业成为一个独立产业，按照科学原则和经济规律，在市场经济条件下经营运作。其实质是以产权管理为核心，以有偿使用为手段，企业转变运作机制，以实现可持续发展为目标。资源性国有资产的资产化管理的目标是：力求通过实行资产化管理，使资源性国有资产由事业型运作机制转变为经营型运作机制；构建与社会主义市场经济体制相适应的管理模式；达到产权清晰，权能结构合理；国家所有权得到维护，并在经济上得到实现；经营者能自主经营，进入市场；资源性国有资产的开发利用合理、高效、节约；强化投入，优化配置，实现资源、环境、生态一体化，走向良性发展道路；壮大中央和地方财政的来源，促进我国社会和经济快速、健康、稳定和可持续发展。

在我国建设社会主义市场经济体制的框架下，建立并完善资源性国有资产的市场机制是提高资源性国有资产的开发利用效率的必由之路。在传统的资源性国有资产管理体制下，对国有自然资源的利用和保护缺乏有效的综合管理，不承认资源的经济价值，没有把资源与环境因素纳入国民经济核算体系，把经济发展建立在对自然资源“取之不尽，用之不竭”及无偿占用的观念上，导致国家所有权得不到维护，所有者权益在经济上得不到实现，严重地削弱了资源基础，破坏了资源的优化配置。不合理地开发利用和过度地消耗自然资源加剧了资源不足的供需矛盾。环境污染和生态破坏程度的增加已经对我国国民经济的可持续发展构成了严重的威胁。改善这种现状的一个办法就是对自然资源实行资产化管理，建立基于市场机制与政府宏观调控相结合的资源性国有资产管理新体制。这是对传统的资源性国有资产管理体制的根本性变革，也是我国经济和社会发展的必然选择。资源性国有资产管理体制的改革是我国经济体制改革的重要组成部分，对我国乃至世界的经济与社会发展均具有重要的现实意义和深远的历史意义。

为推进资源性国有资产的资产化管理过程，我国国有资产管理部门会同国家海洋部门、林业部门开展了海岸带资源性资产产权登记试点、海岸带资源性资产基准价估算试点、森林资源资产化管理试点工作，积累了一定的经验。

1. 海岸带资源性资产产权登记试点。随着经济的发展，沿海地区的海岸带资源的开发利用规模日益扩大，但由于缺乏必要的宏观规划和权属不清，无偿占用、乱用海岸带资源的情况非常普遍，大量国有资产收益流失。为此，河北、辽宁、天津、海南等沿海地区分别根据各自情况制定了管理办法，并在河北进行了产权登记试点。

2. 海岸带资源性资产基准价估算试点。资源性资产基准价是建立资产价值量账户的基础，海岸带资源性资产类型按用途划分为海水养殖、盐田、港口和石油资源等。根据影响每一海岸带资源性资产价值的因素和经济状况进行定级，用级差收益法等方法计算各级资源性资产基准价，然后按照该基准价对各产权单位的海岸带资源性资产的经营状况、规模、市场条件等因素进行分析，求出具体产权单位的资源性资产价值，建立相应的价值量账户。海岸带资源性资产基准价估算试点只是一个地区的试点研究成果，还应该继续选择若干地区扩大试点，开展诸如滨海旅游资源、海滨砂矿、油气资源等的基准价估算研究，以便建立一套完整的海岸带资源性资产估价技术规范。此成果对辽宁、福建海岸带资源的资产化管理试点具有指导性意义。

3. 森林资源资产化管理试点。1993 年，国家国有资产管理局与林业部联合下发了《关于加强国有森林资源产权管理的通知》。1994 年，国家国有资产管理局会同林业部研究森林资源资产化管理问题，并决定在福建省南平市开展森林资源资产会计核算试点，试点内容包括：森林资源资产实物量调查，建立、健全资料档案；森林资源资产会计核算；森林资源资产评估管理；森林资源资产产权出让与转让管理；森林资源资产保值、增值评价指标及考核办法；森林资源资产收益计算及分配使用。

第二节　主要资源性国有资产的管理

一、国有土地资源管理

（一）国有土地资源的含义

人类的一切生产和生活活动都离不开土地，土地资源是经济生活中不可缺少的生产要素，所有的生物资源、农业生产都依附土地的存在而存在。随着人口膨胀、资源短缺和环境恶化等问题的出现，土地管理的重要性和紧迫性显得更为突出。加强土地管理已经成为实施可持续发展战略、推进社会事业全面发展的首要问题，中央政府也十分重视，多次发出通知，要求切实保护耕地，从根本上解决违法批地、乱占耕地、浪费土地的问题，保护好人类赖以生存的地球。

国有土地有广义、狭义之分。广义的国有土地是指一个国家主权管理的地域或空间，包括一个国家的陆地、河流、湖泊、内海、领海大陆架以及它们的下层（大陆架除外）和上空。狭义的国有土地是指所有权属于国家所有的土地。根据《宪法》和《土地管理法》的规定，狭义的国有土地包括：国家拨给国有企业、企（事）业单位使用的土地；城市市区土地；城镇建设已经使用的土地；国家建设依法征用集体所有的土地；国家拨给机关、企（事）业单位、军队的农副业生产和职工家属生产使用的土地等。

国有土地资源具有土地面积的有限性、土地资源的非再生性和不可替代性、土地空间位置的固定性、土地使用价值的永续性和广泛性等自然特征。从社会特征来看，土地具有垄断性和可改良性。

（二）国有土地资源管理内容

总体上讲，我国国土资源管理在不断加强，国土资源状况也在逐渐改善。据统计，1997—2002 年，全国建设占用耕地 1 646 万亩，年均 274 万亩，与 1991—1996 年的年均

440 万亩相比，下降了 37.7％，实现年度耕地占补平衡的省份由 1998 年的 17 个增加到 2002 年的 31 个。然而，由于近年来经济的快速增长，各地出现了“圈地”热。据对 10 个省市的统计，在 458.1 万亩园区实际用地中，未经依法批准的用地就有 314.6 万亩，占 68.7％。一些地方无视土地利用总体规划的刚性约束，在加速发展中乱设园区、盲目重复建设、大量圈占土地，一些专业、专项规划随意扩大建设用地规模，占用耕地甚至基本农田。

我国土地行政管理部门负责对国土资源进行监督管理，主要包括以下方面。

1. 产权管理。即通过明确界定产权来维护国家国土资源的所有权和使用权，具体又包括土地使用权确认、土地使用权出让、土地使用权转让、土地使用权出租、土地使用权抵押和土地使用权登记。

（1）土地使用权确认。全民所有制单位、集体所有制单位以及个人都可以依法取得除地下资源埋藏物和市政设施之外的国有土地使用权，进行开发利用和经营。单位和个人依法使用国有土地时，应由县级以上地方人民政府登记造册，核发《中华人民共和国国有土地使用证》（简称《国有土地使用证》），确认使用权。

（2）土地使用权出让。即国家以土地使用者的身份将土地使用权在一定年限内让与土地使用者，并由土地使用者向国家支付土地使用权出让金的行为。土地使用权的出让条件由县（市）人民政府土地管理部门、城市规划和建设管理部门，以及房产管理部门确定，由土地管理部门实施。土地使用权的出让合同由土地管理部门按照平等、自愿、有偿的原则与土地使用者签订。土地使用者支付土地使用出让金后，方可办理登记，领取《国有土地使用证》。土地使用者未按合同规定的期限和条件开发利用土地，土地管理部门可以实施纠正、警告、罚款、无偿收回土地使用权等措施。土地使用权出让可采取协议、招标、拍卖等方式。

（3）土地使用权转让。即土地使用者将土地使用权再转移的行为，包括出售、交换和赠予。土地使用权转让时，应当签订转让合同，土地使用权的权利和义务也相应转移；其地上建筑物、其他附着物所有权随之转让，但应办理过户手续；转让地上建筑物、其他附着所有权时，其使用范围内的土地使用权随之转让，但地上建筑物、其他附着物作为动产转让的除外；土地转让价格明显低于市场价格的，县、市人民政府有权优先购买；土地使用权转让价格不合理上涨时，人民政府可以进行干预；改变土地用途的，应重签合同、办理登记。

（4）土地使用权出租。即土地使用者将土地使用权连同地上建筑物、其他附着物租赁给承租人使用，由承租人向出租人支付租金的行为。土地使用权出租应当签订租赁合同，出租人应当履行土地使用权出让合同并办理登记；未按出让合同规定投资开发和利用土地的，土地使用权不得出租。

（5）土地使用权抵押。土地使用权抵押时，其地上建筑物、其他附着物随之抵押；地上建筑物、其他附着物抵押时，其使用范围内的土地使用权随之抵押；抵押人和抵押权人应当签订抵押合同，并办理抵押登记；抵押人到期未能履行债务或在抵押合同期间宣告解散、破产的，抵押权人有权依照法律规定和抵押合同的规定处分抵押财产；因处分抵押财产而取得土地使用权和地上建筑物、其他附着物所有权的，应当按规定办理过户手续；抵押权因债务清偿或者其他原因丧失的，应当按规定办理注销登记。

(6) 土地使用权登记。县级以上人民政府土地管理部门负责对土地使用权的出让、转让、出租、抵押、终止，以及有关的地上建筑物、其他附着物进行登记和监督检查。

2. 土地调查、登记、统计和审批管理。它包括对国有土地调查活动、土地登记统计真实性等工作进行管理，对乱占、乱用土地的现象依法进行监督，并采取相应措施实行综合治理。国有土地的监督应着重加强土地资源的保护，在城镇、工矿、道路、各种公用设施和农村居民点等建设中，要严格控制占用大量土地。在采矿和工程开发中，要监督用地单位按规定实现土地复垦，或植树造林控制水土流失和土地沙漠化、石质化，从而促进生态环境的良性发展。

目前我国对土地资源采取了科学的信息化管理方法，即金土工程。金土工程是在国土资源电子政务建设的总体框架下，围绕当前国土资源管理的中心工作，选择耕地保护、矿产资源管理、地质灾害防治等重要业务，在流程梳理、整合的基础上，建立业务应用系统和相应的信息服务系统，形成边界清晰的政务信息系统。金土工程一期建设项目自2006年启动以来，构建了先进、实用、具有可扩展性的总体技术架构，保证了多类应用系统的互联互通、协同办公，实现了各级土地、矿产资源管理业务联动，促进了国土资源管理方式的转变，实现了对全国土地利用和矿产资源开发的快速、有效监管，并为国家对耕地保护、土地市场、矿业市场等进行宏观调控提供了准确的数据支撑，并取得了显著的应用成效。

3. 国有土地资源管理法律及制度。为加强国有土地资源管理，我国有关部门和机构制定了一系列法律、法规和制度，现简要介绍如下。

(1)《中华人民共和国土地管理法》（简称《土地管理法》）。《土地管理法》由第六届全国人民代表大会常务委员会第十六次会议于1986年6月25日通过，最近一次修订是在2019年8月。《土地管理法》包括以下部分：总则、土地的所有权和使用权、土地利用总体规划、耕地保护、建设用地、监督检查、法律责任以及附则等。这是我国管理国有土地资源的主要法律依据。

(2)《全国土地利用总体规划纲要（2006—2020年）》（简称《纲要》）。《纲要》围绕全面建设小康社会的总体目标，从保障粮食安全、经济安全和社会稳定出发，提出了坚守18亿亩耕地红线的目标，即在2010年和2020年，全国耕地保有量分别保持在18.18亿亩和18.05亿亩。围绕规划目标，《纲要》明确了土地利用的主要任务：一是保护和合理利用农用地。严格控制非农建设占用耕地，严格落实补充耕地的法定义务，加强基本农田保护和建设，提高农用地综合利用效益。二是节约集约利用建设用地。严格控制新增建设用地规模，引导城镇用地内部结构调整，加强农村宅基地管理，提高基础设施用地效率，重点加强对城乡建设用地扩展边界的控制。三是协调土地利用和生态建设。加强天然林、天然草场等基础性生态用地保护，强化土地生态环境整治，因地制宜地改善土地生态环境。四是统筹区域土地利用。根据各地区土地资源条件、利用现状和潜力，加强各类主体功能区域的土地利用调控，实行差别化的区域土地利用政策，强化对省级行政辖区土地利用的调控。五是完善规划和实施保障措施。严格执行保护耕地和节约集约用地目标责任制，强化土地利用总体规划的整体控制作用，健全保护耕地和节约集约用地的市场调节机制。推进土地利用规划立法，从严制定用地标准和供地政策。

(3)《确定土地所有权和使用权的若干规定》。该规定明确提出土地所有权属于国家所有和集体所有，以及土地使用权归国家和集体的情况。

(4)《土地登记规则》。土地登记是国家依法对国有土地所有权、国有土地使用权、集体土地所有权、集体土地使用权等权利的登记。土地登记分为初始土地登记和变更土地登记。初始土地登记又称总登记，是指在一定时间内，对辖区全部土地或者特定区域的土地进行的普遍登记。变更土地登记是指初始土地登记以外的土地登记，包括：土地使用权、所有权和土地他项权利设定登记，土地使用权、所有权和土地他项权利变更登记，名称、地址和土地用途变更登记，注销土地登记等。土地登记以县级行政区为单位组织进行。具体工作由县级以上人民政府土地管理部门负责。土地登记以宗地为基本单元。

土地登记依照下列程序进行：1）土地登记申请；2）地籍调查；3）权属审核；4）注册登记；5）颁发或者更换土地证书。

有下列情形之一的，土地管理部门不予受理土地登记申请：1）申请登记的土地不在本登记区的；2）提供的证明材料不齐全的；3）不能提供合法证明的；4）土地使用权转让、出租、抵押期限超过土地使用权出让年限的；5）按规定应当申报地价而未申报的，或者地价应当经土地管理部门确认而未办理确认手续的；6）其他依法不予受理的。

二、国有矿产资源管理

(一) 国有矿产资源的含义

矿产资源是指通过地质作用累积于地壳内或表面的呈固态、液态的物质。它既包括在当前技术经济条件下可以开发利用的物质，也包括在未来条件下具有潜在价值的物质。矿产资源可分为能源矿产资源（如煤、石油、天然气等）和金属矿产资源（如冶金、化工、建材等所用矿石)。《中华人民共和国矿产资源法》(简称《矿产资源法》）规定：矿产资源属于国家所有，由国务院行使国家对矿产资源的所有权。地表和地表下的矿产资源的所有权，不随其所依附的土地的所有权或者使用权的不同而改变。国家禁止任何组织和个人用任何手段侵占或者破坏矿产资源，各级人民政府必须加强矿产资源的保护工作。

矿产资源是不可再生资源，储藏量有限，虽然我国矿产资源种类繁多，总量丰富，但人均占有量很低，所以国家禁止乱挖、乱采矿产资源的行为，而要求有计划、有步骤地开发利用以减少损失。

(二) 国有矿产资源管理内容

国家矿产资源管理部门对矿产资源的管理主要包括：第一，所有权管理。根据我国法律、法规，国家对我国领域和海域的各种矿产资源享有占有、使用和处分的权利。因此，要监督矿产资源的合理开发利用，保证国家对矿产资源的勘察和开发实行统一规划、合理布局、综合勘察、合理开采和综合利用的方针。第二，矿产资源勘察和开采登记管理。国家是矿产资源唯一的所有权主体，未经国家授权部门批准，任何单位和个人都不得进行地质普查勘探工作和采矿工作，否则要依法追究责任。第三，地质勘探报告等地质资料的管理。国家对矿产的普查勘探、开发利用和保护工作实行统一计划，合理分工，分级管理。全国矿产储量委员会和各省、自治区、直辖市矿产储量委员会负责审批及提供矿山建设过程中需要的地质勘探报告。各种地质成果和各种矿产储量等资料都要及时向国有资产授权部门汇交和填报。第四，矿产资源保护管理，包括采矿许可证管理、采矿范围管理、采矿施工管理、矿产资源监督管理等。

（三）国有矿产资源管理的法律及制度

1.《矿产资源法》为规范我国矿产资源的管理奠定了法律基础，同时为我国矿业发展提供了法律保障，这主要体现在以下方面：维护矿产资源的国家所有权，遵循社会主义市场经济体制要求，加大矿业体制改革开放力度，矿业权得以流转。

《矿产资源法》规定：国家实行探矿权、采矿权有偿取得的制度；开采矿产资源，必须按照国家有关规定缴纳资源税和矿产资源补偿费。此外，《矿产资源法》还规定了探矿权、采矿权可以依法转让，禁止将探矿权、采矿权倒卖牟利。《矿产资源法》为我国矿业发展提供了法律保障，也为矿产资源的资产管理创造了条件。在《矿产资源法》修订前，由于矿业权不能流转，一些矿山企业的资产得不到优化配置，资源效益得不到发挥，企业处于困境。但是，不规范的矿业权转让以及合资、合作的大量出现致使国家所有者权益受到损害，国有资源性资产大量流失。因此，加强矿业权变动的产权管理已经成为国有资产管理者的一项重要任务。

2.《地质资料管理条例》。地质资料是指在地质工作中形成的文字、图表、声像、电磁介质等形式的原始地质资料、成果地质资料，以及岩矿芯、各类标本、光薄片、样品等实物地质资料。《地质资料管理条例》加强了地质资料的管理，充分发挥了地质资料的作用，保护了地质资料汇交人的合法权益。《地质资料管理条例》包括总则，地质资料的汇交、保管和利用，法律责任，附则等部分。国务院地质矿产主管部门负责全国地质资料汇交、保管和利用的监督管理，省、自治区、直辖市人民政府地质矿产主管部门负责本行政区域内地质资料汇交、保管和利用的监督管理。

三、国有水资源管理

（一）国有水资源的含义

广义的水资源包括淡水资源以及海水资源，但通常它专指在一定技术条件下，可以被控制、利用的陆地淡水资源，即能用于灌溉、发电、给水、养殖、航运的地表水和地下水资源。随着科技的发展，人类开发利用水资源的规模越来越大，对水资源的依赖程度也越来越高。面对资源紧缺的挑战，充分挖掘水资源的潜力将是人类未来发展的一大挑战。目前世界各沿海国家甚至内陆国家都把本国的发展在很大程度上寄希望于水资源的开发和利用，以实现经济与社会的可持续发展。水资源是人类生存和发展的最基本条件，也是资源性国有资产的重要组成部分。我国是海洋大国，管辖海域广阔，海洋资源可开发利用的潜力很大。加快发展海洋产业，促进海洋经济发展，对形成国民经济新的增长点，实现全面建设小康社会目标具有重要意义。

水资源具有以下两个特征：一是再生性。水资源总是处于不停运动的状态，并且由于降雪或降雨，水资源是可以再生的。二是有限性。由于我国地域广阔，降水量和水资源在空间的分布很不均衡，东部和南部水资源相对丰富，而西部和北部则相对稀缺，从全国来看，人均占有量还很少，目前全国许多大、中城市都面临着水资源紧缺的问题，如果不能解决用水问题，包括工业用水和生活用水，这些城市的发展将受到影响。

（二）国有水资源管理内容

国家相关部门对水资源的管理包括：第一，水权管理。根据我国《宪法》和《中华人民共和国水法》（简称《水法》）的有关规定，除农村集体组织所有的水塘、水库中的水属于集体所有外，凡我国领域内的一切水资源均属于国家所有。第二，水资源的开发规划管理。水规划是防治水害和开发利用水资源活动的基本依据，可分为江河流域综合规划、地区综合规划等。加强规划有助于充分利用水资源，从而为社会主义经济建设和人民生活服务。第三，水资源的开发管理。包括：利用水资源开发新的生产领域；充分利用水能资源，提高发电和通航能力；勘探利用地下水、矿泉水和温泉；科学利用工业废水，治理废水污染，提高水资源的重复利用率；完善农田灌溉设施和管理制度，提高灌溉用水的效率；对开发水资源进行综合经营的单位，给予一定的减免税优惠政策。第四，水资源的保护管理。包括：保护森林植被，防治水土流失；禁止围湖造田，填河造田；禁止在江、河、湖泊、内海、水库等水域取土、采砂、采石、采矿，或者倾倒建筑垃圾、工业垃圾、生活垃圾和有毒污染物；禁止在防护堤进行建房、打井、挖窖、葬坟、开采地下水、考古挖掘、爆破等危害水利工程安全的活动及开展集市贸易活动；禁止损毁堤防、护岸等防洪防涝设施和水文监测、通信照明设施等。水资源和水利工程的保护是合理开发、有效利用水资源的基础，是防止水土流失、水源枯竭和水流阻塞，防治水污染的保证。

（三）国有水资源管理的法律及制度

1. 第九届全国人民代表大会常务委员会第二十九次会议于 2002 年 8 月通过了《水法》，《水法》自 2002 年 10 月 1 日起施行，这是我国进行水资源管理的基本法律依据。《水法》共有 8 章、82 条，分为总则，水资源规划，水资源开发利用，水资源、水域和水工程的保护，水资源配置和节约使用，水事纠纷处理与执法监督检查，法律责任，附则。《水法》规定，要开发、利用、节约、保护水资源和防治水害，应当全面规划、统筹兼顾、标本兼治、综合利用、讲求效益，发挥水资源的多种功能，协调好生活、生产经营和生态环境用水。《水法》对合理开发、利用、节约和保护水资源，防治水害，实现水资源的可持续利用，适应国民经济和社会的发展具有重要意义。

2. 第九届全国人民代表大会常务委员会第二十四次会议于 2001 年 10 月颁布了《中华人民共和国海域使用管理法》（简称《海域使用管理法》）。《海域使用管理法》包括总则、海洋功能区划、海域使用的申请与审批、海域使用权、海域使用金、监督检查、法律责任、附则。海域是指中华人民共和国内水、领海的水面、水体、海床和底土。内水是指中华人民共和国领海基线向陆地一侧至海岸线的海域。

四、国有森林资源和国有草原资源管理

（一）森林资源和草原资源的含义

森林资源是指以林木植物为主体的生态系统，包括天然林、人工林，也包括林内的植物和动物。森林资源是资源性国有资产中的重要组成部分，需要对它加强所有权的监督管理。《中华人民共和国森林法》（简称《森林法》）规定：森林属于全国人民所有，由法律规定属于集体所有的除外；国家所有的森林、林木和林地，个人所有的林木和使用的林地，由县级以上人民政府登记造册、核发证书，确认所有权和使用权。对防护林、经济林、薪炭林、特种用途林等森林资源也要进行监督和保护。

森林资源对人类社会和生态环境有着重大的贡献，它不仅提供了大量的木材、林副产品及染料等物质资料，而且在涵养水源、保持水土、防风固沙、调节气候、净化空气以及保持生物的物种等方面均有重要的作用。我国森林资源具有以下两个基本特征：一是人均占有量稀缺。第八次森林资源清查（2009—2013 年）的结果表明：我国全国森林面积 2.08 亿公顷，森林覆盖率 21.63%；活立木总蓄积 164.33 亿立方米，森林蓄积 151.37 亿立方米。天然林面积 1.22 亿公顷，蓄积 122.96 亿立方米；人工林面积 0.69 亿公顷，蓄积 24.83 亿立方米。森林面积和森林蓄积分别位居世界第 5 位和第 6 位，人工林面积仍居世界首位。但是，我国森林覆盖率远低于全球 31%的平均水平，人均森林面积仅为世界人均水平的 1/4，人均森林蓄积只有世界人均水平的 1/7。二是再生周期过长。虽然森林属于可再生性资源，但相对于人们不断增加的需求而言，其再生周期显得过长，因此我们必须不断地植树造林，并且有计划地采伐和利用森林资源。

草原资源是指生长着饲用植物，能够用作放牧和割草的场地，它是我国畜牧业发展的重要物质条件。根据我国法律规定，除集体之外，我国境内的一切草原都属于国家所有。《中华人民共和国草原法》（简称《草原法》）规定，国务院农牧业部门主管全国的草原管理工作，县级以上地方人民政府负责组织本行政区域内的草原管理工作。

（二）森林资源和草原资源的管理内容

对森林资源的管理主要包括以下内容：第一，完善森林资源管理体制。我国现阶段森林管理体制有不同形式，要分别进行管理，并做到产权明晰。机关、团体、部队、学校等单位营造的林木的所有权属于国家；集体所有林的所有权属于集体。第二，森林采伐监督管理。森林采伐的监管重点是森林采伐量计划、采伐许可证审批、木材经营统一管理等。第三，加强森林保护管理。主要包括：监督建立、健全护林机构，检查森林防火及病虫害的防治，严禁毁林开荒和乱砍滥伐，严防国家自然保护区受到人为破坏。

对草原资源的管理主要包括以下内容：第一，产权管理。我国对草原实行所有权与使用权适当分离的制度，国有草原可以由全民所有制单位使用，也可由集体和个人承包从事畜牧业生产。各级人民政府登记造册、核发证书，确认草原的所有权和使用权。第二，开发管理。主要包括：确定放牧强度，防止草原沙化或退化；建立畜牧业基地，提高草场单位面积畜产品产量；发展人工草场，建立牧草繁育生产基地，丰富草场资源；

合理开发利用草原灌木、药材、野生动植物和自然景观资源，提高草场综合利用效益，发展草原旅游事业。第三，保护管理。主要包括：禁止开垦草原，禁止在草原上造田，防止水土流失和草原沙化；未经政府批准，不得在草原上挖野生植物和药材等；建立草原防火制度和防治鼠虫害制度。

（三）森林资源和草原资源管理的法律及制度

1.《森林法》。《森林法》包括总则、森林经营管理、森林保护、植树造林、森林采伐、法律责任和附则等部分。

2.《关于森林资源资产产权变动有关问题的规范意见（试行）》。该意见旨在规范当前森林资源资产产权变动中的不规范行为，防止产权变动中的森林资源资产流失，并就森林资源资产及其产权变动的含义、原则、范围、管理做了明确规定。虽然该规章制度尚有不完善之处，但它毕竟是专门针对森林资源的资源性资产管理的法规制度，具有开创性意义。

3.《全国生态环境保护纲要》。它对森林资源和草原资源的合理开发利用提出了指导意见，具体包括：对于具有重要生态功能的林区、草原，应将其划为禁垦区、禁伐区或禁牧区，进行严格管护；已经开发利用的，要退耕退牧，育林育草，使其休养生息。实施天然林保护工程，最大限度地保护和发挥好森林的生态效益；要切实保护好各类水源涵养林、水土保持林、防风固沙林、特种用途林等生态公益林；对毁林、毁草开垦的耕地和造成的废弃地，要按照“谁批准谁负责，谁破坏谁恢复”的原则，限期退耕还林还草。加强森林、草原防火和病虫鼠害防治工作，努力减少林草资源灾害性损失；加大火烧迹地、采伐迹地的封山育林育草力度，加速林区、草原生态环境的恢复和生态功能的提高。大力发展风能、太阳能、生物质能等可再生能源技术，减少樵采对林草植被的破坏。发展牧业要坚持以草定畜，防止超载过牧。严重超载过牧的，应核定载畜量，限期压减牲畜头数。采取保护和利用相结合的方针，严格实行草场禁牧期、禁牧区和轮牧制度，积极开发秸秆饲料，逐步推行舍饲圈养办法，加快退化草场的恢复。在干旱、半干旱地区要因地制宜地调整粮畜生产比重，大力实施种草、养畜的富民工程。在农牧交错区进行农业开发，不得造成新的草场破坏；发展绿洲农业，不得破坏天然植被。对牧区的已垦草场，应限期退耕还草，恢复植被。

4.《草原法》。我国是一个草原资源大国，保护、建设和合理利用草原对国民经济和社会发展具有十分重要的战略意义。随着改革的深化和社会主义市场经济的发展，实践中出现了一些急需解决的问题。《草原法》总结了实践经验，进一步健全和完善了草原保护、建设和合理利用等方面的法律制度，对实现草原的永续利用和畜牧业的可持续发展具有十分重要的作用。《草原法》共 9 章、75 条，分为总则、草原权属、规划、建设、利用、保护、监督检查、法律责任和附则几个部分。

一、本章复习题

1. 资源性国有资产有何特点？

2. 资源性国有资产管理的地位和作用是什么？

3. 资源性国有资产管理的内容有哪些？

4. 我国资源性国有资产管理的不足有哪些？该遵循哪些原则进行改善？

二、本章讨论题

1. 资源性国有资产管理与科学发展观、节约型社会有何联系？

2. 根据金土工程思考信息化建设对资源性国有资产管理的重要性。

三、本章阅读资料

1. 陈少晖．国有资产管理：制度变迁与改革模式．北京：社会科学文献出版社，2010.

2. 李松森．国有资产管理．北京：经济科学出版社，2003.

3. 刘玉平．国有资产管理．北京：中国人民大学出版社，2008.

4. 孙亦军．资源性资产管理及其财税对策．北京：财政部财政科学研究所，2006.

5. 汪立鑫．国有资产管理：理论、体制与实务．上海：上海人民出版社，格致出版社，2011.

第十一章

非经营性国有资产

本章关键词

非经营性国有资产　行政单位国有资产　事业单位国有资产
国有资产管理体制　资产产权登记　资产评估

本章内容提要

非经营性国有资产一般指的是各级行政事业单位所占有、使用、管理的，依法确认为国家所有，能以货币计量的各种经济资源的总和。其包括国家拨给行政事业单位的资产，行政事业单位按照国家政策规定运用国有资产组织收入形成的资产，以及接受捐赠和其他经法律确认为国家所有的资产等，主要存在于国家机关、人民团体、科教文卫、体育、军队、警察等公共部门。

2006年，财政部公布了《行政单位国有资产管理暂行办法》，明确了行政单位国有资产实行国家统一所有，政府分级监管，单位占有、使用的管理体制；坚持资产管理与预算管理相结合、资产管理与财务管理相结合、实物管理与价值管理相结合的原则；同时，该办法还对行政单位国有资产管理的任务、内容、资产处置的程序等加以规范。

2006年，财政部公布了《事业单位国有资产管理暂行办法》，明确了事业单位国有资产的管理实行国家统一所有，政府分级监管，单位占有、使用的管理体制；实现了事业单位国有资产管理与预算管理、资产管理与财务管理、实物管理与价值管理相结合；规范了事业单位国有资产的配置、使用和处置程序；建立了事业单位资产管理信息系统。

2017年12月，财政部发布《关于修改〈注册会计师注册办法〉等6部规章的决定》，对行政单位、事业单位国有资产管理办法进行第一次修订；2019年3月，财政部发布《关于修改〈事业单位国有资产管理暂行办法〉的决定》，对新形势下事业单位国有资产管理进行了进一步规范。这两个文件的发布标志着我国非经营性国有资产管理工作迈上了新的台阶，对促进我国非经营性国有资产管理向制度化、科学化方向发展具有十分重要的意义。

第一节　非经营性国有资产概述

一、非经营性国有资产的内涵

非经营性国有资产一般指的是各级行政事业单位所占有、使用、管理的，依法确认为国家所有，能以货币计量的各种经济资源的总和。包括国家拨给行政事业单位的资产，行政事业单位按照国家政策规定运用国有资产组织收入形成的资产，以及接受捐赠和其他经法律确认为国家所有的资产等，主要存在于国家机关、人民团体、科教文卫、体育、军队、警察等公共部门。

随着我国非经营性国有资产存量规模的不断增长，在我国，非经营性国有资产的管理日益受到重视，不少地方政府也根据各地实际情况在其管理体制和管理模式上进行了积极的探索。但由于非经营性国有资产的来源比较复杂，种类繁多，其性质和主要用途也不尽相同，所以在管理中存在着不少的问题，急需加以研究和解决。财政部于 2006 年公布了《行政单位国有资产管理暂行办法》及《事业单位国有资产管理暂行办法》（统一简称两个《办法》）。两个《办法》的实施标志着我国非经营性国有资产管理工作迈上了新的台阶，对促进我国非经营性国有资产管理向制度化、科学化方向发展具有十分重要的意义。

二、加强非经营性国有资产管理的必要性

两个《办法》的出台标志着我国非经营性国有资产管理工作进入了一个崭新的阶段，将对我国的社会主义市场经济体制及节约型社会、和谐社会的建设产生深远的影响。

（一）加强非经营性国有资产管理是健全国有资产管理体制，完善社会主义基本经济制度的必要举措

行政单位国有资产和事业单位国有资产是国有资产的重要组成部分，但长期以来，我们对国有资产的认识和运作往往偏重于国有企业经营性资产，对行政单位国有资产和事业单位国有资产关注不够。自 1998 年至今，财政部门、国有资产监督管理机构、政府机关事务管理机构等部门均从不同角度对行政单位国有资产和事业单位国有资产进行了监管，并取得了一定的成效。但具体监管职责不清晰造成在行政单位国有资产和事业单位国有资产管理中存在着职责交叉和管理的真空，使得行政单位国有资产和事业单位国有资产监管成为国有资产管理体制中十分薄弱的环节。因此，加强行政单位国有资产和

事业单位国有资产管理是当前形势下健全我国国有资产监管体制，完善社会主义基本经济制度的一项必要举措。

（二）加强非经营性国有资产管理是完善公共财政体制，切实转变政府职能的客观需要

按照公共财政的要求，市场在资源配置中发挥基础性作用，政府应主要负责提供公共产品和公共服务，这也正是社会主义市场经济条件下政府职能由传统的管理型向服务型转变的核心要求。近年来，财政部门积极推进部门预算改革、国库集中收付改革等各项财政改革，不断完善公共财政框架体系，从财政资金的管理层面实现了公共财政改革的重大突破。但由于在资产管理方面还缺乏有效的措施和手段，因此这在很大程度上制约了公共财政功能的发挥，也限制了政府公共服务水平的进一步提高。各级财政部门必须拓展政府理财领域，通过加强行政单位国有资产和事业单位国有资产管理，合理配置和有效利用国有资产，充分发挥其在行政单位、事业单位履行职能方面的物质基础作用，以实现公共财政的目标，切实推进政府职能的转变。

（三）加强非经营性国有资产管理是理顺收入分配关系，构建社会主义和谐社会的基础环节

健全的收入分配制度和规范的收入分配秩序是社会稳定、和谐的前提和保证。随着我国经济规模的不断扩大和公共财政建设步伐的加快，国家对公共事业的保障力度将进一步加大，行政单位国有资产和事业单位国有资产的规模也将快速增长。从完善行政单位国有资产和事业单位国有资产管理体制入手，强化对行政单位国有资产和事业单位国有资产的监管，可以切实推进事业单位津贴、补贴工作规范和工资制度改革，从源头上遏制津贴、补贴发放混乱的现象，为构建社会主义和谐社会提供保证。

（四）加强非经营性国有资产管理是降低事业运行成本，建设节约型社会的必然要求

建设节约型社会，应从降低政府和事业单位运行成本做起。因此，必须强化节约意识，加强管理，采取有效措施维护事业单位国有资产的安全完整，防止国有资产流失，并对现有存量资源进行有效整合，使其发挥最大使用效益，坚决杜绝资产的闲置浪费。同时，根据行政单位、事业单位履行职能的需要，结合存量资产使用状况，合理安排预算，实现以存量制约增量、以增量激活存量，从而有效降低政府运行成本，节约社会资源，加快推进节约型政府、节约型社会建设。

三、我国非经营性国有资产管理体制

党的十六大提出了建立“分级代表、分级监管”和“三个统一、三个结合”的新型国有资产管理体制。即在坚持国家所有的前提下，充分发挥中央和地方两个积极性，国家要制定法律、法规，建立中央政府和地方政府分别代表国家履行出资人职责，享有所

有者权益，权利、义务和责任相统一，管资产和管人、管事相结合的国有资产管理体制。逐步建立事业单位国有资产管理、监督、营运体系和机制，建立与健全严格的责任制度，建立合理高效的非经营性国有资产管理体制是该类资产良性运营的重要保证。行政单位国有资产和事业单位国有资产实行国家统一所有，政府分级监管，单位占有、使用的管理体制，在此基础上，各级财政部门、主管部门，以及行政单位和事业单位各司其职，各负其责。

（一）明确了非经营性国有资产管理体制的层次结构

虽然各地非经营性国有资产的管理模式不尽相同，但两个《办法》的出台无疑为我们理顺有关该类资产的管理体制提供了良好的思路。两个《办法》明确了在公共财政模式下，三层次的管理体制是一种十分有效的管理体制。三层次的管理体制指财政部门-主管部门（资产管理机构或资产经营公司）-行政单位和事业单位的自上而下的管理体系。在此管理体制中，各级财政部门代表国家行使非经营性国有资产所有者的职权，是政府负责行政事业单位国有资产管理的职能部门，对行政单位国有资产和事业单位国有资产实行综合管理；主管部门（资产管理机构或资产经营公司）受财政部门的委托，负责对本部门所属事业单位的国有资产实施监督管理；行政单位和事业单位对本单位占有、使用的国有资产实施具体管理。这种各级财政部门、主管部门，以及行政单位和事业单位各司其职，各负其责的管理模式明确了国家与各级行政单位和事业单位之间的职能关系，有利于实现非经营性国有资产的合理配置和有效使用。

（二）明确了非经营性国有资产分级、分类监管模式

两个《办法》明确了在三层次的管理体制下，各级财政部门究竟采取何种管理模式、设置何种管理机构来实现对非经营性国有资产的综合管理。我国现行的非经营性国有资产管理模式比较简单，行政单位国有资产与事业单位国有资产分别由不同的管理机构进行管理。行政单位国有资产由财政部门委托给政府机关事务管理局监管，而事业单位国有资产由各财政部门委托给事业主管部门监管。

（三）明确了非经营性国有资产管理的基本原则

行政单位国有资产和事业单位国有资产的管理活动应当坚持资产管理与预算管理相结合的原则，推行实物费用定额制度，促进事业资产整合与共享共用，实现资产管理和预算管理的紧密统一，并坚持所有权与使用权相分离、资产管理与财务管理相结合、实物管理与价值管理相结合的原则。

1. 资产管理与预算管理相结合的原则。预算管理与资产管理互为前提和基础，既相互促进，又相互制约。一方面，财政预算是资产形成的主渠道，预算管理水平的高低决定着资产配置的合理性。事业单位国有资产的日常运转和价值补偿主要依靠预算安排来实现，其增量直接来源于单位的年度预算。预算安排的不合理将造成资产配置的不公平，导致资产的闲置浪费，降低资产使用效益。另一方面，资产存量是核定单位预算的重要基础，资产管理水平影响着预算资金分配的科学性和有效性。只有在准确掌握单位资产

存量、建立科学的资产配置标准体系的基础上，才能结合单位履行职能的需要，科学核定单位资产收益、资产配置、资产消耗等预算。

2. 所有权与使用权相分离的原则。所有权属于国家，使用权在单位。所有权是财产主体对财产客体的排他的最高支配权，是财产权的核心。占有权是对财产的实际控制权。使用权以占有权为前提，不占有就不能使用。当所有权与财产分离后，所有人的所有权与使用权发生分离。在所有权与使用权分离的情况下，收益权可以依据法律规定由所有人和使用人共同享有。对国有企业来讲，所有权和经营权分离是政企分开的要求。对事业单位来讲，所有权和使用权相分离是政事分开的要求。事业单位国有资产的所有权由财政部门代表国家来行使，使用权由事业单位行使，二者必然要求分离。

3. 资产管理与财务管理相结合的原则。资产管理是财务管理的重要组成部分。《事业单位财务规则》对资产管理做了详细规定和阐述。从单位内部管理的角度看，资产管理也不能脱离财务管理，并要做到账账相符、账实相符，实物与资产账、资产账与财务账都应衔接一致。

4. 实物管理与价值管理相结合的原则。价值管理侧重于以货币形式记录单位占有和使用资源的规模、消耗和结构，与经费的收支紧密相连；实物管理则是从资产具体形态的购置、使用、处置等各个环节入手，对资产实施全方位的管理、维护。在配置环节，实物资产既要能满足工作和业务活动的需要，又要经济、节约，资产价值要及时准确入账，按制度真实地予以反映；在处置环节，实物资产的毁损和灭失都要证明齐全、手续齐备，资产价值则要按照财务制度规定及时进行账务处理，做到账实相符；在资产使用环节，不仅要考虑实物形态的资产运行和维护，而且要考虑其价值链条。此外，事业单位利用国有资产对外投资、出租、出借等行为还涉及国有资产权益和收益的财务管理。

四、国外非经营性国有资产管理模式及其经验

(一) 国外非经营性国有资产管理模式

根据对世界主要国家非经营性国有资产管理体制的比较研究，一般而言，非经营性国有资产管理体制主要有三种模式：日本、韩国模式（简称日韩模式），德国、澳大利亚模式（简称德澳模式）和美国、加拿大模式（简称美加模式）。

1. 日本、韩国的非经营性国有资产管理。日本、韩国两国把国有资产主要划分为行政财产和其他财产，其中，行政财产包括公用财产、公共财产、企业财产，立宪制的日本行政资产还包括皇室资产。公用财产主要是政府办公大楼、国立学校、国立医院、公务员宿舍以及附带设施和土地。公共财产是用于公共目的的财产，包括公园、公路等公共设施，以及森林、河流等公共资源。企业财产主要是国有企业的生产设备、厂房、职工宿舍等。

(1) 日本。日本财务省的财务局负责国有资产管理事务的综合协调及相关制度的制定，是日本国有资产的主管部门，各个省、厅是资产管理的执行机构。日本对国有行政资产实行委托管理，即财务省委托中央各个部委和地方政府部门管理国有行政资产，政府各行政部门最高官员负责具体管理。

行政资产形成的管理非常严格，日本的国有资产相关法律授权财务省大臣行使行政资产管理的统一审批权。政府国有资产形成或者进行大的修缮和改良之前，各省厅需要向财务省申请预算，详细报明经费支出，财务省对行政资产取得申请进行审查、批复，之后给予财政拨款，形成行政资产。对于新建建筑物，由国土交通省负责招标。有关政府部门必须每隔5年对所有财产的价值重新评估，其价值在评估之后重新登记。各部门大臣还必须在每年7月底之前，将上个年度所管的国有资产增减变动编制成报告书，向财政大臣报告。各政府部门必须向财政大臣提交国有资产的详细资料和数据，各部门在变更国有资产用途时必须提出报告，财政大臣对此提出意见和要求。

（2）韩国。韩国财政经济部是统筹和管理全国国有财产的部门，财政经济部长官（部长）为总负责人。韩国国有财产实行“多级负责、分类管理”，国有资产由中央政府和地方政府多级负责，中央政府各部门和团体分别管理所属部门和团体的国有财产，地方的国有财产经财政经济部委托，由直辖市、道、自治团体总管，并通过直辖市、道、自治政府将管理责任下放到各市、郡管理。韩国实施分类垂直管理，文物、旅游财产归文化观光部管，驻外使、领馆财产由外交通商部管，学校校舍由教育部管，其他财产由财政经济部管。分布在地方上的国有资产由地方政府的相应部门管理，由市、郡财务会计科分管。

根据法律规定，财政经济部在委托中央政府主管部门或地方政府第一负责人管理财产中须支付资产评估价格的20%～30%的管理费用。财政经济部对主管部门和地方政府第一负责人管理的国有财产进行监督，发现管理不善的可处以降低资产管理费用或收回管理权的处罚，收回管理权的国有财产通过招标重新选择主管部门。

中央政府各主管部门根据总统令制订其主管的国有资产管理处置计划和预算，报财政经济部，由财政经济部汇总并制订统一的国有资产管理计划和预算，报国务会议审议，最后由总统审批。处置国有资产时，由主管部门提出申请，财政经济部制订处置计划，由国务会议审议，最后经国会批准。国有资产处置后，回收的费用归中央财政。

日本、韩国的非经营性国有资产管理模式可以概括为财政部-主管部门模式，即由财政部门负责综合管理，由各行政部门负责具体管理。

2. 德国、澳大利亚的非经营性国有资产管理。

（1）德国。德国政府资产又称为公共资产，泛指由政府投资形成的资产，包括政府办公大楼、车辆、办公设备、土地等政府公共资产和其他建筑物，以及公路、森林、土地等公共资源。

德国联邦政府各部门根据财政部下达的预算编制通知上报预算草案，财政部连同联邦议院对预算草案进行审议。财政部负责管理所有属于联邦政府的资产，将全国16个州划分为9个管理大区，每区设立隶属于财政部的联邦资产管理局，管理分布在全国的联邦资产；9个局又分设管理分局，管理大区内的联邦资产。

联邦资产管理局统一提供联邦政府用房，并负责维修，由其向财政部和国会申请房产购置、维修等费用的预算，而需要使用房产的各部门向财政部和国会申请使用房产的预算。联邦资产管理局与使用房产的部门签订用房协议，确定使用年限和租金。各部门按照实际使用的面积向联邦资产管理局交租金，租金规定不低于市场价格且接近市场价格。对于实际租金支出节约的部门，给予节约租金一定比例（50%）的奖励，留于部门自用。

而车辆和设备等房产以外的其他政府资产预算费用都体现在各使用部门的预算中，经财政部审查后报国会批准。车辆由联邦资产管理局下设的车辆管理中心管理，中心负责车辆的统一购买、一般维修保养和处置，消防车和警车等特种车辆也由车辆管理中心集中管理。车辆管理中心还负责决定公务员车辆的配置标准，公务车行驶达到一定里程数之后由车辆管理中心决定报废和其他处置事项。

（2）澳大利亚。澳大利亚政府资产包括政府运作资产、政府资源、基础设施和公共服务设施等。政府运作资产包括政府办公大楼、公务员宿舍等，政府资源包括森林、土地、河流等，基础设施包括公园、道路、水、电、气等，公共服务设施包括学校、警察局、医院等。

澳大利亚政府资产管理在联邦政府中主要由财政管理部下属的资产管理局负责。各资产使用部门向财政管理部申报预算，经国会讨论通过并获得财政资金后，可向资产管理局申请办公用房的使用，并向其支付租金，或在市场上向私人公司租赁。车辆统一购买的预算也体现在联邦政府的车队预算里，各部门使用也要支付租金。澳大利亚完全采用市场化的方式管理政府资产。资产管理局还负责房产、车辆的维修和保养。

与其他国家不同的是，澳大利亚财政管理部下设资产采购局、资产管理局、资产出售局，分别负责政府资产的采购、管理、出售，构成了从形成到处置的资产管理链条。同时，资产管理局、资产采购局与资产出售局必须向财政管理部定期提交资产和资金使用情况的报告，财政管理部向国会提交预算并汇报资产的管理情况，必要时对政府资产管理的情况进行审计。

德国、澳大利亚的非经营性国有资产管理模式可以概括为财政部-直属局模式，即联邦政府资产由财政部门直属的机构负责，并在全国设立分支机构以管理散布在全国的联邦资产。

3. 美国、加拿大的非经营性国有资产管理。美国和加拿大的联邦资产包括政府财产和遗产财产。政府财产的界定比较简单，仅包括政府办公大楼等房地产和车辆。遗产财产包括收藏类遗产（如图书馆、档案馆、博物馆等）、文化遗产和自然遗产（如山川、河流、野生动植物等）。

（1）美国。美国财政部及总统预算办公室负责联邦政府财产的预算管理，财政部负责政府财产管理的规章制度的制定。联邦行政服务总局是联邦政府资产管理的执行机构，具体负责联邦政府财产的管理事务。

联邦行政服务总局负责向财政部和总统预算办公室申请办公用房的新建、修缮、日常管理等预算费用，所有的房产及其维修都归联邦行政服务总局管理。各使用部门向财政部和总统预算办公室申请预算，获得财政资金，需要使用房产时，可以在市场上租赁，也可以与联邦行政服务总局签订用房协议，确定使用年限及租金，按时向联邦行政服务总局支付租金，租金包含了使用费和维修管理费。而房产以外的其他行政资产如汽车和计算机等的预算则体现在使用部门的预算当中，由各部门分别申请。上述预算经国会批准后执行。

联邦行政服务总局统一采购各部门需要租用的资产，以保证资产购置环节资金使用的经济和有效。房产和车辆的维修和处置由联邦行政服务总局负责，处置时还要对资产的整个生命期间进行评估，确定是否达到预期并分析原因。房产通常是与地方政府交换，而车辆是定期更新，到期的车辆由联邦行政服务总局委托商业拍卖行卖出，所得收入要上缴国库。

(2) 加拿大。加拿大财政部和国库委员会负责政府资产预算。财政部同时负责制定政府资产管理规章制度。联邦政府的公共工程和政府服务部为政府资产管理机构，负责为整个联邦政府提供后勤服务。

公共工程和政府服务部向财政部和国库委员会申请房产购置预算，统一提供政府部门所需的房产，按统一标准配置各部门的办公用房。与美国联邦政府相同，加拿大的房产预算也是体现在资产管理机构的预算之中，需要使用房产的各部门向财政部和国库委员会申请使用房产的预算。公共工程和政府服务部与使用房产的部门签订用房协议，确定使用年限和租金，政府各部门使用时交纳租金。车辆和计算机等其他行政资产预算体现在各使用部门预算中，但也必须由公共工程和政府服务部统一购买。

房产和车辆的维修则实行商业化运作，通过公开招标来委托私营公司管理物业和车辆。政府每部车配有统一的信用卡，用于车的加油和日常维修，维修经费也有金额权限，超过限额（200加拿大元）的就要按程序审批。对于需要处置的车辆，政府也将其包给私营公司处理，并支付一定的手续费。加拿大对资产实行跟踪记录，同时建立数据库，实行系统化管理，各个部门定期向加拿大公共工程和政府服务部报告情况，因而公共工程和政府服务部得以掌握联邦政府各部门的资产状况。

美国、加拿大的非经营性国有资产管理模式可以概括为财政部-管理局模式，即由财政部门负责非经营性国有资产预算管理，并负责制定统一的管理制度和法规，而专门的资产管理机构负责行政资产管理的具体事务。

4. 三种非经营性国有资产管理模式小结。世界各国虽然没有统一的非经营性国有资产管理模式，但有一个共同点，就是以财政部门为主导，来管理政府非经营性国有资产，不仅在预算上实施管理，而且非经营性国有资产管理的规章制度也无一例外地由财政部门制定。各国财政部门主管非经营性国有资产的差别主要体现在以下两个方面。

一是在不同的管理模式下，财政部门的职责范围有所差异。在政府干预较多的市场经济国家，财政部门的职能发挥较强作用，如在日韩模式中，非经营性国有资产管理直接由财政部门负责。而在政府干预较少的市场经济国家，财政部门的影响力被限定在一定范围内，如在美加模式中，财政部门仅负责非经营性国有资产管理规章制度的制定和预算管理。但无论是哪种模式，非经营性国有资产的管理都没有脱离财政部门的职能范围。

二是在不同的管理模式下，资产管理机构与财政部门的关系不同。在日韩模式中，资产使用单位各自的行政主管部门直接负责行政资产的管理，向财政部门进行汇报；在德澳模式中，管理局及其分支机构直属于财政部，负责非经营性国有资产的业务管理，并对财政部负责；而在美加模式中，资产管理机构独立于财政部门，财政部门主要负责预算管理和规章制度的制定。

（二）国外非经营性国有资产管理模式的经验

从各国非经营性国有资产管理模式的比较中，可以看出非经营性国有资产管理存在

以下几方面的特点。

1. 政府集中采购资产。从各国非经营性国有资产的体制介绍中可以看出，在资产形成环节，政府资产统一采购的价格低于市场价格。如美国、加拿大、德国、澳大利亚等国的资产管理机构都负责资产的统一采购，理论界公认政府集中采购非经营性国有资产是合理有效的，并且是各国资产购置制度的大势所趋。

2. 资产取得方式趋向市场化。根据各国的不同情况，在资产取得环节，管理制度设计可归纳为两种。一是授权式。即资产管理机构负责政府资产的集中采购，并按统一标准调配资产以满足各使用部门的需要，而使用部门不需要为此付费，这相当于财政直接拨付使用。由于这种方式与财政部门的关系紧密，因而是世界上大多数发展中国家、政府干预较多的国家普遍采用的资产管理方式。但是各使用部门如果缺乏严格、健全的管理制度，通常自觉节约使用的意识就不强，因此授权式管理适用于政府资产中的小额资产或零散易耗办公设备和材料的管理。

二是付费式。对于大额的固定资产和不动产，各国的管理方式趋向于市场化的付费式。资产管理机构负责统一采购政府行政资产，使用单位经申请可以使用资产管理机构拥有的各项资产，使用者必须向资产管理机构付租金，或者向资产管理机构以外的私人组织租赁房屋，但是资产管理机构的收费一般要稍低于市场价格，政府各部门大都倾向于租赁资产管理机构的资产。美国、加拿大、德国、澳大利亚等都采取支付租金的方式配置资产。这种部门之间实行商业化的运作方式，本质上是在模拟市场上商品和劳务的交易，代替财政资金拨付式的资产提供，有利于提高资产配置的效率。

3. 资产维修方式灵活，处置程序规范。对于资产的维修，可以由资产管理机构灵活地决定采用何种方式实现最有效率的管理。资产管理机构可以决定是由资产管理机构下设的维修部门维修管理，还是委托私营公司维修管理各使用部门占有的资产。但在灵活的维修管理方式之下不容置疑的是，资产的维修必须由专门的机构负责，还必须要有有效的制度来限制维修的支出，才能限制维修环节的过度浪费。另外，各国资产管理都很注重资产处置程序的规范性。资产处置之前，资产使用部门或主管部门都必须就将处置的资产向资产管理机构报告使用管理的情况，有的甚至还要对资产的使用进行评估，看是否达到预期的目标，直接由资产管理机构负责处置，或经资产管理机构审核决定处置事项。

4. 资产信息管理和报告制度完善。在非经营性国有资产的管理中，各国都设计了资产信息追踪制度，或建立了资产管理数据库，用完善的信息管理系统对资产进行跟踪管理；或实行资产报告制度，由使用单位或主管部门就资产情况定期汇报，因而资产管理机构、财政部门、预算审批机构能及时掌握资产的动态。资产管理机构对各部门使用的行政资产保留控制权，同时必须定期向预算管理部门汇报资产的使用、管理、增减的变动情况。日本还规定各部门必须5年评估一次政府公用资产，并按新价值重新登记，这样有利于资产信息的及时更新。

非经营性国有资产的管理没有万灵的统一管理模式，如何选择，关键在于哪种比较适于一国的制度环境和管理习惯。尤其在我国，非经营性国有资产管理体制改革必须要考虑我国的政治体制特点和资产管理的历史情况以及财政管理体制。我们不能盲目照抄、照搬西方某个国家的做法，而应在充分考虑我国国情的基础上，借鉴其有益的做法，创建具有中国特色的管理模式。①

第二节　行政单位国有资产管理

一、行政单位国有资产的含义

（一）行政单位国有资产的内涵

行政单位国有资产是指由各级行政单位占有、使用的，依法确认为国家所有，能以货币计量的各种经济资源的总称，即行政单位的国有（公共）财产。行政单位国有资产包括行政单位用国家财政性资金形成的资产、国家调拨给行政单位的资产、行政单位按照国家规定组织收入形成的资产，以及接受捐赠和其他经法律确认为国家所有的资产，其表现形式为固定资产、流动资产和无形资产等。

（二）行政单位国有资产的特征

行政单位占用的国有资产由于与经营性国有资产使用的目的不同，所以具有与经营性国有资产不同的特征，主要表现在以下几个方面。

1. 占有、使用国有资产的行政部门具有非生产性。行政单位所占有、使用的国有资产分布于社会的非生产领域，资产占有、使用单位不直接从事物质生产活动，这些单位在资产的使用中不直接生产出物质财富，其使用资产的目的是保证各项行政工作的顺利进行，保证整个社会的正常运转。

2. 行政单位对国有资产的占有、使用具有服务性和非增值性。行政单位占有、使用国有资产的作用主要在于保证国家整个行政工作的顺利进行，以实现社会系统的正常运转。这就决定了行政单位占有、使用国有资产不能以盈利为目的，而只能为社会提供公共服务。因此，对行政单位占有、使用的国有资产不能要求其增值，管理的重点应是保证其实物形态的完整性，从而最大限度地发挥其服务效能。

3. 对行政单位占有、使用的国有资产的增值补偿具有非直接性。行政单位国有资产的补偿、扩大不可能依靠单位自身的积累而获得，而只能依靠国民收入的再分配，通过财政预算拨款补足。这反映了行政单位对国有资产的使用是一个非生产的消费过程，但又是社会再生产过程中不可缺少的部分。因此，在其他条件一定时，经营性国有资产与行政单位占有和使用的国有资产规模之间彼此制约，各自的补偿及资金的扩充也是相互制约的。如果盲目扩大行政部门占用的国有资产规模，就会阻碍经营性国有资产的正常使用。因此，在行政单位对国有资产占有、使用的过程中，必须做到节约、高效，在不影响行政机关正常工作的前提下，尽量使经营性国有资产增长总量高于行政部门占用的

① 王晓玲．行政资产管理模式的国际比较．国有资产管理，2005（4）．

国有资产增长总量。

二、行政单位国有资产管理的主要任务

（一）建立和健全各项规章制度

在行政单位占有和使用国有资产的管理中，应当建立产权登记、产权界定、产权纠纷调处、资产使用、资产处置、资产报告和监督考核等一系列规章制度，使行政单位国有资产管理工作经常化、规范化。

（二）推动国有资产的合理配置和有效使用

对于行政单位占有、使用的国有资产，应当允许其合理的流动，以优化资源配置。通过对现有的存量行政性国有资产进行优化配置，可以发挥出国有资产的最大效益。

（三）保障国有资产的安全和完整

行政单位进行国有资产管理的基本任务，就是保障所占有和使用的国有资产的安全性和完整性，防止国有资产的流失。因此，行政单位应当建立完整的资产实物账、卡，以全面反映国有资产的存量状况；严格管理制度，健全管理手续，明确使用责任；建立统计报告制度，及时掌握资产使用增减变动的情况；随时解决管理中发生的问题，保全国有资产。

（四）监管尚未脱钩的经济实体的国有资产，实现国有资产的保值、增值

对于行政单位所属经济实体的国有资产，主管行政单位负有监管职责，以防止在经济实体脱钩转制过程中出现国有资产流失。

三、行政单位国有资产管理的内容

（一）资产配置

行政单位国有资产配置应当遵循以下原则：第一，严格执行法律、法规和有关规章制度；第二，与行政单位履行职能需要相适应；第三，科学、合理地优化资产结构；第四，勤俭节约，从严控制。

对于有规定配备标准的资产，应当按照标准进行配备；对于没有规定配备标准的资产，应当从实际需要出发，从严控制，合理配备。财政部门对要求配置的资产，能通过调剂解决的，原则上不重新购置。经批准召开重大会议、举办大型活动等需要购置资产的，由会议或者活动主办单位按照规定程序报批。行政单位购置被纳入政府采购范围的资产，依法实施政府采购。行政单位资产管理部门应当对购置的资产进行验收、登记，并及时进行账务处理。

行政单位购置有规定配备标准的资产，除国家另有规定外，按下列程序报批。

1. 行政单位的资产管理部门会同财务部门审核资产存量，提出拟购置资产的品目、数量，测算经费额度，经单位负责人审核同意后报同级财政部门审批，并按照同级财政部门要求提交相关材料。

2. 同级财政部门根据单位资产状况对行政单位提出的资产购置项目进行审批。

3. 经同级财政部门审批同意，各单位可以将资产购置项目列入单位年度部门预算，并在编制单位年度部门预算时将批复文件和相关材料一并报同级财政部门，作为审批部门预算的依据。未经批准，不得列入部门预算，也不得列入单位经费支出。

（二）资产使用

行政单位应当建立、健全国有资产使用管理制度，规范国有资产使用行为。行政单位应当认真做好国有资产的使用管理工作，做到物尽其用，充分发挥国有资产的使用效益；保障国有资产的安全完整，防止国有资产使用中的不当损失和浪费。行政单位对所占有、使用的国有资产应当定期清查盘点，做到家底清楚，账、卡、实相符，防止国有资产流失。行政单位应当建立严格的国有资产管理责任制，将国有资产管理责任落实到人。行政单位不得用国有资产对外担保，法律另有规定的除外。行政单位不得以任何形式用占有、使用的国有资产举办经济实体。在《行政单位国有资产管理暂行办法》颁布前已经用占有、使用的国有资产举办经济实体的，应当按照国家关于党政机关与所办经济实体脱钩的规定进行脱钩。脱钩之前，行政单位应当按照国家有关规定对其经济实体的经济效益、收益分配及使用情况等进行严格监管。财政部门应当对其经济效益、收益分配及使用情况进行监督检查。行政单位拟将占有、使用的国有资产对外出租或出借的，必须事先上报同级财政部门审核批准。未经批准，不得对外出租、出借。同级财政部门应当根据实际情况对行政单位国有资产对外出租、出借事项严格控制，从严审批。行政单位出租、出借的国有资产的所有权性质不变，仍归国家所有；所形成的收入按照政府非税收入管理的规定，实行“收支两条线”管理。对行政单位中超标配置、低效运转或者长期闲置的国有资产，同级财政部门有权调剂使用或者处置。

（三）资产处置

行政单位国有资产处置是指行政单位国有资产产权的转移及核销，包括各类国有资产的无偿转让、出售、置换、报损、报废等。

行政单位需要处置的国有资产范围包括：闲置资产；因技术原因并经过科学论证，确实需要报废、淘汰的资产；因单位分立、撤销、合并、改制、隶属关系改变等原因发生的产权或者使用权转移的资产；盘亏、呆账及非正常损失的资产；已超过使用年限从而无法使用的资产；依照国家有关规定需要进行资产处置的其他情形。

行政单位处置国有资产应当严格履行审批手续，未经批准不得处置。资产处置应当由行政单位资产管理部门会同财务部门、技术部门审核鉴定，提出意见，按审批权限报送审批。行政单位国有资产处置应当按照公开、公正、公平的原则进行。资产的出售与置换应当采取拍卖、招投标、协议转让，以及国家法律、行政法规规定的其他方式进行。

行政单位国有资产处置的变价收入和残值收入按照政府非税收入管理的规定，实行“收支两条线”管理。行政单位分立、撤销、合并、改制及隶属关系发生改变时，应当对其占有、使用的国有资产进行清查登记，编制清册，报送财政部门审核、处置，并及时办理资产转移手续。行政单位联合召开重大会议、举办大型活动等而临时购置的国有资产，由主办单位在会议、活动结束时按照规定报批后处置。

（四）资产评估

行政单位有下列情形之一的，应当对相关资产进行评估：行政单位取得没有原始价格凭证的资产；拍卖、有偿转让、置换国有资产；依照国家有关规定需要进行资产评估的其他情形。行政单位国有资产评估项目实行核准制和备案制。实行核准制和备案制的项目范围、权限由财政部门另行规定。行政单位国有资产评估工作应当委托具有资产评估资质的资产评估机构进行。进行资产评估的行政单位，应当如实提供有关情况和资料，并对所提供的情况和资料的客观性、真实性和合法性负责，不得以任何形式干预评估机构独立执业。

（五）产权纠纷调处

产权纠纷是指由于财产所有权、经营权、使用权等产权归属不清而发生的争议。行政单位之间的产权纠纷，由当事人协商解决。协商不能解决的，由财政部门或者同级政府调解、裁定。行政单位与非行政单位、组织或者个人之间发生产权纠纷，由行政单位提出处理意见，并报经财政部门同意后，与对方当事人协商解决。协商不能解决的，依照司法程序处理。

（六）资产统计报告

行政单位应当建立资产登记档案，并严格按照财政部门的要求做出报告。财政部门、行政单位应当建立和完善资产管理信息系统，对国有资产实行动态管理。行政单位报送资产统计报告，应当做到真实、准确、及时、完整，并对国有资产占有、使用、变动、处置等情况做出文字分析说明。财政部门与行政单位应当对国有资产实行绩效管理，监督资产使用的有效性。财政部门应当对行政单位资产统计报告进行审核批复，必要时可以委托有关单位进行审计。

经财政部门审核批复的统计报告，应当作为预算管理和资产管理的依据和基础。财政部门可以根据工作需要，组织开展资产清查工作。进行资产清查的实施办法，由县级以上人民政府财政部门另行制定。财政部门可以根据国有资产统计工作的需要，开展行政单位国有资产产权登记工作。产权登记办法由开展产权登记的财政部门制定并负责组织实施。

（七）行政单位国有资产的监督

财政部门、行政单位应当认真履行国有资产管理职责，依法维护国有资产的安全、完整。财政部门、行政单位应当加强国有资产的监督工作，坚持单位内部监督与财政监督、审计监督、社会监督相结合，事前监督、事中监督、事后监督相结合，日常监督与专项检查相结合。财政部门、行政单位的工作人员违反《行政单位国有资产管理暂行办法》的规定，擅自占有、使用、处置国有资产的，按照《财政违法行为处罚处分条例》处理。

第三节　事业单位国有资产管理

一、事业单位国有资产的含义与范围

事业单位是指国家为了社会公益目的，由国家机关举办或者其他组织利用国有资产举办的，从事教育、科技、文化、卫生等活动的社会服务组织。事业单位国有资产是指事业单位占有、使用的，依法确认为国家所有，能以货币计量的各种经济资源的总称，即事业单位的国有（公共）财产。

事业单位国有资产包括国家拨给事业单位的资产，事业单位按照国家规定运用国有资产组织收入形成的资产，以及接受捐赠和其他经法律确认为国家所有的资产，其表现形式为流动资产、固定资产、无形资产和对外投资等。

二、事业单位国有资产管理的原则与体制

（一）事业单位国有资产管理的原则

事业单位国有资产管理活动应当坚持资产管理与预算管理相结合的原则，推行实物费用定额制度，促进事业资产整合与共享共用，实现资产管理和预算管理的紧密统一；应当坚持所有权和使用权相分离的原则；应当坚持资产管理与财务管理、实物管理与价值管理相结合的原则。

（二）事业单位国有资产管理的体制

事业单位国有资产的管理实行“国家统一所有，政府分级监管，单位占有、使用”的管理体制。

1. 国家统一所有。事业资产是以国有资产作为初始投入，并由国家财政资金不断补偿积累形成的，因此属于国家所有。事业单位国有资产的使用目的是提供公共服务或公共产品，公共产品的非竞争性、非排他性的特点决定了其由国家所有和国家提供的特点。

2. 政府分级监管。各级政府代表国家对本级事业资产实施监管。一级政府对应着一级财权和一级事权，各级政府代表国家行使所有者权利。中央政府和地方政府的财权分离后，一级政府对应着一级财权，各级政府都承担着对等的财权和事权，各级政府都要

为本辖区的公共服务和公共产品的满足和发展提供必要的财力支持和管理支持，所以，政府分级监管是财权和事权统一的体现，也是资产管理与预算管理、财务管理相结合的体现，是资产管理的内在规律的要求。

3. 单位占有、使用。事业单位拥有对本单位资产的占有权、使用权和事业法人的自主经营权，并在国家资产管理的法律和行政法规的约束下占有、使用国有资产。国有资产管理部门不能随意干涉事业单位正常的业务活动。但是，事业单位享有占有权、使用权，并不意味着可以任意安排资产的使用方向。国家配备给事业单位的资产是保证其完成事业发展任务的重要资源，单位若将资产用于对外投资、出租、出借等经营活动，则必须经过财政部门的批准。

三、事业单位国有资产管理的内容

（一）事业单位国有资产的配置

事业单位国有资产配置是指财政部门、主管部门、事业单位等根据事业单位履行职能的需要，按照国家有关法律、法规和规章制度规定的程序，通过购置或者调剂等方式为事业单位配备资产的行为。事业单位资产配置的根本目的是满足事业单位履行职能和促进事业发展的需要。配置的主体可以是财政部门或主管部门，也可以是事业单位自身。配置方式或途径主要有购置和调剂两种。

1. 事业单位国有资产配置的标准。事业单位国有资产配置标准的制定依据三点基本原则：（1）分类制定。由于事业单位涉及行业多、资产类型复杂，制定配置标准时应按不同行业、不同类型、不同规模、不同地区等多种类别来分别制定。（2）以资产信息报告和资产使用绩效为基础。配置标准应该在全面、准确、详细地收集资产实物量和价值量信息，以及科学评价资产使用绩效的基础上测算，并在修正后生成。（3）为预算管理精细化服务。各级财政部门要结合当地经济和事业发展的实际情况及事业单位履行职能的需要，以促进预算安排的科学合理和财政资源的优化配置为目标，逐步建立和完善本级事业单位国有资产配置的标准体系。

2. 事业单位国有资产配置的必要条件。一个事业单位是否需要配置资产应当具备三个必要条件：现有资产无法满足事业单位履行职能的需要；难以与其他单位共享、共用已有资产；难以通过市场购买产品或者服务的方式代替配置资产，或者通过市场购买的方式成本过高。在事业单位履行职能需要且难以与其他单位共享、共用已有资产的情况下，如果市场提供的产品或服务能满足事业单位的需要，并且购买该产品或服务的支出比购置所需资产的支出更加经济，则应通过购买市场服务的方式来满足履行职能的需要。

3. 事业单位国有资产的整合和共享、共用。我国事业单位占有大量的事业资源，但重复建设，共用、共享程度低，使用效率不高的问题比较突出。在不断加大社会事业投入的同时，只有从根本上解决事业资源重复、分散和使用效率低下的问题，才不会造成大规模的浪费。

当前，推进事业资产整合与共享、共用面临着许多困难，如体制的局限，部门、单位、地方之间的利益局限等。因此，需要财政部门、主管部门、事业单位三方共同促进事业资产的整合与共享、共用。其中，财政部门主要负责建立事业单位国有资产的整合和共享、共用机制；主管部门主要负责优化本部门事业单位国有资产的配置，促进本部门事业单位国有资产的共享、共用；事业单位则负责本单位存量资产的有效利用，积极参与大型仪器、设备等资产的共享、共用和公共研究平台的建设工作。

4. 事业单位国有资产购置的审批手续。事业单位向财政部门申请用财政性资金购置规定限额以上资产的（包括事业单位申请用财政性资金举办大型会议、活动需要进行的购置），无论是否属于政府采购范围，在单位编制年度部门预算前，都应先编制资产购置计划。经财政部门审批同意的资产购置计划方可列入单位的年度部门预算草案。经财政部门批准的资产购置计划，可作为财政部门批复部门预算的依据。资产购置的预算资金安排由财政部门在批复部门预算时统筹财力综合考虑。

为解决用项目经费购置资产与预算管理相脱节的问题，对于事业单位的主管部门或其他部门向事业单位拨付的项目经费，不论项目以何种方式管理，有关部门对项目评审完成后，在下拨经费前，均应当将涉及规定限额以上的资产购置事项报同级财政部门批准。在审定项目时，拨付项目经费的有关部门负责对项目确需资产进行审核。然后，财政部门负责对资产配置的方式进行审核，根据现行资产状况决定是以购置的方式，还是以调剂或共享的方式来配置资产。

（二）事业单位国有资产的对外投资、出租、出借、担保

事业单位享有对国有资产的占有权、使用权，是为了满足和保障其履行职能、发展事业的需要。从理论上讲，事业单位占有、使用的资产不应用来对外投资或出租、出借、担保。国家允许利用事业单位国有资产进行经营活动，是基于弥补事业单位财政经费供给不足和许多事业单位自身具有创收能力、可以通过投资等方式来满足自身事业发展需要的现实考虑。当前事业单位经营行为较为普遍，但由于缺乏有效的管理，违背了政策初衷，暴露出很多问题，在一定程度上扰乱了社会主义市场经济秩序和收入分配秩序，造成了国有资产大量流失。

事业单位利用国有资产对外投资、出租、出借和担保等，应当进行必要的可行性论证，并须提出申请，经主管部门审核同意后，报同级财政部门审批。法律、行政法规另有规定的，依照其规定。其中，“法律、行政法规另有规定的，依照其规定”是指《担保法》、《土地管理法》、《中华人民共和国证券法》（简称《证券法》）及《公司法》等相关法律及其他行政法规对事业单位有关对外投资、出租、出借和担保等行为及审批程序另有规定的，应当依照其规定执行。鉴于实际工作中事业单位对外投资或出租、出借、担保事项较多的现状，为体现加强管理和提高效率并重的要求，财政部门可以结合实际设定审批限额标准，在限额标准以下的由主管部门审批，同时抄报财政部门备案。

（三）事业单位国有资产有偿使用的收入管理

事业单位国有资产有偿使用的收入包括事业单位对外投资取得的投资收益，以及利用国有资产出租、出借或提供担保等取得的收入，不包括事业单位国有资产处置取得的收入。考虑到事业单位类型多、收入来源多元化等复杂情况，且事业单位改革总体方案

尚未出台，在当前没有对事业单位国有资产有偿使用收入全部实行“收支两条线”管理。事业单位对外投资收益以及利用国有资产出租、出借和担保等取得的收入应当纳入单位预算，统一核算，统一管理。国家另有规定的除外。“纳入单位预算，统一核算，统一管理”是现行财务制度对事业单位收入管理的统一规定。

（四）事业单位国有资产的处置

事业单位国有资产的处置是指事业单位对其占有、使用的国有资产进行产权转让或者注销产权的行为。事业单位处置国有资产，应当严格履行审批手续，未经批准不得自行处置。处置方式包括出售、出让、转让、对外捐赠、报废、报损以及货币性资产损失核销等。事业单位国有资产处置对象应包括事业单位的全部财产，即不仅包含实物资产，而且包含无形资产，以及应收账款、对外投资形成的股权等货币性资产。

事业单位国有资产处置遵循公开、公正、公平的原则。事业单位出售、出让、转让、变卖资产数量较多或者价值较高的，应当通过拍卖等市场竞价方式公开处置。公开是指国有资产出售时要信息公开透明，避免“暗箱操作”；公正是指国有资产处置应严格遵守国有资产管理的有关规定，履行规定的程序；公平是指要对每一个购买者给予相同的待遇，不能有歧视和特殊的优惠。

事业单位国有资产的出售、出让、转让、变卖等要逐步市场化。通过竞价、多方案比较，选择、确定受让者，以实现转让资产价值的最大化。对于处置资产数量较多或者价值较高的，必须通过拍卖、产权交易市场以公开竞价的方式出售或转让。

事业单位国有资产处置的收入属于国家所有，应当按照政府非税收入管理的规定，实行“收支两条线”管理。即事业单位资产处置收入要及时、足额上缴同级财政专户或者国库，实行“收支两条线”管理。

四、事业单位国有资产的产权登记、产权纠纷及处理与资产评估

《事业单位国有资产管理暂行办法》分别对产权登记、产权纠纷及处理、资产评估、资产清查和资产报告等基础管理工作进行了规范，并对事业资产的监督管理责任制等做了明确规定。

（一）产权登记

事业单位国有资产产权登记（以下简称产权登记）是国家对事业单位占有、使用的国有资产进行登记，依法确认国家对国有资产的所有权和事业单位对国有资产的占有、使用权的行为，从而明确了事业单位国有资产产权登记的主体是国家，参与者是使用资产的事业单位，登记的内容主要是事业单位国有资产的产权状况。

1. 开展产权登记工作的必要性。产权登记是施行事业单位国有资产管理的起点和基本手段，产权管理是资产管理区别于其他财务管理活动的主要特征。首先，通过产权登记，可以强化各单位资产的产权意识，明晰单位资产的产权关系，即事业单位国有资产属于国家所有，单位只有占有权、使用权。其次，能够明确权利和责任。在明晰产权关

系的基础上，通过产权登记可以确定所有者与使用者各自的权利和责任，各尽其职，各负其责，从而使事业单位国有资产管理工作得到加强。最后，在事业单位办理法人年检、政府采购、改制、资产处置，以及利用国有资产对外投资、出租、出借、担保等事项时，财政部门或其授权的主管部门核发的《事业单位国有资产产权登记证》可以作为本单位占有、使用国有资产状况的重要法律凭证。产权登记是实现产权清晰的重要途径，只有清晰界定事业单位国有资产产权，才能为资产的安全完整、合理配置和有效使用奠定基础。通过产权登记，以法律形式确认国家对国有资产的所有权和事业单位对国有资产的占有权、使用权，是确保所有权与使用权相分离的有力手段。

2. 办理产权登记单位的范围。凡占有和使用国有资产的事业单位、社会团体和民办非企业单位，都必须向同级财政部门或者经同级财政部门授权的主管部门申报、办理事业单位国有资产产权登记，但实行企业化管理并执行企业财务会计制度的事业单位和参照公务员管理的事业单位或社会团体除外。

3. 产权登记的定期检查。对事业单位产权登记情况进行定期检查，可以及时反映事业单位国有资产产权变更和单位的基本情况的变化，使政府管理部门能够随时掌握事业单位国有资产的真实状况，为各项资产管理活动提供全面、准确的数据。各级财政部门应当在资产动态管理信息系统和变更产权登记的基础上，对事业单位国有资产产权登记实行定期检查。

（二）产权纠纷及处理

产权纠纷是指由于财产所有权及经营权、使用权等产权归属不清而发生的争议。事业单位国有资产产权纠纷的处理应本着实事求是、公正、公平的原则依法进行。事业单位与其他国有单位之间若发生产权纠纷，则由双方当事人先行协商解决。协商无法解决的，向同级或者共同的上一级财政部门申请调解或裁定。财政部门无法调解或裁定的，事业单位可报有管辖权的人民政府处理。事业单位与非国有单位或者个人之间发生产权纠纷的，事业单位应根据情况提出拟处理意见，经主管部门审核后报同级财政部门。经财政部门批准的产权纠纷处理意见，可作为事业单位与对方当事人协商解决的依据。协商依然无法解决的，依照司法程序处理。

（三）资产评估

资产评估是指按照特定目的对被评估资产某一时点的价格进行评定、估算，从而确定其价格的经济活动。

1. 事业单位需要进行资产评估的事项。事业单位有下列情形之一的，应当对相关国有资产进行评估：整体或者部分改制为企业；以非货币性资产对外投资；合并、分立、清算；资产拍卖、转让、置换；整体或者部分资产租赁给非国有单位；确定涉讼资产价值；法律、行政法规规定的其他需要进行评估的事项。

2. 事业单位不需要进行资产评估的情形。事业单位有下列情形之一的，可以不进行资产评估：经批准对事业单位整体或者部分资产无偿划转；行政单位或事业单位下属的事业单位之间的合并，资产划转、置换和转让；发生其他不影响国有资产权益的特殊产权变动行为，报经同级财政部门确认可以不进行资产评估的。经批准的事业单位整体或者部分资产无偿划转后，该部分资产的流向、用途等一般都有明确规定，因而不需要进行资产评估，也不会发生国有资产流失的情况；国家设立的研究开发机构、高等院校将其持有的科技成果转让、许可或者作价投资给国有全资企业的，可以不进行资产评估；事业单位下属事业单位（包括独资企业）间的合并，资产（产权）划转、置换和转让等行为不会影响国有资产的权益归属，它与报经同级财政部门确认的其他不影响国有资产权益的特殊产权变动行为都可不进行资产评估。另外，国家设立的研究开发机构、高等院校将其持有的科技成果转让、许可或者作价投资给非国有全资企业的，由单位自主决定是否进行资产评估。

3. 几种事业单位资产评估的特殊情况。

（1）涉及股权投资的资产评估。事业单位进行整体资产评估涉及股权投资的，应按照有关规定评估股权投资。即对于控股的长期投资，应对被投资企业进行整体评估，评估人员到现场实地检查其资产和负债，全面进行评估。评估方法以重置成本法为主，特殊情况下也可单独采用收益现值法或现行市价法。对于非控股的长期投资，一般应采用收益现值法进行评估。

（2）所投资企业原股东股权比例发生变动时须评估的资产范围。事业单位所投资企业原股东股权比例变动的情形主要是指增资扩股，一般包括国有控股及参股有限责任公司、股份有限公司，以及中外合资、合作企业吸收新股东入股，以及上述企业原股东改变原出资比例的增资扩股等。涉及上市公司国有股东股权比例变动的，按照国务院和财政部的有关规定执行。事业单位所投资企业原股东比例变动时，需要对占有单位的整体资产进行评估。原股东或新吸收的股东以非货币资产增资或出资的，对其追加投资或出资的资产也应进行评估。对于事业单位所投资企业原股东同比例增资扩股的，无须对该企业整体资产进行评估，只需要对其股东增资新投入的非货币资产进行评估。

（3）转让产权（股权）时须评估的资产范围。事业单位转让产权（股权）是指事业单位将其持有的全部或部分产权（股权）有偿出让的行为。转让上市公司国有股权按照国务院和财政部的有关规定执行。事业单位转让产权（股权）时，需要对所投资企业整体资产进行评估。

（4）收购非国有资产时须评估的资产范围。事业单位收购非国有资产一般包括收购整体或部分非国有单位产权、存货、固定资产、无形资产、土地使用权等情形。事业单位收购整体或部分非国有单位产权时，需要对非国有单位整体资产进行评估。事业单位收购非国有单位部分资产时需要对拟收购的部分资产进行评估。

（5）接受非国有单位以实物资产偿还债务时须评估的资产范围。事业单位接受非国有单位以实物资产偿还债务，一般是指非国有单位以其存货、固定资产等抵偿其所欠事业单位债务的情形。事业单位接受非国有单位以实物资产偿还债务时，应当对非国有单位用以偿债的资产进行评估。

五、事业单位国有资产清查及资产管理信息系统

（一）事业单位国有资产清查

事业单位国有资产清查（简称资产清查）主要是指预算单位全面清查各类财产和债权、债务，核实人员状况、收入渠道、支出结构及水平等基本情况，并按国家规定对清出的问题进行必要的账务处理和重新核实事业单位占有国有财产的工作。

资产清查分两种情形，一种是根据国家或地方政府工作需要统一部署进行的资产清查；另一种是事业单位因特定经济行为需要而开展的资产清查，比如转制、发生重大自然灾害造成资产严重损失等。在资产清查的组织架构方面，在根据国家或地方政府工作统一部署开展的资产清查中，由事业单位的主管部门、占有和使用资产的事业单位在财政部门的领导下开展本部门、本单位的资产清查工作。主管部门或事业单位组织开展的资产清查由主管部门或事业单位自行组织开展，但应履行有关立项手续。

事业单位有下列情形之一的，应当进行资产清查：根据国家专项工作要求或者本级政府实际工作需要，被纳入统一组织的资产清查范围的，如为了摸清事业单位资产家底，财政部在全国部署开展的事业单位资产清查；进行重大改革或者整体、部分改制为企业的，如科研院所转企改制过程中，为了摸清资产家底，核实、核定资本金，需要开展资产清查；遭受重大自然灾害等不可抗力从而造成资产严重损失的；会计信息严重失真或者国有资产出现重大流失的；会计政策发生重大更改，涉及资产核算方法发生重要变化的；同级财政部门认为应当进行资产清查的其他情形。目前正在进行的科研院所改制、文化事业单位转制以及事业单位机构改革都要对相关的事业单位进行资产清查。

（二）事业单位国有资产管理信息系统

事业单位应当按照国有资产管理信息化的要求，及时将资产变动信息录入管理信息系统，对本单位资产实行动态管理，并在此基础上做好国有资产统计和信息报告工作。要建立和完善事业单位国有资产管理信息系统，对事业单位国有资产进行动态监管，从而体现信息化时代的新特点和新要求，并进一步提高资产管理的效率。

首先，信息化管理作为一种管理手段，其目的是基于信息化管理所获得的基础数据来实现查询、统计、分析并辅助决策。构建有效的事业单位国有资产管理模式，就是要以强大的现代网络信息技术手段为依托，借助一套科学、合理的事业单位国有资产管理信息系统，将管理思想、管理制度、管理规范固化为数字化的管理程序，实现对事业资产的精细化、信息化管理。

其次，对事业单位国有资产信息进行管理与报告，目的是实现对事业单位国有资产从入口到出口各个环节的动态管理，便于财政部门和主管部门及时、全面地掌握事业单位国有资产总体状况，避免“前清后乱”，从而为资产管理和预算管理的结合提供更多的信息支持，为整合事业资源，实现事业单位国有资产共享、共用和优化配置创造条件。

最后，对事业单位国有资产实行信息化管理，是提高资产管理效率和绩效考评的要求。21 世纪是信息化时代，事业单位国有资产管理应当充分运用现代化的信息技术，利

用事业单位国有资产管理信息系统的查询、预警等功能，节省人力、物力，提高工作效率，把管理工作者从具体的事务中解放出来，如此既有利于业务交流，又将实现管理上的革命，对促进事业单位国有资产共享、共用，盘活资产存量及提高财政资金使用效益均有十分重要的作用。

六、事业单位国有资产监督管理责任制

财政部门、主管部门和事业单位应当建立、健全科学合理的事业单位国有资产监督管理责任制，将资产监督、管理的责任落实到具体部门、单位和个人。财政部门代表国家管理政府公共财产，从完善、加强事业单位国有资产管理体制等角度提出加强事业监督管理的原则和宏观管理要求，明确资产监督、管理的方向，并制定有关制度。主管部门结合行业事业单位国有资产的属性和特点，提出本行业事业单位国有资产监督管理的要求。事业单位和具体资产管理人员应结合单位实际和业务工作的需要，来制定内部事业单位国有资产管理、监督的责任机制和运行机制等，使事业单位国有资产的监督管理形成“财政部门-主管部门-事业单位-资产管理工作者”的机制。

需要明确的是，财政部门、主管部门作为事业单位国有资产综合管理和监督管理职责的承担者，从形式上看是根据事业单位的报告来分析和发现问题的，但从维护国有资产、财产安全，提高公共服务和资金使用效益，资源整合和共享、共用以及绩效的角度来看，都必须要求保证事业单位国有资产的安全和完整，否则一切将无从谈起。财政部门、主管部门和事业单位应当建立、健全科学合理的事业单位国有资产监督管理责任制，将资产监督、管理的责任落实到具体部门、单位和个人。

一、本章复习题

1. 什么是非经营性国有资产？其特征是什么？
2. 新形势下加强非经营性国有资产管理工作有什么意义和必要性？
3. 简述我国现行国有资产管理体制的内容。
4. 非经营性国有资产管理的基本原则是什么？
5. 什么是行政单位国有资产？其特征是什么？
6. 试述行政单位国有资产管理的内容。
7. 试述事业单位国有资产管理的内容。
8. 事业单位国有资产评估的条件与程序是什么？

二、本章讨论题

1. 2017 年，财政部为什么对《事业单位国有资产管理暂行办法》进行修订？

三、本章阅读资料

1. 刘玉平．国有资产管理．3 版．北京：中国人民大学出版社，2016.

第十二章 国有资产管理监督

本章关键词

监督　国有企业监事会　国有企业负责人　立法监督
社会中介组织监督　新闻舆论监督　公众监督

本章内容提要

国有资产管理监督是国有资产管理的重要内容。具体来说，国有资产管理监督主要包括以下几方面的内容：一是国有资产管理政府主管部门监督，主要包括国有企业监事会监督、国有企业负责人管理、国有资产经营效益监督、国有企业重大事项管理等内容。二是立法监督，这是国有资产管理监督最有力、最权威的途径。三是社会中介组织监督，如会计师事务所、资产评估机构在接受委托后可以对国有资产管理进行监督，但必须具备一定的条件。四是社会新闻舆论监督，这种监督途径具有信息量大、影响范围广、影响力强、时效性快等特点。五是社会公众监督，这是国有资产管理监督的最广泛的方式。

第一节　国有资产监督概述

一、国有资产监督的内涵及目标

（一）国有资产监督的内涵

国有资产监督是指国有资产监督主体运用一定的监管方式对国有资产管理和运营的

过程所进行的监察与督促。具体地说，我国国有资产监督是以所有者监督为重点，采取政府监督、立法监督、社会中介组织监督、社会新闻舆论监督与社会公众监督相结合的方式，对国有资产的管理、营运主体实施有效监察与督促的行为，以达到促进国有资本高效运营，维护所有者权益，实现国有资产保值、增值的目的。国有资产监督作为经济监管的重要组成部分，其监督管理的内容十分广泛，包括国有资本涉及的各个领域、国有资本管理与运营的各个环节，其监管的方式也灵活多样。

我国经济体制改革的目标是建立社会主义市场经济体制，要通过理顺产权关系，实行政企分开，使企业成为自主经营、自负盈亏、自我约束、自我发展的法人实体和市场竞争主体，并承担国有资产保值、增值的责任。但在现实经济生活中，一方面，我国的国有企业实际上是由政府投资兴办的，并由政府代表国家行使国有企业财产所有权；另一方面，国有资产损失浪费严重，因此要求强化国有资产监管。目前，国有资产损失浪费严重，主要表现为：固定资产投资盲目，生产能力过剩；损失、流失严重；营运效益不高；等等。因此，应当建立一个所有权管理组织体系，明确各种国家机关和机构在所有权管理组织体系中的地位和作用，并建立一些所有权专职管理机构或授权一些机构来行使所有权职能。同时，必须建立有效的国有资产监管机构，健全所有权管理组织体系，以保证国有资产的保值和增值。因此，建立国有资产的约束机制和强化监管对提高国有企业的经济效益，确保国有资产保值、增值具有十分重要的意义。

（二）国有资产监督的目标

管理监督实际上是控制权的一种，而控制权是由所有权派生的，属于广义的所有权范畴，是所有者权益保障的体现。我国是以公有制为主体的社会主义国家，中央人民政府是国有资产所有权的代表者，其所有权管理职能是基于财产所有者身份行使的财产权，而财产权属于民事权利，国家作为财产所有权主体，遵循平等、有偿的原则，处理同各类占用国有资产的产权主体之间的关系，其目标是实现经营性国有资产的保值、增值。因此，国有资产的有效监管目标为：（1）确保实现国有资本的合理配置；（2）确保国有资本的有效使用；（3）确保国有资本的安全营运，防范流失。

二、国有资产监督的主体

国有资产监督的主体是指国有资本所有者及其委托的监管者，包括政府主管部门、立法者、社会中介组织、社会新闻舆论和社会公众等。

政府主管部门的监督是指以国家及政府职能部门为监督主体，站在国家立场上对国有资产进行的监督。目前，政府主管部门监督的基本形式包括国有企业监事会监督、国有企业负责人管理、国有企业经营效益监督、国有企业重大事项管理等。立法监督主要指全国人民代表大会通过立法对国有资产运营进行监督。社会中介组织监督包括会计师事务所、审计师事务所的审计监督，以及资产评估事务所的评估监督等。社会新闻舆论监督主要指电台、广播、报纸等媒体对国有资产管理进行的监督。社会公众监督主要指社会公民对国有资产管理的自发、自觉监督。

三、国有资产监督的方式

国有资产监督主要采取事前监督、事中监督和事后监督三位一体的监督方式。事前监督是指在国企改制中对国有资本运营之前所实施的监督。即国有资本监督部门有权审查和批准由国有资本基础管理部门制定的国有资本绩效评价指标；有权要求国有企业提供国有资本运营计划、国有资本的预计使用或支配情况，从中检查国有企业是否按照出资者的要求进行国有资本的运营和管理，并予以及时纠正。事中监督是指日常监督，即指对国有资本运营的过程进行经常性的监督。国有资本监督部门有权检查资本运营机构对国有资本是否按照计划或预算使用，以及在国有资本运营过程中有无违法、违纪行为等。事后监督是指对国有资本运营成果所进行的监督。国有资本监督机构需要检查政府有关部门和资本运营机构国有资本的法律、法规的实施情况，资本的保值与增值效益是否达到预期目标等。根据检查情况，执法机构及其人员提出处理问题的建议和办法。对于违反法律、法规的行为：情节轻微的，国有资本监督机构有权给予行政处罚，具体包括警告、责令限期改正、罚款、没收非法所得等；情节严重的，可以移交司法机关依法给予刑事制裁。

第二节　国有资产管理政府主管部门监督

一、国有企业监事会监督

为了健全国有企业监督机制，加强对国有企业的监督，《国有企业监事会暂行条例》对国有企业监事会（以下简称监事会）的性质、职责和工作原则等做了规范。

（一）监事会的性质

监事会以财务监督为核心，根据法律、行政法规和财政部的有关规定，对企业的财务活动及企业负责人的经营管理行为进行监督，确保国有资产及其权益不受非法侵犯。

监事会与企业是监督与被监督的关系，监事会不参与、不干预企业的经营决策和经营管理活动。

监事会管理机构负责监事会的日常管理工作，协调监事会与国务院有关部门和有关地方的联系，承办国务院交办的事项。

（二）监事会的职责

监事会应履行的职责主要有：（1）检查企业贯彻执行有关法律、行政法规和规章制

度的情况；（2）检查企业财务，查阅企业的财务会计资料及与企业经营管理活动有关的其他资料，验证企业财务会计报告的真实性、合法性；（3）检查企业的经营效益、利润分配、国有资产保值和增值、资产运营等情况；（4）检查企业负责人的经营行为，并对其经营管理业绩进行评价，提出奖惩、任免建议。

监事会一般每年对企业定期检查1～2次，并可以根据实际需要不定期地对企业进行专项检查。

监事会开展监督检查，可以采取下列方式进行：（1）听取企业负责人有关财务、资产状况和经营管理情况的汇报，在企业召开与监督检查事项有关的会议；（2）查阅企业的财务会计报告、会计凭证、会计账簿等财务会计资料以及与经营管理活动有关的其他资料；（3）核查企业的财务、资产状况，向职工了解情况、听取意见，必要时要求企业负责人做出说明；（4）向财政、工商、税务、审计、海关等有关部门和银行调查了解企业的财务状况和经营管理情况。

国务院有关部门和地方人民政府有关部门应当支持、配合监事会的工作，向监事会提供有关情况和资料。

监事会每次对企业进行检查结束后，应当及时做出检查报告。检查报告的内容主要包括：（1）企业财务以及经营管理情况评价；（2）企业负责人的经营管理业绩评价以及奖惩、任免建议；（3）企业存在问题的处理建议；（4）国务院要求报告或者监事会认为需要报告的其他事项。监事会不得向企业透露所列检查报告内容。

监事会在监督检查中发现企业存在可能危及国有资产安全、造成国有资产流失或者侵害国有资产所有者权益的经营行为，以及监事会认为应当立即报告的其他紧急情况，应当及时向监事会管理机构提出专项报告，也可以直接向国务院报告。

监事会管理机构应当加强同财政部等有关部门的联系，相互通报有关情况。

企业应当定期、如实向监事会报送财务报告，并及时报告重大经营管理活动情况，不得拒绝、隐匿、伪报。

监事会根据对企业实施监督检查的需要，必要时，经监事会管理机构同意，可以聘请会计师事务所对企业进行审计。

监事会根据对企业进行监督检查的情况，可以建议国务院责成国家审计机关依法对企业进行审计。

（三）监事会的组成人员

监事会由主席1人、监事若干人组成。监事会成员一般不少于3人。

监事分为专职监事和兼职监事。专职监事是指从有关部门和单位选任的监事；兼职监事是指由国务院有关部门、单位派出代表和企业职工代表担任的监事。监事会可以聘请必要的工作人员。

监事会主席人选按照规定程序确定，为专职，年龄一般在60周岁以下。

专职监事由监事会管理机构任命，年龄一般在55周岁以下。

监事会中的企业职工代表由企业职工代表大会民主选举产生，报监事会管理机构批准。企业负责人不得担任监事会中的企业职工代表。《国有企业监事会暂行条例》规定，监事会成员每届任期 3 年，其中，监事会主席和专职监事、派出监事不得在同一企业连任。

监事会主席和专职监事、派出监事可以担任 1～3 家企业监事会的相应职务。监事会主席应当具有较高的政策水平，坚持原则，廉洁自持，熟悉经济工作。

监事会主席应履行下列职责：（1）召集、主持监事会会议；（2）负责监事会的日常工作；（3）审定、签署监事会的报告和其他重要文件；（4）应当由监事会主席履行的其他职责。

监事应当具备下列条件：（1）熟悉并能够贯彻执行国家有关法律、行政法规和规章制度；（2）具有财务、会计、审计或者宏观经济等方面的专业知识，比较熟悉企业经营管理工作；（3）坚持原则，廉洁自持，忠于职守；（4）具有较强的综合分析、判断和文字撰写能力，并具备较强的独立工作能力。

监事会主席和专职监事、派出监事实行回避原则，不得在其曾经管辖的行业、曾经工作过的企业或者其近亲属担任高级管理职务的企业的监事会中任职。

（四）对监事会的约束

《国有企业监事会暂行条例》规定，监事会开展监督检查工作所需费用由国家财政拨付，由监事会管理机构统一列支。监事会成员不得接受企业的任何馈赠，不得参加由企业安排、组织或者支付费用的宴请、娱乐、旅游、出访等活动，不得在企业中为自己、亲友或者其他人谋取私利。监事会成员不得接受企业的任何报酬、福利待遇，不得在企业报销任何费用。

监事会成员必须对检查报告内容保密，并不得泄露企业的商业秘密。监事会成员在监督检查中成绩突出，为维护国家利益做出重要贡献的，给予奖励。

监事会成员有下列行为之一的，依法给予行政处分或者纪律处分，直至撤销监事职务；构成犯罪的，依法追究刑事责任：

1. 对企业的重大违法、违纪问题隐匿不报或者严重失职的；
2. 与企业串通编造虚假检查报告的；
3. 有违反《国有企业监事会暂行条例》第 21 条、第 22 条所列行为的。

企业有下列行为之一的，对直接负责的主管人员和其他直接责任人员，依法给予纪律处分，直至撤销职务；构成犯罪的，依法追究刑事责任：

1. 拒绝、阻碍监事会依法履行职责的；
2. 拒绝、无故拖延向监事会提供财务状况和经营管理情况等有关资料的；
3. 隐匿、篡改、伪报重要情况和有关资料的；
4. 有阻碍监事会监督检查的其他行为的。

企业发现监事会成员有违反《国有企业监事会暂行条例》第 21 条、第 22 条所列行为的，有权向监事会管理机构报告，也可以直接向国务院报告。

（五）改革方向

2018 年 3 月，中共中央印发了《深化党和国家机构改革方案》（以下简称《方案》），

以国家治理体系和治理能力现代化为导向，以推进国家机构职能优化和协同高效为着力点，改革机构设置，优化职能配置。

《方案》深化了国务院机构改革，并要求优化审计署职责，改革审计管理体制，保障审计署依法独立行使审计监督权。为整合审计监督力量，减少职责交叉分散，避免重复检查和监督盲区，增强监督效能，此次改革将发改委的重大项目稽查、财政部的中央预算执行情况和其他财政收支情况的监督检查、国务院国资委的国有企业领导干部经济责任审计和国有重点大型企业监事会的职责划入审计署，对派出审计监督力量进行整合优化，力图构建统一高效的审计监督体系。

二、国有企业负责人管理

《企业国有资产监督管理暂行条例》对我国国有企业负责人管理制度进行了详细规定。

(一) 企业负责人的任免

《企业国有资产监督管理暂行条例》规定，国有资产监督管理机构应当建立、健全适应现代企业制度要求的企业负责人的选用机制和激励约束机制。国有资产监督管理机构依照有关规定，任免或者建议任免所出资企业的企业负责人。

1. 任免国有独资企业的总经理、副总经理、总会计师及其他企业负责人；

2. 任免国有独资公司的董事长、副董事长、董事，并向其提出总经理、副总经理、总会计师等的任免建议；

3. 依照公司章程，提出向国有控股公司派出的董事、监事人选，推荐国有控股公司的董事长、副董事长人选，并向其提出总经理、副总经理、总会计师人选的建议；

4. 依照公司章程，提出向国有参股公司派出的董事、监事人选。

国务院，省、自治区、直辖市人民政府，以及设区的市、自治州级人民政府对所出资企业的企业负责人的任免另有规定的，按照有关规定执行。

(二) 建立企业负责人经营业绩考核制度

《企业国有资产监督管理暂行条例》规定，国有资产监督管理机构应当建立企业负责人经营业绩考核制度，与其任命的企业负责人签订业绩合同，根据业绩合同对企业负责人进行年度考核和任期考核。

国有资产监督管理机构应当依照有关规定，确定所出资企业中的国有独资企业、国有独资公司的企业负责人的薪酬；依据考核结果，决定其向所出资企业派出的企业负责人的奖惩。

(三) 法律责任

国有资产监督管理机构不按规定任免或者建议任免所出资企业的企业负责人，或者违法干预所出资企业的生产经营活动，侵犯其合法权益，造成企业国有资产损失或者其他严重后果的，对直接负责的主管人员和其他直接责任人员依法给予行政处分；构成犯罪的，依法追究刑事责任。

国有及国有控股企业的企业负责人滥用职权、玩忽职守，造成企业国有资产损失的，应负赔偿责任，并对其依法给予纪律处分；构成犯罪的，依法追究刑事责任。

对企业国有资产损失负有责任、受到撤职以上纪律处分的国有及国有控股企业的企业负责人，5 年内不得担任任何国有及国有控股企业的企业负责人；造成企业国有资产重大损失或者被判处刑罚的，终身不得担任任何国有及国有控股企业的企业负责人。

三、国有资产经营效益监督

针对中央企业负责人（简称企业负责人）经营业绩考核实践中反映出来的一些矛盾和共性问题，2019 年 3 月，国务院国资委发布了《中央企业负责人经营业绩考核办法》。《中央企业负责人经营业绩考核办法》主要对企业负责人经营效益考核制度进行了规定，是对国有资产经营效益进行监督的有力工具。

（一）年度经营业绩的考核与监督

对企业负责人年度经营业绩考核以公历年为考核期，年度结束后要提交年度经营业绩责任书。年度经营业绩责任书包括下列内容：（1）双方的单位名称、职务和姓名；（2）考核内容及指标；（3）考核与奖惩；（4）责任书的变更、解除和终止；（5）其他需要规定的事项。

年度经营业绩责任书按下列程序签订。

（1）考核期初，企业按照国资委经营业绩考核要求，将考核期内考核目标建议值和必要的说明材料报送国资委。

（2）国资委对考核目标建议值进行审核，并就考核目标值及有关内容同企业沟通后予以确定。

（3）由国资委主任或者其授权代表同企业主要负责人签订年度经营业绩责任书。

考核期中，国资委对年度经营业绩责任书执行情况实施动态监控，对考核目标完成进度不理想的企业提出预警。

年度经营业绩责任书完成情况按照下列程序进行考核。

（1）考核期末，企业依据经审计的财务决算数据，形成经营业绩的总结分析报告报送国资委，同时抄送本企业监事会。

（2）国资委依据经审计并经审核的企业财务决算报告和经审查的统计数据，结合总结分析报告并听取监事会意见，对企业负责人考核目标的完成情况进行考核，形成考核与奖惩意见。

（3）国资委将考核与奖惩意见反馈给企业负责人所在企业。企业负责人对考核与奖惩意见有异议的，可及时向国资委反映。国资委将最终确认的考核结果在一定范围内公开。

（二）任期经营业绩的考核与监督

任期经营业绩责任书以3年为考核期。任期经营业绩责任书主要包括下列内容。

（1）双方的单位名称、职务和姓名；

（2）考核内容及指标；

（3）考核与奖惩；

（4）责任书的变更、解除和终止；

（5）其他需要规定的事项。

签订任期经营业绩责任书须遵循下列程序。

（1）考核期初，企业负责人按照国资委经营业绩考核要求和企业发展规划及经营状况，对照同行业国际、国内先进水平，提出任期经营业绩考核目标建议值，并将该建议值和必要的说明材料报国资委。

（2）国资委根据“同一行业，同一尺度”原则，结合宏观经济形势、企业所处行业发展周期、企业实际经营状况等，对企业负责人的任期经营业绩考核目标建议值进行审核，并就该建议值及有关内容同企业沟通后加以确定。

（3）由国资委主任或者其授权代表同企业主要负责人签订任期经营业绩责任书。

考核期中，国资委对任期经营业绩责任书执行情况实施年度跟踪检查和动态监控，对考核目标完成进度不理想的企业提出预警。

任期经营业绩责任书完成情况考核按照下列程序进行。

（1）考核期末，企业依据经审计的财务决算数据，形成任期内经营业绩总结分析报告报送国资委，同时抄送本企业监事会。

（2）国资委依据经审计并经审核的企业财务决算报告和经审查的统计数据，结合任期内经营业绩总结分析报告并听取监事会意见，对企业负责人考核目标的完成情况进行考核，形成考核与奖惩意见。

（3）国资委将考核与奖惩意见反馈给企业负责人所在企业。企业负责人对考核与奖惩意见有异议的，可及时向国资委反映。国资委将最终确认的考核结果在一定范围内公开。国资委将最终确认的企业负责人任期经营业绩考核与奖惩意见反馈给各企业负责人及其所在企业。企业负责人对考核与奖惩意见有异议的，可及时向国资委反映。

（三）其他规定及监督

对于在考核期内企业发生清产核资、改制重组、主要负责人变动等情况的，国资委可以根据具体情况变更经营业绩责任书的相关内容。

中央企业专职党组织负责人、纪委书记（纪检组组长）的考核有其他规定的，从其规定。

国有资本参股公司的企业负责人及被兼并企业中由国资委管理的企业负责人的具体经营业绩考核事项在经营业绩责任书中确定。

对新组建的尚未进入正常经营、主要从事专项技术研发的企业和国有资本投资运营公司，经营业绩考核实行一企一策。

各省、自治区、直辖市和新疆生产建设兵团国有资产监督管理机构，设区的市、自治州级国有资产监督管理机构对国家出资企业负责人的经营业绩考核，可参照前文中程序并结合实际制定具体规定。

四、国有企业重大事项管理

（一）国有企业重大事项监督管理机构

《企业国有资产监督管理暂行条例》明确了国有资产监督管理机构。国有资产监督管理机构是进行国有企业重大事项管理的主体。

国务院国有资产监督管理机构是代表国务院履行出资人职责、负责监督管理企业国有资产的直属特设机构。省、自治区、直辖市人民政府国有资产监督管理机构，设区的市、自治州级人民政府国有资产监督管理机构是代表本级政府履行出资人职责、负责监督管理企业国有资产的直属特设机构。上级政府国有资产监督管理机构依法对下级政府国有资产监督管理工作进行指导和监督。

国有资产监督管理机构的职责主要有以下几个方面。

1. 依照《公司法》等法律、法规，对所出资企业履行出资人职责，维护所有者权益；

2. 指导推进国有及国有控股企业的改革和重组；

3. 依照法定程序对所出资企业的企业负责人进行任免、考核，并根据考核结果对其进行奖惩；

4. 通过统计、稽核等方式对企业国有资产的保值、增值情况进行监管；

5. 履行出资人的其他职责和承办本级政府交办的其他事项。

国务院国有资产监督管理机构除以上规定职责外，还可以制定企业国有资产监督管理的规章、制度。

国有资产监督管理机构的义务主要有以下几个方面。

1. 推进国有资产合理流动和优化配置，推动国有经济布局和结构的合理调整；

2. 保持和提高关系国民经济命脉和国家安全领域国有经济的控制力和竞争力，提高国有经济的整体素质；

3. 探索有效的企业国有资产经营体制和模式，加强企业国有资产监督管理工作，促进企业国有资产保值、增值，防止企业国有资产流失；

4. 积极指导和促进国有及国有控股企业建立现代企业制度，完善公司法人治理结构，推进管理现代化；

5. 尊重、维护国有及国有控股企业经营自主权，依法维护企业合法权益，促进企业依法经营管理，增强企业竞争力；

6. 指导和协调解决国有及国有控股企业改革与发展中的困难和问题。

另外，国有资产监督管理机构应当向本级政府报告企业国有资产监督管理工作、国有资产保值和增值状况及其他重大事项。

（二）国务院国资委

国务院国资委是国务院直属的正部级特设机构，其监管范围为中央所属企业（不含

金融类企业）的国有资产。地方所属企业的国有资产，由改革后设立的省、市（地）两级地方政府国有资产监督管理机构负责监管。对于其他国有资产，则依照相关的法律、法规进行管理。

国务院国资委的主要职责是：（1）根据国务院授权，依照《公司法》等法律和行政法规履行出资人职责，指导推进国有企业改革和重组；（2）对所监管企业国有资产的保值、增值情况进行监督，加强国有资产的管理工作；（3）推进国有企业的现代企业制度建设，完善公司治理结构；（4）推动国有经济结构和布局的战略性调整。

具体来讲，国务院国资委还有下列职责：（1）通过法定程序对企业负责人进行任免、考核，并根据其经营业绩进行奖惩；（2）建立符合社会主义市场经济体制和现代企业制度要求的选人、用人机制，完善经营者激励和约束制度；（3）通过统计、稽核对所监管国有资产的保值和增值情况进行监管；（4）建立和完善国有资产保值、增值指标体系，拟定考核标准；（5）维护国有资产出资人的权益；（6）起草国有资产管理的法律、行政法规，制定有关规定制度；（7）依法对地方国有资产管理进行指导和监督；（8）承办国务院交办的其他事项。

其中，承办国务院交办的其他事项主要包括：

（1）国务院国资委与企业的关系。按照政企分开以及所有权和经营权相分离的原则，国务院国资委依法对企业的国有资产进行监管，依法履行出资人职责。国务院国资委不得直接干预企业的生产经营活动，要使企业真正成为自主经营、自负盈亏的市场主体和法人实体，实现国有资产保值、增值。企业应自觉接受国务院国资委的监管，不得损害所有者权益，同时努力提高经济效益。

（2）国务院国资委与财政部的关系。国务院国资委的国有资产管理工作在财务会计方面执行国家统一的财务会计制度，接受财政部监督；国务院国资委管理的国有资产统计结果报财政部备案；国有资产管理法律、法规草案的起草和拟定征求财政部的意见。国家支持国有企业改革与发展的财政措施，包括中央困难企业下岗职工基本生活保障费用、分流人员费用、破产企业安置职工等费用，由财政部按原渠道解决，继续由财政部管理和监督。国务院国资委对所监管的国有资产进行预算管理，条件成熟时按国家有关预算编制规定，负责所监管企业国有资产经营预算的编制工作，作为国家总预算的组成部分由财政部统一汇总和报告，预算收入的征管和使用接受财政部监督。

（3）国家经济贸易委员会（现为商务部）离退休干部管理和联系协会的工作，交由国务院国资委承担。

（三）国有企业重大事项管理的内容

《企业国有资产监督管理暂行条例》对企业重大事项管理的内容进行了规定。

1. 国有资产监督管理机构负责指导国有及国有控股企业建立现代企业制度，审核批准其所出资企业中的国有独资企业及国有独资公司的重组、股份制改造方案和所出资企业中的国有独资公司的章程。

2. 国有资产监督管理机构依照法定程序决定其所出资企业中的国有独资企业及国有独资公司的分立、合并、破产、解散、增减资本、发行公司债券等重大事项。其中，重要的国有独资企业及国有独资公司分立、合并、破产、解散的，应当由国有资产监督管理机构审核后，报本级人民政府批准。

国有资产监督管理机构依照法定程序审核、决定在国防科技工业领域其所出资企业中的国有独资企业、国有独资公司的重大事项时，按照国家有关法律、规定执行。

所出资企业中的国有独资企业、国有独资公司经国务院批准，可以作为国务院规定的投资公司、控股公司，享有《公司法》第 15 条、第 16 条规定的权利。

《公司法》规定：公司可以向其他企业投资；但是，除法律另有规定外，不得成为对所投资企业的债务承担连带责任的出资人。《公司法》还规定：公司章程对投资或者担保的总额及单项投资或者担保的数额有限额规定的，不得超过规定的限额。

国有资产监督管理机构依照国家有关规定组织协调所出资企业中的国有独资企业、国有独资公司的兼并破产工作，并配合有关部门做好企业下岗职工安置等工作。

3. 国有资产监督管理机构依照《公司法》的规定，派出股东代表、董事，参加国有控股公司和国有参股公司的股东会、董事会。

国有控股公司和国有参股公司的股东会、董事会决定公司的分立、合并、破产、解散、增减资本、发行公司债券、任免企业负责人等重大事项时，国有资产监督管理机构派出的股东代表、董事应当按照国有资产监督管理机构的指示发表意见，行使表决权。

国有资产监督管理机构派出的股东代表、董事应当将其履行职责的有关情况及时向国有资产监督管理机构报告。

4. 国有资产监督管理机构决定其所出资企业的国有股权转让。其中，转让全部国有股权或者转让部分国有股权致使国家不再拥有控股地位的，报本级人民政府批准。

5. 所出资企业投资设立的重要子企业的重大事项，须由所出资企业报国有资产监督管理机构批准的，具体管理办法由国务院国有资产监督管理机构另行制定，并报国务院批准。

国有资产监督管理机构依照国家有关规定拟定所出资企业收入分配制度改革的指导意见，调控所出资企业工资分配的总体水平。

6. 国有资产监督管理机构可以对所出资企业中具备条件的国有独资企业、国有独资公司进行国有资产授权经营。

被授权的国有独资企业和国有独资公司对其全资、控股、参股企业中由国家投资形成的国有资产依法进行经营管理和监督。

被授权的国有独资企业、国有独资公司应当建立和完善规范的现代企业制度，并承担企业国有资产的保值、增值责任。

五、国有资产交易监督

为规范企业国有资产交易行为，加强企业国有资产交易监督管理，防止国有资产流失，2016 年 6 月，国务院颁布实施了《企业国有资产交易监督管理办法》。

（一）国有资产交易行为

依据《企业国有资产交易监督管理办法》，企业国有资产交易行为包括以下几个方面。

（1）履行出资人职责的机构、国有及国有控股企业、国有实际控制企业转让其对企业各种形式出资而形成权益的行为（又称企业产权转让）。

（2）国有及国有控股企业、国有实际控制企业增加资本的行为（又称企业增资），政府以增加资本金方式对国家出资企业的投入除外。

（3）国有及国有控股企业、国有实际控制企业的重大资产转让行为（又称企业资产转让）。

（二）企业产权转让

国有资产监督管理机构负责审核国家出资企业的产权转让事项。其中，因产权转让致使国家不再拥有所出资企业控股权的，须由国有资产监督管理机构报本级人民政府批准。

国家出资企业应当制定其子企业产权转让管理制度，确定审批管理权限。其中，对主业处于关系国家安全、国民经济命脉的重要行业和关键领域，主要承担重大专项任务的子企业的产权转让，须由国家出资企业报同级国有资产监督管理机构批准。

转让方为多家国有股东共同持股的企业，由其中持股比例最大的国有股东负责履行相关批准程序；各国有股东持股比例相同的，由相关股东协商后确定其中一家股东负责履行相关批准程序。

产权转让应当由转让方按照企业章程和企业内部管理制度进行决策，形成书面决议。国有控股企业和国有实际控制企业中国有股东委派的股东代表，应当按照规定和委派单位的指示发表意见、行使表决权，并将履职情况和结果及时报告委派单位。

转让方应当按照企业发展战略做好产权转让的可行性研究和方案论证。产权转让涉及职工安置事项的，安置方案应当经职工代表大会或职工大会审议通过；涉及债权、债务处置事项的，应当符合国家相关法律、法规的规定。

产权转让事项经批准后，由转让方委托会计师事务所对转让标的企业进行审计。涉及参股权转让不宜单独进行专项审计的，转让方应当取得转让标的企业最近一期的年度审计报告。

对按照有关法律、法规要求必须进行资产评估的产权转让事项，转让方应当委托具有相应资质的评估机构对转让标的进行资产评估，产权转让价格应以经核准或备案的评估结果为基础来确定。

产权转让原则上通过产权市场公开进行。转让方可以根据企业实际情况和工作进度安排，采取信息预披露和正式披露相结合的方式，通过产权交易机构网站分阶段对外披露产权转让信息，公开征集受让方。其中正式披露信息时间不得少于 20 个工作日。

因产权转让导致转让标的企业的实际控制权发生转移的，转让方应当在转让行为获批后 10 个工作日内，通过产权交易机构进行信息预披露，时间不得少于 20 个工作日。

产权转让原则上不得针对受让方设置资格条件，确需设置的，不得有明确指向性或违反公平竞争原则，所设资格条件相关内容应当在信息披露前报同级国有资产监督管理机构备案，国有资产监督管理机构在 5 个工作日内未反馈意见的视为同意。

产权转让项目首次披露正式信息的转让底价，不得低于经核准或备案的转让标的评估结果。信息披露期满但未征集到意向受让方的，可以延期或在降低转让底价、变更受让条件后重新进行信息披露。转让项目自首次正式披露信息之日起超过 12 个月未征集到合格受让方的，应当重新履行审计、资产评估以及信息披露等产权转让工作程序。

受让方为境外投资者的，应当符合外商投资产业指导目录和负面清单管理要求，以及外商投资安全审查有关规定。

交易价款原则上应当自合同生效之日起 5 个工作日内一次付清。金额较大、一次付清确有困难的，可以采取分期付款方式。采用分期付款方式的，首期付款不得低于总价款的 30%，并在合同生效之日起 5 个工作日内支付；其余款项应当提供转让方认可的合法有效担保，并按同期银行贷款利率支付延期付款期间的利息，付款期限不得超过 1 年。

以下情形的产权转让可以采取非公开协议转让方式：(1) 涉及主业处于关系国家安全、国民经济命脉的重要行业和关键领域的企业的重组整合，对受让方有特殊要求，企业产权需要在国有及国有控股企业之间转让的，经国有资产监督管理机构批准，可以采取非公开协议转让方式。(2) 同一国家出资企业及其各级国有控股企业或国有实际控制企业之间因实施内部重组整合进行产权转让的，经该国家出资企业审议决策，可以采取非公开协议转让方式。采取非公开协议转让方式转让企业产权时，转让价格不得低于经核准或备案的评估结果。

以下情形按照《公司法》、企业章程履行决策程序后，转让价格可以资产评估报告或最近一期审计报告确认的净资产值为基础确定，且不得低于经评估或审计的净资产值：(1) 同一国家出资企业内部实施重组整合，转让方和受让方为该国家出资企业及其直接或间接全资拥有的子企业；(2) 同一国有控股企业或国有实际控制企业内部实施重组整合，转让方和受让方为该国有控股企业或国有实际控制企业及其直接或间接全资拥有的子企业。

（三）企业增资

国有资产监督管理机构负责审核国家出资企业的增资行为。其中，因增资致使国家不再拥有所出资企业控股权的，须由国有资产监督管理机构报本级人民政府批准。

国家出资企业决定其子企业的增资行为。其中，对于主业处于关系国家安全、国民经济命脉的重要行业和关键领域，主要承担重大专项任务的子企业的增资行为，须由国家出资企业报同级国有资产监督管理机构批准。增资企业为多家国有股东共同持股的企业，由其中持股比例最大的国有股东负责履行相关批准程序。各国有股东持股比例相同的，由相关股东协商后确定其中一家股东负责履行相关批准程序。

企业增资应当符合国家出资企业的发展战略，做好可行性研究，制订增资方案，明确募集资金金额、用途、投资方应具备的条件、选择标准和遴选方式等。增资后企业的股东数量须符合国家相关法律、法规的规定。

企业增资应当由增资企业按照企业章程和内部管理制度进行决策，形成书面决议。

国有控股企业、国有实际控制企业中国有股东委派的股东代表，应当按照《企业国有资产交易监督管理办法》的规定，并且在委派单位的企业增资完成决策批准程序后，由增资企业委托具有相应资质的中介机构开展审计和资产评估。

以下情形按照《公司法》、企业章程履行决策程序后，可以依据评估报告或最近一期审计报告确定企业资本及股权比例：(1) 增资企业原股东同比例增资的；(2) 履行出资人职责的机构对国家出资企业增资的；(3) 国有控股企业或国有实际控制企业对其独资子企业增资的；(4) 增资企业和投资方均为国有独资企业或国有全资企业的。

企业增资所涉及上市公司实际控制人发生变更的，应当同时遵守上市公司国有股权管理以及证券监管相关规定。

产权交易机构在接受增资企业的委托后应提供项目推介服务，负责意向投资方的登记工作，协助企业开展投资方资格审查。

通过资格审查的意向投资方数量较多时，可以采用竞价、竞争性谈判、综合评议等方式进行多轮次遴选。产权交易机构负责统一接收意向投资方的投标和报价文件，协助企业开展投资方遴选有关工作。企业董事会或股东会以资产评估结果为基础，结合意向投资方的条件和报价等因素审议选定投资方。

投资方以非货币资产出资的，应当经增资企业董事会或股东会审议同意，并委托具有相应资质的评估机构进行评估，确认投资方的出资金额。

增资协议签订并生效后，产权交易机构应当出具交易凭证，通过交易机构网站对外发布公告，公告内容包括投资方名称、投资金额、持股比例等，公告期不少于5个工作日。

以下情形经同级国有资产监督管理机构批准，可以采取非公开协议方式进行增资：(1) 因国有资本布局结构调整需要，由特定的国有及国有控股企业或国有实际控制企业参与增资；(2) 因国家出资企业与特定投资方建立战略合作伙伴关系或出于利益共同体的需要，由该投资方参与国家出资企业或其子企业增资。

以下情形经国家出资企业审议决策，可以采取非公开协议方式进行增资：(1) 国家出资企业直接或指定其控股、实际控制的其他子企业参与增资；(2) 企业债权转为股权；(3) 企业原股东增资。

(四) 企业资产转让

企业一定金额以上的生产设备、房产、在建工程，以及土地使用权、债权、知识产权等资产对外转让，应当按照企业内部管理制度履行相应决策程序后，在产权交易机构公开进行。涉及国家出资企业内部或特定行业的资产转让，确需在国有及国有控股企业、国有实际控制企业之间非公开转让的，由转让方逐级报国家出资企业审核批准。

国家出资企业负责制定本企业不同类型资产转让行为的内部管理制度，明确责任部门、管理权限、决策程序、工作流程，对其中应当在产权交易机构公开转让的资产种类、金额标准等做出具体规定，并报同级国有资产监督管理机构备案。

转让方应当根据转让标的情况合理确定转让底价和转让信息公告期：(1) 转让底价高于100万元、低于1 000万元的资产转让项目，信息公告期应不少于10个工作日；(2) 转让底价高于1 000万元的资产转让项目，信息公告期应不少于20个工作日。企业资产转让的具体工作流程参照《企业国有资产交易监督管理办法》关于企业产权转让的规定执行。

除国家法律、法规或相关规定另有要求外，资产转让不得对受让方设置资格。

资产转让价款原则上应一次付清。

（五）监督管理

国有资产监督管理机构及其他履行出资人职责的机构对企业国有资产交易履行以下监管职责：（1）根据国家有关法律、法规，制定企业国有资产交易监管制度和办法；（2）按照《企业国有资产交易监督管理办法》的规定，审核批准企业产权转让、增资等事项；（3）选择从事企业国有资产交易业务的产权交易机构，并建立对产权交易机构的检查评审机制；（4）对企业国有资产交易制度的贯彻落实情况进行监督检查；（5）负责企业国有资产交易信息的收集、汇总、分析和上报工作；（6）履行本级人民政府赋予的其他监管职责。

省级以上国有资产监督管理机构应当在全国范围内选择开展企业国有资产交易业务的产权交易机构，并对外公布名单。选择的产权交易机构应当满足以下条件：（1）严格遵守国家法律、法规，未从事政府明令禁止开展的业务，未发生重大违法、违规行为；（2）交易管理制度、业务规则、收费标准等向社会公开，交易规则符合国有资产交易制度规定；（3）拥有组织交易活动的场所、设施、信息发布渠道和专业人员，具备实施网络竞价的条件；（4）具有较强的市场影响力，服务能力和水平能够满足企业国有资产交易的需要；（5）信息化建设和管理水平满足国有资产监督管理机构对交易业务动态监测的要求；（6）相关交易业务接受国有资产监督管理机构的监督检查。

国有资产监督管理机构应当对产权交易机构开展企业国有资产交易业务的情况进行动态监督。产权交易机构出现以下情形的，视情节轻重对其进行提醒、警告、通报、暂停，直至停止委托从事相关业务：（1）服务能力和服务水平较差，市场功能未得到充分发挥；（2）在日常监管和定期检查评审中发现问题较多，且整改不及时或整改效果不明显；（3）因违规操作、重大过失等导致企业国有资产在交易过程中出现损失；（4）违反相关规定，被政府有关部门予以行政处罚而影响业务开展；（5）拒绝接受国有资产监督管理机构对其相关业务开展监督检查；（6）不能满足国有资产监督管理机构监管要求的其他情形。

国有资产监督管理机构发现转让方或增资企业未执行或违反相关规定、侵害国有权益的，应当责成其停止交易活动。

国有资产监督管理机构及其他履行出资人职责的机构应定期对国有及国有控股企业及国有实际控制企业的国有资产交易情况进行检查和抽查，重点检查国家法律、法规政策和企业内部管理制度的贯彻执行情况。

（六）法律责任

在企业国有资产交易过程中，当交易双方发生争议时，当事方可以向产权交易机构申请调解；调解无效时可以按照约定向仲裁机构申请仲裁或向人民法院提起诉讼。

企业国有资产交易应当严格执行“三重一大”决策机制。国有资产监督管理机构、国有及国有控股企业、国有实际控制企业的有关人员违反规定，越权决策、批准相关交易事项，或者玩忽职守、以权谋私致使国有权益受到侵害的，由有关单位按照人事和干部管理权限给予相关责任人员相应处分；造成国有资产损失的，相关责任人员应当承担赔偿责任；构成犯罪的，依法追究其刑事责任。

社会中介机构在为企业国有资产交易提供审计、资产评估和法律服务中存在违规执业行为的，有关国有企业应及时报告同级国有资产监督管理机构，国有资产监督管理机构可要求国有及国有控股企业、国有实际控制企业不得再委托其开展相关业务；情节严重的，由国有资产监督管理机构将有关情况通报其行业主管部门，建议给予其相应处罚。

产权交易机构在企业国有资产交易中弄虚作假或者玩忽职守、给企业造成损失的，应当承担赔偿责任，并依法追究直接责任人员的责任。

六、国有资产管理基础工作监督

（一）国有资产管理基础工作的内容

国有资产管理基础工作的内容主要有：

1. 国有资产监督管理机构依照国家有关规定，负责企业国有资产的产权界定、产权登记、资产评估监管、清产核资、资产统计、综合评价等基础管理工作。

2. 国有资产监督管理机构协调其所出资企业之间的企业国有资产产权纠纷。

3. 国有资产监督管理机构应当建立企业国有资产产权交易监督管理制度，加强企业国有资产产权交易的监督管理，促进企业国有资产的合理流动，防止企业国有资产流失。

4. 国有资产监督管理机构对其所出资企业的国有资产收益依法履行出资人职责；对其所出资企业的重大投融资规划、发展战略和规划，依照国家发展规划和产业政策履行出资人职责。

此外，所出资企业中的国有独资企业、国有独资公司的重大资产处置，须由国有资产监督管理机构批准的，依照有关规定执行。

（二）企业国有资产监督

国有资产监督管理机构依法对所出资企业财务进行监督，建立和完善国有资产保值、增值指标体系，维护国有资产出资人的权益。

国有及国有控股企业应当加强内部监督和风险控制，依照国家有关规定建立和健全财务、审计、企业法律顾问及职工民主监督等制度。

所出资企业中的国有独资企业、国有独资公司应当按照规定定期向国有资产监督管理机构报告财务状况、生产经营状况和国有资产保值、增值状况。

（三）法律责任

所出资企业中的国有独资企业、国有独资公司未按照规定向国有资产监督管理机构报告财务状况、生产经营状况，以及国有资产保值、增值状况的，予以警告；情节严重的，对直接负责的主管人员和其他直接责任人员依法给予纪律处分。

第三节　立法监督

一、立法机构监督的特点

立法监督是制约国家立法权力的基本途径，也是加强国家法制统一，实现宪政目标的必然要求。自中华人民共和国成立以来，伴随着我国政治、法律制度的发展和巩固，立法监督体系的总体格局和基本制度也已经形成，并且在社会主义民主法制建设中发挥出越来越大的作用。

2000 年 3 月，《中华人民共和国立法法》（简称《立法法》）的颁布标志着我国的立法监督制度进入了一个制度化、规范化的发展时期。《立法法》不仅对我国的立法监督制度进行了总结，并且在此基础上以专章的形式进一步完善了我国的立法监督制度，规定了对各类规范性法律文件进行监督的具体运作程序，从而较好地改变了我国长期以来立法监督过程中缺乏具体立法规章制度的状况。2015 年 3 月，第十二届全国人民代表大会第三次会议通过了《关于修改〈中华人民共和国立法法〉的决定》，国务院据此修订了《立法法》。

与此同时，一些规范性文件的出台，也具体规定了立法监督的运行程序。如《法规规章备案条例》详细规定了地方性法规、地方规章、部门规章的备案程序。《行政法规、地方性法规、自治条例和单行条例、经济特区法规备案审查工作程序》使法规备案工作有了规范化程序。《立法法》颁布实施后，地方各级人民代表大会及其常委会对立法监督工作逐步重视，一些省、市专门制定了对规章进行备案审查的地方性法规，其他省、市也都在其制定的地方立法条例中对立法监督工作做了专门规定，使地方立法监督工作有法可依，避免了执法的随意性。这些规范性文件的制定和实施，为立法监督的实际运作发挥了重要作用，对于我国立法监督制度的发展具有积极的现实意义。

（一）以人民代表大会为中心，其他监督主体相配合

我国宪法和有关法律规定：有权实施立法监督活动的主体主要为国家权力机关和国家行政机关，但国家行政机关只审查、改变或撤销自己所属的机构和下级行政机关的规范性文件。作为国家最高权力机关的全国人民代表大会及其常委会，不仅可以审查、撤销自身的规范性文件，还可以审查、撤销国家行政机关的规范性文件；地方人民代表大会及其常委会作为地方国家权力机关，不仅可以审查、撤销下一级人民代表大会及其常委会的决议，也可以审查、撤销同级人民政府的规章、决定和命令。由此可见，国家权力机关在我国的立法监督体制中处于主导和支配地位。

（二）监督内容的普遍性和形式的多样性

我国宪法规定，全国人民代表大会及其常委会监督宪法的实施。地方各级人民代表大会及其常委会在本行政区域内保证宪法、法律和上级人民代表大会决议的遵守和执行。可以说，人民代表大会对一切法律、法规和规章的制定都有监督权，对一切国家机关的规范性文件都可实行监督，它的监督内容最为广泛。监督对象的广泛性和监督内容的丰富性决定了人民代表大会立法监督方式的多样性。它既有普通的监督手段，如备案，也有特殊的专门性的处理方式，如改变或撤销；既有事前的监督程序，如批准，也有事后的监督形式，如审查。这些多样的监督方式的有机结合，保证了权力机关立法监督目的的实现，构成了人民代表大会监督权力的内容。

（三）自上而下的单向性

全国以及地方各级人民代表大会对其他国家机关的监督权具有至上的权威性。在我国的立法权限体制中，只有处于高层次立法地位的国家机关，才有权对处于低层次立法机关的立法活动进行监督，而不能相反。在相同层次的国家机关之间，只有权力机关才有权对行政机关等其他有权立法主体的立法活动进行监督，同样不能相反。因此，这种监督在关系上表现出“自上而下”而不是“自下而上”，以及“单向”而不是“双向”的特点。

国有资产管理的立法监督主要是指国家立法机构（主要是人民代表大会）通过制定和颁布与国有资产相关的法律、法规来对国有资产进行监督。

二、立法监督方式

从不同的角度看，我国的立法监督有不同的方式。

（一）按法律级次划分

1. 宪法。宪法是国家的根本大法，由全国人民代表大会制定和修改，具有最高法律效力。国有资产管理相关法律以宪法为渊源，除与其他法律、法规、规章、命令、指示等一样，不得与宪法相违背外，主要是从中吸取有关国有资产管理的精神，例如，中华人民共和国的社会主义经济制度的基础是生产资料的社会主义公有制，即全民所有制和劳动群众集体所有制。而国有资产是确保生产资料公有制的重要物质基础。国有经济是全民所有制经济。

2. 法律。法律是由全国人民代表大会及其常委会制定的规范性文件，在地位和效力上仅次于宪法，权威性较高。在我国，人民代表大会的地位决定了其在国有资产监督中处于最高层次，人民代表大会监督主要是通过立法形式进行监督。以法律形式体现的经济法构成国家经济法体系的主体和核心，如《预算法》、《中华人民共和国税收征收管理法》（简称《税收征收管理法》）、《证券法》及《中华人民共和国全民所有制工业企业法》（简称《全民所有制工业企业法》）等，但在我国，迄今为止还没有专门的国有资产管理法律。

3. 行政法规。行政法规是指作为国家最高行政机关的国务院制定的规范性文件，其地位和效力仅次于宪法和法律。我国经济法主要以该形式存在，这是由经济的社会化及政府对经济的全方位管理和参与的客观条件决定的，如《国有企业监事会暂行条例》及《企业国有资产监督管理暂行条例》等。

4. 地方性法规。地方性法规是地方国家机关制定的规范性文件，其不得与宪法、法律和行政法规相抵触。全国人民代表大会及其常委会还专门制定了一些授权法，授权有关地方国家机关可以就经济体制改革和对外开放方面的问题制定法规和规章。有关国有资产管理的法规较多，在此不一一列举。

5. 部门规章。部门规章是指国务院的组成部门及其直属机构在其职权范围内制定的规范性文件。如国务院国资委颁发的《中央企业负责人经营业绩考核办法》、财政部发布的《国有资本金效绩评价规则》和《国有资本金效绩评价操作细则》等。

6. 司法解释。司法解释是指最高人民法院在总结审判经验的基础上发布的指导性文件和法律解释，这也是我国经济法的重要形式。

在实践中，立法监督应与行政司法监督结合起来。行政司法监督主要是指国家行政管理部门站在国民经济管理者的角度对国有资本所有者代表在国有资本政策执行、行政诉讼、国有资本产权纠纷和国有资本流失等方面进行的日常行政监督和司法监督，如工商行政监督、税务监督等。

（二）按监督过程划分

1. 事前监督。事前监督是指在执行某项计划或方案之前进行的监督。在国有资产管理中，事前监督主要是指各级国家立法机关通过制定法律、法规的形式对国有资产管理进行指导和规范。事前监督的作用主要是引导国有资产管理向良性方向发展。

2. 事中监督。事中监督是指在国有资产管理的过程中对其进行的监督，主要目的是为了纠正国有资产管理中发生的偏差。

3. 事后监督。事后监督是指在一项国有资产方案执行完毕之际，对执行过程中发生、发现的问题进行调查分析，总结经验，并对违法、违规行为做出应有的处罚。

（三）按具体方式划分

国有资产立法监督的具体方式主要有备案以及改变或撤销。一般来说，地方政府或各部门在不违背法律的前提下可制定一些地方性法规、地方规章、部门规章等，但一定要报中央备案。上级人民代表大会及其常委会可以对下级人民代表大会及其常委会或行政机关制定的不适宜的规范性文件进行改变或撤销。

三、《中华人民共和国企业国有资产法》的出台及实施

作为国有资产的终极所有者，全国人民理应对国有资产的运营和管理进行监督。在我国现有的国体和政体下，这种监督的主体应是全国人民代表大会，因为它是民意的代

表机构和国家最高权力机关。但全国人民代表大会在国有资产管理上的监督作用并没有真正发挥出来，具体表现在：（1）在国有资产营运监督上，缺乏相应手段，也无多少实际监督效果；（2）在国有资产管理的重大问题上，基本没有参与进去，这方面的参政、议政几乎处于空白状态。

一国经济运行的法制化程度在某种意义上是市场经济发展进程的标志。国有资产监督逐步走向法制化，既是市场经济的内在要求，也是国有资产在市场经济体制下监督方式的必然选择。一般来说，国有资产立法监督体系至少应包括以下几个方面的内容：（1）国有资产监督要涵盖国有资产形成、运营、处理、退出等阶段，构成比较完善的法律监督体系，实现有法可依；（2）构筑比较完善的法律监督机制，各个监督环节和监督主体之间既分工明确，又密切配合，能够及时发现和处理违反国有资产法律的事件；（3）崇尚法制监督，树立有法必依、执法必严的理念，以法律为监督的最高准则，严格依法办事。

经第十一届全国人大常委会第五次会议审议通过，《中华人民共和国企业国有资产法》（简称《企业国有资产法》）自2009年5月1日起施行。《企业国有资产法》是我国市场经济法律体系中的一部重要法律，对于完善国有资产管理体制，加快推进国有企业改革与发展具有重要意义。

（一）深刻认识和贯彻实施《企业国有资产法》的意义

1. 坚持我国基本经济制度，促进国有经济繁荣发展。改革开放40多年来，我国基本经济制度不断完善，国有经济不断发展壮大，为国家富强和提高人民生活水平发挥了巨大作用，积累了数量巨大的企业国有资产。《企业国有资产法》作为国有资产监管领域的基本法律，对企业国有资产的权益归属、国有资产管理体制、国家出资企业及其管理者的选择与考核、关系国有资产出资人权益的重大事项、国有资本经营预算及国有资产的监督等基本问题做出了规定。它的颁布和实施，必将对巩固我国基本经济制度，促进国有经济繁荣产生积极影响。

2. 坚持改革方向，推进国有资产管理体制改革。《企业国有资产法》比较完整地反映了国有资产管理体制改革取得的成果，把企业国有资产管理体制的成功做法上升为国家法律。目前，以《企业国有资产法》为龙头，以《企业国有资产监督管理暂行条例》为基础，以国资委制定公布的行政规章和规范性文件为主要内容，包括各省、市国有资产监督管理机构起草制定的地方规章和规范性文件的国有资产监管法律体系基本形成，完善国有资产立法取得了重大进展。认真贯彻实施《企业国有资产法》，必将进一步推进企业国有资产监管体制改革，为完善各类国有资产管理制度创造良好的条件。

3. 深化国企改革发展，维护国有资产出资人权益，防止国有资产流失。按照党的十六大确定的国有资产管理体制改革目标，自各级国有资产监督管理机构成立以来，我国企业国有资产出资人逐步到位，企业国有资产监督管理制度逐步健全，各级国有资产监督管理机构依法履行出资人职责，强化企业国有资产监督管理，积极推进国有企业公司制、股份制改革，使国有企业改革和国有经济进入了全新阶段，取得了举世瞩目的成就。各级国有资产监督管理机构积极采取措施以维护国有资产安全，有效遏制了改革过程中企业国有资产的流失。《企业国有资产法》吸收了国有企业改革与发展的成功经验和基本做法，对于国家出资企业管理人选任与考核、关系国有资产出资人权益的重大事项等做出了进一步规定，贯彻实施该法将进一步加快推进国有企业的改革与发展。

（二）全面理解《企业国有资产法》的主要内容

1.《企业国有资产法》明确了调整对象。《企业国有资产法》明确规定其调整对象为企业国有资产，即国家对企业各种形式的出资所形成的权益。从企业所涉及的领域看，不仅包括工商企业，而且包括金融企业。从企业组织形态上看，包括国有独资企业、国有独资公司、国有资本控股公司和国有资本参股公司等各类国家出资企业。

2.《企业国有资产法》确立了企业国有资产监督管理体制。《企业国有资产法》对企业国有资产管理体制做出了相应规定：一是国务院和地方人民政府依照法律、行政法规的规定，分别代表国家对国家出资企业履行出资人职责，享有出资人权益。二是明确规定了政府履行出资人职责时应当遵循的原则：国务院和地方人民政府应当按照政企分开、社会公共管理职能与国有资产出资人职能分开、不干预企业依法自主经营的原则，依法履行出资人职责。三是明确了代表政府履行出资人职责的机构。国务院国有资产监督管理机构和地方人民政府按照国务院的规定设立的国有资产监督管理机构作为履行出资人职责的机构，根据本级人民政府的授权，代表本级人民政府对国家出资企业履行出资人职责。

3.《企业国有资产法》明确规定了履行出资人职责的机构及其职权和责任。《企业国有资产法》在总结国有资产监管体制改革实践成果的基础上，明确规定了履行出资人职责的机构，并对其依法享有的职权和应承担的责任做了原则性的规定。根据《企业国有资产法》的规定，国务院国有资产监督管理机构和地方人民政府按照国务院的规定设立的国有资产监督管理机构，是根据本级人民政府的授权，代表本级人民政府对国家出资企业履行出资人职责的机构。国有资产监督管理机构对国家出资企业依法享有资产收益、参与重大决策和选择管理者等出资人权利，有权依照法律、行政法规的规定，制定或者参与制定国家出资企业的章程，委派股东代表参加国有资本控股公司、国有资本参股公司召开的股东（大）会等。同时，国有资产监督管理机构应当对本级人民政府负责，保障出资人权益，对国有资产保值、增值负责，防止国有资产流失，维护企业作为市场主体依法享有的权利，除依法履行出资人职责外，不得干预企业经营活动。

4.《企业国有资产法》规定了国家出资企业的财产权及其对出资人的相关责任。《企业国有资产法》规定的国家出资企业，包括国有独资企业、国有独资公司、国有资本控股公司和国有资本参股公司。《企业国有资产法》规定，国家出资企业对其动产、不动产和其他财产依照法律、行政法规以及企业章程享有占有、使用、收益和处分的权利。国家出资企业依法享有的经营自主权和其他合法权益受法律保护。国家出资企业对其所出资企业依法享有资产收益、参与重大决策和选择管理者等出资人权利。同时，国家出资企业应当依法经营管理，接受政府及政府有关部门、机构依法实施的监督管理，接受社会公众的监督，承担社会责任，对出资人负责。国家出资企业应当建立和完善法人治理结构，建立、健全内部监督管理和风险控制制度，依照法律、行政法规和国务院财政部门的规定，建立和健全财务、会计制度，设置会计账簿，进行会计核算，依照法律、行政法规以及企业章程的规定向出资人提供真实且完整的财务、会计信息。国家出资企业应当依照法律、行政法规以及企业章程的规定，向出资人分配利润。国家出资企业依照法律规定，通过职工代表大会或者其他形式实行民主管理。

5.《企业国有资产法》确定了国家出资企业管理者的选择与考核的相关规则。选择并考核国家出资企业的管理者，是履行出资人职责的机构的重要职权。在《公司法》等法律规定的基础上，《企业国有资产法》明确了履行出资人职责的机构依法任免或者建议任免的企业管理者的范围，从品行、任职能力、身体状况等方面对国家出资企业管理者的任职条件和程序、履行职责的要求做出原则规定。同时，为保障和督促国家出资企业管理者履行忠实和勤勉的义务，《企业国有资产法》对管理者兼职问题做出了限制，规定了国家出资企业管理者的考核与奖惩等内容。

6.《企业国有资产法》明确了涉及国有资产出资人权益的重大事项。《企业国有资产法》立足于维护国有资产出资人权益的立场，要求国家出资企业发生合并、分立、改制、上市，增加或者减少注册资本，发行债券，进行重大投资，为他人提供大额担保，转让重大财产，进行大额捐赠，分配利润，以及解散、申请破产等重大事项时，应当遵守法律、行政法规以及企业章程的规定，不得损害出资人和债权人的权益；同时，还分别就企业改制、与关联方交易、资产评估、国有资产转让等重点问题做出了具体规定，为保护国有资产出资人利益提供了完善的法律依据。

7.《企业国有资产法》规定了国有资本经营预算制度的相关原则。为充分保障国有资产出资人的收益权，《企业国有资产法》要求国家建立、健全国有资本经营预算制度，对取得的国有资本收入及其支出实行预算管理；同时对编列预算的收支项目、预算编制方法等做出了原则规定，授权国务院规定国有资本经营预算管理的具体办法和实施步骤，并报全国人民代表大会常务委员会备案。

8.《企业国有资产法》强化了国有资产监督。企业国有资产属于全民所有，强化国有资产监督管理是保障全民利益的根本措施。《企业国有资产法》明确规定了各级人民代表大会常务委员会通过听取和审议本级人民政府履行出资人职责的情况和国有资产监督管理情况的专项工作报告，组织对本法实施情况的执法检查等，依法行使监督职权。国务院和地方人民政府及其审计机关依法对国有资产相关工作进行监督。企业国有资产状况和国有资产监督管理工作还应接受社会公众的监督。

第四节　社会中介组织接受委托监督

一、社会中介组织

社会中介组织（又称社会中介机构）主要是指依法设立的介于政府、企业、个人之间，从事服务、协调、评价等活动的经济组织。它具有独立性、服务性、营利性的特征。

社会中介组织就其性质来说，既不是政府机构，也不是政府机构的附属物，而是为经营者、消费者等市场主体服务的服务性组织。社会中介组织大部分是营利性的企业单位、法人实体，实行独立经营、自负盈亏、自我发展、自担风险。

国有资产管理部门在涉及有关服务、协调、评价等方面的具体事务时，可以委托给社会中介组织，这些社会中介组织也就是国有资产管理中介组织，但是它们必须具备国有资产管理业务的相关代理资格。

《中共中央关于建立社会主义市场经济体制若干问题的决定》明确提出，要发展市场中介组织，发挥其服务、沟通、公正、监督的作用。社会中介组织要依法通过资格认定，依据市场规划，建立自律性运行机制，承担相应的法律和经济责任，并接受政府有关部门的管理和监督。因此，我们要很好地研究社会中介组织与国有资产管理的关系，充分发挥社会中介组织在国有资产管理中的职能作用。与国有资产管理相关的社会中介组织有以下几类。

（1）对国有资产管理财务资料的真实性、完整性和可靠性进行验证的社会中介组织，主要是会计师事务所。

（2）对国有资产的保值、增值情况进行评价的社会中介组织，主要是资产评估事务所。

（3）为国有资产管理提供信息咨询、管理预测的咨询机构。咨询服务在现实生活中往往是与其他服务，如信息服务、策划服务等交叉在一起的，其业务范围包括：解答疑难问题，向服务对象传播有关方面的知识；根据委托方的要求，向委托方提供某个问题的专题报告；进行可行性研究；为委托方提供解决方案；为委托方解决技术难题；为委托方充当一个时期或常年的顾问；帮助委托方进行人员培训。咨询服务的类型分为综合咨询、管理咨询、工程咨询、技术咨询、专业咨询。

（4）调节国有资产产权纠纷的社会中介组织，如律师事务所、公证机关等。

二、社会中介组织接受委托监督的特点

上述与国有资产监督管理工作相关的社会中介组织主要是前两种，即会计师事务所和资产评估事务所。在社会主义市场经济条件下，这些接受委托监督的社会中介组织具有以下三个特点。

1. 服务的专业性很强。现代市场经济要求社会中介组织的成员接受过较高的文化教育，具有较多的市场经济专业知识以及政策法规知识，拥有进行中介服务的现代技术手段，唯有如此，才能进行有效的中介服务活动。现代的社会中介组织以高智能、高技术服务于社会，不同于过去的“掮客”。

2. 服务的成本低。社会中介组织投入的资本只是购买电脑等现代化技术工具和房舍，不需要进行大量投资，它们凭借自身的知识为社会服务。因此，在它们的服务成本中，绝大部分是客户支付的智力服务费用，而且由于服务面广、快速，成本相当低，从而大大节约了社会劳动资源。

3. 服务的效率高。由于从事中介服务的人员有丰富的知识，精于业务，善于管理，

能够比较熟练地为中介双方提供服务，成功率高，产生的效益也比较高。

三、社会中介组织接受委托监督的方式

(一) 审计监督

审计监督作为国民经济监督体系的重要组成部分，由于其对各种经济监督的再监督而居于较高层次。现行的审计监督体系分为三个层次：内部审计监督、政府审计监督和社会审计监督。内部审计是由各部门、各单位内部设置的专门机构或人员实施的审计。通常国有企业都要进行内部审计，但内部审计由于受本部门、本单位的直接领导，因此审计监督的独立性较弱。政府审计是由政府审计机关代表政府依法进行的审计，主要监督检查各级政府及其部门的财政收支及公共资金的收支运用情况，具有强制性的特点。我国法律规定，审计机关要对国务院各部门和地方各级政府的财政收支，以及国家的财政金融机构和企事业组织的财政收支进行审计监督。因为非经营性国有资产和经营性国有资产的营运过程分别形成了各自的财政收支和财务收支，显然，审计机关的审计内容就是国有资产管理机关、营运机构、经营企业的经济活动。通过对记载这些经济活动的财务资料及其相关资料的审核和检查，特别是对国家财政、税务、金融、国有资产管理部门所执行监督工作的再监督，查错防弊，发现和揭露违法、违纪的重大问题，可防止国有资产流失，切实维护国有资产所有者权益。更重要的是在宏观层面上发现问题，堵塞漏洞，从而引导国有资产管理、运营良性运转。

政府部门也可以委托社会审计机构如会计师事务所对国有资产管理进行审计。会计师事务所是注册会计师依法承办业务的机构。纵观注册会计师行业在各国的发展历程，会计师事务所主要有独资、普通合伙制、股份有限公司制、有限责任合伙制四种组织形式。独资会计师事务所是由具有注册会计师执业资格的个人独立开业的会计师事务所，承担无限责任。普通合伙制会计师事务所是由两位或两位以上注册会计师组成的合伙组织。合伙人以各自的财产对事务所的债务承担无限连带责任。股份有限公司制会计师事务所是由注册会计师认购会计师事务所股份，并以其所认购股份对会计师事务所承担有限责任。会计师事务所以其全部资产对其债务承担有限责任。有限责任合伙制会计师事务所是事务所以全部资产对其债务承担有限责任，各合伙人对个人执业行为承担无限责任。它的最大特点在于既汲取了普通合伙制会计师事务所和股份有限公司制会计师事务所的优点，又摒弃了它们的不足。有限责任合伙制是为顺应经济发展对注册会计师行业的要求，于20世纪90年代初兴起的。有限责任合伙制会计师事务所已成为当今注册会计师行业组织形式发展的一大趋势。我国目前规定有限责任合伙制会计师事务所可以由注册会计师合伙设立。合伙设立的有限责任合伙制会计师事务所的债务，由合伙人按照出资比例或者协议约定，以各自的财产承担责任。合伙人对会计师事务所的债务承担连带责任。同时，会计师事务所要成为承担有限责任的法人须符合下列条件：(1) 不少于30万元的注册资本；(2) 有一定数量的专职从业人员，其中至少有5名注册会计师；(3) 国务院财政部门规定的业务范围和其他条件。承担有限责任的会计师事务所以其全部资产对其债务承担责任。

根据《中华人民共和国注册会计师法》（简称《注册会计师法》）的规定，注册会计师执行的审计业务包括：（1）审查企业会计报表，出具验资报告；（2）办理企业合并、分立、清算事宜中的审计业务，并出具有关报告；（3）办理法律、行政法规规定的其他审计业务，如会计报表的某一特殊事项等，并出具相应的审计报告。会计师事务所对出具的审计报告的真实性、合法性要承担相应的法律责任，不需要经任何单位和部门的审定，具有法定证明效力。注册会计师审计具有有偿性和非强制性的特点，其独立性较强，表现为双向独立，既独立于委托单位，又独立于被审计单位。

由于政府审计依据的是中华人民共和国审计署（简称审计署）制定的国家审计准则，而社会审计依据的是中国注册会计师协会制定的独立审计准则，因此，政府审计和社会审计的工作成果很难互相替代，必要时，政府可以委托社会审计机构（如会计师事务所或审计师事务所）进行审计。在审计监督的性质上，政府审计可以根据审计结果发表审计处理意见，如被审计单位拒不采纳的，政府审计部门可以依法强制执行。注册会计师审计则根据其审计结论发表独立、客观、公正的审计意见，以合理地保证被审计单位会计报表的可靠程度。对国有资产经营管理或产权变动等进行审计，可以改善国有资产的管理效益，防止国有资产的大量流失。

《中共中央关于完善社会主义市场经济体制若干问题的决定》指出，要建立、健全国有资产管理和监督体制。审计监督是国有资产监督体制的重要一环。

审计监督的内容和方式主要有以下四种。（1）对国资委进行监督。这种监督不只是一般意义上对其自身预算执行和财务收支的监督，主要是对国资委履行资产收益权、重大决策权和选择经营者权利的监督。再说得明确一点，即主要是对国资委的工作绩效进行检查和评价。这种监督需要通过以下两种方式进行：一是直接对国资委进行审计，二是通过审计重点国有企业来检查国资委履行出资人职责的情况。（2）重点企业进行直接审计或审计调查，审计的重点是企业负责人与国资委签订的经济责任的履行情况，即经济责任审计。（3）依照《中华人民共和国审计法》（简称《审计法》）赋予的职责，对国有企业经营的合规性进行审计监督，主要是接受国务院和有关部门委托以及社会举报，查处重大违法、违规问题。（4）依照《审计法》规定，对接受委托对国有企业财务账目进行查证的社会审计组织的质量进行监督，揭露和查处弄虚作假和舞弊行为。从上述监督的内容和方式看，实行新的国有资产监督管理体制后，审计机关对国有资产监督的责任不是轻了，而是重了；不是要求低了，而是要求高了；不是简单了，而是复杂了。审计监督不仅是过去单一的财务收支审计，而且是经济责任审计和绩效审计；不仅是审计单个企业，而且要从总体上把握审计的重点和内容，审计活动更具有整体性、系统性和宏观性。此外，我们还面临着一些新的问题，如对国资委的绩效如何进行审计和评价。因此，审计监督任重而道远。

在新的国有资产监督和管理体制下，审计机关仍肩负着对国有资产的安全性和有效性进行监督的重要职责。审计监督的基本格局是：以监督国资委的绩效为重点，以经济责任审计为中心，以专项审计和审计调查为主要方式，以抽查社会审计组织质量为补充，向国务院并受国务院委托向全国人民代表大会常委会报告审计工作，向国资委通报有关国有企业履行经济责任的情况，提出合理的意见和建议，并向社会公告审计结果。

（二）评估监督

在国有资产投资、转让的过程中，必须准确评估其资产价值，以保证国有资产的权益。资产评估在发现价值、衡量价值方面具有重要作用。

四、社会中介组织接受委托监督的法律规定

为促进企业绩效（也称为效绩）评价工作的深入开展，发挥社会中介组织的鉴证与服务作用，规范企业绩效评价业务的委托行为，我国制定了《委托社会中介机构开展企业效绩评价业务暂行办法》（简称《暂行办法》），并于2002年7月起施行。

《暂行办法》适用于各级财政部门委托社会中介组织对国有和国有控股企业的绩效评价。各级财政部门可以根据工作需要，依照《暂行办法》委托社会中介组织开展第4条规定的全部或部分评价业务。《暂行办法》所称的社会中介组织是指依法注册、年检合格的会计师事务所（公司）、资产评估事务所（公司）。《暂行办法》所称的绩效评价是指真实反映企业经营绩效而需要完成的具体工作内容，主要包括：（1）收集与审核指定企业绩效评价的基础数据资料；（2）实施企业绩效的定量评价与定性评价；（3）撰写企业绩效评价报告。

受托的社会中介组织应接受省级以上财政部门或省级以上注册会计师协会（或资产评估协会）的企业绩效评价业务知识培训，且在近3年内没有发生违法、违规执业行为；对大型国有企业的评价，注册会计师（或注册资产评估师）必须在20人以上，专职从业人员在40人以上。

各级财政部门要加强社会中介组织企业绩效评价业务知识培训的组织指导，为全面委托社会中介组织开展企业绩效评价业务奠定基础。

对社会中介组织的选择要坚持公开、公平、择优的原则，有条件的地方可以采取公开招标的方式。

各级财政部门委托社会中介组织开展企业绩效评价业务，应签订评价业务委托协议书。

财政部门作为委托方，负责对受托社会中介组织评价业务进行技术指导，提供有关文件和评价标准，协调评价过程中的有关重大事项，审核企业绩效评价结果和评价报告。

在受托社会中介组织进驻企业开展评价前，财政部门应提前10日向被评价企业下达评价通知书，同时抄送受托社会中介组织。在评价通知书中要明确受托社会中介组织的名称，要求被评价企业积极支持与配合社会中介组织的评价工作。

受托社会中介组织根据评价业务委托协议书和评价通知书开展工作。

由于评价业务的需要，受托社会中介组织有权查阅被评价企业及其下属公司的财务、会计资料和相关文件档案，查看业务现场和设备，向有关单位和人员询问、核实。被评价企业有义务配合社会中介组织的调查来核实工作。

受托社会中介组织开展企业绩效评价业务，要遵循执业道德规范。

各级财政部门要加强对受托社会中介组织评价业务质量的监督检查，对违背技术操作规范和独立、客观、公正原则的社会中介组织和评价人员，依据国家有关规定进行

处罚。

各级财政部门要加强社会中介组织企业绩效评价业务执业质量管理，建立企业绩效评价执业质量与职业道德档案。

各级财政部门工作人员在委托社会中介组织过程中徇私舞弊，或授意社会中介组织弄虚作假的，由所在单位给予行政处分。

受托社会中介组织的评价工作费用由委托方参考其他经济鉴证业务收费标准确定并结合评价工作质量统一支付。

企业集团（总公司）委托社会中介组织对子公司实施评价，可以参照《暂行办法》执行，各省、自治区、直辖市财政部门可参照《暂行办法》制定具体的实施办法，并报财政部备案。

第五节　社会新闻舆论监督

一、社会新闻舆论监督的特点

在国有资产管理监督中，社会新闻舆论监督起着非常重要的作用。社会新闻舆论监督主要指通过新闻媒体对参与国有资产管理的各个主体形成一种无形的压力和动力，以促进国有资产管理良性发展。当国有资产管理过程中有好的做法出现时，可通过新闻媒体对其加以宣传；当某些单位或部门在国有资产管理方面出现违规操作行为时，对其进行曝光。

社会新闻舆论监督具有信息量大、影响范围广、影响力强、时效性快等特点。当今社会已经进入信息时代，我们每个人每天都在接触和传递着大量信息，这些信息有的来自电视、广播，有的来自报纸、杂志，有的来自网络。总之，信息无处不在，因此，如果国有资产管理中发生了什么大事，消息马上就会在大街小巷中传开，这就在无形中给国有资产经营管理者以巨大压力或动力，督促他们守法经营，改善经营管理，提高国有资产的经营管理效益，即使是作为国有资产的监督管理者，其本身也处于社会新闻舆论的监督之下，这就有效地制止了某些监督管理者滥用手中的职权，损害公众的利益。

二、社会新闻舆论监督的方式

社会新闻舆论监督的方式是通过其监督途径体现出来的。在当今社会，社会新闻舆论监督的方式主要有以下几种。

（一）电视、广播

如今，电视节目已经成为人们生活中的一部分，它不仅为人们带来了很多娱乐，而且让人们了解了很多社会问题，甚至会在社会中引起强烈反响。如中央电视台的《焦点访谈》就在舆论监督方面发挥了积极而富有建设性的作用。《焦点访谈》的主打内容是舆论监督，舆论监督内容在其中所占比例的大小，几乎可以视为中国舆论监督环境变化的晴雨表。自开播以来，《焦点访谈》坚持以正确的舆论引导人，坚持贴近实际、贴近生活、贴近群众，反映人民意愿，关注社会大事，聚焦新闻热点，制作播出了大量精品力作，成为政府推动工作的好帮手，成为密切联系群众的纽带，成为最需要帮助的困难群体的重要发声渠道，成为深受人民群众喜爱的品牌电视栏目。据悉，在中央领导的关怀与支持下，《焦点访谈》将继续加大舆论监督力度，要创纪录地实现舆论监督内容在该栏目中占到50%的比例。

尽管电视如此重要，但电视不能取代广播。在现阶段，收听广播的人群仍占很大比重，因为在很多情况下，人们可以利用听广播的时间“一时多用”。有些广播节目也能起到非常有效的监督作用。

（二）网络

网络监督的最大特点是开放性，网民可以通过自由论坛的方式发表个人看法，因此，网络有时候在揭露社会问题时比其他新闻媒体更犀利、更深刻，不失为一种有效的现代监督方式。

（三）报纸、杂志

随着我国文化事业的发展，报纸、杂志也进入了一个繁荣期，报纸、杂志种类繁多，在我国的受众面是相当广泛的，因而也是国有资产管理中较强的监督力量。

三、社会新闻舆论监督的地位

建立现代企业制度，探索国有资产的有效实现形式，提高国有资产的管理效益，加强对国有资产管理的监督，都离不开社会新闻舆论监督。21世纪是一个信息化时代，新闻媒体的信息量大、影响范围广、影响力强、时效性快，因此，必须充分发挥新闻媒体的“喉舌”作用，加强对国有资产管理的监督，推进国有资产管理体制的改革。

政府重视新闻舆论监督，人民群众欢迎新闻舆论监督，推进改革开放和现代化建设事业更需要新闻舆论监督。新闻舆论监督只能加强，不能削弱。要充分认识加强舆论监督的重要性，进一步解放思想、实事求是、与时俱进，坚持求真务实的精神，加强和改进舆论监督。正确开展舆论监督，是维护人民利益的需要，是推进社会主义民主政治建设的需要，是实践执政为民、提高政府的执政能力的需要。

开展舆论监督，以推进社会主义物质文明、政治文明、精神文明建设为宗旨。要严格依法办事，充分走群众路线，围绕中心，服务大局。要有利于问题的解决，有利于社会稳定，有利于政府改进工作，有利于人民群众增强对政府的信任。要实事求是，准确把握社会生活的本质和趋势，真实反映人民群众的愿望和要求，使我们的报道经得起历史、实践和群众的检验，增强舆论监督的生命力。要以理服人，摆事实，讲道理，分析科学，把握得当，增强舆论监督的说服力。要客观公正，多方核实情况，听取不同意见，增强舆论监督的公信力。要注重社会效果，跟踪报道，有始有终，推动问题的解决，增强舆论监督的影响力。要进一步改进方法，创新手段，不断增强舆论监督的针对性和实效性。

要实现正确的舆论监督，监督者则要提高自身水平。广大新闻工作者要加强学习，提高素质，不断增强政治意识、大局意识、责任意识，深入调查研究，注重制度建设，自觉接受社会监督。社会各方面要大力支持新闻媒体开展舆论监督。要维护新闻工作者的采访权利，保护他们的人身安全，保证舆论监督工作的正常进行。

第六节　社会公众监督

一、社会公众监督的含义

社会公众监督，就是由全体社会公众对国有资产管理进行监督。社会公众监督是行之有效的监督方式，在我国具有深厚的制度基础。我国是以生产资料公有制为主体的国家，生产资料归全民所有或集体所有。国有经济作为全民所有制经济，当然也应归社会公众所有，因此，社会公众对国有资产管理进行监督是天经地义的事情，这也是每个公民的权利。完善的社会公众监督体系具有监督范围广泛的优点。

就国有企业来说，每个劳动者都是国有资产的主人，所以实行社会公众监督的最有效的方式就是建立、健全经济民主制度。企业工会组织作为全体职工的代表，除了积极关注和解决劳动者的正当权益问题外，还要积极主动关心和监督国有资产的保值、增值问题。对涉及国有资产的增减变动，特别是可能导致国有资产流失的行为要通过正当途径和法定手段予以制止，真正从长远的角度关注企业的发展，关心全体职工的利益。就全社会而言，每一个公民都应该充分享受法定权利，向各级政府机关和有关管理部门举报国有资产经营管理中的违法、乱纪行为，提出有利于做大国有企业这块“蛋糕”的积极而有益的建议。

二、社会公众监督的地位及途径

社会公众监督在西方国家占有非常重要的地位，但在我国，因为长期以来受计划经济体制的影响，社会公众并没有真正地参与国有资产的管理监督。而且，更重要的原因在于，很多社会公众根本没有意识到对国有资产进行监督是自己的事情，是自己的权利。因此，今后要研究探索一定的措施，充分调动广大公众参与国有资产管理监督的积极性。

社会公众监督途径主要有举报和在新闻媒体上发表意见两种。国家要采取一定的措施来宣传和鼓励社会公众监督。要想社会公众监督真正取得成效，国有资产管理行为就必须是公开透明的，这是社会公众监督的前提和保证。

一、本章复习题

1. 国有企业监事会的职责是什么？
2. 国有企业负责人管理的内容是什么？
3. 如何对中央企业负责人年度经营业绩进行考核？
4. 如何对中央企业负责人任期经营业绩进行考核？
5. 国有企业重大事项管理的内容是什么？
6. 立法监督的特点是什么？
7. 立法监督的方式有哪些？
8. 社会中介组织接受委托监督有什么特点？
9. 社会中介组织接受委托监督有哪些方式？
10. 社会中介组织接受委托监督有哪些具体的法律规定？
11. 社会新闻舆论监督有什么特点？
12. 社会新闻舆论监督有哪些方式？
13. 社会公众监督的含义及途径是什么？

二、本章讨论题

1. 当前我国国有资产管理监督的弱点在哪里？如何加强对国有资产管理的监督？

三、本章阅读资料

1. 郭复初．国有资本经营专论——国有资产管理、监督、营运体系研究．上海：立信会计出版社，2002.

2. 李松森．国有资产管理．北京：经济科学出版社，2003.

3. 王保平．国有资产监管的理论与实践．北京：中国财政经济出版社，2003.

4. 魏杰．构建新的国有资产管理体制．南京：江苏人民出版社，1998.

5. 吴学渊，王文涵．国有资本营运与监督．北京：中国经济出版社，1999.

6. 张先治．国有资本管理、监督与营运机制研究．北京：中国财政经济出版社，2001.

教学支持说明

1. 教辅资源获取方式

为秉承中国人民大学出版社对教材类产品一贯的教学支持，我们将向采纳本书作为教材的教师免费提供丰富的教辅资源。您可直接到中国人民大学出版社官网的教师服务中心注册下载——http://www.crup.com.cn/Teacher。

如遇到注册、搜索等技术问题，可咨询网页右下角在线 QQ 客服，周一到周五工作时间有专人负责处理。

注册成为我社教师会员后，您可长期根据您所属的课程类别申请纸质样书、电子样书和教辅资源，自行完成免费下载。您也可登录我社官网的“教师服务中心”，我们经常举办赠送纸质样书、赠送电子样书、线上直播、资源下载、全国各专业培训及会议信息共享等网上教材进校园活动，期待您的积极参与！

2. 赠送“经管之家”论坛币

经管之家（http://www.jg.com.cn）于 2003 年成立，致力于推动经济学科的进步，传播优秀教育资源，做最好的经管教育。目前已经发展成国内最大的经济、管理、金融、统计类在线教育平台，也是国内最活跃和最具影响力的经济类网站。

为了更好地服务于教学一线的任课教师，凡使用中国人民大学出版社经济分社教材的教师，注册成为我社教师会员后，可填写以下信息调查表，发送电子邮件或者邮寄或者传真给我们，我们将会向您赠送经管之家论坛币 200 个。

教师信息表
姓名：
学校：
论坛 ID：
教授课程：
使用教材：
论坛识别码：pinggu_com_1501511_8899768

3. 高校教师可加入下述学科教师 QQ 交流群，获取更多教学服务

经济类教师交流群：一群：140105952（已满），或二群：809471792
财政金融教师交流群：一群：182073309（已满），或二群：766895628
国际贸易教师交流群：一群：162921240（已满），或二群：611026561
税收教师交流群：119667851

4. 购书联系方式

网上书店咨询电话：010-82501766
邮购咨询电话：010-62515351
团购咨询电话：010-62513136

中国人民大学出版社经济分社
地址：北京市海淀区中关村大街甲 59 号文化大厦 1506 室　100872
电话：010-62513572　010-62515803
传真：010-62514775
E-mail：jjfs@crup.com.cn